Peter
Meinhold

Kirchengeschichte in Schwerpunkten

Peter
Meinhold

Kirchengeschichte in Schwerpunkten

Ein ökumenischer Versuch

Verlag Styria

CIP-Kurztitelaufnahme der Deutschen Bibliothek

Meinhold, Peter:
Kirchengeschichte in Schwerpunkten:
e. ökumen. Versuch / Peter Meinhold. –
Graz, Wien, Köln : Styria, 1982.
ISBN 3-222-11390-4

1982 Verlag Styria Graz Wien Köln

Printed in Austria
Umschlaggestaltung: Christoph Albrecht
Satz und Druck:
Druck- und Verlagshaus Styria, Graz
Bindung: Wiener Verlag, Himberg
ISBN 3-222-11390-4

Inhalt

SECHZEHNTER SCHWERPUNKT: DREI ZEITGENOSSEN: INNOZENZ III. – FRIEDRICH II. – FRANZ VON ASSISI (110)

SIEBZEHNTER SCHWERPUNKT: HÖHEPUNKTE MITTELALTERLICHER THEOLOGIE (122)

ACHTZEHNTER SCHWERPUNKT: SPÄTMITTELALTERLICHE REFORMBESTREBUNGEN (130)

NEUNZEHNTER SCHWERPUNKT: DIE DREI ZENTREN DER REFORMATION (138)

Vorwort

Der Kirchengeschichte von Prof. Peter Meinhold ein Geleitwort mitgeben zu können, ist mir eine Freude. Ich bin Meinhold zum ersten Mal während des Zweiten Vatikanischen Konzils begegnet. In späteren Begegnungen habe ich sein ökumenisches Interesse, das uns verband, besonders kennen- und schätzengelernt. Es ist aufschlußreich und zukunftsweisend, wie sein ökumenisches Interesse die gemeinsame ökumenische Aufgabe in der Behandlung der Kirchengeschichte zu neuen Perspektiven und Zusammenhängen führt. Seine „Betrachtung kirchlicher Vorgänge läßt den ökumenischen Charakter der Kirchengeschichte“ in der besonderen Bedeutung für die Gegenwart erkennen. Damit zeigt der Autor auch, welch weitreichende Auswirkungen diese Bewegung haben kann. Daher sehe ich in Meinholds Kirchengeschichte jenen nüchternen Optimismus, der wie ein Sauerteig – allem Pessimismus zum Trotz – unsere gemeinsamen Anliegen durchdringen wird.

Was die Beschäftigung mit der Kirchengeschichte in einer solchen Sicht geben kann, hat der Autor in seiner Schlußbetrachtung zusammengefaßt. Seine Leitidee als akademischer Lehrer, in enger Verbundenheit mit der evangelisch-lutherischen Landeskirche von Schleswig-Holstein, kommt in den ökumenischen Schwerpunkten seiner Kirchengeschichte überzeugend zum Ausdruck.

Es ist daher nicht nur ein Zeichen meines persönlichen Respektes für den Menschen und sein Werk, wenn ich mit diesen Zeilen den Wunsch ausdrücke, daß sein Anliegen auch in meiner Heimat weiterwirken und Frucht bringen kann. Ich verbinde damit die persönliche Überzeugung, daß in einer solchen Art der Darstellung das „Fehlsame und auch Irrende im Handeln der Menschen“ auf dem Hintergrund göttlicher Fügung neue Ausblicke für die gemeinsame Vergangenheit und Zukunft auftut.

Wien, im Februar 1982

Kardinal Dr. Franz König
Erzbischof von Wien

Vorwort

Diese Zeilen können nicht ohne leise Wehmut geschrieben werden. Gerne hätte ich sie dem verehrten Verfasser dieser Kirchengeschichte zu seinen Lebzeiten gewidmet. Nun aber muß die erste Absicht dieses Geleitwortes sein, die dankbare Erinnerung an einen verstorbenen Theologen festzuhalten, dessen weiträumige, souveräne Überschau über die Geschichte der Kirche Jesu Christi uns in diesen Blättern lebhaft und anschaulich begegnet.

Kirchengeschichte will er mit uns treiben, so wie er es mit den jungen Theologen erprobte, denen er seine Gedanken in einer neuen Art, nach sorgfältig ausgewählten Schwerpunkten geordnet, vorgetragen hat. Kirchengeschichte ist verbunden mit der Gesamtgeschichte, mit der Geschichte der Völker, der Gesellschaftsformen, des Rechtes und der sozialen Wandlungen. Sie kann nicht die Geschichte nur eines Teils der Christenheit sein. Gerade dieser letzten Erkenntnis hat der Verfasser je länger desto mehr seine Lebensarbeit gewidmet. So wird der ökumenische Aspekt auch in diesem Buche bestimmend.

Daß die Exegese der Heiligen Schrift ökumenisch betrieben werden will, daß die dogmatische Besinnung ohne das ökumenische Gespräch ein Torso bleibt, diese Erkenntnis hat sich allgemein durchgesetzt. Nicht minder bedeutsam ist das Gebiet der kirchengeschichtlichen Forschung und Darstellung. Sie deckt die lebendige und bedrängende, die beschämende und die ermutigende Geschichtlichkeit der Kirche Jesu Christi auf ihrem Weg durch die Zeit auf. Eben auf diesem Wege aber liegen harte Brocken gerade für die Christenheit in Europa. Leidvolle Erinnerungen an die konfessionellen Kämpfe vergangener Zeiten halten sich lange im Ablauf der Generationen. Auch wenn in den letzten Jahrzehnten vieles geschehen ist, um die damit bezeichneten Probleme sachlich und redlich aufzuarbeiten, ist doch die Aufgabe selber noch lange nicht erledigt.

Der ökumenischen Gemeinsamkeit werden derartige Versuche, wie Peter Meinhold hier einen unternimmt, auf beiden Seiten wahrhaftig nicht schaden. Sie helfen dazu, auch reinigend und erneuernd in die Tiefe des geschichtlichen Gedächtnisses vorzudringen, das sich nicht nur aus einer Summe von Fakten bildet, sondern eine Sache des Herzens ist. Möge auch diese Darstellung der Geschichte die Herzen der Getrennten zueinander bekehren.

München, den 26. Februar 1982

D. Hermann Dietzfelbinger
Landesbischof i. R.

Einleitung

Dieses Buch ist aus einem praktischen Erfordernis hervorgegangen. Es verdankt seine Entstehung den Kursen, die ich in Wahrnehmung der an mich herantretenden Aufgaben in den letzten Jahren für die Pfarrvikarsanwärter der evangelisch-lutherischen Landeskirche in Schleswig-Holstein zu ihrer Ausbildung in Kirchengeschichte gehalten habe. Es war mir von vornherein klar, daß in diesem Falle die Kirchengeschichte nicht in dem üblichen Vorlesungsstil getrieben werden konnte.

Wenn ich den Kandidaten ein möglichst geschlossenes Gesamtbild vom Verlauf der Kirchengeschichte vortragen wollte, so mußte der umfangreiche Stoff nach Schwerpunkten aufgeteilt werden. Es mußten historische Disziplinen, wie die Frömmigkeits- und Dogmengeschichte, die Liturgie- und Rechtsgeschichte, in einem Umfang mit berücksichtigt werden, der im Rahmen des ganzen Werkes weder zu breit noch zu schmal sein durfte. So habe ich mich bemüht, den reichen kirchengeschichtlichen Stoff unter die einzelnen Schwerpunkte zu subsummieren, die ich in dreißig aufgeteilt habe. Ich glaube, daß die vorliegende Einteilung ebensosehr der Sache, um die es jeweils in den einzelnen geschichtlichen Epochen geht, gerecht wird, als auch der Vielfalt des historischen Lebens entspricht, das sich stets als eine Einheit darstellt.

Die Berechtigung des hier angewendeten Verfahrens muß sich durch den praktischen Gebrauch und durch das Urteil der dieses Buch benutzenden Studierenden ergeben. Der praktische Gebrauch, den die Kandidaten und Studierenden bisher von dem Manuskript haben machen können, hat jedenfalls die Zweckmäßigkeit der vorstehenden Darlegungen erwiesen. Man hat nicht nur Freude an der Geschichte durch vorstehende Darstellungen wiedergewonnen, sondern ist auch zu intensiveren Studien angeregt worden, die gerade unserer so aller Beschäftigung mit der Geschichte abgeneigten Zeit besonders nottut.

Das kurze Einführungs- und Schlußkapitel wollen diese Geschichtsbezogenheit des menschlichen Daseins, ganz besonders aber der im Glauben gegründeten christlichen Existenz, nach dem Gewinn hin belegen, den jeder heute davon hat, der sich zur Klärung seines Standortes in der Gegenwart mit den Problemen und Fragen der Vergangenheit beschäftigt.

Die hier gebotenen Ausführungen zielen auf dieses für den jungen Menschen von heute neu zu gewinnende Verhältnis zur Geschichte ab. Sie wollen nicht nur informieren, sondern vor allem den Mut zu einem verantwortlichen, von der Geschichte geforderten, aber vor ihr auch zu vertretendem Handeln geben. Alle Beschäftigung mit der Vergangenheit dient ja dazu, uns selbst zur Tat aufzurufen, die wir die Aufgabe haben, manche Größen der Vergangenheit für immer untergehen zu lassen, andere wieder zu neuem Leben zu erwecken und ihnen als dem von uns als geschichtlich wertvoll Erkannten zu bleibendem Bestand in unserer Zeit zu verhelfen.

Wenn der hiermit vorgelegte geschichtliche Überblick das vermag, so hat er seine Aufgabe erfüllt und eine Frucht gezeitigt, von der jeder Historiker wünscht, daß sie die geschichtliche Einsicht der nachfolgenden Generation leite. Ich habe die Vergangenheit nie als eine unlebendige Zusammenfügung historischer Größen und Ereignisse verstanden, die heute lediglich einen musealen Wert hat. Vielmehr gilt es, den handelnden Menschen der Vergangenheit als die lebendige Person zu erkennen, die unsere eigene Sache mißachtet oder fördert.

So lasse ich dieses Buch in der Hoffnung ausgehen, daß es vielen Studierenden, insbesondere der Kirchengeschichte, diese Dienste leisten möge. Den Kandidaten der Preetzer Kurse, denen ich in den letzten vier Jahren die hier gebotenen Texte in kirchengeschichtlichem Unterricht an die Hand geben konnte und die mich durch ihre verständigen und kritischen Fragen angeregt und zu immer neuer Arbeit an den Texten genötigt haben, danke ich für diesen ihren Dienst.

EINFÜHRUNG

Warum treiben wir Kirchengeschichte?

Die Kirchengeschichte hat es mit den Konkretionen des Glaubens in breitestem Umfang zu tun, wie sie in der Vergangenheit zu einem relativen Abschluß gekommen sind. Sie folgt also aus der Umgebung des Glaubens mit Geschichtlichkeit. Dazu gehören die Kirche und die von ihr getragenen Gemeinden, die einzelnen Christen mit ihrem Glauben und Leben, die Verkündigung des Evangeliums und die Sammlung der Gemeinde um Wort und Sakrament, die Erhaltung und Stärkung ihres geistlichen Lebens, der Wille, als Bruderschaft in der Welt aufzutreten und entsprechend zu handeln, die Ausbreitung des Evangeliums und die geistige Auseinandersetzung mit anderen Glaubensweisen, vor allem auch mit der Verneinung der Relevanz des christlichen Glaubens für die Welt von heute.

Die Kirchengeschichte muß deshalb als Glaubens-, Geistes-, Lehr-, Dogmen-, Theologie-, aber auch als Missions-, Institutions-, Sozial-, Frömmigkeits- und politische Geschichte getrieben werden. Es müssen diese von der Sache her notwendigen Differenzierungen, die in der gelebten Geschichte zu allen Zeiten eine Einheit bilden, jeweils vorherrschen, wenn die geschichtliche Behandlung unter bestimmten Aspekten erfolgt. Praktische Erfordernisse können es aber notwendig machen, den Nachdruck jeweils auf eines dieser Sachgebiete zu legen. Eine Darstellung der Kirche muß sie alle in dem gegebenen Umfange berücksichtigen.

Die Kirchengeschichte ist eine kritische Wissenschaft. Es geht in ihr um das Selbstverständnis der Kirche, aber sie erhebt auch die kritische Frage nach dem Daseinsrecht eben dieser Kirche. Die kirchengeschichtlichen Arbeitsmethoden sind von den jeweiligen wissenschaftlichen Erkenntnissen und von sachlichen Kriterien bestimmt. Der Kirchengeschichte ist die kritische Fragestellung vorgegeben. Es ist die Frage an den jeweiligen historischen Betrachter bzw. an die von ihm vertretene Kirche: Bin ich recht, so wie ich bin? Muß ich so sein, wie ich bin?

Die von der kirchengeschichtlichen Arbeit zu gewinnenden Resultate zielen auf die Beantwortung dieser Fragen ab. Sie dienen damit der Standortbestimmung des geschichtlichen Betrachters in der Gegenwart. Sie legen ihm die Verpflichtung zum geschichtlichen Handeln auf. Der Christ von heute wird zum Eingreifen in den Ablauf der Geschichte aufgerufen. Er wird veranlaßt, gegebene historische Größen umzubilden, ihnen zu neuer Fortdauer zu verhelfen oder sie untergehen zu lassen.

Wir treiben Kirchengeschichte nicht aus historischer Neugier. Es bestimmt uns dabei auch nicht das museale Prinzip: „Es war einmal..." Wir treiben auch nicht nur Geschichte, um Gewordenes zu rechtfertigen oder abzulehnen, wie es ein gewisser

Hochmut behauptet. Es ist eine von fast jeder Generation mitgebrachte Illusion, daß sie sich hoch über der Vergangenheit wähnt. Wir treiben vielmehr Geschichte, um aus ihr zu lernen, um die Fehler vergangener Generationen zu vermeiden oder sie wieder gutzumachen und um ihre Irrtümer in Wahrheit zu verwandeln, soweit dies den Menschen überhaupt möglich ist. Wir beschäftigen uns also insbesondere mit der Kirchengeschichte, um Gewißheit über unsere Aufgaben in der Gegenwart zu erlangen. Aus ihr leiten wir die Verpflichtung für die verantwortliche Vorbereitung der Zukunft ab. Allein die Zukunft ist ja für unser Handeln offen und der Gestaltung durch uns aufgegeben.

Der historische Betrachter ist der Punkt, in dem Vergangenheit und Zukunft sich berühren. Die Deutung der Vergangenheit geschieht stets im Hinblick auf die Zukunft. Aus der Feststellung dessen, was gewesen ist, folge der Imperativ für das, was sein soll.

Die Erkenntnis von der Einkleidung des Glaubens in Geschichtlichkeit teilt die Kirchengeschichte mit anderen theologischen Disziplinen. Sie hat ihnen das Bewußtsein ihrer Abhängigkeit von der Geschichte zu vermitteln und sie daran zu erinnern, daß sie jeweils ihre eigene Geschichte haben. Sie kann durch diese Aufgabe das verbindende Element in der Theologie sein. Sie trägt damit wesentlich zur Integration der einzelnen Disziplinen innerhalb der Theologie bei.

Die Kirchengeschichte läßt den Formen- und Typenreichtum des christlichen Glaubens erkennen. Sie fragt nach den Wurzeln und Ursachen der Gestaltgebung, in denen sich dieser Reichtum heute ausprägt. Die Kirchengeschichte mündet damit unmittelbar in dem Verständnis der Gegenwart. Sie reicht von den ersten Tagen Jesu bis zu dem jeweiligen Gestern des historischen Beobachters.

Die Kirchengeschichte stellt also die Gegenwartsmacht des Glaubens dar. Sie schließt sich damit an die in der Vergangenheit gegebenen Formen desselben positiv oder negativ an. Sie drängt aber gleichzeitig zu einer immer neuen Einlösung des Evangeliums, die über alles Vorgegebene hinausgeht.

Die Kirchengeschichte muß deshalb immer die kritische Frage an die Kirche stellen, inwieweit sie auf ihrem Weg durch die Geschichte bei der Einlösung des Evangeliums sich selbst treu geblieben ist. Sie muß andererseits kritisch fragen, ob die bisherige Entwicklung ihren Sinn in sich selbst trägt oder ob sie im Hinblick auf das Ganze der Geschichte und das angestrebte Endziel als sinnvoll zu begreifen ist. Sie muß sie vom Neuen Testament her kritisch als ganze und in ihren einzelnen Phasen beurteilen.

Die Kirchengeschichte führt so zu einer immer wieder neuen Revision überkommener historischer Urteile, wie sie namentlich in den Geschichts- und Unterrichtsbüchern ihren Niederschlag gefunden haben, um zu einer wahrhaft ökumenischen Behandlung der Geschichte vorzudringen. Sie hat es nicht mit der Geschichte einer Kirche zu tun, sondern mit der Geschichte *der* Kirche Jesu Christi, wie sie sich in den vorhandenen Kirchen darstellt und als Wirkung des Evangeliums in der Welt sowie als die Umsetzung des Glaubens in Werk und Tat durch den Menschen von heute begreifen läßt. Mit der ständigen Rückbeziehung aller Glaubensäußerungen auf die Heilige Schrift kann die Kirchengeschichte die richtenden, rettenden, befreienden und schöpferischen Funktionen des immer kritisch urteilenden Gewissens für die Kirche ausüben.

ERSTER SCHWERPUNKT:

Jesus von Nazareth und der Ruf in die Nachfolge

Die Kirchengeschichte beginnt mit dem Auftreten und der Verkündigung Jesu von Nazareth sowie mit dem von ihm ausgehenden Ruf in die Nachfolge, mit dem er zum Anschluß an seine Person und zum Eintritt in die Gemeinschaft der berufenen Jünger aufgerufen hat.

Im Mittelpunkt der Verkündigung Jesu steht die Botschaft vom „Reich Gottes". „Reich Gottes" ist im Verständnis Jesu eine endzeitliche Größe – nicht so, als stünde der Anbruch der Endzeit noch bevor oder als würde sie in allernächster Zeit kommen.

Das Besondere der Predigt Jesu vom Reich Gottes besteht vielmehr darin, daß es eine im Kommen begriffene Größe ist, deren Gegenwart im Wort und im Wirken Jesu offenbar wird. Die Endzeit ist durch ihn zur Gegenwart geworden. Der künftige, der kommende, der erwartete Äon ist schon jetzt in diese Weltzeit eingebrochen. Reich Gottes in der Verkündigung Jesu kann nur unvollkommen mit dem Ausdruck „Herrschaft Gottes" umschrieben werden. Es bezeichnet dieser Begriff eine Sphäre von rettender Gewalt, von Heil und Macht, von Heiligkeit. Mit Jesus hebt diese göttliche Heilssphäre sich in diesem Äon zu realisieren an.

In seinen Gleichnisreden hat Jesus die Wirksamkeit des „Reiches Gottes" beschrieben. Es kommt „von selbst". Man kann es nicht verdienen und nicht herbeizwingen. Es wächst im Verborgenen wie die Saat oder wie ein Baum nach seinen eigenen Gesetzen. Man kann dem „Reich Gottes" nur mit der empfangenden Haltung des Kindes begegnen. Es ist wie das seltene Gut oder wie der verborgene Schatz im Acker oder wie die kostbare Perle, die gesucht und entdeckt werden muß. In seiner Verborgenheit kann das „Reich Gottes" nur von denen erkannt werden, denen Gott selbst die Augen dafür aufgetan hat.

In diesem so geschauten „Reich Gottes" hat Jesus sich selbst die bestimmte Rolle gegeben. Er gehört selbst in das Evangelium hinein, das er als die frohe Botschaft von der Ankunft des Reiches Gottes verkündigt. Er ist selbst ein Teil des Erlösungsgeschehens, das sich im Kommen des „Reiches Gottes" in dieser Welt ereignet. Er ist recht eigentlich das Organ des „Reiches Gottes".

Jesus hat sich selbst in bezug auf das im Kommen begriffene „Reich Gottes" als die endzeitliche Heilsgestalt verstanden, die an allem Anteil gibt, was das „Reich Gottes" mit sich bringt. Nur in ihm und durch ihn gibt es einen Zugang zum „Reich Gottes". Der Anschluß an seine Person ist für die Teilhabe an den Kräften und Gaben des „Reiches Gottes" schlechthin notwendig. Kraft eigenen Besitzes läßt er an der Macht- und Heilssphäre des „Reiches Gottes" teilhaben. Er selbst teilt die rettende, heiligende

Gewalt des Gottesreiches mit durch sein Wort und durch sein Tun, durch den Erweis des göttlichen Geistes und der göttlichen Kraft, die er in sich trägt.

Es steht also nicht nur die Botschaft von dem „Reich Gottes" im Zentrum des Evangeliums, das Jesus verkündigt. *Vielmehr ist er selbst mit seiner Person ein integrierender Bestandteil seines Evangeliums.* Er ist es, der allein an den Gaben und Kräften des „Reiches Gottes" aus persönlicher Habe Anteil geben kann.

Jesus hat sich selbst und seine Mission als *das Gekommensein und das Wirken des „Menschensohnes"* gedeutet. Damit hat er die in der spätjüdischen Apokalyptik verbreitete Erwartung von dem am Ende der Tage kommenden Menschensohn auf sich selbst bezogen.

Er hat ferner *die Funktion des Menschensohnes* durch die Gestalt des Gottesknechtes nach Deuterojesaja ausgefüllt. Wie der Gottesknecht für die Sünden der Brüder sein Leben dahingibt, so erfüllt nach Jesus auch der Menschensohn seine irdische Mission gerade darin, daß er wie der Gottesknecht durch Leiden und Tod hindurchgeht. Der Weg in den Tod ist das göttliche „Muß", das von der Heilsaufgabe des Menschensohnes unabtrennbar ist. Erst damit enthüllt sich der letzte und tiefste Gehalt der Selbstaussagen Jesu: Der Menschensohn versteht sich selbst als den Gottesknecht, der sein Leben opfert, damit „Gottes Reich" kommen und seine Herrschaft anbrechen kann. In diesen Aussagen ist das letztlich Neue, aber auch das immer Anstößige der Botschaft Jesu beschlossen.

Jesus als der Menschensohn hat selbst die Heilsgemeinde begründet, indem er zu seiner Nachfolge aufgerufen hat. *Der Ruf zur Nachfolge* hat nicht ethischen Sinn. Es ist vielmehr der *Ruf zur unmittelbaren Teilhabe an der Gottesherrschaft.* Der Menschensohn hat zwischen sich und der sich ihm anschließenden Gemeinde einen festen Zusammenhang hergestellt. Die Gemeinde ist nicht das zu einem neuen nationalen Sein befreite Israel. Sie ist das durch die Wirksamkeit des Menschensohnes aus der Weltgebundenheit gelöste und durch ihn geheiligte Volk Gottes.

Diese Gemeinde teilt das Geschick des Menschensohnes. Sie lebt wie er in geschichtlicher Begrenzung. Sie ist wie er „ohne Gestalt und Schöne", d. h. in der Welt verkannt, mißachtet und geknechtet. Aber wie der Menschensohn der gekommene Vollender ist, so hat auch das von ihm berufene Volk Gottes an der ewigen Vollendung teil. Die von dem Menschensohn gestiftete und zu seinem Gedächtnis sowie zur Erfahrung seiner Gegenwart von ihm eingesetzte Mahlfeier ist das Unterpfand für das Teilhaben des Volkes Gottes an der Herrschaft Gottes im „Reich Gottes". Sie gibt die Gewißheit seines schon jetzt zu erfahrenden und doch noch nicht vollendeten ewigen Heils. Sie ist die Erfüllung allen irdischen Verlangens nach dem ewigen Heil.

In diesem von Jesus selbst hergestellten Zusammenhang zwischen ihm als dem Menschensohn und dem von ihm berufenen Volk Gottes liegt auch *der Ansatzpunkt für die Kirche.* Diese ist nicht entstanden aufgrund eines späteren Zusammenschlusses der Jünger nach dem Tode ihres Meisters. Sie ist auch nicht als eine mit der Verbreitung des christlichen Glaubens notwendig gewordene Organisation ins Leben getreten. Die Kirche hat ihren Ursprung vielmehr in dem Ruf Jesu zu seiner Nachfolge, also in dem von dem Menschensohn gewollten Anschluß an seine Person, der allein an den erlösenden, rettenden, heiligenden Kräften des „Reiches Gottes" teilhaben läßt.

So ist also die Kirche mit der Gestalt des Menschensohnes von vornherein gegeben. Sie ist das durch das Wirken des Menschensohnes geheiligte und erlöste Gottesvolk, das ohne sein Wirken nicht zu denken ist. Wie der Menschensohn selbst in geschichtlicher und menschlicher Gestalt lebt, als ein Angehöriger seines Volkes, als ein Jude unter Juden, als ein Mensch unter Menschen, so ist auch das Gottesvolk eine geschichtlich umgrenzte Gemeinschaft, von allen Weltbegebenheiten ständig umgeben, zu dauernder Auseinandersetzung mit ihnen gerufen.

Die Geschichte der Kirche beginnt also mit dem Gekommensein des Menschensohnes. Wie der himmlische Mensch in irdischer Gestalt gegenwärtig ist, so existiert die Kirche als irdische Gemeinschaft unter den Menschen und in den Völkern. *Sie ist das bleibende Zeichen seiner immerwährenden Präsenz* und für das Hier und Jetzt der Gottesherrschaft. Wie der Menschensohn ist sie die Manifestation der Gegenwart seienden Gottesmacht.

Mit dieser Gemeinschaft und allen ihren Lebensäußerungen hat es die Kirchengeschichte zu tun. Auf jeder Stufe ihres geschichtlichen Seins hat sie „die Kirche" als die ihr immer vorgängige, ihr immer vorgegebene Enthüllung der Gottesherrschaft zu betrachten. Es ist ihre bleibende Aufgabe, jeder Generation der Menschheit das Evangelium Jesu von der Gegenwärtigkeit der Gottesherrschaft zu verkündigen und sie in die Nachfolge, d. h. aber zur Teilhabe am Reiches Gottes und aller seiner Gaben, zu berufen.

Wenn die Kirchengeschichte in diesem Sinne als der sich in den verschiedenen Epochen der Menschheitsgeschichte realisierende Ruf in die Nachfolge verstanden wird, so kann ihre Darstellung nicht dem Irrtum erliegen, in allen ihren Manifestationen etwas Letztes und Endgültiges, mit den Kulturwerten der Menschheit sich Deckendes oder diese Hervorbringendes zu sehen.

Die eschatologische Grundhaltung Jesu und der endzeitliche Charakter seiner Verkündigung, die wir eingangs herausgestellt haben, müssen an allen Erscheinungen der Kirchengeschichte immer ablesbar sein. Sie allein können sie vor einer falschen Kulturfreudigkeit und der trügerischen Hingegebenheit an die Zeiten und ihre Produktionen bewahren. Sie zeigen stets den vorläufigen Charakter, die Gebrochenheit und Unvollkommenheit aller ihrer Hervorbringungen auf.

Indem aber die Kirchengeschichte unter dem eschatologischen Vorzeichen betrieben wird, das als ein Verweis auf die noch ausstehende, noch kommende, ganz andersartige Vollendung zu nehmen ist, wird sie in der einzig sachgemäßen eschatologischen Einstellung und in der der Sache entsprechenden Grundhaltung ihres Betrachters geübt. Sie allein können ihre Darstellungen und die Bewertung aller ihrer Quellen vor jenen gefährlichen Irrtümern und trügerischen Illusionen bewahren.

So steht die Kennzeichnung des gesamten irdischen Geschehens als eines endzeitlich ausgerichteten und immer als solches zu bewertenden nicht nur an den Anfängen der Kirchengeschichte, um dann einer sich immer stärker durchsetzenden „Enteschatologisierung" zu verfallen, die allen irdischen Größen ihren bleibenden Eigenwert gibt. Sie ist vielmehr *ein stetes Ingredienz aller irdischen Geschichtsbetrachtung, die allein alle Epochen der Geschichte in der sie immer bestimmenden Relativität, Vorläufigkeit und Unvollkommenheit erkennen läßt. Ohne eine derartige dauernde eschatologische Prämisse kann die Kirchengeschichte nicht sachgemäß behandelt werden.*

Sie ist bei allen Ausführungen über die „Epochen der Kirchengeschichte“ und die vom Betrachter für diese gesetzten „Schwerpunkte“ nicht nur mit hinzuzudenken, sondern bildet die selbstverständliche, der Kirchengeschichte gegenüber jeder Betrachtung der Profan- und Weltgeschichte allein ihren wahren, sie als solche kennzeichnenden Charakter verleihende Voraussetzung. Auf ihr ruhen die folgenden Darlegungen.

ZWEITER SCHWERPUNKT:

Die Urgemeinden zu Jerusalem und Antiochien Mission und Theologie des Apostels Paulus

1. DIE JERUSALEMER URGEMEINDE

Die Selbstbezeugungen des Auferstandenen haben die Jünger von Galiläa nach Jerusalem zurückgeführt. Hier erwarten sie die Wiederkehr des Herrn in Bälde. Hier sammeln sie sich, ganz und gar in der Hoffnung auf das nahe Ende lebend. Es ist also die Erwartung seiner Wiederkehr, nicht ihre Verzögerung, die zur Sammlung der Gemeinde führt. Mit der Bildung der Gemeinde zu Jerusalem ist die Kirche als das durch den Menschensohn erlöste und geheiligte Gottesvolk geschichtlich in Erscheinung getreten. Sie beginnt in und mit der Urgemeinde zu Jerusalem. Diese erste christliche Gemeinde ist die Keimzelle für die sich durch die Mission ausbreitende Kirche geworden.

Die Urgemeinde von Jerusalem lehnt sich an die jüdischen Einrichtungen an. Man besucht den Tempel, übt Beten und Fasten nach jüdischer Weise und hält am Gesetz fest. Als „Eiferer für das Gesetz" werden christliche Juden in Jerusalem bezeichnet (Apg 21,20), ja, sie können sogar als „Nazoräer" (Apg 24,5), d. h. als eine gesetzestreue jüdische Sekte, angesprochen werden.

Die Urgemeinde versteht sich selbst als die Gemeinde der „Armen" und der „Heiligen". Sie weiß sich als der unter diesen Namen gehende und für die Endzeit aufbehaltene „Rest" des Volkes Israel. In dieser Selbstbezeichnung der Urgemeinde drückt sich ihre Enderwartung und eschatologische Hoffnung aus: sie ist die messianische Gemeinde der Endzeit. Obwohl sie den Bruch mit den jüdischen Lebensformen noch nicht vollzogen hat, hebt die Urgemeinde sich deutlich von ihrer jüdischen Umgebung ab. Sie unterscheidet sich vom zeitgenössischen Judentum in vierfacher Hinsicht:

Erstens: Sie bewahrt den Glauben an Jesus als an den Messias, der in Niedrigkeit erschienen ist, aber in Herrlichkeit wiederkommen wird, um ganz Israel zu erlösen. Er ist der von den Juden verkannte Erfüller des Gesetzes, das Gott gegeben hat. In dieser Beziehung auf den Messias drückt die Urgemeinde ihren Glauben an den in Jesus gekommenen Menschensohn aus, als den Jesus von Nazareth sich selbst bezeichnet hat.

Zweitens: Die Urgemeinde hat von Anfang an das Abendmahl. Sie übt es als das Mahl des Brotbrechens in den Häusern (Apg 2,42.46). Sie feiert es im streng eschatologischen Sinn: Man erwartet bei dem Mahl die Gegenwart des zu Gott erhöhten Herrn, wie sie der alte Gebetsruf beim Abendmahl, „maranatha" („Unser Herr, komm"), bezeugt (1 Kor 16,22; Offb 22,20; Didaché 10,6), der die Bitte um die Parusie ausdrückt. Die Überlieferung dieses Gebetsrufes in der aramäischen Form besagt, daß er aus der Jerusalemer Urgemeinde stammen muß. Schon um das Jahr 90 ist er ein fester Bestandteil der Abendmahlsliturgie.

Drittens: Ferner unterscheidet sich die Jerusalemer Gemeinde von der jüdischen Religionsgemeinde durch die Taufe. Sie wird im Anschluß an die Taufe Jesu durch Johannes den Täufer „im Namen Jesu" geübt, wodurch man in die Gemeinde aufgenommen wird. Das lehren deutlich die Apostelgeschichte (2,38) und die Paulusbriefe, ohne daß über den Ursprung dieses Aufnahmeritus – die Evangelien wissen nichts von einer solchen Aufnahme in den Jüngerkreis Jesu – sich absolut Sicheres ausmachen läßt.

Viertens: Trotz der Einhaltung des Sabbats und der jüdischen Feste begeht man den „Herrentag" als den Tag der Auferstehung Jesu (1 Kor 16,2; Apg 20,7; Offb 1,10).

Das innere Leben der Jerusalemer Urgemeinde gibt am besten das Wort der Apostelgeschichte wieder:

> „Sie beharrten aber in der Lehre der Apostel und in der Gemeinschaft, im Brotbrechen und in den Gebeten." (2,42)

Man lebt in brüderlicher Gemeinschaft, die uns als Gütergemeinschaft geschildert wird (Apg 2,44f; 4,32ff), obgleich dabei doch dem einzelnen die Verfügung über sein Eigentum freigegeben ist (Apg 5,4). Man kann deshalb nicht einfach von einem „urchristlichen Liebes-Kommunismus" sprechen, denn die Gütergemeinschaft der Urgemeinde ist primär nicht durch soziale Momente bestimmt. Sie ist ein Audruck der Erwartung des unmittelbar bevorstehenden Endes und der Parusie des Herrn als der großen Aufhebung aller irdischen Werte und Unterscheidungen.

An der Spitze der Urgemeinde stehen *die Zwölf*. Unter ihnen nehmen Petrus, Johannes, der Zebedaide (?), und Jakobus, der Bruder des Herrn, die leitende Stellung ein. Paulus nennt sie die „Säulen" und „die hohen Apostel" (Gal 2,9; 2 Kor 11,5). Unter diesen dreien erscheint *Jakobus* als der eigentliche Leiter der Urgemeinde. Auch ihm ist eine Erscheinung des Auferstandenen zuteil geworden (1 Kor 15,7). Als Bruder des Herrn scheint er die maßgebende Stellung in Jerusalem eingenommen zu haben. Abgesandte von Jakobus kommen nach Antiochien und nehmen an der Gemeinschaft Anstoß, die Petrus mit den Heidenchristen aufgenommen hat. Petrus beugt sich ihrer Autorität, die ja auch Paulus anerkannt hat (Apg 21,18ff).

Nach der kirchlichen Überlieferung führt Jakobus den Beinamen „der Gerechte". Mit diesem Namen kommt auch seine innere Bindung an das Judentum zum Audruck. Unter ihm prägen sich in der Urgemeinde von Jerusalem deutlich die judenchristlichen Züge aus, wonach die Beobachtung des Gesetzes die Lebensgrundlage für die an den Messias Glaubenden abgeben muß.

Neben Jakobus steht *Petrus* als der Träger und Aufseher der Missionsarbeit an der Spitze der Gemeinde. Ihm obliegt die Anerkennung der Gemeinden in der Diaspora (Apg 8,14f, wo neben ihm Johannes erwähnt wird). Seine Bestätigung stellt den Zusammenhang mit der Jerusalemer Urgemeinde her. Der Zusammenhang der neu entstehenden Gemeinden mit Jerusalem wird auch durch die von den Gemeinden alljährlich abzuliefernde Kollekte für die „Armen" (Gal 2,10) gewahrt. Selbst die entferntesten Gemeinden in Kleinasien bleiben durch die Kollekte im Zusammenhang mit der Urgemeinde. Es handelt sich bei dieser Gabe der Gemeinden nicht um eine freiwillige Spende, sondern um eine Art Besteuerung, deren Ablieferung Paulus seinen Gemeinden zur Pflicht gemacht hat. Ihm selbst ist sie vom „Apostelkonvent" auferlegt worden.

Diese zahlreichen Einzelzüge gestatten es, sich ein Bild von dem *Kirchenverständnis der Urgemeinde* zu machen. Jerusalem weiß sich den neuentstandenen Gemeinden gegenüber als die Mutter. Es übt über sie die Aufsicht aus. Es bestätigt und anerkennt sie, es nimmt das Recht ihrer Besteuerung für sich in Anspruch.

Gegen diese allzu statische Auffassung von der Kirche, für die die Spitze der Kirche in Jerusalem liegt, hat Paulus das Wort von dem „freien Jerusalem", das droben ist, das in Wahrheit „unsere Mutter" ist, gesprochen (Gal 4,26; vgl. Polykarp von Smyrna, Phil 3,3). Als den Felsen des Glaubens hat er Christus, nicht aber Petrus bezeichnet (1 Kor 10,4).

Die Urgemeinde umfaßt nach einem gewissen Zeitraum der Vergrößerung *zwei Gruppen,* die der palästinensisch-hebräischen Juden und die der in Jerusalem lebenden hellenistischen Diaspora-Juden. Es ist zu Spannungen zwischen beiden Gruppen gekommen, da die Hellenisten in der Versorgung ihrer Witwen zurückgesetzt werden (Apg 6,2). Unter der Autorität der Zwölf und mit Zustimmung der Gemeinde werden deshalb *sieben Diakone gewählt.* Diese sollen die Dienste der Armenversorgung wahrnehmen. Unter Handauflegung wird ihnen ihr Amt von den Aposteln übertragen. Es handelt sich bei ihrem Amt aber nicht einfach um soziale Hilfeleistungen; die Diakone sind auch zu den mit dem Abendmahl verbundenen Diensten bestellt. Die „Apostel" erhalten die Aufgabe, beim Gebet und in der „Diakonie des Wortes" zu beharren.

Aus der hellenistischen Gruppe der Urgemeinde ragen *Philippus* und *Stephanus* hervor. *Philippus* arbeitet als Missionar in Samaria und an der Küste (Apg 8,4ff). Er wird von Petrus, der ihm mit Johannes von Jerusalem aus nachreist, in seiner Missionsarbeit bestätigt und anerkannt (Apg 8,15ff). *Stephanus* ist der erste christliche Märtyrer; er hat zuerst für den Glauben an den auferstandenen und erhöhten Herrn das Blutzeugnis abgelegt.

Stephanus ist wegen der „Wunder und Zeichen", die er unter dem Volk getan hat (Apg 6,8), mit der Gruppe der palästinensisch-hebräischen Juden in Konflikt geraten. Er wird vor das Synedrion gebracht und unter Anklage gestellt. Auf dem Hintergrunde einer neuen Geschichtsdeutung spricht er vom Verfall des Judentums durch die Veräußerlichung seiner Religion, von der begrenzten Dauer von Tempel und Gesetz und von der Aufhebung beider durch den wiederkommenden Messias (Apg 7,2ff).

Wegen dieser den Juden anstößigen Äußerungen ist Stephanus gesteinigt worden. An seiner Hinrichtung ist der Pharisäer Saulus beteiligt (Apg 7,58). Stephanus sieht in der Todesstunde den Himmel offen und den Menschensohn zur Rechten Gottes stehend. Mit den Worten „Herr Jesu, nimm meinen Geist auf" und „Herr, laß sie diese Sünde nicht entgelten" (Apg 7,59.60) stirbt er. Der Bericht über sein Martyrium in der Apostelgeschichte hat das Vorbild für die Berichte der Folgezeit über die Martyrien für den Glauben abgegeben.

An den Tod des Stephanus schließt sich *eine Verfolgung* an, die wohl nur seine

Anhänger getroffen hat. Denn die Apostel, so heißt es bei ihrer Erwähnung (Apg 8,1), bleiben in Jerusalem, während sich die hellenistische Gruppe unter dem Druck der Verfolgung über Samaria und Judäa zerstreut hat. Die Verfolgten werden zu Missionaren in Phönizien, auf Cypern und in Antiochien in Syrien. Man hat sich dabei ausschließlich an Juden gewandt (Apg 11,19ff). Erst bei den in diesen Gebieten gewonnenen Christen ist die Predigt nicht mehr auf das Judentum beschränkt geblieben, sondern auch auf die „Heiden", womit schlechthin die „Hellenisten" gemeint sind, ausgedehnt worden (Apg 11,20 mit den Varianten zu dieser Stelle).

Nach der Verfolgung des Stephanus und seiner Anhänger sind *zwei weitere Verfolgungen über die Urgemeinde hereingebrochen*. Die erste geht von *Herodes Agrippa I.* (41–44) aus. Von Caligula zum „König der Juden" erhoben, sucht er im Zuge seiner romfreundlichen Politik die Pharisäer für sich zu gewinnen. So ist es zur Verfolgung der Urgemeinde im Anfang der vierziger Jahre gekommen, die aber noch auf Jerusalem beschränkt geblieben ist. In ihr sind nach Apg 12,1 der Zebedaide Jakobus und wohl auch sein Bruder Johannes gefallen, wie man aus Mk 10,38 schließen kann, wenn man diese Stelle als „vaticinium ex eventu" ansieht.

Die zweite Verfolgung traf die Jerusalemer Gemeinde Anfang der sechziger Jahre. Der Hohepriester Anan hat um das Jahr 62 den Herrenbruder Jakobus, das Haupt der Urgemeinde, und andere Glieder der Gemeinde wegen Übertretung des Gesetzes zum Tode verurteilen lassen. Jakobus wurde von der Zinne des Tempels herabgestürzt und dann mit einem Knüppel erschlagen. Ein Vetter Jesu namens Simeon hat seine Nachfolge angetreten. Sollte so etwas wie eine „Dynastie Jesu" in Jerusalem verwirklicht werden? Man erkennt jedenfalls die Enge, in welche die Gemeinde geraten war, während der christliche Glaube bereits in anderen Hauptstädten des römischen Imperiums Wurzel zu fassen beginnt.

Das Schicksal der Jerusalemer Urgemeinde hat sich schnell erfüllt. An dem Aufstand der Juden gegen die römische Herrschaft und am Jüdisch-Römischen Krieg (66–73) hat sich die Gemeinde nicht beteiligt. Sie hat Jerusalem verlassen und sich nach Pella im Ostjordanland zurückgezogen. Dadurch ist sie vor der Vernichtung, die Jerusalem im Jahr 70 betroffen hat, bewahrt geblieben. Aber sie hat auch die Vorrangstellung verloren, die sie unter Jakobus innegehabt hat. Als nach dem Jahr 73 Teile der Gemeinde nach Jerusalem zurückkehren, sind sie nur noch *der judenchristliche Rest* der sich jetzt schon über das ganze Imperium erstreckenden und selbst in Rom ansässigen Gemeinschaft der Christen.

2. DIE ANTIOCHENISCHE URGEMEINDE

Neben Jerusalem hat sich in Antiochien in Syrien ein Schwerpunkt für die Entwicklung des Christentums herausgebildet. Die Gemeinde in Antiochien ist *durch die aus Jerusalem vertriebenen Hellenisten gegründet* worden (Apg 11,19), zu denen aber auch „Leute aus Cypern und der Cyrenaika" (Apg 11,20) gehörten, d. h. Juden aus der nordafrikanischen Landschaft der Cyrenaika, die in Jerusalem mit anderen Diaspora-Juden eine eigene Synagoge hatten (Apg 6,9). Diese verkündigten, wie die Apostelgeschichte ausdrücklich bemerkt (11,19ff), nicht mehr den Juden, sondern „auch den Griechen das Evangelium von dem Herrn Jesus" (Apg 11,20).

In Antiochien ist das junge Christentum also zuerst *mit der Welt des Hellenismus in Berührung gekommen* – eine Tatsache, die man früher in ihrer Bedeutung überschätzt und aus der man falsche Folgerungen für die Entstehung des Christusglaubens abgeleitet hat. Sicher ist, daß das hellenistische Element in der Gemeinde von Antiochien von vornherein die Oberhand hat. Sicher ist, daß auch geborene Heiden hier für Christus gewonnen worden sind. Sicher ist, daß sich diese Kirche von vornherein durch ihre freie Einstellung gegenüber dem Gesetz von der Jerusalemer Urgemeinde unterschieden hat.

In der antiochenischen Gemeinde haben wir *die erste, gesetzesfreie Heidenkirche* zu erblicken. Hier sind die Anhänger des Glaubens auch zuerst mit einem neuen Namen bezeichnet worden: man nannte sie *Christianer* (Apg 11,26). Man hat also auf dem Boden des Hellenismus das Christentum zuerst als eine selbständige Bewegung vom Judentum unterschieden. Der Name „Christianer" ist also *eine heidenchristliche Bezeichnung,* die von einem eigenen Kult der Christen hergeleitet ist.

Auch über die Gemeinde von Antiochien hat Jerusalem die Aufsicht ausgeübt. Es hat Barnabas nach Antiochien entsandt und mit der Inspektion der Gemeinde betraut (Apg 11,22). Auf Barnabas geht auch die Berufung des in Tarsus weilenden, inzwischen selbst für den christlichen Glauben gewonnenen Pharisäers *Saulus* zurück, nachdem dieser nach seiner Bekehrung noch verschiedene andere Aufenthalte gehabt hat. Damit ist in die Gründung der hellenistischen Juden derjenige Mann eingetreten, der zum eigentlichen Missionar des Christentums in der Welt des Hellenismus werden sollte. In Antiochien haben *Paulus und Barnabas* etwa ein Jahr gearbeitet (Apg 11,26), bis sie gemeinsam zu neuen Missionsgebieten aufgebrochen sind.

Die Geschichte der antiochenischen Gemeinde liegt von den Tagen des Barnabas und Paulus an für uns im Dunkel. Ihre Bedeutung aber besteht darin, daß *hier zuerst das Christentum als eine neue Religion aufgefaßt* worden ist. Die Bezeichnung dieser neuen Religion setzt die Verehrung Christi voraus, nannte man doch in der hellenistischen Welt die Religionsgemeinschaften nach den Namen der Gottheit, die in ihnen verehrt wird. Die Verehrung Christi aber geht, wie wir in anderem Zusammenhang gezeigt haben, auf die Urgemeinde von Jerusalem zurück, wie die auf Jerusalem zurückgehende aramäische Formel vom Kommen des Herrn Christus „Maranatha" (= unser Herr, komm) beweist.

Erst mit *Ignatius von Antiochien* (um 110 n. Chr.) tritt die antiochenische Gemeinde wieder in das helle Licht der Geschichte. In Antiochien ist in der Zwischenzeit eine Fortbildung der kirchlichen Verfassung und Ordnungen erfolgt, die in einer so deutlichen Entwicklung wie hier in keiner Gemeinde begegnet. Über sie werden wir in anderem Zusammenhang sprechen.

3. DER APOSTEL PAULUS ALS MISSIONAR

Auf Barnabas geht die Berufung des in Tarsus weilenden Paulus in die Missionsarbeit der antiochenischen Gemeinde zurück. Damit ist nun derjenige Mann in die Aktivitäten dieser Gemeinde eingetreten, der, selbst jüdischer Abkunft, zum eigentlichen Missionar des Christentums in der Welt des Hellenismus geworden ist.

Paulus hat den Christusglauben von seiner Bindung an das Judentum endgültig gelöst. Er hat ihm diejenige Form gegeben, die diesen Glauben befähigt hat, eine Weltreligion zu werden. Somit kommt der antiochenischen Urgemeinde, die im Unterschied zu der von Jerusalem den hellenistischen Typ des frühen Christentums repräsentiert, für die weitere Entwicklung des christlichen Glaubens eine entscheidende Bedeutung zu.

Von Antiochien aus haben Paulus und Barnabas zunächst gemeinsam in der Mission gearbeitet und dabei eine neue Praxis entwickelt. Sie haben das Evangelium Jesu den Heiden und den Juden ohne Rücksicht auf ihre Herkunft verkündigt und den Heiden weder die Beschneidung noch das jüdische Ritualgesetz auferlegt.

An dieser Missionsmethode haben jedoch orthodoxe Judenchristen, die nach Antiochien gekommen oder von Jerusalem aus dorthin entsandt waren, schweren Anstoß genommen. Sie haben von den Heiden die Annahme der Beschneidung und die Befolgung des mosaischen Gesetzes verlangt.

Diese grundlegende Frage nach der Bedeutung des Gesetzes für die neue Religion hat schwere Auseinandersetzungen zwischen den Gemeinden von Jerusalem und Antiochien zur Folge gehabt. Auf dem deshalb einberufenen *Konvent zu Jerusalem* (43/44), in der späteren Sicht als „Apostelkonzil" bezeichnet, hat Paulus die prinzipielle Anerkennung der gesetzesfreien Heidenmission durchsetzen können. Der Zusammenhang der von ihm gegründeten Gemeinden mit der Urgemeinde von Jerusalem sollte durch die Kollekte für die Mutterkirche, die „Armen" zu Jerusalem, aufrechterhalten werden.

Die Gemeinde von Antiochien hat unter der Wirksamkeit des Paulus eine weitere grundlegende Frage zu entscheiden gehabt. Sie betrifft *das Problem der Mahlgemeinschaft zwischen Juden und Heidenchristen,* recht eigentlich die Frage nach der eucharistischen Gemeinschaft zwischen beiden Gruppen. Auch diese Frage hat dann der Konvent zu Jerusalem zwar ohne Mitwirkung des Paulus, aber doch in Rücksichtnahme auf seine Haltung geklärt. Den Heiden wird die Enthaltung von Götzenopferfleisch, von Blut, Ersticktem und Hurerei zur Pflicht gemacht. Die Beschneidung und die weitere Beobachtung des Gesetzes werden dagegen nicht von ihnen gefordert.

Dieser gewöhnlich als *Aposteldekret* bezeichnete Beschluß ist zwar ohne Paulus getroffen worden, aber in ihm hat er doch gesiegt; denn die Übung der Beschneidung und die Beobachtung des Gesetzes sind für die Heiden aufgegeben und letztere auf ein Mindestmaß eingeschränkt worden. Das bedeutete die offizielle Anerkennung der prinzipiell gesetzesfreien Missionsarbeit. *Es wird festgestellt, daß es einen unmittelbaren Zugang zum christlichen Glauben auch für die Heiden gibt.* Diese sind nicht genötigt, den Umweg über das Judentum durch die Annahme der Beschneidung und die Befolgung des Gesetzes zu nehmen. Dieser Beschluß hat der Wirksamkeit des Apostels Paulus den Weg in die Welt aufgetan.

Erst nach diesen Konflikten und Auseinandersetzungen, die eine wahrhaft weltgeschichtliche Bedeutung im Hinblick auf die Ausbreitung des Christentums erlangt haben, ist Paulus *zu dem die Welt durchquerenden Missionar* geworden, nachdem er schon zwei Missionsreisen durch Kleinasien durchgeführt und dann, nach dem bedeutsamen Übergang von dort nach Europa, in Griechenland missioniert hatte.

Das Motiv seiner Missionsarbeit ruht also auf dem Gedanken einer Durchquerung der Welt bis an ihre Enden, einer Festsetzung des Evangeliums an den Mittelpunkten der Welt, bevor die Wiederkunft des Herrn erfolgt. So versteht sich Paulus selbst als der Weltapostel, der Neuland für seine Arbeit aufsuchen muß und das Evangelium nur dorthin tragen will, wo es noch nicht gewesen ist: „Ich habe stets meine Ehre dareingesetzt, das Evangelium dort nicht zu verbreiten, wo Christus schon bekannt war, damit ich nicht auf einem fremden Grund baue" (Röm 15,20). So ist Spanien sein fernes Ziel. Er hofft, bei Gelegenheit der Reise dorthin auch nach Rom zu kommen, um die hier schon vorhandene Gemeinde zu besuchen.

Aber bevor Paulus die Reise nach Spanien antritt, geht er nach Jerusalem, um die Kollekte für die „Armen" der Urgemeinde zu überbringen. Anläßlich ihrer Übergabe gerät er nach einem Tumult der Juden auf dem Tempelplatz in römische Gefangenschaft. Nach zweijähriger Haft in Cäsarea wird er nach der Berufung auf sein römisches Bürgerrecht und einer Appellation an den Kaiser als Gefangener der römischen Behörde nach Rom gebracht.

Zwei Jahre hat Paulus in Rom, unter Polizeiaufsicht gestellt, zugebracht. Er hat auch in dieser Zeit als Gefangener die Predigt des Evangeliums ausrichten können. Dann verlieren sich die Spuren dieses Missionars, der dem christlichen Glauben den Weg in die Welt gebahnt hat, in der Geschichte. Aber aus späteren Zeugnissen wissen wir, daß er wie Petrus in Rom das Martyrium erlitten hat. Die kirchliche Überlieferung dürfte nicht falsch sein, die besagt, daß er an der Straße nach Ostia sein Grab gefunden hat, dort, wo sich heute die Kirche „St. Paul vor den Mauern" erhebt.

Das Prinzip der Mission des Paulus ist in seinem Wort beschlossen, daß er bestrebt sei, „allen alles zu werden". Paulus sagt damit, daß er das Evangelium Jesu in einer den Juden und in einer den Hellenisten, d. h. den „Heiden", angepaßten Form ausgedrückt hat.

4. DIE THEOLOGIE DES PAULUS

Sie läßt sich deshalb um zwei Problemkreise gruppieren, die zutiefst sein Denken bewegen. Der erste Problemkreis konzentriert sich auf *die Frage nach dem Sinn des Todes Jesu,* der den Juden ein Ärgernis ist und den Griechen als eine Torheit erscheint. Paulus beantwortet diese Frage mit dem Hinweis auf den unergründlichen göttlichen Willen. Gott selbst hat Jesus sterben lassen und ihn zu einem Sühnemittel für seine Gerechtigkeit gemacht. Er hat mit dem Tod seines Sohnes das Opfer gebracht, in dem sich seine Liebe zu Juden und Heiden bekundet.

Mit diesem Bezug auf Gottes Gerechtigkeit hat Paulus die den Juden bewegenden Fragen beantwortet, die er unter dem Begriff der *Versöhnung* stellt. Durch Jesus sind wir mit Gott versöhnt, denn er hat mit seinem Tod die Gerechtigkeit erworben, die vor Gott gilt. Der dem hellenistischen Verständnis angepaßte Ausdruck für die Heilstatsache des Todes Jesu liegt im Begriff der *Erlösung.* Christus hat uns mit seinem Tod von der Vergänglichkeit und dem Sterben erlöst, um in uns das neue, göttliche Leben zu wecken. Der Erlöser ist der Herr über den Tod und die kosmischen Gewalten, und er wirkt die Erlösung in der Betätigung seiner Herrschaft als das Haupt einer neuen Menschheit.

Versöhnung und Erlösung sind die beiden grundlegenden Begriffe, in denen Paulus nach zwei Seiten hin die Heilsbedeutung des Todes Jesu zum Ausdruck bringt.

Das zweite Problem der paulinischen Theologie liegt in der *Frage nach dem Verhältnis von Gesetz und Evangelium.* Für Paulus hat Jesus mit seinem Tod die Geltung des Gesetzes aufgehoben. Das Evangelium stellt eine tiefere Offenbarung der Liebe Gottes als das Gesetz dar. Es ist die universale Botschaft von der göttlichen Gnade, die allein der Glaube annehmen kann. Das Gesetz aber wird als geschichtlich bedingtes Erziehungsmittel auf Christus hin gewertet. Mit diesem Problem hat Paulus persönlich gerungen; dabei ist er aus dem Eiferer um das Gesetz zu dem Verkünder des gesetzesfreien, universalen Evangeliums geworden.

Man kann an diese beiden Problemkreise alle weiteren Themen der paulinischen Theologie anschließen, Paulus knüpft mit ihnen ganz unmittelbar an die Verkündigung Jesu an. *Das Evangelium Jesu ist für ihn die universale Botschaft von dem neuen Sein des Gottesvolkes, die allen Menschen gilt.* Es ist Paulus zu danken, daß das Christentum nicht zu einer jüdischen Sekte geworden ist, sondern seinen Weg in die Welt hat nehmen können. Erst durch Paulus hat das Christentum diejenige Gestalt empfangen, die es befähigt hat, „Weltreligion" zu werden. Nicht zuletzt ist diese Entwicklung auch durch das von Paulus ausgebildete Verständnis der Kirche ermöglicht worden.

Die Anschauung von der Kirche bei Paulus bildet ein Korrelat zu dem Kirchenverständnis der Urgemeinde. Wird hier die Kirche als die eine große Gemeinde und Anstalt unter dem Primat Jerusalems gedacht, so hat Paulus seinen Kirchenbegriff in doppelter Hinsicht ausgebildet. Die Kirche ist einmal in ihrer Gesamtheit für ihn der *Leib Christi.* Das Haupt des Leibes ist Christus als der erhöhte Herr und der Geist. Die einzelnen Gläubigen bilden die Glieder des Leibes, aber sie konstituieren ihn nicht und können nur durch die Zugehörigkeit zum Haupte ihre Gliedschaft am Leibe gewinnen und erhalten. *So faßt Paulus die Kirche insgesamt als eine pneumatische Größe; jede Einzelgemeinde ist eine Repräsentation des Leibes Christi.*

Der Begriff „Kirche" hat deshalb bei Paulus einen doppelten Aspekt. Er bezeichnet sowohl die Kirche in ihrer Gesamtheit als die einzelne Gemeinde. Aber in jeder Gemeinde ist Christus gegenwärtig und wird das Heilsgeschehen durch die Verkündigung zur Gegenwart. Das Heilsgeschehen, wie es sich in Tod und Auferstehung Jesu vollzogen hat, ist endzeitliches Geschehen, sofern es das Ende des alten Äons bedeutet. Christus ist gekommen, als die Zeit erfüllt war. Zum Heilsgeschehen selbst gehört auch die Verkündigung als „das Wort vom Kreuz" und als „das Wort der Versöhnung" (2 Kor 5,18f).

In dem Hier und Jetzt, da das Wort den Hörer trifft, wird das Heilsgeschehen für ihn präsent. Das Wort aber sammelt nicht nur die Gemeinde, sondern es wird auch durch sie ausgerichtet. Deshalb hängt für Paulus der Kirchenbegriff primär mit dem Heilsgeschehen zusammen. Das Fundament der Kirche sind nicht die Apostel, sondern ist Christus, so daß es keine Rangordnungen in der Gemeinde gibt. Christus wirkt durch die Apostel als seine Diener; auch jeder Christ kann den Geist haben, der seine Herrschaft in den charismatischen Gaben bekundet.

Der Kirchenbegriff des Paulus ist neben dieser pneumatischen Grundlage noch durch einen zweiten Gedanken bestimmt. Mit dem pneumatischen Verständnis der

Kirche hat Paulus *die Anschauung von der Kirche als einer auf göttlicher Ordnung beruhenden Institution verbunden.* Die Gemeinde ist keine Gemeinschaft von Enthusiasten. Das Zusammenwirken der einzelnen Glieder muß durch Ordnung und gegenseitige Liebe bestimmt sein. So gibt es in der Kirche die Ämter der Apostel, der Propheten und der Lehrer. Alle geistlichen Gaben haben für die gemeinsame Förderung, den Nutzen aller zu wirken. Aus Liebe wird sich der Geistesmensch den Schwachen unterordnen, die auch in der Kirche ohne Ordnung nicht leben können.

Geist und Ordnung sind die beiden Pfeiler, die den paulinischen Kirchenbegriff, der in den Krisenzeiten der Kirchengeschichte immer wieder wirksam geworden ist, tragen. Von ihm aus ist stets die Auseinandersetzung mit einer ausschließlich anstaltlich-juridischen Auffassung der Kirche geführt worden, wie sie zuerst in der jerusalemischen Urgemeinde hervorgetreten ist. So hat gerade für die Theologie des Apostels Paulus neben den beiden ihn bewegenden grundsätzlichen Fragen nach dem Sinn des Todes Jesu und nach dem Verhältnis von Gesetz und Evangelium das Kirchenverständnis eine entscheidende, weil in der Geschichte des Christentums zu allen Zeiten neu aufgegriffene und durch seine Interpretation in die Geschichte eingehende Bedeutung erlangt.

DRITTER SCHWERPUNKT:

Die Apostolischen Väter

Das sog. *nachapostolische Zeitalter* umfaßt den Zeitraum von den letzten Jahrzehnten des ersten bis zur Mitte des zweiten Jahrhunderts. Gewöhnlich wird es in ungeschichtlicher Weise abgewertet. Auf protestantischer Seite erscheint es dann als eine direkt auf den „Frühkatholizismus" hinführende Entwicklung, als die sog. „vorkatholische" Epoche, in der die Enteschatologisierung des Glaubens, die Institutionalisierung der Gemeinden und die Verhärtung lebendiger Frömmigkeit zu äußeren Formen erfolgt sein soll.

In der modernen katholischen Geschichtsschreibung betont man den epigonenhaften Charakter dieser Epoche gegenüber der apostolischen Zeit: „Es sind nur Epigonen der großen Gestalten der apostolischen Ära", sagt ein katholischer Kirchenhistoriker unserer Tage von den Repräsentanten des nachapostolischen Zeitalters. Er hebt den großen Abstand hervor, der diese Männer von den höchst idealisiert gesehenen Vertretern der apostolischen Zeit trennt.

Aber weder das protestantische noch das katholische Urteil besteht zu Recht. Beide Auffassungen beruhen auf einer falschen Ansicht von der Einheit, der Geschlossenheit und den neuen Fragestellungen der nachapostolischen Zeit. Diese hat in ihren Differenzierungen und nach den verschiedenen Typen, in denen sie sich uns darstellt, ihren besonderen Reichtum und Wert. Mit seiner Ausbreitung in der nachapostolischen Zeit hat der christliche Glaube die zahlreichen, ihm in der hellenistischen Welt neu entgegengebrachten Probleme zu beantworten gehabt, die das Schrifttum dieser Epoche in charakteristischer Weise widerspiegelt.

Das junge Christentum hat im Eingehen auf diese Fragen teils jüdischen, teils hellenistischen Ursprungs *eine eigene Literatur entwickelt,* die sich zwar an die vorgegebenen Formen des Neuen Testamentes anschließt, aber diesem gegenüber doch auch ihr eigenes Gepräge hat. Sie erscheint in einer Reihe von Werken, die man unter dem Begriff der *Apostolischen Väter* zusammenfaßt. Der Name wurde von der Patristik des 17. Jahrhunderts zuerst gebraucht, um die Nähe dieses Schrifttums, das nach damaliger Meinung von unmittelbaren Apostelschülern stammen sollte, zu den neutestamentlichen Schriften zu bezeichnen. Ein Blick auf die literarischen Formen, in denen diese Werke uns entgegentreten, zeigt den Reichtum und die Vielfalt, aber auch ihren Abstand gegenüber dem Neuen Testament.

Die literarische Form des Briefes als eines persönlichen Schreibens, das entweder an einzelne Empfänger oder an eine Gemeinde gerichtet ist, hinter dem auch noch die

Persönlichkeit des Verfassers zu erkennen ist, begegnet in den sieben Briefen des Bischofs Ignatius von Antiochien. Auch der Brief des Bischofs Polykarp von Smyrna an die Gemeinde zu Philippi trägt starke persönliche Züge.

Eine *ausgesprochene Lehrepistel* liegt im Ersten Klemensbrief vor, der ein offizielles Schreiben der Gemeinde von Rom an die von Korinth in Beantwortung einer von dieser nach Rom gerichteten Anfrage wegen der Absetzung von Presbytern und Episkopen ist. Ebenso muß der Barnabasbrief mit seiner typologischen Auslegung des Alten Testamentes zu den Lehrschreiben gerechnet werden.

Dagegen trägt der sog. Zweite Klemensbrief seinen Namen zu Unrecht. In ihm haben wir nicht einen Brief, sondern *die erste christliche Predigt* vor uns, die als eine erste Fixierung der frühchristlichen Verkündigung von besonderem Wert ist.

Eine *Kirchenordnung* stellt die „Didache" oder die „Lehre der Zwölf Apostel" dar. Sie enthält in ihrem ersten Teil einen jüdischen, christlich überarbeiteten Katechismus, die Lehre von den Zwei Wegen, die zum Leben oder zum Tode führen. Diese erscheint übrigens fast gleichbedeutend auch im Barnabasbrief.

Es folgen in einem zweiten Teil Anweisungen für die Taufe, für Fasten und Beten sowie für die Feier des Abendmahls mit sehr wertvollen alten Abendmahlsgebeten und Bruchstücken einer frühen Abendmahlsliturgie. In einem dritten Teil spricht die Didache von den Propheten und Lehrern, d. h. Pneumatikern, die aber schon einer Verwilderung anheimgefallen sind, so daß die Kennzeichen für den echten Pneumatiker angegeben werden müssen. Sie werden durch Episkopen und Diakone ersetzt, die an ihre Stelle treten, wofür die Didache eine bezeichnende Begründung zu bieten weiß.

Eine Apokalypse bietet der „Hirte des Hermas", der die Frage nach der „zweiten Buße" behandelt und ganz und gar von der Nähe des Endes in seinen Überlegungen zu diesem Problem bestimmt ist.

Eine besondere Schriftgattung begegnet in dem Bericht über das Ende des Bischofs Polykarp von Smyrna, dem *Martyrium Polykarpi.* Es handelt sich um einen offiziellen Bericht der Gemeinde von Smyrna über den Tod ihres Bischofs Polykarp an die Gemeinde zu Philippi. Es liegen der Darstellung offizielle Aufzeichnungen aus dem Verhandlungsprozeß gegen Polykarp zugrunde.

Bei den Kirchenvätern sind uns noch die *Reste eines exegetischen Werkes überliefert, die sog. Papiasfragmente.* Es handelt sich um die Trümmer einer „Auslegung der Herrenworte" des Bischofs Papias von Hierapolis, der mit diesem Werk entweder die sog. „Spruchquelle" der Evangelien oder eine Auswahl von Herrenworten aus den Evangelien kommentiert hat.

Dieser Überblick zeigt die Mannigfaltigkeit des Schrifttums der Apostolischen Väter. Ihnen zur Seite stehen eine Reihe von apokryphen Evangelien und Apostelgeschichten und pseudepigraphischen Briefen, auch einigen angeblichen Paulusbriefen.

Es wird nun unsere Aufgabe sein, *die in dieser Literatur zur Sprache kommenden theologischen Probleme* zur Darstellung zu bringen:

1. *Das Gottesbild* der Apostolischen Väter ist durch die Betonung des einen Gottes, der der Allherrscher ist, bestimmt. Es wird vor allem der Monotheismus hervorgehoben. „Glaube vor allem, daß ein Gott ist", sagt der „Hirte des Hermas". Gottes Wesen wird mit den Abstraktionen der griechischen Philosophie umschrieben. Gott, der alles sieht,

ist selbst unsichtbar. Er ist der Unfaßbare, der selbst alles umfaßt. Er ist der Zeitlose und Ewige, der Ungeschaffene, der durch das Wort seiner Kraft alles erschaffen hat. Der Erste Klemensbrief bereichert dieses Bild durch die Betonung des göttlichen Willens. Gott ist fordernder, ordnender und Gesetze gebender Wille.

2. *Die Christologie* der Apostolischen Väter betont die Geschichtlichkeit des Erlösers. In Anknüpfung an das Johannesevangelium wird die Fleischwerdung des Logos und die Offenbarung Christi im Fleische hervorgehoben. Die Polemik der Apostolischen Väter richtet sich deshalb gegen jede Art von Doketismus. Nicht zum Scheine hat Jesus gelitten, obwohl das Göttliche an ihm leidensunfähig gewesen ist. Der Fleischgewordene ist der präexistente Sohn Gottes, der Logos, der vor der Schöpfung gezeugt worden ist. Christus war zuerst Geist und ist dann Fleisch geworden, heißt es im Zweiten Klemensbrief. Er ist der ins Fleisch gekommene Gottessohn, sagt Ignatius. „Wir müssen über Christus denken wie über Gott", beginnt der Zweite Klemensbrief. „Hosianna dem Gotte Davids", wird in den Abendmahlsgebeten der Didache gesagt. Der Titel „Menschensohn" wird nicht mehr nach seinem ursprünglichen Sinn verstanden. Im Barnabasbrief wird er als Bezeichnung für Christus abgelehnt, da er nach Meinung dieses Schreibens nur die menschliche Seite an ihm bezeichnet.

Als der ins Fleisch gekommene Gottessohn hat Christus nach Ignatius *die Erlösung bewirkt*. In ihm ist das göttliche Leben konzentriert, das den Tod überwunden hat. So ist *die Erlösung vom Tod das Ziel der Inkarnation.* Als der Erlöser ist uns Christus der Führer zur Unsterblichkeit geworden. Er vermittelt uns „unsterbliche Erkenntnis", wie es der Erste Klemensbrief unter Bezugnahme auf das Abendmahl ausdrückt.

Im übrigen betont der Erste Klemensbrief als das Ziel des Werkes Christi *die Versöhnung,* die durch das Opfer, das Christus gebracht hat, erreicht worden ist. In diesem Sinn wird Christus auch als der Hohepriester angesprochen, der für unsere Sünden bei Gott eingetreten ist und eintritt. Sein Blut ist das Opfermittel, durch das er uns die Vergebung der Sünden erworben hat.

Die Gedanken der Apostolischen Väter über Christus gehen also in eine doppelte Richtung. Auf der einen Seite ist Christus der, in dem Gottes Geist wohnt, derjenige, der uns das in ihm seiende göttliche Leben mitteilt, der Erlöser. Auf der anderen Seite gilt Christus als unser Hoherpriester, der uns schützend bei Gott vertritt, durch den wir Zugang zum Vater haben, dessen Blut das „Sühneblut" ist, der Versöhner. In diesem doppelten Sinn wird das Werk Christi ausgelegt.

3. Eine besondere Problematik hat *das Verständnis der Taufe* bei den Apostolischen Vätern hervorgerufen. Die Taufe schließt mit der Buße für das heidnische Wesen den Unterricht ab, der ihr in bezug auf Glaube und Leben vorangegangen ist. Sie gilt als das „Siegel Christi", d. h. als das Unterpfand für den uns durch sie mitgeteilten Geist. Sie gibt uns die Sündenvergebung und die Sündlosigkeit. Wir verwirklichen das neue Sein, in das wir mit der Taufe eingetreten sind, indem wir den göttlichen Geboten nachleben. Es gibt also nur *die eine Buße vor der Taufe,* in der das heidnische Leben abgelegt wird.

Sehr bald ist man zu einer Unterscheidung der Sünden gekommen. Es gibt schwere Sünden, *die Todsünden,* die uns für immer aus der Gemeinschaft der Kirche ausschließen, und *läßliche Sünden,* die leichterer Art sind und dem täglichen Umgang angehören. Die Todsünden sind gegen den Geist und gegen Gott, die läßlichen Sünden sind gegen die Menschen gerichtet. Diese können vergeben werden, aber eine Vergebung für die Todsünden gibt es nicht.

In dieses ernste Problem hat der „Hirte des Hermas" eingegriffen und *zum ersten Mal eine zweite Buße verkündigt.* Sie bezieht sich auf die nach der Taufe geschehenen Sünden. Sie soll ausnahmsweise nur jetzt und nur dieses eine Mal gewährt werden, auch denen, die abgefallen sind oder den Herrn verleugnet haben. Durch die zweite Buße wird Gott wieder versöhnt, wenn man die innere Herzensreue aufzubringen vermag.

4. Eine besondere Bedeutung kommt *der Auffassung des Abendmahls zu.* Nach der Didache und nach den Ignatianen wird es noch in der Form des Liebesmahls (Agápe) gehalten. Aus den mitgebrachten Gaben werden Brot und Wein für die Feier des Mahls genommen. Es dürfen nur Getaufte an der Feier der Eucharistie teilnehmen. Diese wird jetzt auch als „Eucharistie" und als „Opfer" bezeichnet. Nach Ignatius kann es nur im „Altarraum" bzw. im „Opferraum" stattfinden. Nach der Didache geht dem Abendmahl das Sündenbekenntnis voraus.

Die Didache überliefert auch *ein Bruchstück der alten Abendmahlsliturgie.* Es handelt sich um einen Wechselgesang oder um ein Wechselgespräch zwischen Liturg und Gemeinde. Ebenso hat uns die Didache *wertvolle Abendmahlsgebete* aufbewahrt. Sie werden über Brot und Wein gesondert gesprochen. In ihnen wird Gott für die Gnade der geistlichen Speise gedankt, für Erkenntnis, Glaube und Unvergänglichkeit, die uns sein „Knecht Jesus" kundgemacht hat. Bei den Abendmahlsgebeten gesteht die Didache den Propheten und Lehrern, also den Inhabern der charismatischen Ämter, volle Freiheit zu: sie können danksagen, so heißt es, „soviel sie wollen".

Bei Ignatius dagegen kann nur der Bischof oder der von ihm eingesetzte Stellvertreter die rechtmäßige Feier der Eucharistie halten. Es ist nicht erforderlich, daß er Pneumatiker ist. Im Gegenteil, den „schweigenden Bischöfen" ist die größere Hochachtung gegenüber dem redenden Pneumatiker entgegenzubringen.

Das Abendmahl hat in der nachapostolischen Zeit *eine bedeutsame Entwicklung* durchgemacht. Es ist zu einer selbständigen kultischen Handlung geworden, in der die Gaben durch Gebet gesegnet und dann gespendet werden. Nur das kirchliche Amt ist es, das diese Feier rechtmäßig vollziehen kann.

Auf das engste hängen bei Ignatius *die Christusanschauung und die Auffassung des Abendmahls* zusammen. Er bezeichnet das Abendmahl als das „Heilmittel zur Erlangung der Unsterblichkeit", was dann näher dahin erläutert wird, daß es sich im Abendmahl um ein „Gegengift gegen den Tod" handelt. Wie nämlich das göttliche Leben in Christus, dem *Fleischesträger,* wohnt und wie Christi Fleisch ganz von dem göttlichen Geist durchdrungen ist, so ist auch für Ignatius das Abendmahl der Träger unvergänglichen göttlichen Lebens, denn wir empfangen in ihm Fleisch und Blut Jesu Christi. Es liegt also bei Ignatius *ein Realismus der Abendmahlsauffassung* vor, der durchaus der um die Idee der vollen Verleiblichung des Logos konzentrierten Christusanschauung entspricht. Es versteht sich von selbst, daß Ignatius jede Art von doketischer Christologie ebenso wie jede Entleerung des Abendmahls von seinen geistlich-leiblichen Wirkungen bekämpft.

5. In *den ethischen Anschauungen der Apostolischen Väter* kann man eine mehr am Gesetz orientierte Ethik von einer vornehmlich pneumatisch bestimmten unterscheiden.

Letztere gilt dabei als die Verwirklichung des neuen, in Christus begründeten Seins. Jene zeigt sich in der Übernahme der jüdischen Zwei-Wege-Lehre, wie sie in der Didache, im Barnabasbrief und auch in der Orientierung am Gesetz im Ersten Klemensbrief zu finden ist. Der pneumatische Charakter der Ethik wird dagegen vorwiegend von Ignatius betont, der den Christen geradezu als *Gottesträger* bezeichnet, im vollen Gegensatz zur Auffassung von Christus, der von ihm bewußt als „Fleischesträger" angesprochen wird.

Von der größten Bedeutung ist auch *die Abstufung der sittlichen Pflichten,* wie sie die Didache vorgenommen hat. Der Vollkommene, so heißt es bei ihr, soll das ganze Joch des Herrn tragen. Wer das nicht kann, soll wenigstens soviel tun, als er vermag: „Denn wenn du das ganze Joch des Herrn tragen kannst, so wirst du vollkommen sein; wenn du es aber nicht kannst, so tue das, was du vermagst."

Im „Hirten des Hermas" erscheint der Begriff der *überschüssigen guten Werke.* Diese liegen dort vor, wo man mehr tut, als wozu man verpflichtet ist, um sich größere Verdienste bei Gott zu erwerben.

6. *Die Abgrenzung der Apostolischen Väter vom Judentum* geschieht in einer doppelten Weise. Man stößt das Judentum von sich, indem man es mit dem Heidentum gleichsetzt. Es hat, wie gesagt wird, Gott *wie die Heiden* in einen Tempel eingeschlossen. Auf der anderen Seite findet man sich doch selbst im Judentum wieder. Man nimmt sein Heiliges Buch, sein Gesetz, die Patriarchen, Mose und die Propheten für sich in Anspruch. *Man gibt sich in der jüdischen Religionsgeschichte die eigene Vorgeschichte.* Man sieht sie als Verheißung und die eigene Religion als die Erfüllung und Vollendung der jüdischen an.

7. *Die kirchliche Verfassung* hat ebenfalls im Zeitalter der Apostolischen Väter einen Ausbau erfahren. Noch lebt allerdings der urchristliche Pneumatismus fort. Gegenüber den festen Formen, die der Gottesdienst jetzt annimmt, bewahren die Geistesträger, d. h. die Propheten und Lehrer, noch ihre vollen Freiheiten. Aber gleichzeitig sind sie auch schon in einer Verwilderung begriffen, so daß die Didache vor falschen Propheten warnen und gewisse Kennzeichen angeben muß, an denen die wahren Propheten zu erkennen sind. Der echte Pneumatiker ist an der *Lebensart des Herrn* zu erkennen und daran, daß er sich nicht länger als drei Tage in einer Gemeinde aufhält.

An die Stelle der Propheten und Lehrer treten nun auch in der Didache *die Episkopen und Diakone.* Sie übernehmen deren wichtigste Aufgabe, den liturgischen Dienst und die Feier der Eucharistie, wobei sie im Unterschied zu den Pneumatikern aber nicht die freien Gebete, sondern fest formulierte sprechen, wie sie uns die Didache ebenfalls überliefert.

Jetzt wird *die Feier der Eucharistie zur eigentlichen* Aufgabe des kirchlichen Amtes. Die Didache ist bemüht, den Episkopen und Diakonen die gleiche Ehrung wie den Propheten und Lehrern zu sichern, versehen sie doch den gleichen „Dienst" wie diese. Ignatius von Antiochien kämpft für den *monarchischen Episkopat* und seine Anerkennung in den kleinasiatischen Gemeinden, wonach nur ein Bischof die Gemeinde leiten kann, während Presbyter und Diakone ihm zur Seite stehen. Er begründet deren besondere Stellung mit der *Urbild-Abbild-Theorie,* wonach *der eine Bischof* für die Gemeinde die Stelle Gottes einnimmt oder sein Abbild ist. Der Erste Klemensbrief betont die Unabsetzbarkeit der Presbyter und Episkopen. Diese sind als *die von den Aposteln eingesetzten Nachfolger im Amt,* die ihrerseits wieder ihren Nachfolger eingesetzt haben, zu achten. Es ist der Gedanke der apostolischen Sukzession, den der Erste Klemensbrief zur Rechtfertigung dieser Entwicklung vorträgt.

8. Neben die Autorität des Alten Testamentes tritt *die des werdenden Neuen Testamentes.* Die Herrenworte werden schon jetzt als Autorität angeführt. Auch die kanonischen Evangelien sind bekannt, so daß sich die Didache auf sie berufen kann. „Weiset einander zurecht“, sagt sie, „nicht im Zorn, sondern im Frieden, wie ihr es im Evangelium habt.“ „Evangelium“ bezeichnet nicht mehr nur die Verkündigung Jesu, sondern auch schon das schriftlich abgefaßte Evangelium. Im Brief des Bischofs Polykarp von Smyrna, der reichlich mit Zitaten aus den Paulinischen Briefen durchsetzt ist, wird sogar einmal ein Zitat aus dem Epheserbrief als „Schrift“ bezeichnet. Das Evangelium des Herrn und die Briefe der Apostel beginnen von sachlicher Autorität für die Apostolischen Väter zu werden.

VIERTER SCHWERPUNKT:

Römischer Staat und christliche Kirche

Das Christentum ist dem römischen Staat zunächst nicht als eine neue Religion, sondern als eine jüdische Sekte erschienen. Infolgedessen ist ihm die privilegierte Stellung des Judentums zunächst zugute gekommen: der jüdische Monotheismus wird geachtet; der Jude ist von der Teilnahme am Staatskult und vom Kriegsdienst befreit; am Sabbat braucht er nicht vor Gericht zu erscheinen.

Auch anderen Religionen gegenüber hat der römische Staat eine weitgehende Toleranz bewiesen. Die verschiedenen Kulte werden geduldet, sofern ihre Anhänger sich der religiösen Verehrung des lebenden Herrschers unterziehen. Die Verweigerung des Opfers für den Kaiser gilt als Majestätsverbrechen. Die Ahndung dieser Vergehen liegt bei den Magistratsbehörden, die sie kraft der ihnen zustehenden Polizeigewalt verfolgen. Auch für die Festlegung der Strafen sind die Behörden zuständig; nur für die Todesurteile ist es der Statthalter. Hinsichtlich des Religionsfrevels war das römische Recht sehr lückenhaft. Es hat keine Richtlinien für die Erhebung des Tatbestandes. Es kennt keine Prozeßordnung und kein festgelegtes Strafmaß. Die Behörde kann von sich aus oder auf Anzeige gegen den Religionsfrevel vorgehen.

Diese Mängel des römischen Rechtes treten in der unterschiedlichen Handhabung der Christenprozesse zutage. Sie erklären aber auch die Wirksamkeit der Denunziation, sie machen die Willkür in der Strafzumessung deutlich. Um das Jahr 150 verlangt Justin der Märtyrer nach geordneten Gerichtsverfahren für die Christen.

Sobald dem römischen Staat deutlich geworden war, daß es sich beim Christentum um eine vom Judentum zu unterscheidende Religion handelt, hat er ihm die für das Judentum geltenden Privilegien entzogen.

Am Kaiserkult ist der römische Staat mit der Kirche zusammengestoßen. Die religiöse Verehrung des lebenden Herrschers wird der Prüfstein für die politische Haltung der Christen im Imperium Romanum. Hinzu kommt das Empfinden der antiken Welt für die Fremdartigkeit der christlichen Religion. Der Haß gegen sie ist groß. Die Christen gelten als Feinde der Menschheit. Ihre Religion kennt nicht die Verbindung mit irgendeinem Volkstum. Ein Mangel an Patriotismus wird den Christen vorgeworfen. Ihr bildloser Kult erscheint als Atheismus. Aufgrund der sozialen Stellung der Christen gilt der christliche Glaube als die Religion der Sklaven. In den geschlossenen Feiern des Abendmahls sieht man verbrecherische Geheimzusammenkünfte. Infolge der Mißachtung der Götter werden die Christen für die öffentlichen Unglücksfälle (Pest, Hungersnöte, Überschwemmungen, Einfälle der Barbaren) verantwortlich gemacht.

Diese Vorstellungen zeigen sich schon bei der ersten, von Kaiser *Nero (54–68)* gegen die römische Gemeinde verübten Verfolgung. Nach dem Bericht von Tacitus hat Nero den Christen die Schuld am Brande Roms gegeben, um den Verdacht der Brandstiftung von sich abzulenken. In seinen am Vatikanhügel gelegenen Gärten veranstaltete er mit den zum Tod verurteilten Männern und Frauen ein Zirkusspiel. Dem Gedächtnis der Christenheit hat sich diese erste Verfolgung mit ihren Qualen unverlierbar eingeprägt.

Eine weitere Verfolgung ist zunächst über die römische Gemeinde unter *Domitian (81–96)* hereingebrochen, der sich selbst als „Herr und Gott" bezeichnet. Es werden vor allem die Christen in Rom und in der kaiserlichen Familie getroffen. Die Verfolgung ist nicht auf Rom beschränkt geblieben, sondern auch in Kleinasien durchgeführt worden, wo sie, wie wir aus der Offenbarung des Johannes wissen, besonders schlimme Formen angenommen hat. Der Grund für ihren Ausbruch liegt in der Weigerung der Christen, „das aus dem Meer aufsteigende Tier" (von jenseits des Meeres) (Offb 13) anzubeten, d. h. also in der Verweigerung des Kaiserkults.

Unter *Trajan (98–117)* sind nach kurzer Ruhezeit neue Verfolgungen ausgebrochen. Aus seiner Zeit ist ein einzigartiges Dokument überliefert: die Anfrage des Statthalters von Bithynien und Pontus, *Plinius d. J.*, an den Kaiser, wie er bei Christenprozessen verfahren solle. Er sei in seinen Provinzen auf starke christliche Ausbreitung gestoßen, die Tempel seien verödet und die Opfer an die Götter unterblieben. Aufgrund von Denunziationen sei er gegen Christen vorgegangen und habe sie bei Verweigerung des Opfers vor dem Bild des Kaisers zum Tode verurteilt.

Trajan stellt in seiner Antwort erste Grundsätze für die Behandlung von Christen auf. Von einer allgemeinen Regelung der Christenprozesse wird abgesehen; die verschiedenen Fälle sind je nach den Umständen zu behandeln; aufzuspüren sind die Christen nicht. Werden sie eines Verbrechens überführt, sind sie zu bestrafen. Anonyme Anzeigen dürfen nicht angenommen werden. Abgefallene Christen, die den Göttern opfern, erhalten Verzeihung, selbst wenn sie durch ihre Vergangenheit belastet sind. Die Rechtslage der Christen bleibt auch nach diesem Reskript weiterhin ungeklärt.

Die von Trajan aufgestellten Grundsätze hat *Hadrian (117–138)* erweitert. Nach einem ordentlichen Gerichtsverfahren kann die Bestrafung nur bei Nachweis gesetzeswidrigen Verhaltens der Christen erfolgen. Jede Anzeige muß gegenüber dem Statthalter persönlich vertreten werden. Anonyme Denunziationen werden unter Strafe gestellt. Aber auch unter Hadrian entscheidet die Teilnahme am Kaiserkult über die politische Haltung der Christen. Auch unter seiner Regierung ist es trotz aller Fortschritte zu Verfolgungen gekommen.

Eine ähnliche Haltung wie Hadrian hat *Antoninus Pius (138–161)* eingenommen. Zu seiner Zeit ist der Bischof Polykarp von Smyrna als das Opfer eines Ausbruchs der Volkswut im Stadion von Smyrna zum Märtyrer geworden. Alsbald nach dem Tod von Polykarp hat die Gemeinde von Smyrna einen Bericht über das Martyrium ihres Bischofs verfaßt, die erste offizielle Märtyrerakte. Aus ihr hat sich bald eine eigene Gattung der christlichen Literatur, die Märtyrerakten, entwickelt.

Marc Aurel (161–180) gilt zwar als der Philosoph auf dem Kaiserthron, aber gerade unter ihm nehmen, wohl als Folge seiner philosophischen Einstellung, die Christenprozesse wieder zu. Dem Philosophen erscheint jedenfalls das standhafte Verhalten der Christen als „Torheit", dem Staatsmann als „Widersätzlichkeit", die bestraft werden muß. So haben unter Marc Aurel in allen Teilen des Reiches Verfolgungen stattgefunden. Die schwerste ist im Jahre 177 über die gallischen Gemeinden hereingebrochen, deren blühende Kirchen von Lyon und Vienne getroffen wurden. Sie hat 48 Märtyrern das Leben gekostet. Viele Christen wurden unter Marc Aurel in die Bergwerke von Sardinien verbannt.

Bis zum Ende des 2. Jahrhunderts ruht die römische Religionspolitik gegenüber dem Christentum auf dem Grundsatz, daß die Verweigerung des Kaiserkults als „Vergehen gegen die Hoheit“ (des Kaisers) zu bestrafen sei. Auch im 3. Jahrhundert herrscht diese Einstellung. Sie hat aber eine wesentliche Verschärfung erfahren, weil gerade die tatkräftigen Herrscher versuchen, mit Hilfe der Religionspolitik den Verfall des Imperiums aufzuhalten.

An den Grenzen wird das Imperium Romanum von Germanen und Persern bedroht, die es zu überfluten drohen. Das unablässige Bemühen der Herrscher gilt der Sicherung der Grenzen, so daß Rückwirkungen auf die Religionspolitik unvermeidlich sind. Es hat nicht an Versuchen gefehlt, die religiösen Grundlagen des alten Römertums zu erneuern, um das Imperium wieder in seiner alten Stärke erstehen zu lassen.

So erklärt sich die *uneinheitliche Religionspolitik des 3. Jahrhunderts.* Es gibt lange Ruhepausen, in denen nur lokale Aktionen gegen das Christentum vorkommen, und es gibt Zeiten planmäßiger Unterdrückung, wobei jetzt zum ersten Mal vom römischen Staat aus, nicht mehr aufgrund privater Initiative der Herrscher oder der Statthalter, gegen das Christentum vorgegangen wird.

Die aus dem Osten kommenden Kaiser des 3. Jahrhunderts nehmen eine dem Christentum gegenüber neutrale oder günstige Haltung ein, weil sie in ihm die aus dem Osten stammende Religion sehen, aus dem sie selbst hervorgegangen sind.

Die scharfe antichristliche Wendung der Religionspolitik setzt erst unter dem energischen, in seiner Politik auf die Erneuerung des Imperiums gerichteten Kaiser *Decius (249–251)* ein. Die Restauration des Staates wird auf der Grundlage der das Reich verbindenden römischen Staatsreligion erstrebt. In den Christen erblickt er die eigentlichen Feinde des Reiches, da sie die Staatsreligion und damit die geistigen Grundlagen des Imperiums und seine Erneuerung in Frage stellen.

Ein *Edikt aus dem Jahr 250* befiehlt, daß jeder Christ vor dem Bild des Kaisers und der Götter den Weihrauch aufsteigen lassen, vom Opferwein trinken und vom Opferfleisch essen sollte, um so dem Herrscher die göttliche Verehrung darzubringen. Für die Durchführung des Ediktes sorgten strenge Maßnahmen. In den Städten und auf dem Lande werden Opferkommissionen eingesetzt, an deren Spitze oft die Priester fremder Kulte standen. Über die erfolgte Opferung wird eine Bescheinigung ausgestellt. Massenopfer fanden in den großen Städten statt, so in Rom (Kapitol), in Karthago (Kapitol) und in Smyrna (Nemeseion), wo die Opferhandlungen zugleich als öffentliches Schauspiel begangen wurden.

In Ägypten wird nach den Haushaltslisten geopfert. Ohne Rücksicht auf ihre Zugehörigkeit zur Kirche müssen alle Bürger die Gesinnungserklärung abgeben. Die decische Verfolgung ist die erste, die das ganze Reich erfaßt und die der römische Staat von sich aus vornahm.

In die Bahnen der decischen Politik lenkte Kaiser *Valerian (253–260)* gegen Ende seiner Regierungszeit zurück. Anfangs freundlich zum Christentum eingestellt, hat er unter dem Einfluß von Macrian, einem kaiserlichen Minister, die Schwenkung der Religionspolitik vollzogen.

Ein erster Erlaß aus dem Jahre 257 verlangt das Opfer vom Klerus. Die Abhaltung von Gottesdiensten und das Betreten der Grabstätten werden bei Todesstrafe verboten. Eine Verschärfung dieser Maßnahmen bringt ein zweiter Erlaß aus dem Jahre 258. Er befiehlt sofortige Hinrichtung für den Klerus, wenn dieser sich weigert, das Opfer zu vollziehen. Für die Senatoren und den Adel wird Rang- und Vermögensverlust, bei Verweigerung des Opfers auch die Hinrichtung verfügt. Für den Hofstaat folgt bei Standhaftigkeit des Glaubens die Zwangsarbeit auf den kaiserlichen Gütern. Das Verbot des Besuchs der Gottesdienste und Grabstätten bleibt bestehen.

Die valerianische Verfolgung hat zwei Jahre angehalten. Sie hat in allen Teilen des Reiches ihre Opfer unter Bischöfen, Priestern, Diakonen und den politisch Hochstehenden gefordert. Kirchen und Zömeterien werden eingezogen. Die Verfolgung endet, weil der Kaiser durch die Bedrohung des Reiches im Osten durch die Perser in Anspruch genommen wird. In den Feldzügen gegen die Perser ist er im Jahre 260 gefallen.

Nach einem kurzen Zwischenspiel unter Kaiser Aurelian folgt eine fast dreißigjährige Ruhezeit für die Kirche, in der sie einen inneren und äußeren Aufschwung genommen hat. Sie ist der stärkste, nicht zu übersehende geistige Faktor des Reiches geworden. Die Zahl der Christen in den Staatseinrichtungen, im Heer, am Hof, in hohen Verwaltungsstellen und in der niederen Beamtenschaft ist groß. Die Bischöfe werden auch vom Staat als Respektspersonen behandelt. Die Frau und Tochter des Kaisers Diokletian sind christlich.

Der letzte Herrscher des 3. Jahrhunderts, *Diokletian (284–305),* unternimmt als erster die durchgreifende Restauration des Imperiums auf der Grundlage der Staatsreligion. Diokletian, der wie schon vor ihm Aurelian, auf den Münzen als „unser Herr und Gott" bezeichnet wird, führt die orientalische Form der Herrscherverehrung ein. Kniefällig küßt man den Purpur des Kaisers, für den das Opfer dargebracht wird. Es gilt als Maßstab für die politische Zuverlässigkeit der Christen und als Anerkennung des politischen Programms des Kaisers. Diokletian selbst weiß sich als der von der Gottheit erwählte Herrscher, der, zum Kaisertum berufen, unter ihrem Schutz steht.

Die Reichsreform besteht in der Teilung des Kaisertums. 285 macht Diokletian den General *Maximian* zum Cäsar, ein Jahr später zum Augustus. Die Verwaltung des Reiches wird aufgeteilt. Diokletian übernimmt den Osten, Maximian erhält den Westen. Wenige Jahre später (293) nimmt jeder Augustus einen neuen Cäsar an. Diokletian erhebt *Galerius,* Maximian ernennt *Constantius.* Jeder der beiden Cäsaren erhält einen Bereich aus den beiden kaiserlichen Herrschaftsgebieten zugewiesen, den er mit seinen Heeren zu verteidigen hat.

Diokletian herrscht über Ägypten, Libyen, Syrien, das Euphrat- und Tigrisgebiet, über Armenien und Kleinasien bis zum Ägäischen Meer. Sein Cäsar Galerius regiert über die östlichen Donauländer und den Balkan einschließlich Griechenlands. Maximian beherrscht Italien und Afrika, dessen Cäsar Constantius hat die Herrschaft in Gallien, Spanien und Britannien.

Auf allen Gebieten des Reiches macht sich *die Reformpolitik Diokletians* bemerkbar.

Ihr Ziel ist die Restauration des alten Römertums. Die Gesellschaft soll von innerer Zersetzung durch fremde Einflüsse gereinigt werden. Diokletian selbst nennt sich „Sohn des Jupiter", Maximian führte den Titel „Sohn des Herkules". Das Bild des ersten Kaisers verpflichtet, wo immer es erscheint, zu religiöser Verehrung. Das mythisierte Kaisertum sollte das geistige Fundament des Reiches abgeben.

Von diesen Gedanken geht *die Religionspolitik Diokletians* aus. Bezeichnend sind zwei Erlässe: Ein erster Erlaß verbietet die Ehen unter Blutsverwandten, unter Hinweis auf die alten römischen Gesetze. Ein zweiter richtet sich gegen den Manichäismus, jener persischen Mischreligion, die mit ihrer Ethik und Gemeindeorganisation die Gesellschaft verderben sollte. Ihre Führer sollen getötet, ihre Schriften verbrannt und ihre Anhänger bei hervorragender bürgerlicher Stellung in die Bergwerke verbannt werden.

In diesem Erlaß ist schon die gegen das Christentum sich wendende Politik vorgezeichnet, wenngleich Diokletian auch lange den offenen Kampf gemieden hat. Aber zwischen 299 und 302 befiehlt er die Entlassung aller Soldaten aus dem Heer, die das Opfer für den Kaiser verweigern. Vom Heer ist der Anstoß zu der letzten großen Christenverfolgung, die mit Diokletians Namen für immer verbunden ist, ausgegangen. Nach zeitgenössischer Überlieferung ist Diokletian durch den Cäsar Galerius schließlich zur offenen Unterdrückung des Christentums gedrängt worden. Die Säuberung des Heeres von Christen leitet die allgemeine Verfolgung der Kirche ein.

Im Februar 303 ergeht ein von den beiden Kaisern und ihren Cäsaren gezeichnetes *erstes Edikt gegen das Christentum.* Es befiehlt die Zerstörung der Kirchen, gebietet die Abgabe der heiligen Schriften und verbietet die Gottesdienste und Versammlungen. Scharfe Maßnahmen gegen die Christen im Staats- und Heeresdienst nehmen diesen die bürgerlichen Rechte. Die Christen, die dem Hofdienst angehören, werden zu Sklaven erniedrigt. Alle Christen verlieren den Charakter der juristischen Person; sie können rechtsgültige Akte nicht mehr eingehen.

Im Jahre 303 folgt noch *ein zweites gegen den Klerus* gerichtetes Edikt, das dessen sofortige Verhaftung und Einkerkerung befiehlt. Ein noch im gleichen Jahr erlassenes *drittes Edikt* ordnet *das Opfer für den verhafteten Klerus* an, das notfalls unter Folter erzwungen werden soll.

Diese Maßnahmen werden durch *ein viertes Edikt* aus dem Jahre 304 überboten. Es erneuert die Anordnungen der decischen Verfolgung, indem es *das Opfer für das ganze Reich* befiehlt. Jeder Christ soll vor dem Bilde des Kaisers den Weihrauch spenden, vom Opferfleisch essen und vom Opferwein trinken. Wer sich weigert, wird verhaftet und gefoltert, bei Hartnäckigkeit mit dem Tode bestraft. Wer opfert, erhält eine Belohnung.

Dieses gegen die Masse der Christen gerichtete Edikt hat die blutigen Opfer gefordert, durch die sich die diokletianische Verfolgung für immer dem Bewußtsein der Christenheit eingeprägt hat. Der Abfall ist groß, aber auch die Zahl der Standhaften ist gewachsen. Lange Listen mit Märtyrernamen hat die Kirche aus dieser Zeit aufbewahrt. Namentlich der Osten, besonders Ägypten und Palästina, hat unter dieser Verfolgung zu leiden, während sie im Westen sehr viel milder verlaufen ist. Die Einstellung des Cäsars Constantius zum Christentum ist von vornherein eine freundliche. Er hat überhaupt nur das erste Edikt publiziert, so daß es in seinem Reichsteil nur zur Zerstörung von Kirchen gekommen ist.

Die *Durchführung der Edikte* ist eine unterschiedliche, je nach der Einstellung der die Verfolgung leitenden Beamten. Aber schon ein Jahr nach dem Erlaß des vierten Ediktes kommt es durch den überraschenden Rücktritt der beiden Augusti Diokletian und Maximian zu einem *Umschwung in der Religionspolitik.*

Die Gründe für den plötzlichen Rücktritt Diokletians sind nicht bekannt. Vielleicht sind sie in der Erkenntnis von der Erfolglosigkeit seiner Religionspolitik zu suchen. Vielleicht sind sie auch ideell-politischer Art. Nach altem römischen Vorbild begibt sich der Kaiser der Macht, um das neugeschaffene Werk der Reichsreform von selbst funktionieren zu lassen. *Sein Rücktritt hat wahrhaft symbolische Bedeutung.* Er bezeichnet das Ende einer ganzen Geschichtsepoche, den Ausgang des römischen Imperiums, das auf der geistigen Grundlage der antiken Religion, zu der auch der Herrscherkult gehört, stehen sollte.

Die Idee der Gewaltenteilung und der Tetrarchie, auf die Diokletian die Reichsreform aufgebaut hatte, aber hat sich nicht bewährt. Sie hat die Wirren und Machtkämpfe, die nach dem Rücktritt der beiden Augusti und Cäsaren einsetzen, nur vermehrt. Im Westen ist aus diesen Auseinandersetzungen *Konstantin,* der Sohn des Constantius, den seine Truppen nach dem Tode seines Vaters zum Cäsar und Augustus erhoben hatten, siegreich hervorgegangen.

Da ist *im Jahre 311 ein völliger Umschwung in der Religionspolitik eingetreten.* Er ist durch die Krankheit des Augustus Galerius veranlaßt, der gezwungen ist, sich über alle politischen Spannungen hinweg mit dem Augustus Konstantin zu verständigen. Das *Toleranzedikt vom April 311,* das alle vier Augusti – Galerius, Maximinus Daja, Konstantin, Licinius – gemeinsam erlassen haben, bezeichnet diese Wende. Es spricht die Duldung der christlichen Religion aus, indem es die gesetzlich anerkannte Toleranz gegenüber dem Christentum formuliert. In politischer Hinsicht bedeutet das Edikt das Eingeständnis vom Scheitern der bisherigen Religionspolitik.

Nach zwei Jahren kommt es zu einer abermaligen Wende. Der Usurpator Maxentius ist von Konstantin im Oktober 312 bei Rom an der milvischen Brücke geschlagen worden. Nach diesem Sieg hat Konstantin die Verständigung mit Licinius, dem Augustus für die östlichen Reichsgebiete, gesucht. Die neue Situation hat ihren Niederschlag im sog. *Mailänder Reskript vom Februar 313* gefunden, das über das Toleranzedikt von 311 hinausgeht. In diesem Zirkularmandat für die Statthalter wird dem Christentum *die volle Gleichberechtigung mit den heidnischen Kulten* zugestanden. Gebäude und Grundbesitz werden gegen Entschädigung zurückgegeben.

Diese wichtige Kundgebung bedeutet den Anfang einer neuen Ära in der Religionspolitik, die auch durch eine letzte Phase der Verfolgungen, die Licinius noch einmal unternommen hatte, nicht mehr rückgängig gemacht werden kann. Als *Konstantin* nach einem Sieg über Licinius im Jahre *324 zum Alleinherrscher im Imperium* wird, bricht ein neues Zeitalter für das Verhältnis von römischem Staat und christlicher Kirche an.

Der Entscheidungskampf zwischen Staat und Kirche hat mit dem Sieg der Kirche geendet. Die gegen das Christentum gerichtete Religionspolitik ist gescheitert. Mit Konstantin d. Gr. ist ein Politiker gekommen, der die Einsicht hatte, daß das Römische Reich sich nicht mehr im Kampf gegen, sondern nur noch im Bunde mit dem Christentum wird behaupten können.

FÜNFTER SCHWERPUNKT:

Christliche Kirche und römischer Staat

Das Verhältnis der Kirche zum Staat ist keineswegs von Empörung und Revolution trotz Unterdrückung und Verfolgung bestimmt. Man hat sich auch der atheistischen und nichtchristlichen Obrigkeit untergeordnet. Das geschieht in dem Wissen darum, daß auch dieser Obrigkeit die Herrschaft von Gott verliehen ist. Aber es wird eine deutliche Trennungslinie gezogen zwischen dem Gehorsam in weltlicher Hinsicht, zu dem der Christ der Obrigkeit verpflichtet ist, und dem Gehorsam des Glaubens, der keinem andern Herrn als Gott und seinem Sohn Jesus Christus gebührt. „Wir können vor den Bildern des Kaisers nicht opfern, aber wir beten für sein Wohl", heißt es in einer Märtyrerakte.

Schon im Ersten Klemensbrief findet sich in seltener Ausführlichkeit *das große Fürbittgebet für die Obrigkeit*. Es deckt sich inhaltlich mit den Forderungen des Ersten Petrusbriefes und des Polykarpbriefes. Es lautet:

> „Gib Einigkeit und Frieden uns und allen, die auf Erden wohnen, wie du sie unsern Vätern gegeben hast, als sie dich heilig in Glauben und Wahrheit anriefen. Laß uns deinem allmächtigen und herrlichen Namen und unsern Herrschern und Fürsten auf Erden gehorsam sein. Du, Herr, hast ihnen kraft deiner erhabenen und unsagbaren Macht die Königsgewalt gegeben, auf daß wir der Herrlichkeit und Ehre, die du ihnen verliehen hast, innewerden und uns ihnen unterordnen, in nichts deinem Willen zuwider. Gib ihnen, Herr, Gesundheit, Frieden, Eintracht, Beständigkeit, daß sie die Herrschaft, die du ihnen verliehen hast, ohne Fehl führen. Denn du, himmlischer Herr, König der Äonen, gibst den Menschenkindern Herrlichkeit und Ehre und Gewalt über das, was auf Erden ist. Richte du, Herr, ihren Sinn nach dem, was gut und wohlgefällig vor dir ist, damit sie in Frieden und Sanftmut die Herrschaft, die du ihnen verliehen hast, führen und deiner Gnade teilhaftig werden."

Justin der Märtyrer hebt hervor, daß das in den christlichen Gottesdiensten für den Kaiser dargebrachte Gebet als der beste Beweis für die Treue und die politische Zuverlässigkeit der Christen gegenüber dem römischen Staat angesehen werden sollte.

Wenn das Christentum die schweren Verfolgungen des zweiten und dritten Jahrhunderts überstanden hat, so deshalb, weil der Glaube an den Herrn Christus auch die Kraft gegeben hat, für diesen Glauben selbst zu leiden und zu sterben. Die Verfolgungen des Christentums haben aber auch schwere Probleme für die Kirche geschaffen.

Was die Deutung der Verfolgungen und des Martyriums anbelangt, so begegnet *das*

Selbstverständnis des Märtyrers in dem Zeugnis des Bischofs Ignatius von Antiochien. Im Brief an die Gemeinde zu Rom hat Ignatius im Angesicht des Todes ausgesprochen, wie er das Martyrium versteht. Dreierlei ist zur Charakteristik seiner Auffassung hervorzuheben:

1. *Das Martyrium ist „imitatio Christi"*. Schon der Apostel Paulus sagt, daß er an seinem Leibe stellvertretend ausfülle, was noch an Leiden in der Welt dem Leibe Christi fehle (Kol 1,24), und daß der Christ leiden müsse, weil er dazu bestimmt ist (1 Thess 3,3). An Paulus anknüpfend, hat auch Ignatius sein Schicksal gedeutet. Es erfüllt sich in der Nachahmung der Leiden Christi: „Als Nachahmer des Herrn aber wollen wir uns bemühen, erfunden zu werden. Wer hat mehr Unrecht erfahren, wer hat sich so berauben lassen, wer ist so verworfen worden?"

2. Die zweite Deutung des Martyriums läßt sich ebenfalls auf Paulus zurückführen. Das Martyrium wird als *Befreiung von der Welt* und als Lösung von der Materie verstanden. Es bringt die Versetzung in das neue Sein bei Christus. Es ist so die Vollendung des Christseins überhaupt. Der Märtyrer ist der wahre, der vollendete Jünger Jesu: „Nahe bei dem Schwert, nahe bei Gott."

3. *Das Martyrium ist endlich ein Opfer,* das der Märtyrer für die Gemeinde und für seine Mitchristen bringt. Er ist mit dem Opfer seines Leibes ein „Lösegeld", er weiht sich selbst für die Gemeinde.

Diese Auffassung des Martyriums begegnet auch in den Märtyrerakten, wobei bald die eine, bald die andere Seite betont werden kann. Man versteht dann das Martyrium als eine Analogie zu oder als eine Teilhabe an den Leiden Christi. Seit der Mitte des 2. Jahrhunderts wird der Todestag des Märtyrers in den Gemeinden gefeiert, der dann wegen der Gewinnung des neuen Seins bei Christus auch als sein „Geburtstag" bezeichnet werden kann.

Frühzeitig setzt auch *die Verehrung des Märtyrers* ein. Schon Ignatius hat sie auf seinem Wege von Antiochien nach Rom erfahren. Die kleinasiatischen Gemeinden geben ihm ein Ehrengeleit mit. Die Gemeinde von Smyrna sagt, daß sie die Feier des Todestages ihres Bischofs Polykarp regelmäßig mit einer Verlesung des Berichtes über sein Martyrium begehen werde (Mart. Polyc. 18f).

Man verehrt bald auch die Gebeine der Märtyrer, die an angemessenen Orten beigesetzt werden, an denen sich die Gemeinde am Todestag versammelt. Während der Valerianischen Verfolgung sind in Rom am 29. Juni 258 die Gebeine von Petrus und Paulus von den getrennten Stätten, an denen man bis dahin ihre Gräber lokalisiert hat, in die Sebastianskatakombe als an einen neuen, sicheren Ort verlegt worden. Die Zuverlässigkeit dieser Nachricht aus dem 4. Jahrhundert kann freilich auch bezweifelt werden, aber nicht zweifelhaft ist, daß es im 3. Jahrhundert eine Verehrung der Apostel Petrus und Paulus an dieser Stätte gegeben hat, wie zahlreiche Graffiti beweisen.

Das Verlangen nach dem Martyrium hat die Frage aufbrechen lassen, *ob man sich zum Martyrium drängen, ob man sich selbst als Christ bezichtigen dürfe und ob die Flucht in der Verfolgung erlaubt sei*. Die kirchliche Auffassung ist im allgemeinen die milde, sagt doch der Herr im Evangelium: „Wenn sie euch aber in einer Stadt verfolgen, so fliehet in eine andere" (Mt 10,23). Das Martyrium Polykarpi sagt tadelnd: „Brüder, wir loben diejenigen nicht, die sich freiwillig herandrängen, denn solches gebietet das Evangelium nicht" (Mart. Polyc. 4). Tertullian hat als Katholik die Flucht in der Verfolgung zugestanden, als Montanist hat er sie verworfen. Der jugendliche Origenes hat seinen Vater ermahnt, dem Martyrium nicht aus dem Wege zu gehen, er hat ihn geradezu dazu gedrängt.

Ein weiteres Problem gibt die frühzeitig einsetzende *Unterscheidung von Märtyrern und Konfessoren (Bekenner)* ab. Die Märtyrer haben mit ihrem Blut den Glauben besiegelt. Sie haben die Blutstaufe empfangen, wodurch sie ihre Sünden haben sühnen und die volle Vergebung erlangen können. Die Konfessoren haben ihren Glauben tapfer bekannt, aber sie sind mit dem Leben davongekommen. Sie haben unter Foltern und Qualen den Herrn nicht verleugnet und somit den Geist rein bewahrt.

Die Unterscheidung von Märtyrern und Konfessoren haben zuerst die gallischen Gemeinden von Lyon und Vienne anläßlich der Verfolgung des Jahres 178 getroffen. Sie wurde bald von allgemeiner Bedeutung, weil den Konfessoren bestimmte kirchliche Rechte zugestanden wurden. Diese haben durch ihre „Friedensbriefe" eine Wiederaufnahme der Abgefallenen befürwortet. Bald hat man ihnen dann auch die Übernahme kirchlicher Ämter gestattet, weil sie als die Geistträger das Recht haben, die Vergebung der Sünden zu üben, selbst der schweren oder unvergebbaren, die gegen den Geist gerichtet sind.

Der Abfall wird zu den Sünden gerechnet, die den Ausschluß aus der Gemeinde bewirken. Aber es ist die Wiederaufnahme eines Abgefallenen möglich, wenn sie durch einen Bekenner unterstützt wird.

Eine für die Deutung der Kirchengeschichte wichtige Idee haben die Martyrien hervorgerufen. Es handelt sich um den der Wirklichkeit abgewonnenen *Gedanken vom Segen der Verfolgung*. Er geht aus der Erfahrung hervor, daß der christliche Glaube gerade durch die Verfolgungen nicht unterdrückt werden kann, daß vielmehr seine Ausbreitung gefördert wird. Tertullian hat diesem Gedanken die klassische Formulierung gegeben: „Das Blut der Christen ist ein Same."

Eine weitere Beobachtung führt zu dem Gedanken, daß die Verfolgung die Vertiefung des Glaubens bewirkt, der Friede aber von einer verderblichen Wirkung für die Gemeinden ist. „Es ist schlimm um die Kirche bestellt, wenn sie Ruhe und Frieden hat", sagt Cyprian. Spätere Generationen von Christen haben die Zeit der Verfolgungen als die klassische Epoche für die Geschichte der Kirche angesprochen, denn in ihr hat sich der Glaube mit seiner ganzen Kraft behauptet und an den einzelnen Christen lebendig bewiesen.

Von dieser Anschauung aus ist es dann auch bald zur *Kritik an der durch den Frieden innerlich verdorbenen Kirche* gekommen. So hat man der Zeit der Verfolgungen eine geschichtskritische Idee abgewonnen, die zu allen Zeiten eine fruchtbare Deutung der Kirchengeschichte ermöglicht und den Anstoß zu reformatorischen Bewegungen in der Christenheit abgegeben hat.

Erst allmählich hat man gelernt, die Grade des Abfalls zu unterscheiden und für die Wiederaufnahme der Abgefallenen bestimmte *Bußstufen* einzuführen. Die „sacrificati" haben das verlangte Opfer für den Kaiser dargebracht. Die „thurificati" haben den Weihrauch vor dem kaiserlichen Bilde aufsteigen lassen. Die „libellatici" haben sich die Bescheinigung über das vollzogene Opfer beschafft, die man durch Bestechung erlangen oder als gefälschte kaufen konnte. Von der Mitte des zweiten Jahrhunderts ab haben sich die Christen oft während der Verfolgungen in den großen unterirdischen Grabanlagen, den Katakomben, verborgen.

Ein ernstes Problem war für die Kirche *die Frage nach dem Kriegsdienst der Christen.* In den ersten drei Jahrhunderten herrscht die rigorose Ablehnung des Soldatenstandes vor.

Tertullian hat in seiner katholischen Zeit den Christenstand mit dem Soldatenstand verglichen. Als Montanist hat er die schärfste Verurteilung des Kriegsdienstes des Christen ausgesprochen und die Unvereinbarkeit der christlichen Haltung mit jeder Art von Waffendienst betont. Der Christ kann sich nicht zwei Herren zugleich verpflichten, Gott und dem Kaiser. Als Christus dem Petrus geboten hat, sein Schwert in die Scheide zu stecken, hat er jeden Christen entwaffnet, jedem Soldaten den Degen abgenommen.

Die Kirchenordnungen des dritten Jahrhunderts vertreten den gleichen, jeden Kriegsdienst des Christen verurteilenden Standpunkt. Soldaten, die getauft werden, müssen dem Kriegsdienst entsagen; Gläubige, die Soldaten werden, müssen von der Kirche ausgeschlossen werden.

Origenes hält jeden Kriegsdienst des Christen für unmöglich. Man zieht nach seiner Meinung für den Kaiser nicht zu Felde, auch nicht, wenn er es verlangt: „Wir kämpfen für den Kaiser, indem wir ein eigenes Heer der Frömmigkeit für ihn aufstellen durch die Gebete an die Gottheit."

Eine ähnliche Haltung hat *Laktanz* eingenommen, der jeden Umgang mit der Waffe, erst recht jede Art von Töten dem Christen verbietet. Dem „Gerechten" (so nennt er den Christen) ist der Kriegsdienst nicht erlaubt, denn „sein Kriegsdienst ist die Gerechtigkeit selbst". Laktanz kommt zu der Forderung, daß der Gerechte eher sterbe, als daß er töte. Cyprian von Karthago erklärt sogar, daß man das Morden im Namen des Staates „Tapferkeit", aber ein „Verbrechen" nenne, wenn es ein einzelner verübt.

Schon vor Kaiser Konstantin aber hat sich eine veränderte Haltung gegenüber dem Problem des Kriegsdienstes der Christen durchgesetzt. Eusebius kann auf die zahlreichen christlichen Soldaten im römischen Heer verweisen. Er sagt ausdrücklich von der diokletianischen Verfolgung, daß sie begann „bei den Brüdern, die im Heere standen". Er hat seine Kirchengeschichte in bewußtem Gegensatz zur bisherigen, die Kriege verherrlichenden Geschichtsschreibung verfaßt. Die Kämpfe für den Frieden und die Ruhe der Seele machen den eigentlichen Inhalt der Geschichte aus. Noch im vierten Jahrhundert kann *Basilius von Cäsarea* den dreijährigen Ausschluß derjenigen Soldaten vom Abendmahl fordern, die im Kriege einen Menschen getötet haben. Die Bußordnungen setzen harte Strafen für jeden im Krieg tötenden Soldaten fest.

Die Synode von Arles (314) verbietet christlichen Soldaten die Fahnenflucht und fordert ihre Exkommunikation. Bald kommt es zur Sanktionierung des militärischen Gehorsams, durch den das Gewissen des einzelnen entlastet werden kann. Bald erkennt man, daß die Kriege des Staates auch der Kirche die Existenz sichern, ja, man spricht sie als notwendige und „heilige Kriege" an, wenn sie gegen den Unglauben geführt werden oder der Verteidigung des Volkstums, des Rechtes und der Freiheit dienen.

Nach der Erhebung des Christentums zur Staatsreligion und der Kirche zur Reichskirche (380) wird dem Staat auch die Grenze seiner Macht gegenüber der Kirche deutlich. Der Rücktritt zum Heidentum wird dem einzelnen Christen verboten und dem Kaiser die Pflicht auferlegt, nicht nur für die Ausbreitung des christlichen Glaubens zu sorgen, sondern auch für Recht und Gerechtigkeit im Staate einzutreten.

Im Osten und im Westen hat sich trotz dieser gemeinsamen Ansätze ein unterschiedliches Verständnis des Verhältnisses von Kirche und Staat herangebildet.

Im Osten ist die Idee der Reichskirche zu voller Entfaltung gekommen. Der weltliche Herrscher ist zugleich das Haupt der Kirche; er beruft die Konzilien; er verleiht ihren Beschlüssen durch die Anerkennung und Verkündigung derselben die Rechtskraft. Die Kirche kennt keinen eigenen Hoheitsbereich; die staatlichen Gesetze sind zugleich ihre Gesetze; ihre Grenzen fallen mit denen des Imperiums zusammen. Es ist die Aufgabe des Kaisers, für die äußere Ordnung der Kirche und für die Reinerhaltung des christlichen Glaubens zu sorgen.

Im Gegensatz zu dieser engen Verbindung von Reich und Kirche hat sich im Westen eine andere Auffassung des Verhältnisses von Kirche und Staat durchgesetzt. Hier wird die Kirche als eine autonome Größe verstanden. Sie trägt die Gesetze, die ihrem geistlichen Wesen entsprechen und ihr inneres Leben ordnen sollen, in sich selbst. Sie hat ihr eigenes Haupt, das nicht vom Kaiser erhoben, sondern durch sie selbst gewählt und bestimmt wird. Sie geht über die Länder und Völker hinweg; ihre Grenzen sind nicht die staatlichen; sie hat ihre eigenen Ordnungen; ihre Gesetze sind nicht Reichsgesetze, und nicht der Kaiser, sondern nur die Kirche selbst kann ihnen durch ihre dazu bestimmten Organe Gesetzeskraft verleihen.

Bischof *Ambrosius von Mailand* hat in einer Predigt diese Grundsätze klar ausgesprochen. Der Kaiser ist der Sohn der Kirche; er steht in, nicht über der Kirche; er muß seine Vergehen wie jeder Christ vor dem Priester bekennen und sich dem Recht und der Gerechtigkeit beugen: „Bist du David in der Sünde gefolgt, so folge ihm auch in der Buße", ruft er dem Kaiser Theodosius I. d. Gr. zu, als dieser zur Strafe für die Ermordung kaiserlicher Beamter an 7000 Menschen in Thessaloniki hat hinrichten lassen.

So hat sich im Westen in ausgesprochenem Gegensatz zu der Idee der Reichskirche und in steter Auseinandersetzung mit der politischen Ideologie des Imperiums das abendländische Verständnis der Kirche und des Verhältnisses von Staat und Kirche entwickelt, das in der Entstehung des Papsttums seinen konkret geschichtlichen Ausdruck gefunden hat.

SECHSTER SCHWERPUNKT:

Konstantin der Große (306/324–337)

Der Sieg des Christentums im Römischen Reich ist mit der Gestalt Konstantins des Großen verbunden. Konstantin hat die Unterdrückung der christlichen Religion beendet; er hat sie zu einer gesetzlich anerkannten des Imperiums gemacht. Er hat damit die Voraussetzung dafür geschaffen, daß das Christentum an die Stelle der römischen Staatsreligion hat treten können, als es die Alleinberechtigung im Reich (380) erlangt hat. Konstantin der Große hat damit das Problem des Verhältnisses von Staat und Kirche geschaffen, wie es über Jahrhunderte hinweg bestanden und sich zu neuen Konflikten und Lösungen entwickelt hat, an denen viele geschichtliche Faktoren beteiligt gewesen waren und noch sind.

Konstantin hat bereits durch seinen Vater Constantius die positive Einstellung zum Christentum empfangen. Der Vater huldigt dem Monotheismus, der auch christlich bestimmt gewesen zu sein scheint. Eine seiner Töchter, eine Halbschwester Konstantins, führt den eindeutig christlichen Namen Anastasia. In seinem Palast hat Constantius Gottesdienst halten lassen. Die diokletianischen Edikte hat er nur teilweise oder nur zum Schein veröffentlicht. Die Taufe hat Constantius allerdings nicht empfangen. Aber Konstantin selbst hat sie auch erst auf dem Sterbebett erhalten. Trotzdem ist sicher, daß Konstantin von seinem Vater die für den christlichen Glauben aufgeschlossene Haltung vermittelt bekommen hat, diese jedoch aufgrund von persönlichen Erfahrungen und durch seine politischen Einsichten vertieft und erweitert, begründet und durchdacht hat.

Die Behauptung von der Taufe Konstantins durch Papst Silvester in Rom ist spätere römische Legende, die das Entstehen des Kirchenstaates auf eine Schenkung Konstantins an den Papst zurückführen will. Die von Laktanz und Eusebius in verschiedener Relation berichtete plötzliche Bekehrung Konstantins durch die Erscheinung eines himmlischen Lichtkreuzes mit den Worten „Unter diesem Zeichen wirst du siegen" und die ihm darauf im Traum gewordene Aufforderung, dieses Zeichen zum Feldzeichen seiner Truppen für den Feldzug gegen Maxentius zu machen, sind ebenfalls legendär. Aber sie enthalten die historische Wahrheit von einer bewußten Zukehr Konstantins zum Christentum, mit der er sich als Christ zu erkennen gibt, der aus dem christlichen Glauben heraus und für diesen handelt, ohne selbst die Taufe empfangen zu haben.

Diese entscheidende Wendung Konstantins muß vor der Schlacht mit Maxentius an der milvischen Brücke bei Rom im Jahre 312 erfolgt sein. Sie bedeutet den Abschluß vorangegangener politischer Erwägungen, die den Entschluß des Kaisers zur Folge haben, künftig nicht mehr gegen, sondern mit dem Christentum die Regierung zu führen. Jedenfalls hat Konstantin den Erfolg über Maxentius als die göttliche

Rechtfertigung seiner Zukehr zum Christentum angesehen. Fortan bekennt er sich als Christ. Seit dem Jahre 313 taucht auf den Münzen des Kaisers das Monogramm Christi auf. Das Labarum, das auf dem Schaft der Feldfahne angebrachte und von einem goldenen Kranz umgebene Monogramm Christi, wird das neue Feldzeichen, das Eusebius von Cäsarea auch am Helm des Kaisers gesehen haben will. In Briefen und Erlässen hat Konstantin in den Jahren 312–315 sich selbst als Christ offen bekundet – eine Einstellung, die dann immer deutlicher bei ihm hervorgetreten ist.

Das Bekenntnis Konstantins zum Christentum bedeutet jedoch nicht, daß sofort alle nichtchristlichen Symbole an öffentlicher Stelle unterdrückt werden. So zeigen die Münzen eine Zeitlang auch noch den Sonnengott. Auf dem Triumphbogen, den zu Ehren Konstantins in Rom zu errichten der Senat beschlossen hatte, erscheint noch der „Sol invictus", der unbesiegte Sonnengott, als die Schutzgottheit des Kaisers, obgleich wiederum eine Inschrift des Bogens besagt, daß Konstantin den Sieg „instinctu divinitatis", „auf Eingebung der Gottheit", erlangt habe.

Konstantin hat die Abwendung von der römischen Staatsreligion mehrfach bekundet. Nach seinem Einzug in Rom hat er nicht den Weg zum Kapitol genommen, den die Sieger zu gehen pflegten. Die Inschrift der berühmten Siegesstatue, die ihm zu Ehren auf dem Forum Romanum vom Senat errichtet worden ist, spricht eine noch deutlichere Sprache. Das mächtige Standbild stellt Konstantin mit dem von seiner rechten Hand emporgehobenen Speer dar, der das mit dem Christusmonogramm versehene Feldzeichen trägt. Die lateinische Inschrift lautete: „Durch dieses heilbringende Zeichen, welches ein wahrer Beweis der Kraft ist, habe ich eure Stadt befreit und vom Joch des Tyrannen gerettet. Dem Senat und dem römischen Volk aber habe ich nach ihrer Befreiung ihren alten Ruhm und Glanz wiedergegeben."

Den gleichen Gedanken gibt noch eindrucksvoller ein anläßlich des zu Ende gehenden ersten Jahrzehnts der Regierung Konstantins geprägtes Medaillon aus dem Jahre 315 wieder. Der Helm des Kaisers läßt deutlich das Christusmonogramm erkennen. Mit der Rechten hält Konstantin den Zaum seines Pferdes, mit der Linken den Schild, auf dem die römische Wölfin abgebildet ist. Die Linke trägt außerdem ein kreuzförmiges Zepter, das an seinem oberen Ende den Globus trägt, eine Verbindung, welche den Gedanken der Weltherrschaft Roms unter dem Christuszeichen ausdrückt.

Der Glaube Konstantins ist ein Glaube an die göttliche Vorsehung, die ihn zu großen Aufgaben bestimmt hat. Er versteht sich als das Werkzeug des höchsten Gottes und bezeichnet sich selbst als den „Knecht Gottes", der dazu ausersehen ist, die Welt zu regieren, indem er sie zu Gott führt. Sichtbare Erfolge begleiten und bestätigen seine Arbeit. Die Gottheit wird Mißerfolg und Unheil über ihn kommen lassen, wenn er diese Pflicht nicht erfüllt, die in der Sorge für den christlichen Kultus als dem Bund der Brüderlichkeit und Eintracht aller Menschen besteht.

In diesen Gedanken ist die Religions- und Kirchenpolitik Konstantins verwurzelt. Ihm als dem von Gott bestellten Bischof ist die Sorge für die äußeren Angelegenheiten der Kirche, nicht aber für ihr inneres Leben übertragen. Den zu einem Festessen geladenen Bischöfen sagt Konstantin das entscheidende Wort: „Ihr seid für die inneren Angelegenheiten der Kirche, und ich bin für ihre äußeren von Gott bestellter Bischof."

Konstantin hat aus diesen Vorstellungen auch das Recht für den Kaiser abgeleitet, die Synoden (Konzilien) zur Eintracht zu ermahnen und auf die Beschlüsse der großen ökumenischen Synode (Konzil) von Nizäa (325) Einfluß zu nehmen. Theologische und kirchliche Auseinandersetzungen sind ihm unerfreuliche, politisch störende Erscheinungen; sie geben den Heiden ein schlechtes Beispiel von der Eintracht der Christen. *Religions- und Kirchenpolitik stehen bei Konstantin in einem inneren Zusammenhang mit der Staatspolitik.* Konstantin sieht als christlicher Herrscher seine Aufgabe in der Einigung der Völker im erneuerten Imperium Romanum und in der Heraufführung einer Epoche des Friedens und der Gerechtigkeit, wie sie den Inhalt des christlichen Glaubens ausmachen. Die Förderung des Christentums ist deshalb zum Mittelpunkt seiner Staatspolitik geworden.

Die Politik Konstantins gegenüber der Kirche beginnt nach dem Mailänder Reskript von 313 mit der Befreiung der Geistlichkeit von den öffentlichen Dienstleistungen. Ihr werden die Vorrechte der heidnischen Priesterschaft eingeräumt. Als Körperschaft und für ihre einzelnen Glieder erhält die Kirche das Erbrecht. Den Bischöfen wird die Urteilssprechung für die zivile Gerichtsbarkeit übertragen.

In der allgemeinen Gesetzgebung tritt die Angleichung an christliche Anschauungen hervor. Die Kreuzigung als Strafe wird abgeschafft. Die Anbringung eines Brandzeichens auf der Stirn wird mit der christlichen Begründung verboten, daß das nach dem Bild der himmlischen Schönheit gestaltete Antlitz des Menschen nicht entstellt werden dürfe. Die Gesetze gegen die Ehe- und Kinderlosigkeit, mit denen das verfallende Imperium seinen Bestand zu erhalten suchte, werden aufgehoben. Für die Aussetzung von Kindern oder den Handel mit Kindern werden strenge Strafen eingeführt. Die Sklavengesetze werden gemildert, die Freilassung der Sklaven zum Teil dem Klerus anheimgegeben. Der Sonntag wird 321 unter staatlichen Schutz gestellt, so daß an diesem Tage vollkommene Arbeitsruhe herrscht.

Für die bisher verfolgten Christen wird eine allgemeine Amnestie angeordnet. Wegen ihres Christentums aus dem Heer verstoßene Soldaten können in den früheren Rang zurückkehren oder den ehrenvollen Abschied erhalten. Die zu Zwangsarbeit in den Bergwerken verurteilten Christen erhalten eine Pension. Den zu Sklaven Erniedrigten wird die Freiheit geschenkt. Sie können die früheren Positionen wieder einnehmen.

In die Linie dieser Politik fügen sich auch die Gründung und der Ausbau von Konstantinopel (326–330) als der neuen Reichshauptstadt. Nach dem Sieg über Licinius (324) ist dem Kaiser die Bedeutung einer Beherrschung des Bosporus, der Europa und Kleinasien verbindenden Meerenge, deutlich geworden. Er erkennt die dafür günstige Lage der kleinen Siedlung Byzantion. Zur Erinnerung an den Sieg, der ihm die Alleinherrschaft gegeben hatte, beschließt Konstantin, sie als christliche Stadt auszubauen und mit seinem Namen zu benennen.

In eigenartiger Weise verbinden sich christliche und antik-heidnische Züge mit dem Aufbau von Byzanz. In der Mitte der Stadt erhebt sich die große Porphyrsäule mit der Statue des Kaisers, die ihn als „Sonnengott" darstellt. Das Haupt ist von sieben Strahlen umgeben. In der Linken trägt er eine Lanze, in der Rechten hält er die Weltkugel mit dem sie überragenden Kreuz.

Diese neue Stadt sollte der Mittelpunkt des erneuerten christlichen Imperiums und das Gegenstück zu dem alten Rom sein. So ist Konstantinopel als eine christliche Stadt mit Kapellen, Bethäusern und Kirchen entstanden, von denen die Apostel- und die Friedenskirche besonders reich ausgestattet sind. Erstere hat Konstantin für sich als Grabstätte bestimmt. Christliche Skulpturen schmücken die öffentlichen Anlagen. Die Einweihung der Stadt im Jahre 330 erfolgt ohne die offiziellen heidnischen Opfer durch einen christlichen Gottesdienst.

Die Religionspolitik Konstantins drückt sich schließlich in seinem Verhalten gegenüber den heidnischen Kulturen aus. Konstantin bleibt der „Pontifex maximus", der „oberste Priester", das Haupt der Staatsreligion. Der Kaiser verbietet die alten Religionen nicht; sie behalten das Recht der Ausübung ihrer Kulte, aber sie werden nicht mehr gefördert. Nur jene werden verboten, die für das christliche Empfinden anstößig sind. Die Politik Konstantins gegenüber dem Heidentum ist darauf gerichtet, es langsam aus der Öffentlichkeit zurückzudrängen und seine Herrschaft auch in der privaten Sphäre zu brechen.

Die private Befragung der Gottheit durch die Priester wird verboten, als öffentliche Einrichtung bleibt sie noch bestehen. Jeder Haruspex, der ein Privathaus betritt, setzt sich der Todesstrafe aus. Um das Jahr 320 hat Konstantin sein Bild den Staatsheiligtümern entzogen und damit die ihm als dem Herrscher darzubringende religiöse Verehrung beendet, also diese bisher fest mit dem Staatsleben verbundene Einrichtung aufgehoben. Um 326 ergeht ein Verbot für den Wiederaufbau verfallener Tempel, die nun in aller Öffentlichkeit geplündert werden. Die Münzen zeigen bald nicht mehr die heidnischen Sinnbilder. An ihre Stelle treten neutrale oder christliche Embleme. Trotz dieser Maßnahmen steht die Politik Konstantins gegenüber dem Heidentum im Zeichen der Toleranz, die eine Entrechtung der bestehenden Religionen nicht vornimmt.

Konstantin hat nach dem Friedensschluß zwischen dem römischen Staat und der christlichen Kirche sehr bald die Erfahrung machen müssen, daß das Christentum keine Einheit ist und daß auch seine inneren Gegensätze von politischem Gewicht sind. Die Auseinandersetzungen in der Kirche können auch für die Einheit des Reiches gefährlich werden. So ist der Kaiser, der die Kirchen in seine gesamtpolitischen Pläne mit einbezieht, genötigt worden, auch zu kirchlichen Fragen Stellung zu nehmen, wenn sie den Frieden im Reich und in der Kirche bedrohen.

In der Auseinandersetzung mit diesen Fragen hat Konstantin die Synode als die Institution erkannt, mit der die Kirche ihre Probleme als kirchliche lösen und er sie gleichzeitig im Sinne der kaiserlichen Politik beeinflussen kann, denn auf den ökumenischen oder „Reichssynoden" ist auch der Kaiser vertreten. Die kirchlichen Beschlüsse erlangen durch die staatliche Anerkennung allgemeine Verbindlichkeit und Gesetzeskraft. In zwei grundlegenden Auseinandersetzungen haben die kirchlichen Synoden weitgehende Entscheidungen getroffen.

Die in der letzten Verfolgungszeit entstandene *Bewegung des Donatismus* hatte die Kirche Nordafrikas gespalten. Der Bischof Mensurius von Karthago hatte dem behördlichen Verlangen nach Auslieferung der heiligen Schriften scheinbar entsprochen: Er hatte nicht die Bibel, sondern häretische Werke zur Verbrennung übergeben. Da erwachte der alte nordafrikanische Rigorismus, der seit den Zeiten Tertullians die nordafrikanische Kirche beherrschte. Das Verhalten des Bischofs wurde als Feigheit und Flucht vor dem Martyrium gebrandmarkt. Nach dem Tode von Mensurius griff der

Streit auf ganz Nordafrika über. Anstelle von Mensurius war Caecilian Bischof von Karthago geworden. Bei seiner Weihe hatte jedoch ein Bischof mitgewirkt, der bei den Rigoristen als „traditor", als „Überlieferer" der heiligen Bücher des Christentums, galt. Die numidischen Bischöfe wählten an seiner Stelle einen neuen Bischof, dessen Nachfolger Donatus d. Gr. wurde, nach dem die ganze Bewegung dann benannt worden ist.

Der Fortgang dieser kirchlichen Spaltung ist durch die kaiserliche Politik bestimmt worden. Konstantin hat dem Bischof Caecilian und den zu ihm haltenden Klerikern außer einer finanziellen Hilfe auch die Befreiung von den öffentlichen Lasten gewährt. Da die Partei der Donatisten dagegen protestierte, hat Konstantin eine römische Synode mit der Untersuchung der Differenzen beauftragt. Die Synode anerkennt den Bischof Caecilian vor dem donatistischen Gegenbischof als den rechtmäßigen Träger des bischöflichen Amtes. Die Gegenseite wird exkommuniziert, da sie auch noch an dem Brauch der Ketzertaufe festhält.

Aber die Donatisten fügten sich nicht. Auf ihr Verlangen beruft der Kaiser *die Synode zu Arles (Arelate)*. Auf ihr sind die Bischöfe aus allen abendländischen Provinzen zugegen; sie umfaßt also den abendländischen Episkopat. Im Einladungsschreiben hat sich Konstantin selbst als „Verehrer Gottes" (cultor dei) bezeichnet und von ihm als dem „erhabensten Gott" (summa divinitas) gesprochen. Die Bischöfe werden als „sehr liebe Brüder" (carissimi fratres) angeredet.

Die Synode hat das im Donatismus erscheinende Prinzip der Sekte verworfen und das der Kirche verteidigt. Nach den Entscheidungen der Synode sind Traditoren, wenn ihre Schuld einwandfrei feststeht, aus dem Klerus zu verbannen, aber die von ihnen erteilten Weihen behalten ihre Gültigkeit. Ebenso wird die Ketzertaufe verworfen. Wer von einer häretischen Gemeinschaft zur katholischen Kirche übertritt, ist nicht noch einmal zu taufen, sondern durch Handauflegung aufzunehmen, wenn seine Taufe auf die Dreieinigkeit erfolgt ist.

Diese Entscheidungen sind von grundsätzlicher Bedeutung. Sie binden die Wirksamkeit der Sakramente nicht an die Sündlosigkeit oder persönliche Heiligkeit des Klerus, wie es die Donatisten taten, für die nur ein sündloser Klerus die Sakramente wirksam spenden kann.

Gegen den Donatismus, der die Entscheidungen der Synode nicht anerkannte, ist die kaiserliche Politik mit aller Strenge vorgegangen. Konstantin hat sofort die Grenzen zu spüren bekommen, die der kaiserlichen Macht gesetzt sind, wenn sie sich auf die inneren Fragen der Kirche einläßt. Alle staatlichen Maßnahmen zur Unterdrückung der Ketzerei versagen angesichts ihrer Verbreitung in Nordafrika und gegenüber der Hartnäckigkeit, mit der ihre Anhänger an ihr festhalten. So ist Konstantin zu einer Politik der Toleranz den kirchlichen Gruppen gegenüber genötigt worden.

Noch mehr aber als der Donatismus haben Konstantin die arianischen Auseinandersetzungen zu schaffen gemacht. Es handelt sich dabei um Differenzen in bezug auf die trinitarischen Probleme, die aus der Logoschristologie des Origenes hervorgegangen sind. Sie haben bald eine solche Schärfe angenommen, daß sie die kirchliche Einheit gefährdeten. Die arianischen Streitigkeiten sind auf dem Konzil zu Nizäa zur Verhandlung gekommen. Wie die Auseinandersetzungen um den Donatismus in der nordafrikanischen Kirche durch eine den abendländischen Episkopat umfassende Synode entschieden worden sind, so hat Konstantin die Probleme der Trinität und andere kirchliche Fragen auf einem allgemeinen Konzil klären lassen.

Es handelt sich bei der *Synode von Nizäa von 325* um ein Reichskonzil. Auf ihm ist zum ersten Mal die gesamte Kirche mit Einschluß der Vertreter des Abendlandes repräsentiert. Dieses allgemeine Konzil ist im Sommer 325 zu Nizäa zusammengetreten – eine glänzende Versammlung von über 320 Teilnehmern, die freilich von ganz unterschiedlicher Bildung und Kultur waren.

Die Synode hat die arianische Frage durch die Annahme eines Bekenntnisses entschieden, das nach verschiedenen Vorlagen folgende Aussagen enthält:

> „Wir glauben ... an einen Herrn Jesus Christus, den Sohn Gottes, von dem Vater gezeugt, den Eingeborenen, d. h. aus dem Wesen des Vaters ... gezeugt, nicht geschaffen, mit dem Vater eines Wesens ...“

Die entscheidenden Worte, für deren Aufnahme sich der Kaiser selbst eingesetzt hat, sind die von der „Wesenseinheit“ von Vater und Sohn: der Sohn ist „eines Wesens mit dem Vater“ (= homousios). Der Ausdruck „homousios“ ist also im Sinne von „Seinseinheit“ zu interpretieren. Es wird ausdrücklich gesagt, daß die Zeugung des Sohnes – nicht seine Schöpfung — „aus dem Wesen des Vaters“ erfolgt sei. Mit der ausdrücklichen Verwerfung aller arianischen Formeln schließt das Bekenntnis.

Bis auf zwei Bischöfe der Arianer haben alle Teilnehmer der Synode das Bekenntnis unterschrieben. Der Kaiser hat den dogmatischen Feststellungen der Synode rechtlichen Charakter verliehen. Er verlangte ihre Anerkennung und bestrafte jeden Widerstand.

Die Bedeutung dieses ersten ökumenischen Konzils von Nizäa besteht in einem Vierfachen:

a) Die Synode hat die in dem Episkopat sich darstellende Einheit der Kirche deutlich gemacht.

b) Die Macht des Episkopates ist aber nur insofern real, als der Staat die Beschlüsse der Bischöfe anerkennt und durchsetzt.

c) Es ist klar geworden, daß der christliche Glaube nicht mehr durch den Rückgang auf die Bibel ausgedrückt werden kann, sondern daß er in der wissenschaftlichen Sprache und der Denkweise der Zeit zum Ausdruck gebracht werden muß.

d) Das Bekenntnis hat die Gottheit Christi festgestellt und damit dem Anspruch Jesu, der Menschensohn zu sein, einen neuen Ausdruck gegeben: der Sohn ist seinem Wesen nach derselbe wie der Vater, wie der Gedanke der Wesenseinheit besagt.

Die Politik Konstantins des Großen nach dem Nizänum läuft darauf hinaus, die auf dem Konzil unterlegenen kirchlichen Gruppen wieder zu stärken. Die Erhaltung des Friedens und die Wahrung der Einheit der Kirche sind die Ziele dieser wechselvollen kaiserlichen Politik. Es sollte nicht die Vorherrschaft einer Richtung in der Kirche geben. Der Kaiser hat deshalb nach der Synode die Gegner des Nizänums begünstigt, um neue Kämpfe zu vermeiden.

Das Opfer der kaiserlichen Politik ist schließlich der Bischof Athanasius von Alexandrien geworden. Die vom Kaiser nach Tyros 335 berufene Synode hat den großen Bischof wegen Ungehorsams gegen den Kaiser abgesetzt. Der Kaiser fügte die

Verbannung nach Trier hinzu. Der Friede in der Kirche ist gefährdet, solange Athanasius Bischof von Alexandrien ist. Gleichzeitig setzt sich der Kaiser für die Aufnahme von Arius in die Kirche ein. Dieser hat ein Glaubensbekenntnis abgelegt, das seine Anschauungen abgeschwächt wiedergibt. Das ist auf der Synode zu Jerusalem (335) geschehen, die der Kaiser zur Feier seines dreißigjährigen Regierungsjubiläums und zur Einweihung der von ihm erbauten Grabeskirche berufen hatte. Arius hat die Wiederherstellung seines Rufes nicht mehr erlebt. Am Vorabend seiner Einführung in seine neue Stellung in Konstantinopel ist er 336 gestorben. Der Friede in der Kirche scheint endlich wiederhergestellt zu sein, nachdem der mächtigste Vertreter des Nizänums, Athanasius, verbannt und der Ketzer, den das Konzil verurteilt hatte, rehabilitiert worden war. Die Gefahr neuer, die Kirche zerreißenden Auseinandersetzungen ist beseitigt. Da ist Konstantin unerwartet im Mai 337 gestorben.

In Anlehnung an die diokletianische Reichsverfassung hat Konstantin das Reich, über das er als Alleinherrscher verfügte, unter seine Söhne aufgeteilt. Im Unterschied zur diokletianischen Reform aber sollte eine Dynastie die Oberhäupter stellen und so die Einheit des Reiches garantieren, das in drei Herrschaftsgebiete gegliedert wird. Im Osten, einschließlich des Donaugebietes, regiert Konstantius II. (337–361). Der Westen, d. h. Italien, Afrika und Griechenland, fallen an Konstans (337–350). Über das eigentliche Abendland, d. h. über Gallien, Spanien und Britannien, herrscht Konstantin II. (337–340).

Konstantius II. hat mit dem Antritt der Herrschaft im Osten auch die ständige Bedrohung der Reichsgrenze durch die Perser geerbt. Erst nach deren Bezwingung (350) kann er sich wieder den Fragen der Kirchenpolitik zuwenden. Aber dann ist er genötigt, sich mit dem Usurpator Magnentius auseinanderzusetzen, der sich in Gallien zum Augustus aufgeworfen hatte. *Nach dessen Besiegung kann Konstantius II. im Jahre 353 die Alleinherrschaft über das Imperium antreten.* Es beginnt eine neue Ära der kaiserlichen Politik gegenüber der Kirche.

SIEBENTER SCHWERPUNKT:

Die Entwicklung des Papsttums

Die Entwicklung des Papsttums ist durch viele historische Momente bestimmt, deren Auftreten und Zusammenwirken sich wohl niemals wird erklären lassen, aber in der Rückschau nach der geschichtlichen Bedeutung aufgezeigt und interpretiert werden kann.

Zu diesen geschichtlichen Faktoren gehört die besondere Stellung, die der Apostel Petrus schon zu Lebzeiten Jesu im Kreis der unmittelbaren Jünger eingenommen hat. Er erscheint häufig als ihr Sprecher. Er ist derjenige, der zu Jesus von Nazareth das grundlegende Bekenntnis abgelegt hat, das Gestalt und Wirken Jesu mit dem Ausdruck umschreibt: „Du bist der Christus." Auf dieses Bekenntnis hin hat Jesus nach den Evangelien dem Petrus eine tatsächliche und zugleich symbolische Vorrangstellung innerhalb des Jüngerkreises und für die durch diesen zu gewinnende Gemeinde zugesprochen (Mt 16,18f).

Ein einzigartiges Zeugnis über eine Erstlingsstellung des Petrus liegt auch im 1 Kor 15,3ff vor. Es wird von Paulus ausdrücklich als eine ihm bereits zugeflossene Überlieferung bezeichnet. Es handelt sich um das Credo der Urgemeinde, das also vorpaulinischen Ursprungs ist. Nach diesem hat der erhöhte Herr sich dem Petrus als erstem von allen Jüngern und christlichen Brüdern als Auferstandener bezeugt. *Petrus erscheint damit als der erste Christ, der an Jesus von Nazareth als an den zu Gott erhöhten Herrn glaubt. Er hat damit eine einzigartige Erstlingsstellung unter allen Christen erhalten.* Das ist der Grund des ihm zukommenden Primates unter den Aposteln.

Nach dem Zeugnis der Evangelien hat der Auferstandene den so ausgezeichneten Petrus mit bestimmten Funktionen für den Jüngerkreis und die Gemeinde ausgestattet. Petrus hat diese auch in der Urgemeinde von Jerusalem durch die Ausübung des Aufsichtsrechtes über die neugegründeten, aus der Mission hervorgegangenen Gemeinden bestätigt. Daß es sich dabei um ein bestimmtes Amt handelt, das gerade diejenigen Aufgaben wahrzunehmen hat, die das Wachstum der Gemeinde und damit den Zusammenhang der neuentstandenen Gemeinden mit der Muttergemeinde von Jerusalem betreffen, ist deutlich. Der Primat des Petrus ist dann in der Tat zuerst ein solcher des Glaubens und des vollen Christseins, sofern dieses durch den Glauben an die Auferstehung geprägt ist. Aufgrund dieser Erstlingsstellung werden dem Petrus sodann die amtlichen und rechtlichen Funktionen zuteil, die er von Jerusalem aus wahrgenommen hat, nachdem er mit diesem Primat ausgezeichnet worden war.

Zu den Ursachen, die zur Entwicklung des Papsttums geführt haben, gehört auch *die Stellung, welche die römische Gemeinde sich unter den christlichen Kirchen im ersten*

Jahrhundert erworben hat. Frühzeitig hat diese Gemeinde einen Vorrang unter den Schwesterkirchen besessen, kann doch schon der Apostel Paulus von ihr sagen: „Euren Glauben rühmt man in der ganzen Welt“ (Röm 1,8). Das erste greifbare Zeugnis, das von der Autorität der römischen Gemeinde ausgegangen ist, stellt die von einem hohen Verantwortungsbewußtsein zeugende Ermahnung einer anderen Kirche dar. In dem Ersten Klemensbrief richtet die Kirche von Rom an die zu Korinth anläßlich der hier erfolgten Absetzung von Episkopen und Presbytern die Mahnung zu Frieden, Eintracht und Unterordnung unter die nach dem Willen Gottes eingesetzten Episkopen. Die römische Gemeinde spricht in diesem Schreiben die bedeutungsvolle Theorie aus, daß das Bischofsamt auf apostolischem Recht beruhe und eine Fortsetzung der Sendung Christi in die Welt darstelle. Damit ist nicht nur zum ersten Mal der Gedanke von der apostolischen Sukzession der Bischöfe gewonnen, sondern auch zum Ausdruck gebracht, daß diese, weil auf die Anordnung der Apostel zurückgehend, apostolischen Rechtes ist und in der göttlichen, mit dem Kommen Jesu verwirklichten Absicht liegt.

Die Stellung, welche die römische Gemeinde sich frühzeitig unter allen christlichen Kirchen erworben hat, gründet sich ferner auf *die tatsächlichen Leistungen, durch die sich diese Gemeinde in der praktischen Arbeit für die christlichen Brüder und Schwestern hervorgetan hat.* Schon Ignatius von Antiochien sagt von ihr, daß sie mit dem „Vorrang in der Liebe“ ausgestattet sei oder, wie man diese Worte auch übersetzen kann, daß sie für das Gebiet der Römer den „Vorsitz im Liebesbund“ innehabe. Es ist der Primat der erfüllten Liebespflicht und der Glaubenstreue, denn sie ist auch von ihren ersten Zeiten an die Stätte zahlreicher Martyrien gewesen. Offenbar ist der römischen Gemeinde schon zu Beginn des zweiten Jahrhunderts dieser Primat von anderen christlichen Kirchen zuerkannt worden.

Schon in den Anfängen der römischen Kirche aber tritt auch die Gefahr hervor, diesen Primat in einen rechtlichen und förmlichen zu verwandeln. *Bischof Viktor von Rom (189–198)* ist der erste, der in dieser Richtung eine Fortbildung des Primats der römischen Gemeinde und ihres Bischofs versucht hat. Viktor fordert in den die abendländische und die morgenländische Kirche trennenden Fragen nach dem Termin und der Art der Fasten zur Osterzeit, die wiederum mit der Auffassung des Osterfestes selbst zusammenhängen, daß die kleinasiatischen Gemeinden den römischen Standpunkt annehmen. Als sie sich seinen Wünschen nicht fügen, hebt er kurzerhand die Kirchengemeinschaft mit ihnen auf. Es ist der Versuch, den Primat der römischen Gemeinde als einen juristischen auszuüben und für ihn ausdrücklichen Gehorsam zu verlangen. An dem Widerspruch aller anderen Kirchen ist dieser Versuch Bischof Viktors gescheitert. Der römische Bischof ist daran erinnert worden, daß er selbst nur ein Bischof unter anderen sei, denen grundsätzlich die gleiche Autorität zukomme.

Aber schon *Bischof Calixt I. (217–222)*, einer der Nachfolger von Viktor, hat dann die Theorie ausgesprochen, daß die Worte Jesu an Petrus, nachdem dieser das Bekenntnis zu ihm als dem Christus Gottes abgelegt hat: „Du bist Petrus, und auf diesen Felsen will ich meine Kirche bauen“ (Mt 16,18f), sich auf den römischen Bischof als den Nachfolger des Apostels Petrus beziehen und diesem deshalb der Primat gegenüber allen anderen Kirchen und Bischöfen zukomme. Aber dieser von Kallist ausgesprochenen Lehre vom Primat des römischen Bischofs haben die übrigen Kirchen ebenfalls die Anerkennung versagt. Immerhin haben sie eingeräumt, *daß der römische Bischof die „cathedra Petri" innehabe* und daß die bevorzugte Stellung des Petrus eine für die Einheit der Bischöfe symbolische sei, so daß der römische Bischof gleichsam die Einheit des Episkopates verbürge.

In den Auseinandersetzungen um die Buße und um die Anerkennung der Ketzertaufe ist es ebenfalls zu einer Fortbildung der Lehre vom Primat des römischen Bischofs gekommen. *Bischof Stephan von Rom (254–257)* betonte dem Bischof Cyprian von Karthago gegenüber, daß die Ketzer als Büßer zu behandeln seien und durch Handauflegung und Unterweisung in die Kirche wieder aufzunehmen seien. Stephan verlangte für diesen römischen Brauch die Anerkennung durch die anderen Kirchen, besonders die von Nordafrika. Er berief sich dafür auf den Primat des Apostels Petrus. Als dem Nachfolger Petri stehe ihm als dem römischen Bischof der Primat unter den übrigen Bischöfen zu. Stephan bedient sich damit einer Argumentation, die ihm Cyprian von Karthago selbst an die Hand gegeben hatte, indem dieser den Vorrang der römischen Kirche als der Mutter aller anderen Kirchen herausgestellt hat.

Gegen diese Auffassung des Primats durch Stephan aber erhob sich nun *Cyprian* selbst, indem er die symbolische Deutung der Vorrangstellung des Apostels Petrus betonte. Petrus habe den Primat als Symbol für die Einheit der Kirche und des Episkopates empfangen. So stehen sich im dritten Jahrhundert ebenfalls die juridische Ausdeutung des Primats und die symbolische Auffassung desselben gegenüber, ohne daß es zu einer definitiven Entscheidung zwischen beiden gekommen ist.

Ein entscheidendes geschichtliches Ereignis hat zu Beginn des vierten Jahrhunderts aber die Entwicklung des römischen Bischofs zum Leiter der abendländischen Kirche begünstigt. Konstantin der Große hat mit der *Verlegung der Reichshauptstadt von Rom nach Konstantinopel* das für die Fortbildung der Lehre vom Primat des römischen Bischofs einschneidende Ereignis geschaffen. Indem Konstantin selbst den Sitz des Reiches in den Osten verlegte, hat er dem römischen Bischof die größere Bewegungsfreiheit gegenüber dem Kaiser gegeben, als sie der Bischof der neuen Reichshauptstadt Konstantinopel jemals haben konnte. Nunmehr kann der Bischof von Rom als der Bewahrer und Fortsetzer der Traditionen des alten Römertums erscheinen. Jetzt wird er zum Garanten des apostolischen, altüberlieferten Glaubens, wenn die Kaiser auf die Synoden Einfluß nehmen und deren dogmatische Beschlüsse im Sinne ihrer Politik zu bestimmen versuchen.

Die Tat Konstantins des Großen hat aber auch den Grund zu neuen, tiefgreifenden Konflikten gelegt, die den Kampf zweier Anschauungen von der Kirche heraufführen mußten. Die römisch-abendländische Anschauung geht dahin, daß die Kirche ihre Autorität in sich selber trage, während die im Osten entwickelte Idee der Reichskirche letztlich darauf beruht, daß ihr Patriarch eine politisch bedeutsame Stellung innerhalb des Reiches einnehme und ihm deshalb der Vorrang unter den anderen Kirchen gebühre.

Zwei römische Bischöfe haben die für die Kirche seit Konstantin dem Großen bestehende Situation erkannt und bewußt auf die Erhebung des römischen Bischofs zum Haupt der abendländischen Christenheit hingearbeitet.

Bischof Damasus I. von Rom (366–384), der sich als „rector ecclesiae" versteht, hat sich im Gegensatz zu der unfruchtbaren Politik seiner Vorgänger auf den Boden der neuen Tatsachen gestellt. Die Anerkennung der „Reichskirche" trägt ihm die Zuerkennung der Gerichtsbarkeit über die Bischöfe und Priester seiner Kirchenprovinz und darüber hinaus über die Metropoliten in Italien ein. Zur Durchführung seiner Gerichtshoheit steht ihm sogar die kaiserliche und staatliche Gewalt zur Verfügung. Die weltliche Gerichtsbarkeit verbleibt dem Staat; aber der Bischof von Rom wird zur ersten richterlichen Instanz nicht nur für seine Kirchenprovinz, sondern für Italien überhaupt erhoben.

Damasus hat von der römischen Kirche als von dem *apostolischen Stuhl* schlechthin gesprochen. Wenn die Bischöfe des Morgenlandes ihre Gleichstellung mit dem römischen Bischof fordern, so stellt ihnen dieser die „Prärogative des Apostolischen Stuhles" entgegen. Das Reichskonzil von Konstantinopel vom Jahre 381 hat dem Bischof von Konstantinopel als dem Bischof von „Neu-Rom" die Ehrenstellung nach dem römischen Bischof als dem Bischof von „Alt-Rom" zugesprochen. Die Begründung für diese Erhebung Konstantinopels über die übrigen Kirchen des Ostens, für die Stellung auf den ersten Platz nach dem römischen Bischof ist eine politische, keine historisch-theologische. Dem Haupt der Reichskirche gebührt als solchem der Vorrang unter den Kirchen des Ostens und der zweite Platz nach „Alt-Rom".

Dieser politischen Begründung für die kirchliche Stellung des Bischofs von Neu-Rom stellt Damasus eine theologische an die Seite. Nur diejenige Kirche kann den Primat für sich beanspruchen, deren Ursprung auf einen Apostel zurückzuführen ist. In den Augen von Damasus ist die römische Kirche der „apostolische Stuhl", weil sie ihre Gründung auf den Apostel Petrus zurückführen kann, der auch noch in ihr das Martyrium erlitten hat. Da Petrus jedoch ebenfalls in Antiochien und Jerusalem gewirkt hat, so gebührt nach Damasus auch diesen beiden Kirchen ein Vorrang gegenüber dem Stuhl von Konstantinopel. *Es ist die Theorie von den drei Petrusstühlen, die Damasus gegen die prinzipielle Gleichachtung von „Neu-Rom" und „Alt-Rom" konzipiert hat:* im Grunde der Anspruch, daß die römische Kirche wegen dieses ihres apostolischen Ursprungs nicht nur älter als die „Reichskirche" ist, sondern auch in sich eine höhere Autorität trägt, die nicht aus ihrer politischen Stellung abgeleitet werden kann, sondern die ihr aufgrund ihres apostolischen Ursprungs zukommt. Man kann Damasus als den ersten „Papst" bezeichnen, der mit Hilfe der oben entwickelten Lehre vom Primat die Stellung des römischen Bischofs gegenüber den anderen Kirchen definitiv begründet hat.

Sein Nachfolger, *Bischof Siricius von Rom (384–399),* setzt die von Damasus eingeschlagene Linie fort. Er wird den Bischöfen des Westens gegenüber zum kirchlichen Gesetzgeber. Aus seiner Zeit stammt das erste beglaubigte Dekret, d. h. eine Rechtsentscheidung des Bischofs von Rom aufgrund einer an ihn ergangenen Anfrage. Siricius hat seine Entscheidungen an alle Kirchenprovinzen des Abendlandes zur Beachtung gehen lassen. Damit ist ein weiterer Schritt in der Entwicklung des Papsttums getan: der Bischof von Rom erläßt rechtsgültige und verpflichtende Weisungen für die abendländischen Kirchen.

Was bisher Angelegenheit der Synoden als der Verkörperung des kirchlichen Gesamtwillens war, ist jetzt zum ersten Mal zur Sache des Bischofs von Rom geworden, den die Regelung kirchlicher Rechtsfragen für Gebiete außerhalb des eigenen Synodalbereiches in Anspruch nimmt. Mit der Sammlung dieser Entscheidungen im päpstlichen

Archiv ist die Grundlage für die späteren Sammlungen des Kirchenrechts gelegt worden. Siricius hat in seinen Erlässen sich der kaiserlichen Rechts- und Gesetzessprache bedient. Keinem Bischof oder Priester sollte es künftig freistehen, die Anordnungen des Apostolischen Stuhles zu ignorieren.

Zwei Päpste haben entscheidend für die Fortbildung der theologischen Begründung des Papsttums gesorgt. *Papst Innozenz I. (401–417)* hat den römischen Bischofsstuhl inne, als die Flut der germanischen Völkerexpansion sich über Gallien, Italien und Rom ergießt. Die politischen Ideen von Innozenz ruhen auf der Anschauung von der autonomen Kirche, die ihre Normen und Gesetze in sich selbst trägt und der keine politischen Grenzen gesetzt sind. Es ist für Innozenz bezeichnend, daß er seine Entscheidungen nicht aufgrund von politischen Erwägungen, sondern von theologischen Grundsätzen getroffen hat.

Auf dem Hintergrund dieser Gedanken muß auch die von ihm weiter fortgebildete Lehre vom Primat des römischen Bischofs und die Anwendung derselben in seinem politischen Handeln gesehen werden. Petrus ist für Innozenz der „Apostelfürst" und der erste Bischof überhaupt. Er hat der Kirche von Rom ihre Würde und ihre Stellung gegenüber den anderen Kirchen verliehen, so daß die Kirchen des Abendlandes der römischen Kirche in Verfassung, Lehre und Leben folgen müssen. Aus dem römischen Ursprung der abendländischen Kirchen folgert Innozenz die Notwendigkeit ihrer schlechthinnigen Gleichförmigkeit und Übereinstimmung mit der römischen Kirche.

Auch dem Orient gegenüber hat Innozenz die Lehre vom Vorrang der römischen Kirche geltend gemacht, indem er die Theorie des Damasus von den drei Petrusstühlen fortbildet. Unter denjenigen Kirchen, die sich auf Petrus zurückführen können, gebühre der römischen deshalb der Vorrang, weil Petrus nicht nur vorübergehend, wie in Jerusalem und Antiochien, sondern dauernd in ihr geweilt habe.

So hat Innozenz sowohl den Kirchen des Westens wie des Ostens gegenüber *die Lehre vom Primat Roms* vertreten. Sein politisches Handeln beruht damit auf einer ausgesprochenen theologischen Begründung. Auch in theologischen Fragen, z. B. in der Auseinandersetzung zwischen Augustinus und Pelagius, hat Innozenz höchstrichterliche Entscheidungen für sich beansprucht und theologische Probleme durch das Wort des Apostolischen Stuhles gelöst sein lassen.

Den abschließenden Höhepunkt in der Entwicklung des Papsttums innerhalb des Imperium Romanum stellt Papst *Leo I. d. Gr. (440–461)* dar, weil sich sein Handeln noch ganz auf die durch das Römische Reich begrenzte Umwelt erstreckt. Leo hat noch nicht die neue Aufgabe gesehen, die dem Papsttum mit der Bildung der germanischen Reiche am Rande und inmitten des zerfallenden Imperiums gestellt ist. Diese Aufgabe hat erst Gregor d. Gr. erkannt, mit dem deshalb eine neue Periode für die Entwicklung des Papsttums beginnt. *Leo I. dagegen bedeutet den glänzenden Abschluß der sich innerhalb des Imperium Romanum entwickelnden Idee und Gestalt des Papsttums.*

Im Mittelpunkt seiner Amtsauffassung steht der Apostel Petrus. Innozenz hat Petrus als den ersten Bischof und den Fürsten der Apostel gedeutet, in dem das Bischofsamt seinen Anfang nimmt. Die Anschauungen von Leo richten sich auf den erhöhten Petrus, der in ewiger Teilhaberschaft mit Christus seine Gewalt ausübt. Er hat an der Machtfülle des erhöhten Herrn teil. Er ist der ständige Inhaber seines Stuhles, so daß in dem Bischof von Rom Petrus selbst spricht und handelt. Der Papst erscheint als das irdische Organ des erhöhten Petrus; er fungiert an Stelle von Petrus.

Leo hat damit einen Gedanken geprägt, der zum festen Bestandteil der kirchlichen Lehre vom Primat geworden ist. Der Papst ist der Stellvertreter Petri. Er nimmt als Bischof von Rom unter den Bischöfen die Stellung ein, die Petrus unter den Aposteln gehabt hat. Es gibt einen ständigen Ausgang der Gewalt von dem erhöhten Petrus auf den jeweiligen Inhaber des Apostolischen Stuhles, so daß der Papst als der Mund oder das Instrument Petri gelten kann: Christus ist das grundsätzliche und ursächliche Haupt der Kirche, Petrus dagegen ihr konkret-historisches.

Leo hat mit diesen Gedanken auch eine neue Deutung jenes an Petrus gerichteten Herrenwortes gegeben, mit dem Petrus die Binde- und Lösegewalt zugesprochen wird (Mt 16,18f). Nach dem Verständnis dieses Wortes durch Leo ist damit die Binde- und Lösegewalt dem Petrus als dem einzelnen Apostel übertragen worden, durch den sie erst auf die übrigen Apostel übergeht. Nur durch Petrus haben diese an der Binde- und Lösegewalt teil. So haben die Bischöfe mit dem römischen Bischof die Sorge für die Kirche gemeinsam, jedoch sind sie nicht im Vollbesitz der geistlichen Gewalt wie der römische Bischof, der diese unmittelbar von Petrus empfangen hat.

Aus diesen Anschauungen leitet Leo die Hoheit ab, die er als Bischof von Rom tatsächlich ausgeübt hat. Mit ihnen hat er die Selbständigkeits- und Unabhängigkeitsbestrebungen der abendländischen Kirchen, besonders in Gallien und Spanien, überwunden. Auch in Glaubensfragen hat er die verbindlichen, geradezu rechtlichen Charakter tragenden Entscheidungen getroffen, so etwa in der Verfolgung der Pelagianer oder bei der Unterdrückung der gnostische, parsistische und christliche Elemente vereinigenden Religion des Manichäismus.

Der faktisch von ihm ausgeübte Primat über die abendländischen Kirchen hat in dem Edikt Kaiser Valentinians III. vom Jahre 445 *die staatliche Anerkennung* gefunden. Die Entscheidungen des römischen Bischofs gelten jetzt dem Staat gegenüber als Gesetze, die dieser als auch für sich verbindliches Recht ansieht. Die Auflehnung gegen den Papst gilt als ein Verstoß gegen die staatlichen Gesetze. Hier liegt nicht nur eine Umformung des so wichtigen Begriffes des Ketzers von der geistlichen Verderbnis in Richtung auf die politische vor, sondern auch die Konzeption des Gedankens, daß der Ketzer zugleich ein Feind der öffentlichen Ordnung ist und als solcher nach dem kirchlichen Urteilsspruch auch vom Staate verfolgt werden muß.

Die größten Erfolge hat Leo in seiner Politik den orientalischen Kirchen gegenüber erzielt, indem er dort die Lehrautorität des römischen Bischofs zur Geltung hat bringen können, die dann auch die kaiserliche Politik anerkannt hat. In einem *Lehrbrief* hat er zu den das Morgenland tief erregenden christologischen Fragen nach der Einheit der Naturen in Christus Stellung genommen und das Problem in abendländischem Sinne gelöst: göttliche und menschliche Natur in Christus finden in der konkreten Person ihre Einheit, wobei aber die Wirkungsweise einer jeden Natur erhalten bleibt.

Mit der Anerkennung seines „Lehrbriefes“ durch das Konzil von Chalcedon (451) hat Leo nicht nur einen Erfolg auf dem Gebiet der kirchlichen Lehre errungen, sondern auch einen politischen über Alexandrien, die mächtige Kirche des Orients, davongetragen, weil diese ihre traditionelle Politik eines Zusammengehens mit Rom aufgegeben hat.

Und doch hat dieser Triumph Leos auf dem Konzil von Chalcedon eine Einschränkung erfahren. *Unter dem Druck der kaiserlichen Gesandten hat das Konzil die Gleichstellung von Rom und Byzanz, von „Alt-Rom" und „Neu-Rom", beschlossen und damit eine Entwicklung zu konsequentem Abschluß gebracht, wie sie aus der Idee der „Reichskirche" sich ergeben mußte.* Gerade im Gegensatz zu diesen Vorstellungen hat Leo die Lehre vom Primat der römischen Kirche fortgebildet, welche die Stellung einer Kirche und der ihr zukommenden Autorität mit ausschließlich theologischen Gesichtspunkten begründet.

So steht Leo als derjenige Papst in der Geschichte da, der das Werk von Innozenz vollendet. Sein Blick ist aber noch ganz und gar auf die durch das Imperium Romanum umgrenzte Welt gerichtet, ja, das römische Weltreich gilt ihm als ein Teil der göttlichen Heilsökonomie, die durch dieses Reich dem Evangelium Eingang bei allen Völkern hat verschaffen wollen. Rom wird für Leo zum Mittelpunkt der christlichen Mission. Er hat an die Stelle des untergehenden Roms der Antike *das christliche Rom* treten lassen, das nunmehr auch eine neue Bedeutung für die geistige Durchdringung der Welt und der in das Imperium eingebrochenen germanischen Völkerschaften erlangen sollte.

Damit erhebt sich die Gestalt Leos am Ende des ersten Abschnittes der Entwicklung des Papsttums, der dieses in seiner Entfaltung innerhalb der Grenzen des Römischen Reiches zeigt. Der Blick Leos ist über das Imperium noch nicht hinausgegangen. Der Gedanke einer selbständigen Existenz der jungen Völker außerhalb des Imperiums ist ihm noch fremd gewesen. Leo hat die Aufgaben noch nicht erkannt, die der Kirche durch das Auftreten neuer Völker auf dem Schauplatz der Geschichte für die Zukunft zufallen mußten. Er ist *einer der großen römischen Bischöfe am Ende des christlichen Altertums,* dessen Ideen sich aber als zukunftsträchtig erwiesen haben und in einer neuen Zeit und unter neuen geschichtlichen Verhältnissen für die Entwicklung des Papsttums und der es begründenden theologischen Lehren zu einem unaufgebbaren Gut geworden sind.

ACHTER SCHWERPUNKT:

Die Entfaltung des Glaubens

In der Alten Kirche ist es zu einer Entfaltung des christlichen Glaubens gekommen, die grundlegend für das Glaubensverständnis der nachfolgenden Zeiten geworden ist. Die Resultate dieser Entwicklung sind die unaufgebbaren klärenden Aussagen zu Wesen und Gehalt des christlichen Glaubens. Dieser ist ja nicht nur subjektive Überzeugung, sondern stellt sich auch als objektive Lehre dar, deren Inhalt dem einzelnen zur Aneignung aufgegeben ist.

An seiner Ausbildung haben verschiedene Faktoren mitgewirkt, die es zu erkennen und in bezug auf ihre Sachgemäßheit kritisch zu werten gilt:

1. Der christliche Glaube trägt bestimmte Fragen in sich selbst, die nach ihrem inneren Zusammenhang entfaltet werden müssen. Er ist immer von der Art, daß er wissen will, was er glaubt, und daß er über das Geglaubte sich selbst Rechenschaft ablegen muß. Ein gewisses rationales Element eignet diesem Bemühen des Glaubens um ein Verstehen seiner selbst.

2. Bestimmte Fragen treten aber auch an das Christentum von außen heran, mit denen es sich auf seinem Weg durch die Geschichte auseinandersetzen muß. Insbesondere war es beim Verlassen des jüdischen Mutterbodens und beim Übergang in die heidnische Welt sowie bei der Berührung mit der antiken Philosophie und Ethik genötigt, *die Fragen nach dem Wesen Gottes, nach der Natur und den Kräften des Menschen, nach Gut und Böse und nach der Haltung des Menschen zu der ihn umgebenden Welt aufzugreifen und für ihre Beantwortung vom Glauben her zu durchdenken.* Der Glaube mußte mit den Problemen fertig werden, die sich aus seinem Eindringen in die Welt der Antike für ihn ergeben haben.

3. *Vor allem aber hat die Frage nach der zentralen Stellung der Person Jesu von Nazareth in der christlichen Religion zur Entfaltung des christlichen Glaubens beigetragen.* Denn dieser hat sich stets Rechenschaft darüber abzulegen, inwiefern er sich nach Jesus Christus nennen und auf ihn in allen seinen Äußerungen beziehen kann. Er wird sich selbst kritisch fragen müssen, worin es begründet ist, daß Jesus von Nazareth die überzeitliche Stellung in der christlichen Religion einnimmt, so daß es nicht nur zu allen Zeiten zu einer immer wieder neuen Ausrichtung der Glaubenden an seiner Verkündigung, an seinem Wort und Werk kommen kann, sondern auch die Auseinandersetzung mit anderen Religionen und Heilswegen geboten und sinnvoll ist.

Diese drei Momente haben schon in alter Zeit die Entfaltung des christlichen Glaubens bestimmt. Auch das christliche Selbstverständnis der Neuzeit hat sich an sie angeschlossen, wenn es danach strebt, zu einem eigenen Ausdruck für den ganzen

Umfang des christlichen Glaubens zu kommen, um sich über ihn vor sich selbst und den Menschen der Gegenwart Rechenschaft abzulegen.

Letztlich wird damit zu den drei Grundfragen Stellung genommen, die jede Reflexion des Menschen über sich selbst begleiten: Warum bin ich so, wie ich bin? Muß ich so sein, wie ich bin? Was kann die Änderung meines Wesens bewirken? Die Antwort auf diese Fragen gibt der christliche Glaube, zu dessen Wesen es gehört, daß er über das Wesen Gottes, über die Stellung des Menschen in der Welt und über die ihn bestimmenden Kräfte reflektiert, wenn er nach sich selbst fragt.

Die Antworten auf diese Fragen des Glaubens sind nur scheinbar theoretischer Natur. Sie haben ihre zentrale Stelle im gottesdienstlichen Leben der Christen, durch das sie angeregt und auf das hin sie bestimmt sind. So ist es sachlich begründet, daß die Entfaltung des Glaubens im Zusammenhang mit der Entwicklung des christlichen Gottesdienstes erfolgt, durch diesen veranlaßt und auf ihn hin ausgerichtet ist.

Die Äußerungen des Glaubens finden ihren Ausdruck in Bekenntnis und Lehre. Sie erscheinen als Zeugnis in subjektiver und objektiver Gestalt, ohne daß das eine von dem anderen getrennt werden kann, weil beides immer miteinander vorhanden und wirksam ist, weil das eine das andere bedingt. Das Bekenntnis fordert den Akt des Bekennens. Die Lehre vertritt der Lehrer, der nur in innerer Überzeugung sie aussprechen kann. Das Zeugnis aber will die Einlösung und Bewährung durch die Tat im Leben des einzelnen Christen und dem der Gemeinde.

Die grundlegenden Aussagen des Glaubens, in denen diese Momente zusammengefaßt sind, liegen im *Apostolischen Glaubensbekenntnis* vor. In den christlichen Kirchen diente es seit früher Zeit als Taufbekenntnis. Es kann in der Tat als eine prägnante Zusammenfassung der Grundfragen des christlichen Glaubens, der ihm von außen her gestellten und der aus seinem Wesen erwachsenden, angesehen werden. Es ist ein einzigartiger Ausdruck für das Selbstverständnis des christlichen Glaubens, das sich in Bekenntnis, Lehre und Zeugnis aktualisiert.

Die Frage nach seiner Entstehung ist nicht eindeutig zu beantworten. Zwei Möglichkeiten werden unterschieden:

a) Ein ursprünglich christologisches Bekenntnis ist beim Übergang des Christentums von der jüdischen in die heidnische Welt, also durch die Bedürfnisse der Mission, triadisch erweitert worden. Es ist um das Jahr 140 in Jerusalem entstanden und von da aus in der ganzen Kirche zur Verbreitung gekommen. Auf seiner Grundlage haben sich im Osten die vielfach es erweiternden oder abwandelnden Bekenntnisse gebildet, während im Westen sich das „Romanum" und seine Variationen entwickelt haben.

b) Der Ursprung des Bekenntnisses liegt in dem späteren Zusammenwachsen von ursprünglich ein-, zwei- und dreigliedrigen Glaubensformeln, wie sie im Neuen Testament und in späterer Zeit häufig begegnen.

Eingliedrig ist das alte Christusbekenntnis, das vorpaulinische Tradition darstellt (1 Kor 15,3ff; Mk 8,27ff; Phil 2,5ff; vielfach bei Ignatius v. Antiochien). Zweigliedrige Bekenntnisformeln zu Gott und Christus sind jüngeren Datums; sie begegnen aber schon 1 Kor 8,6; 1 Tim 6,13; 2 Tim 4,1 sowie bei Polykarp (Phil 2) u. a.

Die Grundlage des trinitarischen Bekenntnisses ist der Taufbefehl (Mt 28,19), doch variieren auch die triadischen Aussagen.

Die älteste Form des Apostolischen Glaubensbekenntnisses dürfte das in Ägypten und in Rom verbreitete neungliedrige Bekenntnis gewesen sein, aus dem sich das *Romanum* direkt entwickelt hat. Ein in der Kirchenordnung Hippolyts von Rom erhaltenes Taufbekenntnis in Frageform gibt jedenfalls diese älteste Form wieder. Aus diesem Bekenntnis hat sich das Apostolische Glaubensbekenntnis derart entwickelt, daß das alte eingliedrige Christusbekenntnis mit den Glaubensaussagen zu Gott und dem Heiligen Geist verbunden worden ist.

Es ist die Grundlage aller abendländischen Bekenntnisse geworden. Es lautet in seiner ältesten Gestalt:

> „Ich glaube an Gott, den Vater, den Allmächtigen. Und an Christus Jesus, seinen eingeborenen Sohn, unsern Herrn, der geboren ist aus dem Heiligen Geist und Maria, der Jungfrau, der unter Pontius Pilatus gekreuzigt und begraben ist, der am dritten Tage auferstanden ist von den Toten, der aufgestiegen ist in die Himmel, der sitzt zur Rechten des Vaters, von wo er kommen wird zu richten die Lebendigen und die Toten. Und an den Heiligen Geist, die heilige Kirche, die Vergebung der Sünden, die Auferstehung des Fleisches."

Die Theologie des Morgenlandes ist vor allem um die Lösung der mit dem dogmatischen Anspruch Jesu gegebenen trinitarischen und christologischen Probleme bemüht gewesen. Auf den Synoden des vierten und fünften Jahrhunderts sind diese zu einem lehr- und bekenntnismäßigen Abschluß gekommen. Die trinitarischen und christologischen Probleme – die Wesensgleichheit des Sohnes mit dem Vater und mit der Menschheit – sind dann ebenfalls in der Form von kirchlichen Bekenntnissen ausgedrückt worden. Das ist auf den Konzilen zu Nizäa (325) und Konstantinopel (381) hinsichtlich der trinitarischen Fragen und auf den Konzilen von Ephesus (431) und Chalcedon (451) hinsichtlich der christologischen Probleme geschehen.

In diesen dogmatischen Formulierungen über die Trinität und über die Gottmenschheit Christi lebt, allerdings in lehr- und bekenntnismäßiger Gestalt und unter den der Sprach- und Denkweise dieser Jahrhunderte gemäßen Ausdrücken, der dogmatische Anspruch Jesu fort, mit dem er sich selbst nach seiner Person und nach seinem Werk expliziert und damit eine zu stets neuer Aussprache drängende Selbstdeutung gegeben hat. *Die dogmatischen Formulierungen dieser Synoden entfalten also einen Sachverhalt, der in den Aussagen Jesu über sich selbst begründet und mit diesen der christlichen Theologie zu immer wieder neuer Interpretation gegenüber Fehldeutungen und Mißverständnissen aufgegeben ist.*

Man darf also nicht von vornherein an der eigentümlichen Terminologie und an der oft spekulativ anmutenden Denkweise Anstoß nehmen, wenn man die theologische Behandlung dieser Probleme auf den genannten Synoden und durch die Theologie verstehen will. Es war für die Kirche und die Theologie des vierten und fünften Jahrhunderts unvermeidlich, sich der von der Zeit ihnen gebotenen Hilfsmittel zu bedienen, galt es doch, den Sinn der Aussagen Jesu festzuhalten und den christlichen

Glauben in Lehre und Bekenntnis umzusetzen, um ihn gegen seine Mißdeutungen abzuschirmen.

Die Ergebnisse der genannten Konzile mit der Feststellung der doppelten Wesensgleichheit Jesu mit der Gottheit (Nizäa und Konstantinopel) und mit der Menschheit (Ephesus und Chalcedon) sind die Ausdeutung der Selbstaussage Jesu vom Menschensohn hinsichtlich seines Verhältnisses zu Gott und hinsichtlich seines Verhältnisses zur Menschheit. Man kann deshalb sagen, daß gerade durch diese dogmatischen Formulierungen der einzigartige Anspruch Jesu nach seinem letzten und tiefsten Gehalt erschlossen und für die Christenheit zwar in lehrhafter Weise, aber doch zugleich in der Gestalt der immer wieder zu aktualisierenden Glaubensbekenntnisse, die ihren festen Ort im liturgischen Leben der Kirche haben, für alle Zeiten festgehalten worden ist.

Die für den christlichen Glauben grundlegenden Bekenntnisse haben folgenden Wortlaut:

a) *Das Nicaeno-Constantinopolitanum von 381,* das auf der Grundlage des Bekenntnisses von Nizäa beruht: „Wir glauben an *einen* Gott, den allmächtigen Vater, Schöpfer Himmels und der Erde, alles Sichtbaren und Unsichtbaren. Und an *einen* Herrn Jesus Christus, den Sohn Gottes, den Eingeborenen, von dem Vater erzeugt vor allen Zeiten, Licht aus Licht, wahrhaftigen Gott aus wahrhaftigem Gott, gezeugt, nicht geschaffen, eines Wesens mit dem Vater, durch den alles geworden ist; der um unser, der Menschen willen und zu unserem Heil aus den Himmeln herabgekommen und Fleisch geworden ist aus dem Heiligen Geiste und Maria, der Jungfrau, und sich zu den Menschen gesellte, der für uns gekreuzigt wurde unter Pontius Pilatus und litt und begraben wurde und am dritten Tage auferstand nach den Schriften und auffuhr gen Himmel und sitzt zur Rechten des Vaters und in Herrlichkeiten wiederkommt, zu richten Lebendige und Tote; sein Reich hat kein Ende. Und an den Heiligen Geist, der ein Herr ist, der lebendig macht, der von dem Vater ausgeht, der zugleich mit dem Vater und dem Sohne angebetet und gepriesen wird, der geredet hat durch die heiligen Propheten. Und an die eine heilige katholische und apostolische Kirche. Wir bekennen eine Taufe zur Vergebung der Sünden. Wir erwarten die Auferstehung der Toten und das Leben der zukünftigen Welt."

b) *Das Bekenntnis der Synode (Konzil) von Chalcedon 451.* „... Indem wir den heiligen Vätern folgen, lehren wir alle einstimmig das Bekenntnis zu *einem* und demselben Sohn, unsern Herrn Jesus Christus, der vollkommen ist in seiner Gottheit, vollkommen auch in seiner Menschheit, zugleich wahrhaft Gott und wahrhaft Mensch, bestehend aus einer vernünftigen Seele und einem Leibe, wesenseins mit dem Vater der Gottheit nach, und zugleich wesenseins mit uns nach der Menschheit, in allen Dingen uns gleich, ausgenommen die Sünde. Wir bekennen ihn als vor aller Zeit aus dem Vater gezeugt nach seiner Gottheit, in den letzten Tagen aber zugleich um unserer Rettung aus Maria, der Jungfrau, der Gottgebärerin, hervorgegangen nach seiner Menschheit: wir bekennen *einen* und denselben Christus, Sohn, Herrn, Eingeborenen, der in zwei Naturen, unvermischt und unverwandelt, ungetrennt und ungesondert erkannt wird. Bei der Einigung ist der

Unterschied der Naturen keineswegs aufgehoben, vielmehr wird die Eigenheit jeder Natur gewahrt, die beide in *eine* Person und *eine* Hypostase zusammenlaufen. Dieser Christus ist auch nicht geteilt und getrennt in zwei Personen, sondern er ist ein und derselbe Sohn und Eingeborene, Gott Logos und Herr Jesus Christus, wie es in der Vorzeit die Propheten von ihm gelehrt haben und es der Herr Jesus Christus selbst getan hat und das Bekenntnis der Väter es auf uns gebracht hat."

Die Entfaltung des Glaubens erfolgt aber auch *durch die Arbeit der Theologie,* die ihren Niederschlag in den kirchlichen Bekenntnissen gefunden, aber diese doch auch vorbereitet hat. Die morgen- und die abendländische Theologie haben dabei ganz verschiedene Themen bearbeitet, die ihrerseits die Produktivität des Glaubens und seine Ausdehnung auf neue Lebensgebiete deutlich machen.

Unter den morgenländischen Theologen ragt *Athanasius von Alexandrien* (gest. 373) hervor. Er ist der unermüdliche Verteidiger der Beschlüsse von Nizäa (325). Im Mittelpunkt seiner Theologie steht die Idee der Erlösung der Menschheit vom Todesverhängnis und von der Sünde. Sie macht notwendig, daß der Mensch Jesus Christus, der sie bewirkt, wahrhaft Gott ist, damit der Mensch zu Gott erhoben werde. Von ihm stammt auch die erste Fixierung des neutestamentlichen Kanons in seinem heutigen Umfang. In der von Athanasius eingeschlagenen Richtung haben *die drei großen Kappadokier, Basilius von Cäsarea* (gest. 379), *Gregor von Nyssa* (gest. 394) und *Gregor von Nazianz* (gest. 374) weitergearbeitet, indem sie durch die Umdeutung des Begriffs „wesenseins" (homousios) in „wesensgleich" die theologischen Voraussetzungen für die Lösung der trinitarischen Fragen geschaffen haben.

Insbesondere hat die morgenländische Theologie sich den weiten Problemen der Geschichte zugewendet. *Eusebius von Cäsarea* (gest. 339) schrieb die erste Kirchengeschichte, die er auf die vom Glauben ausgehenden geistigen Motivationen der in der Geschichte verantwortlich Handelnden zurückführte. Er verarbeitete die Weltgeschichte zu einer ersten universalen Chronik und zeigte mit der ersten christlichen Biographie die Auswirkungen des Glaubens auf das persönliche Leben und seine Umwelt auf. *Theodoret von Kyros* (gest. 460) hat mit seiner „Geschichte der Gottesliebe" eine neue Gattung der christlichen Literatur geschaffen, nämlich die der Geschichte der Frömmigkeit und des heiligen Lebens.

In der abendländischen Theologie wirkte *Hieronymus von Stridon* (gest. 419 oder 420) als Übersetzer der Bibel in das Lateinische, der erst im Mittelalter sog. Vulgata. Nach antikem Vorbild schuf er einen Katalog der christlichen Schriftsteller, womit er den Anstoß zur Entwicklung der christlichen Literaturgeschichte und der Patristik gegeben hat.

Der überragende Geist, der Orient und Okzident in seiner Theologie noch zu einer Einheit zusammengefaßt hat, ist *Augustinus* (gest. 430). Seine als ein mit und vor Gott geführtes Gespräch geschriebenen „Konfessionen" haben die christliche Autobiographie geschaffen, die die eigene geistige und innere Entwicklung als ihren Weg zu Gott beschreibt. Er hat ebensosehr eine Vertiefung des Gottesgedankens wie des menschlichen Selbstverständnisses, eine letzte Erfassung der Spannungen im Wesen der Kirche und an dem Menschen wie die konsequente Entwicklung des christlichen Glaubens als der Religion der sich uns in Jesus Christus schenkenden göttlichen Gnade geboten, wie die Geschichte als den von Gott gewirkten Erziehungs- und Läuterungsprozeß der Menschheit begriffen. Augustinus hat die Probleme geschaffen, mit denen die Kirche und die Theologie in den folgenden Jahrhunderten gerungen haben. Die Entfaltung des Glaubens hat damit zum Ausgang der Geschichte der Alten Kirche einen ersten und umfassenden Höhepunkt erreicht.

NEUNTER SCHWERPUNKT:

Germanische Staaten im Römischen Reich

Das Mittelalter ist ein sich über Jahrhunderte erstreckender Prozeß, der den Übergang des Christentums auf neue, auf dem Schauplatz der Weltgeschichte aufgetretene Völker zum Inhalt hat. Diese eignen sich die christliche Religion an und drücken sie ihrer Eigenart entsprechend in neuen Formen und Lehren aus. Ein Zeitpunkt für den Beginn dieses kirchen-, geistes- und kulturgeschichtlichen Vorgangs läßt sich ebensowenig angeben wie ein Termin, an dem er endet, denn es handelt sich um einen in Übernahme, Verarbeitung, Aneignung und Wiedergabe bestehenden Prozeß, der sich einerseits in der germanisch-romanischen, andererseits in der slawischen Völkerwelt abspielt. Wir betrachten ihn nach einzelnen Schwerpunkten.

Einer derselben liegt in der Tatsache, daß die in das Imperium Romanum eingedrungenen germanischen Völkerschaften innerhalb desselben zahlreiche Staaten nach eigenem Recht gebildet haben. Auf sie ist die antike Kultur und mit dieser auch das Christentum als Erbe übergegangen.

Die Donaugoten. Das erste germanische Volk, das dem Christentum gewonnen wird, sind die Goten. Sie sind zu Beginn des dritten Jahrhunderts von der Weichselmündung aus in die römische Provinz Dacien (= dem heutigen Rumänien) vorgestoßen. Auf dem Konzil zu Nizäa (325) werden zwei Bischöfe aus den von den Goten besetzten Gebieten der Krim bezeugt. Sie tragen griechische Namen; sie sind Bischöfe der unter gotische Herrschaft gekommenen Christen.

Der eigentliche Missionar und kirchliche Organisator des Christentums bei den Goten ist Wulfila (gest. 383), der Sohn eines Goten und einer kriegsgefangenen kappadokischen Christin. Die Mutter muß für seine christliche Erziehung gesorgt haben, denn Wulfila hat schon früh das Amt des Lektors im Gottesdienst versehen, der die Übertragung der kirchlichen Texte in das Gotische vorzunehmen hatte. Mit einer gotischen Gesandtschaft ist er im Jahre 341 nach Konstantinopel gekommen, wo er von dem damaligen Bischof von Konstantinopel, Eusebius von Nikomedien, die Bischofsweihe empfing.

Diese Tatsache ist von folgenreicher geschichtlicher Bedeutung, denn Eusebius von Nikomedien stand auf dem Boden des zu Nizäa verurteilten Arianismus. Diesem „Zufall“ ist es zuzuschreiben, daß das Bekenntnis der von Wulfila missionierten Goten nicht das orthodoxe der Synode von Nizäa, sondern das arianische geworden ist. Wulfila hat sich die Lehren des Arianismus persönlich zu eigen gemacht. Er hat kurz vor seinem Tod ein arianisches „Glaubensbekenntnis“ abgelegt.

Wulfilas literarische Bedeutung beruht auf der Schaffung der gotischen Schriftsprache, die aus einem aus griechischen und lateinischen Buchstaben sowie aus Runenzeichen gebildeten Alphabet besteht. Seine Bibelübersetzung umfaßt die ganze Bibel, obgleich die im „Codex argenteus“ zu Uppsala erhaltenen Werke nur die Evangelien darbieten. Wulfilas Titel „Bischof der Christen im Lande der Goten“ besagt, daß er nicht Bischof der Reichskirche, nicht Inhaber eines Bischofssitzes und einer Diözese gewesen ist, sondern daß er seine kirchlichen Aufgaben unter dem Volk der Goten als Missionsbischof wahrzunehmen hatte. Nach großen Schwierigkeiten gelang ihm die Bekehrung des ganzen Volkes.

Durch die Vermittlung der Goten sind alle germanischen Völkerschaften, die im vierten und fünften Jahrhundert in das Römische Reich eingedrungen waren und selbständige Staaten auf seinem Boden gebildet hatten, zum Christentum in der arianischen Gestalt gekommen. *Der Arianismus der Germanen* hat seine Bedeutung vor allem auf dem Gebiet der kirchlichen Sitte und des kirchlichen Rechtes. Die Eigenart des von den Goten vertretenen Arianismus besteht in der engen Verbindung von Christentum und Volkstum: der Gottesdienst wird in der Volkssprache gehalten; es gibt gotische Liturgien, Bekenntnisse und Kalender. Sodann kommt die enge Verbindung mit dem Volksleben auch in Gestalt der Kirche zum Ausdruck. Die Kirche erscheint bei den Goten als wandernde Volkskirche, die zumeist an die Heereseinteilung des Volkes angeschlossen ist. Bischöfe stehen an der Spitze von Tausendschaften oder eines größeren Verbandes. In diesem wandernden Volkskirchentum liegt die Wurzel des späteren Landeskirchentums, das sich mit der Seßhaftwerdung des Volkes bildete. Ein dem Wesen der katholischen Kirche fremdes Prinzip hat sich damit an das arianische Bekenntnis angeschlossen, das nationale, mit dem Volksleben aufs engste verbundene Kirchentum.

Das gallische Westgotenreich. Von weltgeschichtlicher Bedeutung ist der Übergang eines Teiles der Donaugoten unter ihrem Gaufürsten Fritigar im Jahre 376 über die Donau geworden. Vorwiegend Westgoten sind unter diesem Fürsten auf römisches Gebiet gelangt. Sie sind nicht in einer allgemeinen Romanisierung untergegangen, sondern haben sich in der Rechtsstellung von Bundesgenossen des Imperiums behaupten und ihre eigene Verfassung bewahren können. Unter den Nachfolgern des Königs Alarich, der noch 410 die Reichshauptstadt Rom geplündert hatte, bildeten sich auf römischem Boden feste Ansiedlungen in Gallien und in der römischen Provinz zwischen Loire und Garonne. Das gallische Westgotenreich mit der Hauptstadt Toulouse hat unter seinem Herrscher Eurich eine weite Ausdehnung erlangt. In diesem Reich gibt es das friedliche Nebeneinander von romanischen Katholiken und gotischen Arianern.

Das spanische Westgotenreich. Das gallische Westgotenreich ist bald an die Franken, einem der mächtigen westgermanischen Stämme, verlorengegangen. Auf wenige Teile in Südfrankreich beschränkt, lebt die gotische Reichsgründung im spanischen Westgotenreich mit der Hauptstadt Toledo fort, bis dieses im Jahre 711 dem Vordringen des Islams erlegen ist.

Der Arianismus hat sich in dem spanischen Westgotenreich auf die Dauer nicht halten können. Unter dem Einfluß mächtiger Erzbischöfe ist am Ende des sechsten Jahrhunderts der Übergang des gotischen Königs mit seinem Volk zum Katholizismus erfolgt.

Die spanisch-westgotische Kirche aber tritt, obwohl sie katholisch ist, weiterhin als Landeskirche in Erscheinung. Das nationale Element im Kirchengedanken lebt also, auch nachdem das arianische Bekenntnis gefallen ist, in katholischer Zeit fort. Es kommt in der die Kirche beherrschenden Stellung des Königs zu sichtbarem Ausdruck.

Ihr entspricht die hervorgehobene Stellung des Episkopates, die auf mehreren Reichssynoden deutlich wird. Die spanisch-westgotische Kirche hat sich ihre eigene Rechtssammlung und ihre eigene Liturgie geschaffen. Sie hat bedeutende, auch theologisch hervorragende Bischöfe. Erst mit dem Untergang des Westgotenreiches durch die Eroberungen der Araber ist im Jahre 711 die alte spanisch-westgotische Kirche bis auf wenige Reste untergegangen.

Die Ostgoten. Die Ostgoten, die 488 in Italien eingebrochen waren und das italische Ostgotenreich begründeten, werden sofort als Verbündete in das Römische Reich aufgenommen. Ihr König Theoderich erlangt damit eine Doppelstellung im Imperium Romanum. Er herrscht einerseits über das ostgotische Volk, andererseits ist er im Auftrag des Kaisers von Byzanz der Regent über die weströmische Bevölkerung. Das Bekenntnis Theoderichs ist wie das seines Volkes das arianische. In seiner Religionspolitik ist er von dem Grundsatz der Toleranz beherrscht, die er den katholischen Bevölkerungsteilen gegenüber übt. In politischer Hinsicht schwebt ihm die Schaffung eines großen germanischen Staatenbundes vor, durch den der Bestand der germanischen Reiche innerhalb des Imperiums Romanum gesichert werden sollte.

Die Idee des germanischen Landeskirchentums hat Theoderich auch auf das Papsttum ausgedehnt und in wirkungsvoller Weise zur Geltung gebracht. Er versteht sich dem Papst gegenüber als der „Landesherr“, dessen Willen sich auch der Erste Bischof der katholischen Kirche beugen muß. In den von ihm errichteten Bauten von Ravenna hat er die Denkmale seines politischen und kulturellen Wirkens hinterlassen.

Die Langobarden. Am Ende des sechsten Jahrhunderts nehmen die Langobarden die Stelle der ostgotischen Herrscher in Italien ein. Nur das Gebiet von Ravenna, der Sitz des kaiserlichen Statthalters, und einige Gebiete im Süden der italischen Halbinsel sind dem oströmischen Kaiser verblieben. Die Langobarden waren erst teilweise christianisiert. Sie haben dann ebenfalls das arianische Bekenntnis angenommen. Gegen die katholische Kirche sind sie intolerant, bis sie am Ende des siebenten Jahrhunderts zum Katholizismus übergetreten und mit der romanischen Bevölkerung verschmolzen sind. Mittelpunkt ihres Reiches ist zunächst Pavia, dann wird Mailand die Hauptstadt eines großen Langobardenreiches. Auch die Langobarden teilen die arianischen Vorstellungen hinsichtlich des Verhältnisses von Staat und Kirche und wenden sie auf das Papsttum an.

Die Franken. Die Franken sind das bedeutendste der wandernden germanischen Völker. Sie haben nacheinander große Gebiete des Römischen Reiches erobert. Die Gebiete um die Rheinmündung, das linke Rheinufer und das Moseltal kommen unter ihre Herrschaft. Die Römerherrschaft in Gallien wurde durch sie beseitigt. Nach der Niederlage der Westgoten dehnt sich das Fränkische Reich bis nach Südfrankreich aus. Sie beherrschen schließlich das weite Gebiet vom Thüringer Wald bis an die Pyrenäen.

König Chlodwig I. (482–511) aus dem Stamm der Merowinger kann das fränkische Volk nach Beseitigung der Teilfürstentümer unter seiner Herrschaft vereinen. *Er ist zum*

Christentum übergetreten und hat den katholischen Glauben angenommen, weil die Mehrheit der römischen Untertanen in seinem riesigen Reich katholisch war. Man hat die Annahme des katholischen Glaubens durch Chlodwig mit der Bekehrung Konstantins des Großen verglichen. Tatsächlich hat der Anschluß Chlodwigs an die katholische Kirche das katholische Bekenntnis gegenüber dem sonst bei den Germanen herrschenden arianischen verstärkt, zur Festigung seiner Herrschaft in Gallien beigetragen und ihm ein politisches Übergewicht über die durch den Arianismus geschwächten übrigen germanischen Reiche eingetragen. Chlodwig sucht die Sympathien des katholisch-romanischen Episkopates zu gewinnen. Er richtet Klöster und Kirchen ein und macht die Kirche zur größten Grundbesitzerin seines Reiches. Die Herrschaft, die Chlodwig über die Kirche ausübt, ist auch unter seinen Nachfolgern erhalten geblieben.

Nach dem Tode Chlodwigs kommt es im Fränkischen Reich zu Kämpfen um die Macht. Das Geschlecht der Merowinger, dem Chlodwig entstammt, ist so geschwächt, daß sich in diesen Kämpfen die Verwalter des Königtums, die Inhaber des Majordomats, behaupten. Das Geschlecht der Karolinger steigt auf diese Weise empor; es gibt dem Frankenreich einen neuen politischen Aufschwung, besonders nachdem Karl Martell das Teilfürstentum besiegt und durch die Schlacht bei Tours (732) dem Vordringen der Araber und damit des Islams Halt geboten hat. Er rettet den Bestand des Christentums nördlich der Pyrenäen und sichert damit auch die Grundlagen, auf denen sich das „Abendland“ erheben konnte.

Von entscheidender Bedeutung für die Zukunft des Fränkischen Reiches aber wird die *angelsächsische Mission auf dem Festland.* Ihr eigentlicher Träger ist der angelsächsische Mönch *Wynfrith-Bonifatius.* Er wirkt zunächst als Missionar und Visitator in päpstlichem Auftrag bei den Friesen, Thüringern und Hessen. Er wird 722 bei seinem Aufenthalt in Rom zum Missionsbischof ernannt, gewinnt die Anerkennung Karl Martells und kann die Organisation der fränkischen Reichskirche vornehmen. In ihr ist das germanische Landeskirchentum zu vollem Sieg gekommen. Bonifatius kann demgegenüber die Verbindung der fränkischen Kirche mit Rom und die Anerkennung des Papstes als des Hauptes der Kirche gegenüber den Landesherren und dem fränkischen Adel nur mühevoll durchsetzen. Er stirbt, als er sich erneut der Friesenmission zuwendet; er wird 754 bei Dokkum von den heidnischen Friesen erschlagen.

Die historische Leistung von Bonifatius liegt in einem Doppelten: in der Missionierung der Gebiete an den Grenzen des Fränkischen Reiches und in der Neuordnung der fränkischen Reichskirche. Er hat dieser das Bewußtsein eingestiftet, daß sie nur in Verbindung mit Rom leben kann. Der Weg über Rom ist der einzig mögliche gewesen, das verwilderte Christentum, die Verweltlichung der Kirche und den Tiefstand der Geistlichkeit im Frankenreich zu beseitigen, zugleich den Glauben und die Sitten des Kirchenvolkes zu reinigen und zu festigen. Indem Bonifatius die fränkische Reichskirche in die feste Verbindung mit dem Papst gebracht hat, hat er für die nächsten Jahrhunderte den Grund zu der kirchlichen Geschlossenheit des Abendlandes gelegt, die erst auch die Einheit der abendländischen Kultur ermöglicht hat. Das ist der weltgeschichtliche Ertrag seiner Leistung, daß sie die Voraussetzungen für die Entwicklung eines die getrennten Völker verbindenden abendländischen Geschichtsbewußtseins geschaffen hat.

Die Verbindung der fränkischen Reichskirche mit Rom, die Bonifatius hergestellt hat, ist zu einer höchst folgenreichen, bedeutsamen politischen Auswirkung gekommen.

Nach der Abdankung seines Bruders Karlmann (747) *übt der Majordomus Pippin die Alleinherrschaft im Fränkischen Reich* aus. Der Verwirklichung seiner politischen Ziele dient die Entthronung des noch von ihm eingesetzten, aber ein Schattendasein führenden Merowingerkönigs Childerich. Entgegen den geltenden germanischen Rechtsgebräuchen – der König herrscht aufgrund des Geburtsrechtes und der Volkswahl – richtet Pippin an den Papst die bedeutungsvolle Anfrage, ob es recht sei oder nicht, daß die derzeitigen Könige der Franken keine Gewalt mehr besäßen und nur mehr formal ihr Herrscheramt ausübten.

Der Papst Zacharias (741–752) hat auf diese Frage die ebenso bedeutungsvolle Antwort gegeben: Es sei besser, daß derjenige, der die Macht habe, auch König heiße. Kraft apostolischer Autorität bestimme er, daß Pippin König werde, damit die „Ordnung“ nicht gestört werde.

Mit Hilfe dieser Entscheidung wird der letzte Merowingerkönig abgesetzt. Pippin wird durch Bonifatius zum König gesalbt und nach der Wahl durch das Volk auch von den Fürsten anerkannt.

Dieser bedeutsame politische Vorgang hat *das Bündnis zwischen dem Papsttum und dem Frankenreich* begründet, das für die politische Entwicklung des Abendlandes von weltgeschichtlicher Bedeutung geworden ist, wie die Analyse der einzelnen, in ihm enthaltenen Momente zeigt. Neu ist, daß an den Papst eine staats-, nicht eine kirchenrechtliche Anfrage gerichtet wird. Neu ist die Art, in der der Papst die so qualifizierte Frage beantwortet: in der Form der Dekretale, in der bisher nur die päpstlichen Lehr- und Rechtsentscheidungen ergangen sind. Die päpstliche Antwort wird als die kirchliche, ja göttliche Legitimation der Herrschaftsusurpation durch Pippin gewertet. Sie stellt neben der rechtsbegründenden Volkswahl die Vermittlung eines in göttlicher Vollmacht ausgeübten Herrschaftsrechtes des neuen Königs dar.

Der Nachfolger von Zacharias, Papst Stephan II., hat aus diesem Bündnis praktischen Nutzen gezogen. Im gleichen Augenblick, in dem, gestützt auf die päpstliche Autorität, Pippin zum König erhoben wird, brechen die letzten Positionen der kaiserlichen Macht im Oströmischen Reich zusammen. Die Langobarden besetzen im Zuge ihrer italischen Eroberungspolitik die Residenz des byzantinischen Exarchen und ein weites, sich bis nach Ancona ausdehnendes Gebiet. Sie wollen ihre Hand auch auf die Stadt Rom und deren Herrschaftsbereich legen, in dem der Papst für den Kaiser die Verweserschaft führt. In dieser Situation wendet sich Papst Stephan II. hilfesuchend an Pippin, den neuen König des Frankenreiches.

Die Begegnung zwischen Papst Stephan II. und dem fränkischen König Pippin hat im Jahre 754 in Pontico stattgefunden. Hier ist es zu folgenreichen Abmachungen zwischen Papst und König gekommen: der Papst begibt sich in den Schutz des Königs; der König verbürgt den Schutz des Papstes. Pippin übernimmt den Schutz Roms und erhält dafür den Titel eines „Schutzherrn der Römer“ (Patricius Romanorum).

Die Abmachungen des Treffens von Pontico hat der fränkische Reichstag von Kiersi bestätigt. Die Verhandlungen haben ihren urkundlichen Niederschlag in dem berühmten Dokument der *Donatio Pippini* gefunden. In dieser Urkunde hat Pippin den dauernden Schutz des Papsttums und des römischen Volkes übernommen und die „Rückgabe" des von den Langobarden eroberten Gebietes an den Papst zugesagt.

Nach zwei erfolgreichen Feldzügen gegen die Langobarden hat Pippin das von den Langobarden eroberte Gebiet dem Papst zu „ewigem, eigenem Besitz" übergeben.

Mit dieser Übergabe des von Pippin eroberten Gebietes an den Papst ist *der Kirchenstaat* geschaffen worden. Dieser gründet sich also in seiner Existenz auf bestimmte politische und rechtliche Voraussetzungen.

Die bedeutsamen politischen Abmachungen von Pontico und Kiersi sind also die direkten Auswirkungen jener Verbindung des Papsttums mit den Franken, wie sie Bonifatius hergestellt hat. Zugleich hat er mit ihr die Voraussetzungen für eine Erneuerung des Fränkischen Reiches und der fränkischen Reichskirche geschaffen, aufgrund deren sich das karolingisch-ottonische Großreich hat entwickeln können.

Ebenso kommt der Existenz des „Kirchenstaates" als der realen Grundlage für die weltliche Herrschaft des Papstes die entscheidende politische Bedeutung für den Aufbau der mittelalterlichen Kirche und die häufigen Konflikte mit den sich auf der Grundlage des karolingisch-ottonischen Großreiches entwickelnden europäischen Staaten zu.

ZEHNTER SCHWERPUNKT:

Das karolingische Reich – Theologie und Frömmigkeit zur Zeit der Karolinger

Nach dem Tod Pippins (768) ist die fränkische Kirche innerlich gestärkt und äußerlich geordnet als Landeskirche aus den Reformen, die Pippin durchgeführt hat, hervorgegangen.

Karl d. Gr., sein Sohn, hat das von Pippin eingeleitete Werk zu konsequentem Ausbau gebracht. Die fränkische Politik weitet sich unter seiner Herrschaft zu universaler Politik aus. Die Unterstellung des Papsttums unter den Schutz der Franken hat den fränkischen König zu einem Wächter über die universale Kirche gemacht. Mit der Übertragung des Patriziates von Rom an die Franken ist der Papst der Schutzbefohlene des fränkischen Königs geworden. Wie Pippin die fränkische Reichskirche beherrscht hat, so hat Karl d. Gr. den reichskirchlichen Gedanken auf die universale katholische Kirche ausgedehnt.

Karl d. Gr. hat die Grenzen des Fränkischen Reichs beträchtlich erweitert.

Im Westen hat er sie über die Pyrenäen hinaus bis an den Ebro verlegt. Aquitanien, 781 zum Königreich innerhalb des Fränkischen Reiches erhoben, wird zur Basis der Offensive gegen den auch das Frankenreich bedrohenden Islam. Nach einem vergeblichen Vorstoß über die Pyrenäen kann Karl d. Gr. den Arabern die entscheidende Niederlage beibringen. Die „spanische Mark“ wird als Teil des Fränkischen Reiches errichtet, um ein Vordringen des Islams über die Pyrenäen hinaus zu verhindern. Karl hat damit das selbstbewußte, auf eigene Traditionen zurückblickende spanische Christentum wieder gestärkt und ihm die Zukunft gesichert.

Im Osten wird nach der erfolgreichen Beendigung der Sachsenkriege die Reichsgrenze bis an die Elbe und die Saale verlegt. In den sich über dreißig Jahre erstreckenden Sachsenkriegen sieht der Friede von Lippspringe (775) mit der Unterwerfung der Sachsen auch ihre Christianisierung als Unterpfand für die politische Treue vor. Auf dem Reichstag zu Paderborn (777) wird das sächsische Gebiet in Missionsdistrikte unter Berücksichtigung der besonderen sächsischen Verhältnisse eingeteilt. Da es keine Städte gibt, werden zunächst die Klöster zu Stützpunkten der Arbeit gemacht (Kloster Korvey a. d. Weser).

Während Karl durch die Kämpfe in Spanien und durch Slawenaufstände an der Donau festgehalten ist, *gelingt dem Sachsen Widukind* die Entfachung neuer Erhebungen. Sie haben die Unterdrückung des sächsischen Adels, die Beseitigung der fränkischen Grafschaftsverfassung und die Vertreibung der fränkischen Priester bei den Sachsen zur Folge. Das Erscheinen Karls d. Gr. mit einem Heer in Verden an der Aller gibt der sächsischen Adelspartei die Oberhand, die ihm 4000 Aufständische ausliefert, an denen Karl nach fränkischem Reichsrecht die Strafe als ein furchtbares Blutbad vollzogen hat.

Die immer wieder aufflammenden Aufstände sind erst mit der Unterwerfung Widukinds (785), die dieser auch durch die Annahme der Taufe hat besiegeln müssen, zum Abschluß gekommen. Jedoch hat erst die Deportation von Tausenden von Sachsen auf fränkisches Gebiet den Widerstand ganz brechen können. *Die Christianisierung der Sachsen* wird nach der Unterwerfung Widukinds auf gesetzlichem Weg und zwangsweise vorgenommen und durch die Gründung von Bistümern begleitet (Bremen, Minden, Verden, Münster, Osnabrück, Paderborn).

Die nach *dem Südosten* orientierte Politik Karls d. Gr. richtet sich zunächst gegen den aufständischen Herzog Tassilo von Bayern, der die an der unteren Donau sitzenden Awaren, ein slawisch durchsetztes Volk, gegen Karl in das Land gerufen hat. Karl setzt Tassilo ab und macht Bayern zur fränkischen Provinz. Die bayerische Kirche wird zu einem Teil der fränkischen Reichskirche.

Die Einverleibung Bayerns hat der fränkischen Mission *die Richtung auf den Südosten* gewiesen. Die Awaren werden von Karl unterworfen; sie öffnen sich freiwillig der Christianisierung. Die in das Reichsgebiet vorgedrungenen Slawen, die in Thüringen, Hessen, Mittel- und Oberfranken ansässig und im Süden bis Kärnten vorgedrungen waren, werden christianisiert, namentlich in den mitteldeutschen Gebieten.

Es gelingt Karl d. Gr. auch, eine *Verständigung mit den Langobarden* herbeizuführen. Nach einem erfolgreichen Feldzug kann er ihr Reich mit dem Fränkischen Reich vereinen. Die Unterwerfung der Langobarden ist mit einer Umgestaltung ihrer staatlichen und kirchlichen Organisation verbunden. Die Kirche wird nach den Grundsätzen der fränkischen Reichskirche reorganisiert. Die Einverleibung des Langobardenreichs und die Übernahme des römischen Patriziates durch Karl d. Gr. hat die fränkische Herrschaft bis südlich von Rom ausgedehnt.

Dem Papsttum gegenüber ist Karl d. Gr. stets als der Herr der Kirche aufgetreten, wie es die beiden Päpste seiner Regierungszeit, Hadrian I. (772–795) und Leo III. (795–816), zu spüren bekommen haben.

Anläßlich seines Feldzuges gegen die Langobarden ist Karl in Rom erschienen. Hier erneuert er das alte Bündnis zwischen den Franken und dem Papsttum, indem er, wie Pippin, das Patriziat über Rom übernimmt. Gleichzeitig anerkennt er die „Donatio Pippini", wobei er sich an die Grenzen gehalten hat, die in dem Vertrag von Kiersi festgelegt worden waren.

Mit diesem Akt hat Karl d. Gr. den weltlichen Besitz des Papstes garantiert, den er später durch die Überlassung eines Teiles der italischen Provinzen noch wesentlich erweitert hat. Besonders wichtig ist die Auffassung Karls d. Gr. von der Stellung des Papstes in der Kirche und zum Fränkischen Reich. Karl hat das Patriziat als wirkliche Herrschaft über Rom und die katholische Kirche aufgefaßt. Er fühlt sich als der Herr über Rom, so daß auch der Papst als römischer Bischof sein Untertan so gut wie jeder andere Bischof seines Reiches ist. Auch der Papst hat ihm den Treueid der Untertanen zu leisten.

Im Zusammenhang mit innerrömischen Vorgängen und von einem verschiedenartigen Verständnis des Patriziates her muß auch *die Krönung Karls d. Gr. zum Kaiser*

(25. Dezember 800) gesehen werden. Papst Leo III. war kurz nach seiner Wahl wegen einer Erhebung der Römer, die ihm schwere sittliche Vergehen vorwarfen, in das Frankenreich zu Karl d. Gr. geflüchtet, um Hilfe zu suchen. Gleichzeitig aber hat er mit diesem Schritt König Karl d. Gr. als Richter über sich anerkannt. Die von Karl d. Gr. angeordnete Untersuchung durch fränkische Große in Rom hat die Unschuld des Papstes nicht eindeutig feststellen können. Da ist Karl zu eigener Untersuchung nach Rom gekommen. Nach seiner Ankunft leistet der Papst in der Peterskirche den von ihm zur Erklärung seiner Unschuld geforderten Reinigungseid. Zwei Tage darauf, am 25. Dezember 800, sollte Karls Sohn Ludwig zum König gesalbt werden. Vor der Salbung krönte der Papst Karl zum Kaiser, indem er ihm die Krone aufsetzte.

Dem Problem, das die Kaiserkrönung Karls d. Gr. aufgibt, kommt man nur bei, wenn man die verschiedenen Tendenzen der über sie berichtenden kaiserlichen und päpstlichen Quellen berücksichtigt.

Nach der päpstlichen Quelle wird Karl vom Papst wegen seiner Verdienste um die Kirche zum Kaiser gekrönt. Der Papst erneuert die alte Kaiserwürde des Imperiums Romanum, indem er sie auf Karl überträgt.

Nach der Auffassung der kaiserlichen Quellen kann der Papst Karl d. Gr. zum Kaiser krönen, weil dieser faktisch im Besitz der kaiserlichen Macht ist. Die Krönung wird von karolingischer Seite als ein kirchlicher Weiheakt zu einer von Karl d. Gr. faktisch ausgeübten Herrschaft verstanden.

Die Kaiserwürde, die Karl d. Gr. mit der Krönung übernommen hat, erscheint in seiner Sicht als die Erneuerung des antiken Kaisertums, wie Karl sie nicht zuletzt aus dem Gegensatz gegen das oströmische Kaisertum heraus versteht.

Die kirchliche Gesetzgebung Karls d. Gr. ist in *den Kapitularien* enthalten. Hier sind weltliche und kirchliche Rechtserlasse vereinigt, so daß sie die Publikation des geltenden und des auf den Synoden geschaffenen kirchlichen Rechtes darstellen. Sie haben die äußere kirchliche Organisation, die Beziehungen zwischen Staat und Kirche, das Mönchtum und die Kirchenzucht, den Unterricht und den Gottesdienst zum Inhalt.

Hinsichtlich der äußeren kirchlichen Organisation hat Karl die Metropolitanverfassung nicht in vollem Umfang eingeführt. Die bei seinem Tode (816) bestehenden 21 Erzbistümer sollen der strafferen kirchlichen Organisation im Fränkischen Reich dienen, aber die Erzbischöfe werden nicht als Mittler zwischen dem Papst und den Bischöfen angesehen. Darum hat Karl die Autorität der Bischöfe als der leitenden kirchlichen Beamten gehoben.

Um die Bischöfe für ihre geistlichen Aufgaben freizumachen, hat Karl die Verwaltung des Kirchengutes und der kirchlichen Finanzen durch eigene Kirchenbeamte, *die Kirchenvögte,* vornehmen lassen. Die Bischöfe aber werden ebenso wie die Äbte der Klöster vom König ernannt. Die Synoden werden von Karl als allgemeine Reichssynoden im Zusammenhang mit den Reichstagen berufen und geleitet. Schon unter Karl d. Gr. bahnt sich *die Doppelstellung der Bischöfe* an, die dann unter Otto d. Gr. eine gesetzliche geworden ist. Sie sind einerseits königliche Beamte, dem König oder Kaiser zum Treueid verpflichtet, andererseits kirchliche Diener, deren höchste Autorität der Papst in Rom ist.

Die äußere Stellung der Kirche hat Karl durch die Regelung der Einkünfte, namentlich die Einführung des Zehnten, durch Verzinsung des als Lehen vergebenen Kirchengutes und durch eine geordnete Finanzverwaltung, mit der Einrichtung einer kirchlichen Buchführung und der Inventarisation der kirchlichen Güter gesichert. Auch die Hebung des niederen Klerus ist eines der Hauptziele dieser Kirchenpolitik. Namentlich auf Predigt und Seelsorge hat Karl d. Gr. zur Läuterung der Volksfrömmigkeit alles Gewicht gelegt. Dem Mönchtum hat er vornehmlich Bildungsaufgaben zugewiesen. Den Klöstern wird die Einrichtung von Schulen und die Pflege der Gelehrsamkeit übertragen. Die am Hofe Karls d. Gr. begründete Gelehrte Akademie und die Klosterschule von St. Martin in Tours unter der Leitung des Angelsachsen Alkuin haben eine beachtliche volkspädagogische und gelehrte Arbeit geleistet.

Die sich nicht mehr mit Organisationsfragen begnügende, sondern in die Tiefe gehende kirchliche Reformarbeit Karls d. Gr. stellt *die Verwirklichung eines kulturpolitischen Programms* dar, in dessen Dienst auch die Kirche durch die Betonung ihrer Bildungsaufgaben für das Volk mit einbezogen wird. Karl hat auch nähere Bestimmungen über die Durchführung der zum Besten der Kirche ausgegebenen Erlässe getroffen. Die Bischöfe haben, im Verein mit den Grafen als den Schutzherren der lokalen Kirchen, dafür zu sorgen, daß die kaiserlichen Anordnungen nicht nur befolgt werden, sondern daß auch in jeder Parochie ein geordnetes kirchliches Leben herrscht. Ein Bischof mußte in jedem Jahr seine Sprengel visitieren. Auch *die sog. „Missi"*, d. h. die aus den Bischöfen, Äbten und hohen Laien ausgewählten „Sendboten", sollten im Auftrage Karls d. Gr. das Reich bereisen und auf die Durchführung der kirchlichen und weltlichen Gesetze achten.

Diese Reformen sind von *den theokratischen Anschauungen Karls d. Gr.* getragen. Karl d. Gr. hat sich selbst als der christliche König im Sinne des Buches „Über den Gottesstaat" von Augustin verstanden, den er besonders geschätzt hat. Schon vor der Kaiserkrönung hat er sich von seinen Freunden mit David, dem von Gott erwählten und geliebten König, vergleichen lassen. Der Papst hingegen soll wie Moses mit den zum Gebet erhobenen Armen die Kriegsdienste des Königs unterstützen. Der Papst führt die Schlüssel als Zeichen seiner geistlichen Gewalt. Der König führt das Banner der Kirche als das Zeichen des äußeren Schutzes und der Fürsorge, die er ihr angedeihen läßt. So hat sich Karl d. Gr. als der Herr der Kirche verstanden, dem auch die Verteidigung der Christenheit gegenüber Heiden und Ketzern obliegt.

Das Verhältnis von Staat und Kirche hat sich Karl d. Gr. als das einer engen Verbindung der beiden Gewalten gedacht. Die Kirche ist „Reichskirche" nicht in dem äußeren Sinne allein, daß sie das Reich umfaßt, sondern in dem tieferen, daß sie die geistliche, das Ethos des Reiches bestimmende Macht ist. Man darf bei Karl d. Gr. diese sozialethische Seite seiner theokratischen Anschauungen nicht übersehen. Das letzte Ziel seiner Kirchenpolitik besteht in der Schaffung eines im Reiche herrschenden, vom christlichen Glauben bestimmten Volksethos.

Karl d. Gr. hat die Kirche gelenkt, wie er sein Reich regiert hat. Hat er für das Reich die alten Volksgesetze geachtet, so für die Kirche die altkirchliche Gesetzgebung, soweit ihr nicht die fränkischen Rechtsanschauungen entgegenstanden. Das Regiment über die Kirche aber sollte der einen großen Aufgabe des Herrschers dienen, den das öffentliche Ethos des Reiches tragenden Glauben zu stärken, um mit ihm die christliche Kulturwelt zu schaffen, wie sie der Gottesstaat auf Erden repräsentiert. Die von Karl d. Gr. durchgeführten kirchlichen Reformen sind also in erster Linie nicht auf die kirchliche Verwaltungsorganisation, sondern auf die Erweckung lebendiger religiöser Kräfte ausgerichtet.

Auch zu *den theologischen Auseinandersetzungen* seiner Zeit hat Karl d. Gr. Stellung genommen. Besonders folgenreich war sein *Eingreifen in die Fragen der Bilderverehrung,* die die östliche Kirche tief erregten. Hier war es zunächst zu einem Sieg der Ikonoklasten, der Bilderfeinde, gekommen. Aber die Kaiserin Irene (780–802) berief das 7. ökumenische Konzil von Nizäa (787) ein, das die liturgische Bilderverehrung wiederherstellte. Es wird zwischen der wahren „Anbetung", die Gott allein gebührt, und der „ehrfurchtsvollen Begrüßung und Verehrung", die man den Bildern erweist, unterschieden. Diese Differenzierung war in der lateinischen Übersetzung der Akten der Synode „Libri Carolini" nicht berücksichtigt worden. Karl d. Gr. berief daraufhin die wahre ökumenische Synode von Frankfurt/Main (794), die die Bilderverehrung verwarf. Die Bilder sollten lediglich der Erinnerung an frühere Begebenheiten der Heilsgeschichte und zum Schmuck der Kirchen dienen. Die „wahre Verehrung" komme allein dem Kreuz Christi, der Heiligen Schrift und den Reliquien zu. Mit dieser Entscheidung war die Haltung des Abendlandes in der Bilderfrage für lange Zeit festgelegt. Erst im sechzehnten Jahrhundert ist es zu einem neuen Bildersturm gekommen.

Auch in *die Frage um das „filioque"* hat Karl d. Gr. eingegriffen, d. h. in den Streit um die Frage, ob der Hl. Geist vom Vater „und dem Sohne" ausgehe. Karl d. Gr. hat letzteres aufgrund der Gutachten seiner Theologen anerkannt und einen entsprechenden Zusatz in das Glaubensbekenntnis aufnehmen lassen. Damit hat er einer Lehre im Abendland zur Anerkennung verholfen, in der die östliche Kirche eine belastende Abweichung von der die Kirchen verbindenden ökumenischen Fassung des Glaubensbekenntnisses erblickt hat (und noch erblickt).

Die Volksfrömmigkeit äußert sich in der Dichtung, besonders zahlreich in der angelsächsischen Literatur des achten und neunten Jahrhunderts, die bestrebt ist, die christlichen Vorstellungen in die angelsächsisch-germanische Welt umzusetzen. Da die Vorstellungen vom Kreuz fehlen, ist an seine Stelle der Galgen getreten. So heißt es im angelsächsischen „Traumgesicht vom heiligen Kreuz": „Es gürtete sich da ein junger Held, das war der allmächtige Gott, stark und hochsinnig: Er erstieg da den hohen Galgen, mutig vor vieler Anblick, da er das Menschengeschlecht erlösen wollte."

In ähnlicher Weise ist auch in der sächsischen und fränkischen Literatur die Transponierung der biblischen Gegebenheit in die germanische Vorstellung erfolgt, wie es das altsächsische Christusepos aus der ersten Hälfte des neunten Jahrhunderts bezeugt, das unter dem Namen „Der Heliand" bekannt ist. Auch die Dichtung „Krist" des Otfried von Weißenburg, der aus der Klosterschule von Fulda hervorgegangen ist, geht in die gleiche Richtung. Da begegnet der Herzog Pontius Pilatus, der Bischof Kaiphas, der Recke Petrus, der sofort das Schwert zieht, Maria in der Kemenate ihres Palastes mit dem Gebetbüchlein in der Hand. So ist die biblische Welt „germanisiert" worden – ein Vorgang, der in analoger Weise immer wieder in der Missionsgeschichte anzutreffen ist. Im übrigen war das populäre Christentum im karolingischen Zeitalter von einem vorwiegend praktisch-ethischen Charakter, durch den es nicht zuletzt die ihm entgegentretende heidnische Welt überwunden hat.

Alsbald nach dem Tode Karls d. Gr. (816) beginnt der Zerfall des großfränkischen Reiches. Im Vertrag von Verdun (843) findet eine erste Teilung statt. Es bilden sich die Ländergruppen Frankreich, Deutschland und Italien, die im Vertrag von Mersen (870) noch mit der zweiten Teilung durch das getrennte Lotharingien (zwischen den eigentlich fränkischen und den eigentlich deutschen Gebieten) vermehrt werden. Es folgt eine Zeit des politischen, kirchlichen und kulturellen Zerfalls der abendländischen Welt. Es erheben sich die Teilgewalten, die Herzöge und Grafen, über die Zentralgewalt. Das Kirchengut wird seinen Zwecken entfremdet und unter den weltlichen Großen aufgeteilt oder sachunkundig verwaltet.

ELFTER SCHWERPUNKT:

Der Kampf gegen das landeskirchliche System

Die Schwäche der staatlichen Gewalt ließ auf kirchlichem Gebiet die Bestrebungen nach einer Selbständigkeit der Kirche gegenüber dem Staat hervortreten. Schon unter *Ludwig d. Frommen* (814–840) bildete sich im Frankenreich eine Partei, welche die Freiheit und Eigenständigkeit der Kirche gegenüber dem Staate betonte. Namentlich die mächtigen Erzbischöfe sind zu Vertretern dieser kirchlichen Selbständigkeitsbestrebungen geworden. Der Erzbischof Hinkmar von Reims erstrebte die von Rom unabhängige westfränkische Kirche unter dem Primat von Reims. Aber er ist mit diesen Zielen nicht durchgedrungen. Er hat in *Nikolaus I.* (858–867) den überragenden, das landeskirchliche System bekämpfenden Papst gefunden, der Hinkmar zur Unterwerfung unter seine Autorität gebracht hat.

Letztlich zielt dieser Kampf um die Freiheit der Kirche von weltlichen Großen auf eine Reform des kirchlichen Rechtes ab. Hatte schon Karl d. Gr. das kirchliche Recht in eigenen Sammlungen zusammenstellen lassen, so ist man gerade in der späteren karolingischen Zeit bemüht, die neuen Ideen einer Freiheit der Kirche vom Staat in eigenen Rechtsbüchern festzuhalten.

Die berühmten kirchenrechtlichen Fälschungen des neunten Jahrhunderts sind umfangreiche Rechtssammlungen, in welche die kirchenpolitischen Ziele der auf die Selbständigkeit und Unabhängigkeit der Kirche gerichteten Partei der Bischöfe im zerfallenden Fränkischen Reich gekleidet worden sind.

Zu diesen Rechtsbüchern gehören die sog. Hispana-Gallica, die eine fränkische Überarbeitung der Hispana, d. h. der Sammlung des kirchlichen Rechtes, wie sie in der spanisch-westgotischen Kirche veranstaltet worden war, im Sinne der neuen Ideen darstellt. Ferner rechnet man dazu die Capitula Angelramni, außerdem die Kapitularien-Sammlung des Benedictus Levita und endlich die *Dekretalen Pseudoisidors,* das umfassendste Werk dieser Sammlungen. Es bringt prägnant die erstrebten Ziele zum Ausdruck, die in der Freiheit der Kirche vom Staat und der Unabhängigkeit der Bischöfe von den weltlichen Gewalten und den Metropoliten bestehen.

Im Grunde ist in diesen Rechtsbüchern der in rechtliche Formen gekleidete Kampf gegen das landeskirchliche System und die Metropolitanverfassung niedergelegt. Die Pseudoisidorischen Dekretalen sind, wie wahrscheinlich auch die drei anderen Fälschungen, in der Mitte des neunten Jahrhunderts in der Kirchenprovinz Reims entstanden. Erst die Magdeburger Zenturien und die reformierte Kirchengeschichtsschreibung haben den wahren Charakter dieser Sammlungen erkannt, die bis dahin als echt gegolten haben.

Die Tendenz dieser Sammlung ist eine Stärkung der Positionen der Bischöfe, die besonders von den Metropoliten und den Synoden unabhängig sein sollen. Ferner liegt dieser Fälschung an der Stärkung der Stellung des Papstes, der vor allem als Schutz für die Bischöfe und als Garant der kirchlichen Freiheit angesehen wird. Die Gültigkeit der Beschlüsse von Provinzialsynoden werden von der päpstlichen Bestätigung abhängig gemacht. Alle größeren Sachen sollen direkt vor dem Papst zur Verhandlung kommen. Damit wurde die alte provinziale Kirchenverfassung in Wirklichkeit außer Kraft gesetzt.

Diese neuen Ideen, die in diesen Fälschungen enthalten sind, drücken die prinzipielle Scheidung des kirchlichen und des staatlichen Rechts aus. Sie ordnen das kirchliche Recht dem staatlichen über, indem es mit dem göttlichen Recht gleichgesetzt wird. In Nikolaus I. ist der Papst gekommen, der in dem Kampf gegen das Landeskirchentum die in diesen Rechtsbüchern niedergelegten Ideen zu verwirklichen gewußt hat.

Papst Nikolaus I. (858–867) hat die Lehren über die Stellung des Papstes in der Kirche fortgebildet. Er greift die alte Lehre von den beiden Gewalten, Staat und Kirche, welche die Welt regieren, auf. Aber die Kirche muß frei sein vom Staat. Jeder Einfluß des Staates auf die Kirche muß ausgeschaltet werden. Es gibt den weltlich-politischen Leib der Kirche, der der staatlichen Gewalt nicht unterworfen ist, denn das Kirchengut ist Lehensgut Christi.

Mit diesem Gedanken hat Nikolaus I. ein kirchliches Reichsbewußtsein verbunden. Christus ist der Reichsoberherr. Die vom Papst geleitete Kirche ist die wirkliche, sichtbare, geistlich-politische Darstellung dieses Reiches. Die Idee von der Herrschaft des Papstes über die Kirche wird durch Nikolaus zu der Idee einer Herrschaft des Papstes in einem christlich-politischen Reich ausgeweitet, und der Gedanke, daß der erhöhte Herr über die Welt herrschen soll, zu der Idee einer sichtbaren Herrschaft des Papstes in der Welt fortgebildet. Es ergibt sich somit das Ziel einer allgemeinen päpstlichen Monarchie in der Kirche. Nikolaus I. hat die Unterordnung der Bischöfe unter den Papst gefordert, die er in der Tat wie seine Beamten angesehen hat. Die allein vom Papst zu berufenden Synoden gelten als die Organe für die Durchführung seines Willens.

Von diesen Ideen aus hat Nikolaus den Kampf gegen das reichs- bzw. landeskirchliche Prinzip aufgenommen, wie es sich im Frankenreich und in den morgenländischen Kirchen darstellte. Nur die kanonisch gewählten Bischöfe, nicht dagegen die von den Königen eingesetzten, hat Nikolaus I. anerkannt. Er hat sich mit Erfolg für die Rückgabe des Kirchengutes eingesetzt und verlangt, daß die Bischöfe nur der kirchlichen, nicht der weltlichen Gerichtsbarkeit unterstellt werden.

Am entschiedensten hat Nikolaus I. seine Ziele gegenüber Lothar II. von Lotharingien und dem lothringischen Episkopat geltend machen können. Lothar II. hat mit Hilfe der Erzbischöfe von Köln und Trier und unter Billigung seiner Bischöfe eine bestehende Ehe trennen lassen, um die von ihm geführte wilde Ehe zu legalisieren. Da hat Nikolaus I. mit aller Schärfe eingegriffen. Das Urteil der Bischöfe wird aufgehoben; die beiden Erzbischöfe werden exkommuniziert; Lothar II. wird gezwungen, die verstoßene Frau wieder aufzunehmen.

Mit diesen Urteilen hat Nikolaus I. das Prinzip der Landeskirche in allen seinen Vertretern getroffen. Dem König Lothar II. hat er zu Bewußtsein gebracht, daß es der

Papst ist, der die Herrscherwürde vergibt, denn Pippin sei König und Karl d. Gr. sei Kaiser nur durch den Papst geworden. Auch Hinkmar von Reims, der die westfränkische Landeskirche unter dem Primat von Reims erstrebt, ist von Nikolaus I. gedemütigt und zur Unterwerfung gebracht worden. Nikolaus hat dem von Hinkmar abgesetzten Bischof Rothard von Soissons aus dem Kreise der klerikalen fränkischen Partei recht gegeben und gegen Hinkmar auch einzelne Partien aus dem neuen Recht der Pseudoisidorischen Dekretalen verwandt. Er hat die kirchenrechtlichen Fälschungen benutzt, um mit ihrer Hilfe die Metropolitangewalt zu brechen und der päpstlichen Jurisdiktion wieder Ansehen zu verschaffen. Er hat die Fälscher mit ihren eigenen Waffen geschlagen.

Mit den gleichen Ansprüchen, wie sie Nikolaus I. der fränkischen Reichskirche gegenüber geltend gemacht hat, ist er auch dem Orient gegenüber aufgetreten. Die alten Differenzen zwischen Rom und Byzanz, die unter den Bilderstreitigkeiten des achten Jahrhunderts vertieft worden sind, brechen durch den *Zusammenstoß beider Kirchen auf dem slawischen Missionsgebiet* mit neuer Heftigkeit auf. Sie sind durch die Stellungnahme von Nikolaus I. zu dem mit Byzanz aufgetretenen Schisma vertieft worden.

Der von Kaiser Michael III. (842–867) eingesetzte Patriarch Ignatios ist durch den Cäsaren Bardes, der für den unfähigen Kaiser die Regierung führt, abgesetzt worden. An seiner Stelle war Photius, der gelehrteste Theologe seiner Zeit, der aber nicht zum Priester geweiht worden war, sondern recht eigentlich „Laie“ geblieben war, zum Patriarchen erhoben worden. Beide Parteien riefen Nikolaus I. als Schiedsrichter an. Dieser machte nun seinen Primatsanspruch gegenüber der Ostkirche geltend. Photius wurde durch eine römische Synode für abgesetzt erklärt, weil seine Erhebung dem kanonischen Recht widerspreche. Daraufhin hat Photius den Bruch mit Rom vollzogen und den Papst auf einer Synode von Konstantinopel (867) exkommunizieren lassen.

Das Vordringen der von Rom ausgehenden Mission in die von slawischen Völkergruppen besiedelten Gebiete hat Photius zum Anlaß für die Aufhebung der Kirchengemeinschaft genommen. Er hat sie mit den dogmatischen, liturgischen und rechtlichen Differenzen der beiden Kirchen begründet.

Die Erfolge seiner Ostpolitik hat Nikolaus I. nicht mehr erleben können. Nach dem Sturz des Kaisers Michael III. und der Absetzung von Photius wurde von dem wieder in sein Amt zurückgekehrten Patriarchen Ignatios der Primat Roms im Osten uneingeschränkt anerkannt. Die von Nikolaus I. getroffenen Entscheidungen hat die Reichssynode von 869 angenommen.

Unter den Nachfolgern von Nikolaus I. ist es jedoch infolge einer wenig glücklichen Politik dem Osten gegenüber und mit der wiedererfolgten Einsetzung von Photius zu einem völligen Umschwung gekommen. Die slawischen Missionsgebiete sind der römischen Kirche endgültig verlorengegangen. Der Primat Roms wurde nur noch im Abendland anerkannt. Eine neue Reichssynode von 879 hob die zehn Jahre zuvor getroffenen Bestimmungen wieder auf.

Eine politische Bedeutung gewinnt das Papsttum nach Nikolaus I. auf lange Zeit hinaus nicht mehr. Es gerät in die Abhängigkeit der römischen Adelsparteien, für die der päpstliche Stuhl für fast 200 Jahre das Kampfobjekt abgibt.

Nikolaus I. hat in einem Zeitraum, da das Landeskirchentum zerfällt, den päpstlichen Primat zu der Idee einer päpstlichen Weltmonarchie fortgebildet. Man hat seine Größe bezweifelt und in seinem Sekretär Anastasius Bibliothecarius die treibende Kraft seiner Politik und den Gestalter seiner Ideen sehen wollen. Aber der persönlich unbeugsame und seine Ziele konsequent verfolgende Papst Nikolaus ist überragend in der Vertretung seiner Ansprüche. Denn er hat die Überordnung der Kirche über den Staat und die Befreiung der Kirche vom Staat als das bleibende Ideal der Nachwelt überliefert. Die von ihm vertretene Idee von dem sich in einem politischen Leibe darstellenden Reiche Christi trägt einerseits den Gegensatz zu jeder Darstellung der Kirche als Reichs-, National- oder Landeskirche in sich. Insofern sind in dieser Idee schon die Konflikte der Zukunft zwischen Papst und Kaiser vorgegeben, wie sie dann im Mittelalter zum Ausdruck gekommen sind.

Andererseits enthält diese Idee die Ansätze zu einer grundlegenden Reform und Erneuerung der Kirche, wenn diese durch den Zwang der geschichtlichen Verhältnisse in die Abhängigkeit von den Staaten und den weltlichen Mächten geraten ist. Auch diese Entwicklung macht den Inhalt der eigentlich mittelalterlichen Geschichte der Kirche aus, die ein Ringen um die Erneuerung der Kirche zur Herstellung ihrer Freiheit ist. Die Bedeutung, die der karolingischen Reichsbildung für die Geschichte der Kirche zukommt, wird nicht zuletzt an diesen, die weitere Geschichte des Mittelalters bestimmenden Ideen erkennbar, die im Gegensatz zu der im Zeitalter der fränkischen Hegemonie ausgebildeten Gestalt der Kirche von Nikolaus I. konzipiert worden sind.

ZWÖLFTER SCHWERPUNKT:

Die Anfänge des Christentums in der slawischen Völkerwelt

Das „Mittelalter" ist eine universale Erscheinung, die man nicht auf das Abendland beschränken kann. Sie umfaßt auch den Osten, denn nicht nur die germanischen Völker, sondern auch die slawischen eignen sich bei ihrem Vordringen in christianisierte Gebiete das Christentum an. Das „Mittelalter" ist also die Epoche des Übergangs des Christentums auf die germanisch-romanische *und* die slawische Völkerwelt. Die Unterschiede in der Rezeption des Christentums zwischen den Völkern des Westens und des Ostens sind in den geschichtlichen und politischen Umständen sowie in der verschiedenen Geistesart dieser Völker selbst begründet.

Das Bemühen um die Gewinnung der Slawen für das Christentum ist von drei Seiten ausgegangen: Fast gleichzeitig ist vom Fränkischen Reich, von Byzanz und von Rom aus die Mission unter den Slawen erfolgt, nachdem die aus dem Osten und Norden nach Süden und nach Südwesten vordringenden slawischen Völkerschaften zu Beginn des neunten Jahrhunderts feste Siedlungsgebiete erreicht haben.

Die westliche Grenze des von den Slawen besiedelten Gebietes bildet im Norden die Linie Oldenburg-Lübeck-Neumünster, dann die Elbe von der Mündung bis zur Saale, die Saale, Thüringen, Bayern, die Donau, der Ostrand der Alpen und die Obere Adria. Das ganze Gebiet von der Adria bis zum Schwarzen Meer, also das südlich der Donau gelegene Gebiet des Balkans einschließlich der Peloponnes, ist von slawischen Völkergruppen besetzt. Auch die nördlich der mittleren Donau gelegenen Gebiete Pannoniens stehen unter slawischer Herrschaft.

Wie die in das Imperium Romanum eingedrungenen germanischen Völker teils als „Foederati" (= Verbündete) aufgenommen wurden, teils zur Bildung eigener Staaten übergegangen waren, so waren im Osten die slawischen Völker in die östliche Reichshälfte eingedrungen und hatten auf dem Boden sowie am Rande des oströmischen Imperiums eigene Reiche erstehen lassen.

Die fränkische Mission bei den Slawen hat ihre Impulse von Karl d. Gr. empfangen, der der Mission durch die Vereinigung Bayerns mit dem Fränkischen Reich die Richtung nach dem Südosten, d. h. donauabwärts, gewiesen hat.

Die unter Karl begonnene Mission unter den Slawen wird von Ludwig dem Frommen (814–840) und von Ludwig II. (840–876), dem Deutschen, dem Herrscher des ostfränkischen Reiches, bei den den Bayern benachbarten Mähren und Tschechen fortgesetzt. Die Stützpunkte dieser Missionsarbeit bilden Passau und Salzburg für das mährische, Regensburg für das tschechische Gebiet.

So entsteht in Mähren unter dem von Ludwig II. eingesetzten Mährenherzog Rastislav eine von der fränkischen Kirche abhängige mährische Nationalkirche, für die hauptsächlich fränkische Priester nachgezogen werden. Die Christianisierung der Mähren bedeutet zugleich ihre „Germanisierung". Deshalb hat sich Rastislav alsbald gegen die fränkische Herrschaft erhoben, die fränkischen Priester vertrieben und sich nach dem Osten orientiert, indem er für den Aufbau der kirchlichen Organisation den Anschluß in Byzanz sucht.

Diese Wendung nach Byzanz ist nur denkbar, wenn gleichzeitig von griechischer Seite aus unter den Slawen missioniert worden ist, so daß Rastislav dadurch die Verbindung mit Byzanz nahegebracht wurde. Die Anlehnung von Rastislav an die Kirche des Ostens richtet sich aber auch gegen die Bulgaren. Sie muß deshalb in größeren politischen Zusammenhängen gesehen werden.

Bei den Böhmen hat das Christentum zunächst nicht Fuß fassen können, obwohl sich einzelne böhmische Fürsten in Regensburg haben taufen lassen.

Von größerem Erfolg ist die Verpflanzung des Christentums nach Pannonien gewesen, wo der von den Franken eingesetzte Slawe Priwina ein eigenes Reich mit einer vom Erzbistum Salzburg abhängigen Kirche begründet hat, die auch unter seinem Nachfolger Chozel fortbesteht, bis durch die Einfälle der Magyaren zu Beginn des zehnten Jahrhunderts Staat und Kirche vernichtet worden sind.

Die von Byzanz ausgehende Mission beginnt mit der Unterwerfung und Christianisierung der in griechisches Gebiet eingedrungenen Slawen. Sie wird auf die weit südlich der Donau bis an das Ionische Meer und bis vor Thessaloniki vorgedrungenen Bulgaren, einem ursprünglich türkischen Volk, das von den von ihm unterworfenen Slawen aber die Sprache und die Religion angenommen hat, ausgedehnt.

Mit der Christianisierung geht hier die Hellenisierung der slawischen Völkerstämme Hand in Hand. Eine Erweiterung des Herrschaftsbereiches der byzantinischen Kirche nach dem Westen hin bildet die bereits im siebenten Jahrhundert erfolgte Seßhaftwerdung der Serben und der Kroaten in Dalmatien und Istrien und ihre Vereinigung unter einer Herrschaft, denn diese ist der Ansatz für die Missionierung unter ihnen geworden.

Aber nicht nur auf die an den Grenzen des Reiches wohnenden Slawen, sondern auch auf die heutigen südrussischen Gebiete am Nordufer des Asowschen Meeres hat sich die byzantinische Mission erstreckt. Hier hat sie unter den Chazaren angesetzt, die am Unterlauf des Don ein Reich begründet hatten. Bei den Chazaren handelt es sich nicht eigentlich um ein slawisches Volk, sondern um einen finnisch-türkischen Volksstamm, bei dem gleichzeitig auch die jüdische und die islamische Mission gearbeitet haben, so daß sich auf diesem Felde der Mission der Islam, das Judentum und das Christentum zu einer ersten konkurrierenden Begegnung getroffen haben.

Eine besondere geschichtliche Bedeutung hat die Mission der byzantinischen Kirche durch ihren Übergang auf das *Mährische Reich* gewonnen, die ja auch die Wendung des Mährenherzogs Rastislav nach Byzanz veranlaßt hat.

Die Mission ist hier im Auftrag des byzantinischen Patriarchen Photius und des Kaisers Michael III. von den Brüdern *Konstantin* (= Kyrill, gest. 869) und *Methodius* (gest. 885) durchgeführt worden. Beide entstammen einer griechischen Familie aus Thessaloniki. Sie sind aber auch mit dem Altbulgarischen, einem slawischen Dialekt, von Haus aus vertraut. Wie Wulfila die gotische Schriftsprache gebildet und damit die wichtigste Voraussetzung für die Christianisierung der Goten geschaffen hat, so kommt Methodius und Konstantin die gleiche Bedeutung für die Schaffung des Altkirchenslawischen, einer slawischen Schriftsprache, zu, die ebenfalls die Voraussetzung für die erfolgreiche Christianisierung bildete. Es ist ihnen gelungen, mit Hilfe der von ihnen gebildeten glagolitischen Schrift verschiedene Teile der Bibel, vor allem aber auch die griechische Liturgie, in das Altkirchenslawische zu übertragen. Gottesdienst und Predigt konnten, als Folge dieser grundlegenden Arbeit, in der Volkssprache gehalten werden.

Diese Tatsache hat den beiden Brüdern große Erfolge in ihrer Missionsarbeit bei den Mähren eingetragen. Der fränkische Einfluß ist gegenüber der durch die Sprache gegebenen Verbindung mit dem Volk fast ganz zurückgetreten. Während Konstantin für die Verwurzelung des christlichen Glaubens bei den Mähren in sprachlicher Hinsicht gesorgt hat, hat Methodius den Aufbau der kirchlichen Ordnung betrieben. Innerhalb eines von der fränkischen Kirche beanspruchten Gebietes ist auf diese Weise ein nach Byzanz orientiertes und in seinem Wesen östliches, d. h. von den slawischen Völkerschaften getragenes, Kirchentum entstanden.

Die römische Mission unter den Slawen hat bei den Bulgaren eingesetzt. Hier ist es dem bulgarischen Fürsten Bogoris gelungen, nach Kämpfen mit den Franken in Unterpannonien und mit den Griechen den Bestand seines großen, südlich der unteren Donau gelegenen Reiches durch seinen Übertritt zum Christentum zu sichern. Er hat von dem Patriarchen Photius von Konstantinopel die Taufe empfangen. Dann aber hat er aus politischen Gründen sofort den organisatorischen Anschluß an die ostfränkische und römische Kirche gesucht und beide um die Übersendung von Priestern gebeten.

Während die Mähren also in bewußter Abschüttelung des fränkischen Einflusses und in ausgesprochenem Gegensatz zu den Bulgaren sich nach Byzanz orientieren, wenden sich die Bulgaren, um nicht in die politische Abhängigkeit von den Griechen zu geraten und aus dem Gegensatz gegen die mährisch-byzantinische Umklammerung an die Ostfranken und an den Papst.

Ähnlich wie einst Gregor d. Gr. die Bedeutung der Germanenwelt für die Zukunft der römischen Kirche erkannt hat, so hat Papst *Nikolaus I.* (858–867) die Bedeutung einer Gewinnung der Slawenwelt für die Zukunft des Christentums mit politischem Weitblick durchschaut. Er hat deshalb die ihm angetragene Missionsarbeit unter den Slawen sofort aufgegriffen, mit allen Mitteln betrieben und die unter den Mähren tätigen Brüder Konstantin und Methodius nach Rom gerufen. Als Ziel schwebt Nikolaus I. die Errichtung einer bulgarischen römischen Kirchenprovinz vor – ein weitgedachter Plan, der das Gegenstück zu der von Papst Gregor II. konzipierten römischen Kirchenprovinz „Germanien“ im Osten des Fränkischen Reiches hätte werden können.

Zur Verwirklichung ist der Plan Nikolaus I. nicht gekommen. Erst nach dem Tode von Nikolaus sind Methodius und Konstantin in Rom eingetroffen. Papst Hadrian II. (867–872), sein Nachfolger, hat Methodius mit einem selbständigen Erzbistum betraut. Zu diesem Zweck wurde das alte Sirmium an der Sawe erneuert und Methodius als Sitz zugewiesen. Die römische Kirchenpolitik will, ganz im Sinne des Kampfes gegen das landeskirchliche Prinzip des Fränkischen Reiches, die Entstehung einer bulgarischen

Landeskirche verhindern. Auch das Erzbistum Salzburg hat im Zuge seines Kampfes gegen die Metropoliten des Fränkischen Reiches alle Selbständigkeit der bulgarischen Kirche niedergehalten. Durch die Erhebung von Methodius zum Erzbischof erstrebte Rom vielmehr die Errichtung einer Rom unmittelbar unterstellten slawischen Kirche.

Aufgrund der päpstlichen Absagen für den Aufbau der bulgarischen Kirche wandte sich der bulgarische Herrscher Bogoris nach Byzanz. Er erhielt von dort den Erzbischof und mehrere Bischöfe zugestanden. Bulgarien ist so für Rom endgültig verlorengegangen und ein Glied der byzantinischen Reichskirche geworden.

Die Schüler von Methodius, die unter den Bulgaren gearbeitet haben, haben die glagolitische Schrift verbessert, sie zu der sog. kyrillischen Schriftform fortgebildet und in der bulgarischen Kirche die altkirchenslawische Liturgie eingeführt. Diese ist von den Bulgaren auf die Russen übergegangen, die auf diese Weise für das östliche Christentum gewonnen werden konnten.

Methodius hat nach seinem Aufenthalt in Rom nicht nach Mähren zurückkehren können, sondern in Pannonien mit neuer Arbeit unter Chozel beginnen müssen. Hier ist er aber sehr bald mit dem Erzbischof von Salzburg zusammengestoßen, der in der Wirksamkeit von Methodius einen Einbruch in die seiner Hoheit unterstellte östliche Kirchenprovinz gesehen hat. Methodius wurde, wegen der Abhaltung der slawischen Liturgie in Rom angeklagt, verurteilt und für zweieinhalb Jahre in einem Kloster gefangengehalten. Erst durch das energische Eingreifen Papst Hadrians II. hat er die Freiheit wiedererlangt. Der Papst hat auch seine erzbischöfliche Stellung über Mähren und Pannonien wiederhergestellt, allerdings auch das Verbot einer Abhaltung der Liturgie im Altslawischen hinzugefügt.

Nach dem Tode von Chozel hat Methodius seine Arbeit in Pannonien nicht fortsetzen können, sondern sich, veranlaßt durch eine abermalige antifränkische Schwenkung der mährischen Politik, erneut nach Mähren gewandt. Nach langjähriger erfolgreicher Wirksamkeit hat er sich aufgrund von Denunziationen von fränkischen Priestern erneut in Rom wegen des Gebrauchs der altslawischen Liturgie und der Auslassung des Filioque im Glaubensbekenntnis verantworten müssen.

Zwar hat Methodius von Papst Johannes VIII. (872–882) die Erlaubnis erhalten, die in altkirchenslawischer Sprache gehaltene Liturgie nach oder neben der lateinischen Messe zu feiern, doch ist ihm gleichzeitig ein deutscher Bischof an die Seite gestellt worden. So hatte der Gegensatz zu Rom sich für Methodius vertieft, so daß er nach dem endgültigen Bruch mit der römischen Kirche sich wieder der byzantinischen Kirche angeschlossen hat. Sein von ihm noch bestimmter Nachfolger hat die römische Anerkennung nicht mehr erlangt. Zusammen mit anderen Schülern von Methodius ist er aus den römischen Missionsgebieten Mähren und Pannonien vertrieben und damit zu dauerndem Anschluß an die byzantinische Kirche genötigt worden.

Überblickt man die von der ostfränkischen, der römischen und der byzantinischen Kirche gleichzeitig einsetzenden Bemühungen, die Welt der slawischen Völker für das Christentum zu gewinnen, so muß man feststellen, daß die endgültige Abkehr des Methodius von Rom auch die Abschließung der römischen Kirche von der slawischen Völkerwelt und die Verbindung derselben mit Byzanz zur Folge gehabt hat. Die römische Kirche ist auf das westliche Abendland beschränkt worden. Erst später hat sie durch diese Aktionen den westlichen Teil der slawischen Völker in ihr Gebiet einbeziehen können.

Auch dieser Entwicklung auf dem östlichen Missionsgebiet kommt eine weltgeschichtliche Bedeutung zu, sofern durch sie die kirchliche und mit dieser auch die kulturelle Grenze zwischen West und Ost festgelegt worden ist. Im Westen ist die überwiegend germanisch-romanische Völkerwelt, im Osten die slawische zur Ausbildung ihrer in sich differenzierten kirchlichen, nationalen und politischen Besonderheiten gekommen.

Aber erst beide zusammen bilden die europäische Welt als ein großes politisch, kulturell und kirchlich zwar differenziertes, aber doch geschlossenes Gebiet mit seiner eigenen, sich in den Völkern und an den Menschen auswirkenden geistigen und religiösen Thematik.

DREIZEHNTER SCHWERPUNKT:

Das Reich der Ottonen

Der Zerfall des karolingischen Reiches ist von einer allgemeinen Dezentralisation begleitet. Diese äußert sich besonders im Hervortreten der einzelnen Stammesgewalten. Von außen her bedrohen Ungarn, Slawen und Dänen die Grenzen des Imperiums, das sie mit ihren Raubzügen bis tief in das Innere hinein überziehen. Das politische Problem besteht deshalb zu Beginn des zehnten Jahrhunderts in der Frage, ob die Sicherung der Grenzen durch eine starke Reichsgewalt möglich sein wird und ob es gelingt, die Reichseinheit wiederherzustellen. Letzteres aber konnte nur geschehen, wenn die Stärkung des Königtums gelingen würde.

Der von den Franken und Sachsen zum König gewählte *Heinrich I. (919–936)* hat dieses doppelte Problem erkannt und die Voraussetzungen für den Neubau des Reiches geschaffen. In ihm vollzieht sich der Übergang vom sächsischen Stammesfürsten zum König des ostfränkischen Reiches. Heinrich I. ist den Bund mit der Kirche nicht eingegangen. Er erstrebt die föderalistische Einigung der ostfränkischen Stämme unter sächsischer Führung.

Es ist Heinrich gelungen, die Stellung des Königs im Reich wieder zur Geltung zu bringen. Er nötigt die Herzöge von Bayern und von Schwaben zur Anerkennung seiner Hoheit. Außerdem gelingt ihm die Rückführung Lothringens an das Reich.

Die Grenzen des Reiches hat Heinrich I. gesichert und erweitert. Die Ostgrenze kann bis an die Oder verlegt werden. Die Besiegung der Ungarn an der Unstrut hat die Sicherung Sachsens vor neuen Raubzügen der Magyaren zur Folge. Im Norden wird nach erfolgreichen Vorstößen gegen die Dänen die Eider als Grenze geschaffen.

Auf dem von Heinrich I. gelegten Fundament hat sein Sohn und Nachfolger, *Otto I. d. Gr. (936–973),* den Neubau des Reiches errichtet, indem er das doppelte, ihm auferlegte politische Problem, die Stärkung der Zentralgewalt und die Ausdehnung und Sicherung der Grenzen aufgegriffen und zu definitiver Lösung gebracht hat.

Die Auseinandersetzung Ottos I. mit den Stammesgewalten endet mit dem Sieg der Krone. Es ist ihm gelungen, die Selbständigkeit der Herzogtümer zu brechen, indem er das Herzogtum zu einem vom König verliehenen Amt macht.

Gegen das Herzogtum hat Otto I. sodann in dem Episkopat ein politisches Gegengewicht errichtet. Er hat die Bischöfe zu königlichen Beamten erhoben und ihre Macht durch die Übertragung weltlicher Herrschaftsrechte erheblich gesteigert. Sie erhalten die Gerichtshoheit, das Zoll-, Markt- und Münzrecht sowie das Grafschaftsrecht zuerkannt. Dadurch, daß der Bereich des bischöflichen Besitzes und der bischöflichen Hoheiten nicht mit dem der Herzogtümer zusammenfällt, hat Otto d. Gr. eine

Verbindung der bischöflichen und herzöglichen Interessen verhindert, vor allem aber die Bischöfe in eine enge Verbindung mit dem Königtum gebracht.

Otto I. hat die Bischöfe wie königliche Beamte behandelt, die er ein- und absetzen kann. Die kanonische Wahl hat er nur als einen Vorschlag angesehen, an den er selbst nicht gebunden ist. Die Bischöfe empfangen ihr Amt aus der Hand des Königs. Diese Verleihung wird durch die Übergabe des Bischofsstabes symbolisiert. Das Kirchengut hat Otto I. als nichterbliches königliches Lehen betrachtet, das in erster Linie nicht kirchlichen, sondern staatlichen Interessen nutzbar gemacht werden sollte. So wird also das Königtum auf die Bischöfe gegründet, indem Otto I. sich in dem Episkopat eine zuverlässigere Stütze, als er sie an den Stammesherzogtümern finden konnte, erworben hat. Otto I. hat damit die dauernde Verbindung zwischen den deutschen Bischöfen und dem deutschen König hergestellt.

Durch diese Politik hat er aber auch *die Bischöfe in eine verhängnisvolle Doppelstellung gebracht.* Sie sind einerseits Inhaber eines geistlichen Amtes und als solche der Kirche und dem Papst verpflichtet. Andererseits sind sie Inhaber weltlicher Rechte und eines weltlichen Amtes und dadurch dem König verpflichtet, ja, von ihm anhängig. Otto d. Gr. hat mit dieser Konstruktion die Spannungen, die immer zwischen Staat und Kirche bestehen, in den Episkopat selbst verlegt. Die Ein- und Absetzung der Bischöfe durch Otto zeigt die Sicherheit und Souveränität an, mit der er sowohl den Bischöfen als auch dem Papsttum gegenüber aufgetreten ist.

Innerhalb von zwanzig Jahren ist Otto d. Gr. die Zentralisation des ostfränkischen Reiches gelungen. Die obersten Beamten des Reiches sind die dem König zur Lehnstreue verpflichteten Herzöge, denen die Grafen und der Adel untergeben sind. Neben den Herzögen stehen die von Otto eingesetzten Pfalzgrafen, die die Herzöge in ihrer Gewalt beschränken, sie beaufsichtigen und das Königsgut in den Reichsgebieten unmittelbar verwalten.

Das politische Gegengewicht gegen das Stammesherzogtum aber bildet der Episkopat in der Wahrnehmung der ihm verliehenen weltlichen Hoheitsrechte. Otto I. hat die Kirche als politische Macht erkannt und sie dementsprechend auch zu beherrschen gewußt. Er hat sich mit der politischen Herrschaft über die Kirche begnügt. Er hat nicht wie Karl d. Gr. das letzte Ziel seiner Politik in der Schaffung von Kultur gesehen. In dieser Hinsicht bleibt er weiter hinter Karl d. Gr. zurück. Aber er hat doch die Aufgabe gesehen, die ihm in seiner Zeit gestellt war, nämlich die Reichseinheit wiederherzustellen und diese auf ein sicheres politisches Fundament zu gründen.

Darüber hinaus hat Otto I. durch *die Einverleibung Oberitaliens* und die Sicherung der Grenzen auch dem ostfränkisch-sächsischen Reich eine neue Stellung erworben, ja, ihm durch seine politische Wirksamkeit auch ein neues Reichsbewußtsein eingegeben. In der Angliederung Burgunds an das ostfränkisch-sächsische Reich (948) kommt diese neue Position mit ihren Folgeerscheinungen zu sichtbarem Ausdruck. Ebenfalls hat sich Otto in den verworrenen Verhältnissen in Italien durchsetzen können. Es ist ihm gelungen, von der Königinwitwe Adelheid von Burgund zur Hilfe gerufen, sich Oberitalien zu unterwerfen und es mit dem Reiche zu verbinden.

Bei seinem zweiten Italienzug hat Otto I. *mit der Gewinnung der Kaiserkrone die politische Stellung Karls d. Gr. erneuert.* Otto I. ist im Jänner 962, von Papst

Johannes XII. gegen innerrömische Auseinandersetzungen zu Hilfe gerufen, in Rom erschienen. Bei dieser Gelegenheit hat er sich zum Schutz des Kirchenstaates verpflichtet und dem Papst die Regierungsrechte in Rom eidlich zugesichert. Dann ist er im Februar 962 in Rom vom Papst zum Kaiser gekrönt worden. Der Papst und das römische Volk haben ihm nach der Krönung den Treueid geleistet.

Die gegenseitigen Verpflichtungen von Papst und Kaiser haben ihren Niederschlag im *Pactum Ottonianum* gefunden. Der Kaiser erneuert und erweitert die karolingischen Schenkungen. Der Papst anerkennt die kaiserliche Herrschaft über Rom. Jeder Papst muß künftig vor seiner Konsekration dem Kaiser die Treue schwören.

Die Kaiserkrönung Ottos I. bringt seine universale Stellung im Abendland zum Ausdruck. Die Krönung zum Kaiser bedeutet die Errichtung des mittelalterlichen deutschen Kaisertums und die Erhebung des fränkisch-sächsischen Imperiums zu der beherrschenden Macht des Abendlandes. Die von Otto d. Gr. hergestellte Verbindung zwischen dem Kaisertum und der deutschen Königswürde blieb auf Jahrhunderte hinaus erhalten.

Nach drei Richtungen hin hat Otto d. Gr. seine *Missionspolitik* ausgedehnt: nach dem Norden gegen die Dänen, nach dem Osten zu den Wenden und nach dem Südosten donauabwärts in Richtung auf die Ungarn.

Die Missionspolitik Ottos d. Gr. ist kolonisatorische Arbeit. Sie besteht in der militärischen Sicherung der eroberten Gebiete und in ihrer Organisation. Otto d. Gr. hat im Osten die Reichsgrenze von Elbe und Saale bis an die Oder verlegt. Auch die Germanisierung des eroberten Landes hat er eingeleitet. Sie führt zu der Verschmelzung wendischen und slawischen Volkstums mit den fränkisch-sächsischen Bewohnern.

In der Missionspolitik hat Otto d. Gr. außerdem die kirchliche Organisation der eroberten Gebiete vorgenommen. Es entstehen die Bistümer Havelberg und Brandenburg als Suffragane des Erzbistums Mainz. Unter den Obotriten in Holstein wird das Bistum Oldenburg gegründet. In Magdeburg ist ein eigenes Erzbistum für das wendische Gebiet geschaffen worden, dem die Grenzbistümer Merseburg, Zeitz und Meißen unterstellt werden. Auch auf das böhmische Gebiet erstreckt sich die kirchliche Organisation mit der Gründung des Bistums Prag in Abhängigkeit vom Erzbistum Mainz.

Im Norden wird die Mission von Bremen – Hamburg aus vorangetrieben. Ihre Förderer sind vor allem die Erzbischöfe Unni und Adelgang von Hamburg. Es kommt zur Gründung der dänischen Bistümer Schleswig, Ripen und Aarhus. Otto d. Gr. hat damit die Anfänge einer Missionierung des Nordens aus der Zeit der Karolinger fortgesetzt, war doch Hamburg schon im neunten Jahrhundert als Missionserzbistum gegründet worden, von dem aus dann Ansgar die Mission bei den Dänen und Schweden eingeleitet hat. Das wichtigste Ergebnis der Missionspolitik Ottos d. Gr. ist der durch sie eingeleitete Beginn der deutschen Ostkolonisation.

Nach dem Tod Ottos I. geht unter seinem Nachfolger *Otto II. (973–983)* der Einfluß der Deutschen auf das Papsttum verloren. In Rom treten mächtige Adelsfamilien hervor, in deren Hand das Papsttum gerät. Auch unter *Otto III. (983–1002)* bleibt die Schwäche des Papsttums bestehen. Sie wird vorübergehend unterbrochen, nachdem Otto III. zwei Päpste eingesetzt hat, die sofort reformerische Ziele für das Papsttum und die Kirche durchzuführen versuchen. Aber im ganzen bleibt das Papsttum ein Spielball in der Hand der jetzt immer mächtiger werdenden römischen Adelsfamilien, besonders der Crescentier und der Tuskulaner.

Das Resultat in dieser Zeit der Wirren ist, daß nur ein starkes Königtum auch reformerische Pläne für das Papsttum und die Kirche im ganzen durchführen kann. Nur ein starkes Königtum kann die in der Kirche lebendigen Reformideen aufgreifen und sie für die ganze katholische Kirche fruchtbar machen. Die Herrschaft der Ottonen hat die Voraussetzungen dafür geschaffen, daß ein starkes abendländisches Königtum nicht nur den Episkopat, sondern auch das Papsttum beherrschen kann, andererseits aber auch neue, auf Freiheit von den weltlichen Gewalten dringende Ziele allein durchzusetzen in der Lage ist.

VIERZEHNTER SCHWERPUNKT:

Morgenländisches und abendländisches Mönchtum und die kirchliche Erneuerung im Mittelalter

Die Entstehung des christlichen Mönchtums ist ein immer wieder neu diskutiertes Problem der Kirchengeschichte. Sicher hat das Mönchtum keinen außerchristlichen Ursprung, wie man vermutet hat. Vielmehr hat es seinen Grund in der urchristlichen Einstellung zur Welt. Diese gilt einerseits als die Stätte der vollkommenen Gottesfeindschaft und als der Ort des Abfalls des Menschen von Gott. Aus dieser Bewertung der Welt resultiert die christliche Ablehnung der Welt, die sich in einer strengen asketischen Haltung äußert.

Andererseits ist die Welt aber auch die Stätte der Liebe Gottes. Diese Einschätzung der Welt hat zur Folge, daß trotz aller Ablehnung der Welt ihr doch auch die Liebe Gottes zu ihr sichtbar gemacht werden muß, wie sie in Christus erschienen ist. Der christlichen Haltung eignet also ein in doppelter Hinsicht demonstrativer Charakter, der weltverneinend und weltbejahend zugleich ist.

Vor allem aber gibt die Forderung der Nachfolge Christi das entscheidende Motiv für die Entstehung des christlichen Mönchtums ab. Es ist auch durch eine nicht von außen her ableitbare eschatologische Einstellung bestimmt, in der man die baldige Wiederkunft des Herrn erwartet. So kommt man zu einer radikalen Nachfolge im Sinne der totalen Hingabe des Christen für den Dienst des Herrn.

Die doppelte Einstellung zur Welt hat zunächst zum Aufkommen einer asketischen Lebenshaltung in den frühen christlichen Gemeinden geführt, die der Welt die Abkehr von Gott und ihre Folgen demonstrativ deutlich machen will. Die Asketen, die von dieser Einstellung beherrscht sind, leben in den Gemeinden selbst. Erst im zweiten Jahrhundert haben mit dem Montanismus und der Gnosis die Absonderungen solcher asketischen Gestalten in den Gemeinden selbst begonnen. Mit der Vergrößerung der Gemeinden im dritten und vierten Jahrhundert haben sich dann die asketischen Kräfte gegen diese selbst gerichtet. Ihre Lösung von der Gemeinde ist ein wichtiges weiteres Moment für die Entstehung des christlichen Mönchtums.

Man kann drei Stufen in der zum Mönchtum führenden Entwicklung unterscheiden.

Die *erste Stufe* bildet das Eremiten- oder Anachoretentum. In ihm hat der einzelne Christ nicht nur den Bruch mit der Welt, sondern auch mit der zu weltlich erscheinenden Gemeinde vollzogen. Er zieht sich in die vollkommene Einsamkeit zurück. Diese Entwicklung läßt sich für Ägypten, Palästina, Syrien und Kleinasien nachweisen. Bereits in der zweiten Hälfte des dritten Jahrhunderts hat es in diesen Gebieten christliche Anachoreten gegeben.

Die erste, historisch greifbare Gestalt des Anachoretentums ist der Ägypter *Antonios d. Gr.*, dessen Leben durch die Darstellung von Athanasius in den Hauptzügen bekannt ist. Die Perikope vom reichen Jüngling (Mt 19,21) hat ihn veranlaßt, sich ganz aus der Welt zurückzuziehen und das Leben der vollkommenen Einsamkeit zu führen. Aber trotz allen Eremitentums ist Antonios auch von der geistlichen Verpflichtung zu einer Stärkung der Gemeinde und zur geistlichen Führung der sich ihm anvertrauenden einzelnen Christen bestimmt, hat er doch in der Einsamkeit der Wüste den Kampf mit den ihn bedrängenden Dämonen erfolgreich bestanden, so daß er anderen zum Leiter und Ratgeber in ihren seelischen Nöten werden kann.

Eine *zweite Stufe* in der Entwicklung des Mönchtums bildet *die Entstehung von Eremitenkolonien*. Diese sollten zwar dem einzelnen die Fortführung des Eremitenlebens gestatten, aber gleichzeitig auch dem einzelnen Asketen ein näheres Bei- und Miteinanderleben gestatten. Solche Kolonien haben sich zuerst in Ägypten gebildet, wo sie in der Nitrischen und in der Sketischen Wüste bestanden haben. In letzterer ist Makarios der Ägypter zwischen 330 und 390 hervorgetreten, der zum Ideal des Anachoretentums auch für spätere Jahrhunderte geworden ist.

Eine *dritte Stufe* in der Entwicklung des Mönchtums stellt *die Zusammenfassung der losen Gemeinschaften der Eremitenkolonien zu der des Klosters* dar. Die asketische Lebenshaltung soll dann nicht mehr nur vom einzelnen geübt, sondern als ein „gemeinsames Leben" geführt werden, so daß der einzelne einen Halt durch die Gemeinschaft und das gemeinsame Streben nach dem Heil finden kann. So hat sich aus dem Eremitentum das Koinobitentum entwickelt.

Der Schöpfer dieser neuen Lebensweise ist *Pachomius* (gest. 347). An die Stelle des ungeregelten Lebens des einzelnen Asketen hat er das gemeinsame Leben innerhalb der Gemeinschaft eines Klosters gesetzt. In der Thebais hat er sich zuerst dem Eremitenleben ergeben. Um 320 hat er dann zu Tabennisi am Nil das erste Kloster errichtet – ein durch eine Mauer von der Außenwelt abgeschlossener Gebäudebereich mit einer zentralen Halle für den Gottesdienst, einem Refektorium für alle Klosterinsassen und einer Reihe von Häusern für dreißig bis vierzig Mönche, die verschiedene Dienste für die Gemeinschaft zu verrichten hatten (Bäcker, Gärtner, Fischer, Weber usw.). Das Kloster bildete also eine Welt für sich. Das gemeinsame Leben sollte allen die gleiche Askese und Zucht, der sich der einzelne Mönch zu unterziehen hat, ermöglichen. An der Spitze der Klostergemeinschaft steht der Abt als der geistige Vater und Führer aller Mönche.

Neben den klösterlichen Einrichtungen des Pachomius in Oberägypten gibt es andere, gleichgerichtete Bewegungen in Ägypten, Syrien und vor allem in Kleinasien. Namentlich das kleinasiatische Mönchtum hat durch *Basilius d. Gr.* (gest. 379) eine neue Zielsetzung erhalten, die, wie bei Pachomius, auf der Fortbildung der koinobitischen Lebensweise beruht.

Auf Basilius d. Gr. gehen zwei Regeln zurück, deren Ziel ist, die Mönchsgemeinde als das Abbild der Urgemeinde, ja, der Kirche überhaupt, erscheinen zu lassen. Das kleinasiatische Mönchtum hat das Klosterschulwesen entwickelt, auch die Betätigung der Liebe durch die Hilfe für Kranke und Notleidende geübt und für die Aufnahme von Reisenden in eigenen „Fremdenheimen" (= Xenodochien) gesorgt.

Während das morgenländische Mönchtum sich durchwegs seinen ursprünglichen pneumatischen Charakter bewahrt hat, ist das abendländische Mönchtum alsbald durch eine überragende geistliche Gestalt geprägt worden. Es ist *Benedikt von Nursia,* der aus dem Orient das Anachoretentum und die Idee des Klosters übernommen hat, beides dann aber durch den Anschluß an die pachomianischen Klöster völlig umgestaltet hat. Benedikt hat das mönchische Ideal in eine feste Regel gefaßt und damit nicht nur das Ende des vagabundierenden Mönchtums herbeigeführt, sondern auch dem abendländischen Mönchtum den Geist der Disziplin und der Ordnung, des Gebetes und der Arbeit aufgeprägt.

Über Benedikts Leben ist wenig bekannt. Bei Nursia in Umbrien geboren, hat er etwa um 480 in Rom studiert, dann aber das oberflächliche Leben an den Akademien aufgegeben und sich als Einsiedler in eine Höhle bei Subiaco in den Sabinerbergen zurückgezogen. Hier wollte er das Leben der strengsten Abgeschiedenheit von der Welt in harter Askese verbringen. Unter den kriegerischen Unruhen der Zeit hat er das Kloster Monte Cassino in Mittelitalien gegründet! Es ist zum Ausgangsort für das neue abendländische Mönchtum geworden.

Die von Benedikt geschaffene Regel wollte ein „Gesetzbuch für das klösterliche Leben" sein und dem einzelnen Mönch die Verwirklichung der Nachfolge Christi erleichtern.

Die Regel Benedikts ist gut überliefert. Sie zeichnet sich durch ihre Konzeption aus, die auf die Disziplinierung der ganzen Persönlichkeit des Mönches gerichtet ist. Der Mönch wird als der „Soldat Christi" verstanden. Die Beobachtung der Regel und der Gehorsam gegenüber dem Abt werden als „Kriegsdienst" angesehen. Aus dem Gegensatz gegen das undisziplinierte Umherstreifen der Mönche wird die „Stetigkeit des Ortes" zur Pflicht gemacht, d. h. die Gebundenheit an das Kloster, dem man einmal beigetreten ist. Es werden Demut und Gehorsam sowie Armut, Keuschheit und Arbeit vom Mönch verlangt.

Der eigentliche Geist der Benediktinerregel aber spricht sich in der Milde und Mäßigung aus, mit denen die Vorschriften für die Askese und die geistlichen Übungen durchgeführt werden sollen. Das Maßhalten gilt als der Grund aller Tugenden. Das letzte Ziel des nach der Regel geführten Lebens ist die völlige Hingabe an Gott. Man erreicht sie durch die Unterwerfung unter den Willen des Oberen. Der Abt wird als der Stellvertreter Christi im Kloster bezeichnet. Der einzelne Mönch soll die Stufen der Demut bis zur Erfahrung der Gottesgemeinschaft emporsteigen. Der Weg zu Gott ist eben nicht der leichte, sondern der harte und schwere Weg des Opfers und des Verzichtes. Der Tageslauf ist bis ins einzelne genau geregelt. Die für alle Brüder obligatorischen Gebetszeiten umschließen ihn.

Die innere Kraft der Regel Benedikts beruht darauf, daß sie das Zusammenleben nicht auf den guten Willen des einzelnen, sondern auf den Geist, die Disziplin, den Gehorsam und die durch sie geprägte Gemeinschaft gegründet hat. Durch die die Gesamtheit der Brüder gleichmäßig umschließende Lebensform sollte auch der Wille des einzelnen bestimmt sein. Es macht die Stärke der Regel Benedikts aus, daß sie, streng und biegsam zugleich, einer wurzellos gewordenen Welt wieder ein neues Lebensziel hat zeigen können. Aber schon in den germanischen Reichen im römischen Imperium ist das Mönchtum bald wieder einer Verwilderung anheimgefallen.

Besondere Förderung erfuhr die Regel Benedikts im karolingischen Reich durch Karl d. Gr. und Ludwig d. Frommen.

Um das Jahr 800 hat *Benedikt von Aniane* das fränkische Mönchtum nach der wieder streng aufgefaßten Regel erneuert. Dann hat sie im 10. Jahrhundert von dem Kloster Cluny in Burgund aus zu einer Reform des Mönchtums geführt, die auch zur Erneuerung des Weltklerus und der gesamten Kirche im Kampf gegen die Laieninvestitur und für den Zölibat fortgebildet worden ist. Deshalb kann man sagen, daß aus dem Geiste Benedikts von Nursia heraus der große Kampf im Mittelalter um die Freiheit der Kirche und gegen ihre Beherrschung durch Laiengewalten geführt worden ist.

Das Kloster Cluny wurde 910 in Burgund vom Herzog Wilhelm von Aquitanien begründet. Schon unter dem ersten Abt Berno und unter seinem Nachfolger Odo wurde die cluniacensische Reform für andere Klöster maßgeblich. Man erstrebte eine Erneuerung des Klosterlebens, das zu den ursprünglichen mönchischen Idealen der Askese, des Gebetes und des geistlichen Lebens zurückgeführt werden sollte. Zu den Grundsätzen der cluniacensischen Erneuerung gehört auch die Reform der Klosterwirtschaft. Sie nimmt das Klostergut in eigene Bewirtschaftung, um es gegen die Ausnutzung durch weltliche Große zu sichern. Zugleich ist sie auf seine Ausdehnung bedacht. Die Klöster sollten ferner direkt dem Papst unterstellt werden, damit sie auch von der Obergewalt der Bischöfe befreit sind.

Für die Ordnung des Klosterlebens und die Mönchszucht ist die Regel Benedikts maßgeblich, allerdings in der gemilderten Gestalt, die sie durch Benedikt von Aniane empfangen hatte. Energisch wird jetzt der unbedingte Gehorsam gegenüber dem Abt betont. Auch das Frömmigkeitsleben wird intensiviert, einerseits durch die Steigerung des inneren Lebens, andererseits auch durch gewisse Äußerlichkeiten wie die Ausdehnung der Liturgie, die Einführung kostbarer Gewänder, großartiger Bauten usw.

Das Eindringen der mönchischen Reformziele in den Weltklerus und ihre Ausdehnung auf die Klöster weitete das Ziel der Reformbewegung aus. War diese ursprünglich auf das Klosterleben gerichtet, so richtet sie sich vom neunten und zehnten Jahrhundert ab auf die Erneuerung der Kirche überhaupt. Im elften Jahrhundert weitet sie sich geradezu zu einem kirchenpolitischen Programm aus. „Reform der Kirche" wird ihr eigentliches Ziel, das durch die Erneuerung der alten kirchlichen Gesetzgebung, vor allem aber durch die Herbeiführung einer strengen Zucht für den Klerus und die Befreiung der Kirche von jeder weltlichen Gewalt, vor allem von der Herrschaft der weltlich Großen in ihr und über sie, erreicht werden soll.

Mit diesen auf die ganze Kirche ausgedehnten Reformzielen hat die cluniacensische Erneuerungsbewegung eine große politische Bedeutung erlangt. Das Mönchtum ist damit zu entscheidenden kirchenpolitischen Wirkungen gekommen. Es hat auch den Grund einerseits für die Erneuerung der katholischen Kirche von innen her, andererseits für ihren Kampf mit dem deutschen Königtum um die neu verstandene Freiheit der Kirche von jeder weltlichen Gewalt abgegeben.

Unter *Odo,* dem zweiten Abt von Cluny, hat die Reform entscheidende Fortschritte gemacht. Odo erhält vom Papst das Recht, andere Klöster nach dem Muster von Cluny zu reformieren. So werden eine Reihe von Klöstern in Frankreich und Italien erneuert bzw. neu gestiftet. Mit seinen von der Mystik bestimmten Anschauungen ist Odo ein typischer Vertreter der Frömmigkeit von Cluny, die von einem antihierarchischen Charakter nicht frei ist. Die Mächtigen in der Kirche gelten als die eigentlichen Feinde der Kirche. Die Sünde wird in neuplatonischem Sinn als Hingabe an die Materie verstanden. Schließlich beherrscht Odo eine eschatologische Stimmung. Er wertet die eigene Zeit als Endzeit, als Vorspiel zu den kommenden letzten Auseinandersetzungen in dem großen Weltendrama. Odo hat sich der Unterstützung namentlich Kaiser Ottos I., des Großen, erfreuen können.

Der vierte Abt von Cluny, *Majolus,* versteht es, die Beziehungen zu den weltlichen Fürsten für die Reformbewegung nutzbar zu machen. Diese greift unter ihm nach Deutschland und Italien über. Unter seinem Nachfolger *Odilo* dehnt sich die Reformbewegung bis nach Spanien aus. Odilo gelingt die Zentralisation aller reformierten Klöster, die dem Mutterkloster Cluny angeschlossen werden. So bildet sich eine Kongregation von Klöstern, an deren Spitze der Erzabt von Cluny steht, während die einzelnen Klöster durch Prioren selbständig geleitet werden.

Unter dem vielleicht bedeutendsten der cluniacensischen Äbte, *Hugo I., d. Gr. (1049–1109),* erlebt Cluny den Sieg seiner Ideen. Die Reform wird in Deutschland und in England aufgegriffen. Sie bleibt aber nicht mehr auf das Mönchtum beschränkt. Sie wird auf den Weltklerus ausgedehnt, der nach den Idealen der Disziplinierung und der Verinnerlichung der Persönlichkeit gebildet werden soll. Sie greifen sogar auf die Laienwelt über und wirken sich hier in einer allgemeinen moralischen Hebung des Adels und der Bauern aus. So sollen nicht nur das Mönchtum und der Klerus, sondern der Glaube und die Moral der Christen überhaupt reformiert werden. Die cluniacensische Klosterreform weitet sich so zu einer allgemeinen und überaus wirksamen Kirchenerneuerung aus.

Die Erneuerung des Mönchtums und die Betonung der Askese haben in dieser Reformbewegung des zehnten und elften Jahrhunderts ursprüngliche Motive wieder in ihrer ganzen Stärke wirksam werden lassen. Sie richten sich zunächst auf die Befreiung des Mönchtums aus seiner Verweltlichung. Sie erstreben die Freiheit und Selbständigkeit des klösterlichen Lebens, das auch in wirtschaftlicher Hinsicht unabhängig sein soll. Mit der Rückforderung des Kirchengutes werden die Vermehrung des klösterlichen Grundbesitzes und eine planmäßige Bewirtschaftung verbunden. Sie fordern die Wiedereinführung der alten, kirchlichen Gesetzgebung. Durch die Vertiefung der Frömmigkeit nach den alten christlichen Idealen sollen auch die Menschen erneuert werden. So greift die Reformbewegung durch ganz bewußt unterhaltene Beziehungen zu den weltlichen Fürsten über das Mönchtum hinaus, um auch in der Laienwelt die Frömmigkeit neu zu beleben.

Die Stellung der Reformbewegung zum deutschen Königtum ist ursprünglich eine freundliche gewesen, bis die Fortbildung der Reformgedanken den Gegensatz gegen das deutsche Königtum heraufgeführt hat.

Innerhalb des französischen Mönchtums ist die Klosterreform zu einer Erneuerung der gesamten Kirche ausgeweitet worden. *Abbo von Fleury* (gest. 1004) verlangt, daß, wie das Mönchtum durch die Wiedereinsetzung der alten Regeln erneuert worden ist, so auch die Kirche durch die Wiedereinführung des kanonischen Rechtes reformiert werde. Das Ideal einer Freiheit der Kirche von der Welt wird zu einem kirchenpolitischen

Programm, das sich vor allem in der veränderten Stellung zum deutschen Königtum ausdrücken mußte.

Der aus italienischen Eremitenkreisen hervorgegangene spätere Kardinalbischof von Ostia, *Petrus Damiani* (gest. 1072), erblickt das Ziel der kirchlichen Reform in der Beseitigung der Simonie und im Kampf gegen die Priesterehe. Unter Simonie versteht er den Erwerb des geistlichen Amtes für Geld. Er hat sie aber noch nicht zum Kennzeichen des Häretikers schlechthin gemacht, denn noch wird die Frage bejaht, ob simonistische Geistliche auch die Sakramente wirksam spenden können.

Die entschiedene Verneinung dieser Frage hat erst *Kardinal Humbert von Silvacandida* (gest. 1061) in aller Schärfe ausgesprochen. Humbert hat die Gleichsetzung von Simonie und Investitur und von Simonie und Häresie vollzogen. Jede Einsetzung in das geistliche Amt durch einen Laien ist für ihn Simonie, auch die Investitur der Bischöfe durch den deutschen König. Die Simonisten sind Häretiker, weil sie den Hl. Geist durch Geld und nicht im Glauben zu erwerben suchen. In seinen berühmten „Drei Büchern gegen die Simonisten" hat Humbert jede von weltlicher Seite erfolgende Investitur als Simonie bezeichnet. Humbert hat aus diesem Tatbestand die Folgerung gezogen, daß simonistisch eingesetzte Geistliche die Sakramente nicht wirksam spenden können, denn die Übertragung des Amtes durch einen Laien kann den Hl. Geist nicht vermitteln. Von diesen Ideen aus hat Humbert folgerichtig im Sinne Nikolaus' I. und Pseudoisidors auch die Überordnung der Kirche über den Staat und des Papstes über die weltlichen Fürsten betont.

Das ursprüngliche Reformprogramm für das Mönchtum ist so erweitert und umgewandelt worden, indem es eine kirchenpolitische Zuspitzung erhalten hat. Aus der nahegelegenen Aufgabe einer Befreiung der Kirche von ihrer Bindung an den Staat hat sich als letztes und höchstes Ziel die Überordnung der Kirche über den Staat entwickelt.

Drei praktische Fragen haben die Auseinandersetzung zwischen Staat und Kirche aufgrund dieser Voraussetzungen bestimmt: die Frage nach der Geltung des kanonischen Rechtes in der Kirche, der Kampf gegen die Simonie und das Problem des Zölibates. Von besonderer Bedeutung ist dabei die *Verwendung des Begriffs der Simonie.* Ursprünglich bezeichnete er den Erwerb des geistlichen Amtes gegen finanzielle Leistungen. Dann wurde die Ausübung geistlicher Funktionen gegen Geld, also die finanzielle Ausnutzung des geistlichen Amtes, als Simonie ausgesprochen. Schließlich verstand man unter Simonie die Verleihung eines geistlichen Amtes durch die weltliche Gewalt und die symbolisch dabei geleistete Handlung.

Damit haben wir schon die Voraussetzungen behandelt, die die Schärfe der Auseinandersetzungen zwischen dem deutschen Königtum und dem Papsttum auf der Höhe des Mittelalters verständlich machen. Ihre Betrachtung kann uns aber auch davor bewahren, in diesem Streit lediglich einen Kampf um die Macht oder um vordergründige, relativ gleichgültige Positionen zu sehen. Das Gegenteil ist der Fall; denn es handelt sich um Auseinandersetzungen, die tief in der Vergangenheit verwurzelt und von letzten Glaubensvoraussetzungen bestimmt sind, die aber wiederum ohne die echten Motivationen des Mönchtums nicht zu verstehen sind.

FÜNFZEHNTER SCHWERPUNKT:

Deutsches Königtum und Papsttum

Das deutsche Königtum ist unter Heinrich II. und Heinrich III. durch seine unumschränkte Herrschaft über die Kirche und durch seine Aufgeschlossenheit für die Reformbewegung von Cluny auch zum Erneuerer des Papsttums geworden. Es hat die Reformgedanken zum Inhalt seiner Kirchenpolitik gemacht.

Im Gegensatz zu der byzantinischen Herrschaftsauffassung Ottos III. geht *Heinrich II. (1002–1024)* wieder auf die nationale Linie der Politik Ottos I. zurück. Es ist ihm die Wiederherstellung des inneren Friedens in Deutschland und die Stärkung der Königsmacht gegenüber dem Partikularismus der Herzöge gelungen.

Seine Kirchenpolitik ist ganz und gar von den Reformgedanken beherrscht. Zu den Cluniacensern und der lothringischen Reformbewegung steht er in freundlichen Beziehungen. Er hat ihre Gedanken auf das deutsche Mönchtum übertragen und dieses nicht nur hinsichtlich seiner Frömmigkeit, sondern auch hinsichtlich der äußeren Bewirtschaftung seiner Güter gehoben. Die Bischöfe hat er aus den Reihen der Reformer genommen, so daß die Reformgedanken auf den Klerus übertragen werden. Der Reformfreudigkeit Heinrichs II. ist es deshalb zu danken, daß die cluniacensischen Ideen nicht auf das Mönchtum beschränkt geblieben sind, sondern auch auf den Episkopat und den Klerus übergreifen.

Heinrich II. hat die deutsche Kirche und die deutschen Fürsten als die dem Staat verpflichteten Grundherren angesehen. Die Fürsorge für die Kirche hat er aber auch als eine Pflicht des königlichen Amtes verstanden. Das durch ihn über die Kirche ausgeübte Regiment stellt die vollkommenste Entfaltung des landeskirchlichen Systems dar.

Die Reformgedanken hat Heinrich auch auf das Papsttum ausgedehnt und vom Papst ihre Durchführung verlangt. So hat er gemeinsam mit dem Papst im Jahr 1022 die Reformsynode zu Pavia abgehalten, die vor allem als Zeichen der Reform des Klerus die Priesterehe verboten hat.

Der Nachfolger Heinrichs II., *Konrad II. (1024–1039)*, hat zwar die Stärkung der Königsgewalt erreichen, Burgund wieder an das Reich bringen, das Ansehen des Reiches in Italien heben und im Norden die Reichsgrenze wieder bis an die Eider verlegen können, aber den Reformgedanken hat er gleichgültig gegenüber gestanden. Nur als politischer Faktor ist ihm die Kirche wichtig gewesen; an ihrer Reform ist er nicht interessiert.

Am reformbedürftigsten ist im 11. Jahrhundert das Papsttum selbst. Einzelne Päpste sind simonistisch gewesen oder haben durch Simonie und weltliche Geschäfte ihr Amt erlangt, ja, zwei von ihnen haben sogar als Laien den päpstlichen Stuhl bestiegen. Im übrigen ist das Papsttum ein Spielball der römischen Adelsparteien. Es ist von einem solchen Tiefstand erfüllt, daß Gregor VI. (1045–1046) selbst Simonist geworden ist, um die erschütternden Zustände an der Kurie wieder verändern zu können.

In diese Notstände des Papsttums hat *Heinrich III. (1039–1056)* eingegriffen. Die Forderungen der Reformpartei hat er sich selbst zu eigen gemacht. Aus innerer Überzeugung will er die kirchlichen Verhältnisse nach den Erfordernissen des kanonischen Rechtes bessern. Nachdem er von der Simonie Gregors VI. erfahren hat, hat er in Rom damit begonnen, die Kirche an oberster Stelle zu erneuern. So gelangen mit Hilfe des deutschen Königs die cluniacensischen Reformgedanken in Rom selbst zum Sieg.

Auf zwei Synoden, zu Sutri und zu Rom (1046), hat Heinrich III. die drei zu gleicher Zeit amtierenden simonistischen Päpste abgesetzt. An ihrer Stelle wird ein deutscher Bischof zum Papst erhoben. Heinrich III. übernimmt den römischen Patriziat und damit auch die Herrschaft über die römischen Adelsparteien. Er ist entschlossen, das Papsttum dem Kampf der Parteien zu entziehen und seine künftige Besetzung in die Hand des deutschen Königs zu legen.

Durch ihn ist *Leo IX. (1048–1054)* Papst geworden, der dritte Papst, den Heinrich ernannt hat. In Leo IX. hat eine Persönlichkeit den Stuhl Petri bestiegen, die zum ersten Mal selbständig die Kirche leitet und der Welt diese Aufgabe des Papstes wieder zu Bewußtsein bringt. Nach seiner Ernennung zum Papst hat Leo IX. sofort die neuen Wege eingeschlagen, um die kirchlichen Reformen in Rom selbst durchzuführen. Aber schon werden auch die neuen Tendenzen der Politik erkennbar, die mit der Befreiung der Kirche von den weltlichen Gewalten in den Reformzielen verborgen liegen.

Leos kirchliche Reformen beginnen mit der Erneuerung des römischen Klerus. Er ernennt den Mönch Hildebrand, der aus einem italienischen cluniacensischen Kloster hervorgegangen ist, zum Kardinal. Einen seiner engsten Ratgeber findet dieser Papst in dem Kardinal Humbert von Silvacandida. Mit Petrus Damiani steht er in engster Verbindung.

In Zusammenhang mit der Erneuerung des römischen Klerus steht die Errichtung des Kardinalates. Kardinäle sind fortan nicht mehr nur die römischen Stadtgeistlichen, sondern auch auswärtige Priester können dazu berufen werden. Für alle gilt die Abstufung von Kardinalbischöfen, Kardinalpresbytern und Kardinaldiakonen. Das neu gebildete Kardinalskollegium ist also aus dem Presbyterium des römischen Bischofs hervorgegangen.

Mit unermüdlicher Tatkraft hat Leo IX. die Durchführung der Kanones und die Erneuerung der römischen Kirche in Angriff genommen. Er hat die jährlichen Ostersynoden zu Rom zu eindrucksvollen Versammlungen des römischen und des italischen Klerus gemacht und meistens selbst geleitet. Sein besonderes Bemühen galt dem Ausbau und der Sicherung des Kirchenstaates. Der Versuch, denselben nach dem Süden hin auszuweiten, führte zum Zusammenstoß mit den in Süd- und Mittelitalien herrschenden Normannen.

Die süditalische Politik Leos IX. hat auch zu dem 1054 erfolgten Bruch zwischen der östlichen und der westlichen Kirche geführt. In Byzanz hatte der tatkräftige Patriarch Michael Kerullarius die Schließung der lateinischen Kirchen und Klöster in Konstantinopel vorgenommen, weil er das Vorgehen Leos IX. in Mittelitalien und die Ausdehnung des Kirchenstaates nach dem Süden als einen Eingriff in seine Gebiete und Rechte betrachtete. Tiefere dogmatische Differenzen kamen hinzu. Die definitive Aufhebung der Gemeinschaft zwischen der östlichen und der westlichen Kirche erfolgte am 16. Juli 1054, als auf dem Altar der Sophienkirche die römischen Gesandten die Bannbulle niedergelegt und als der östliche Patriarch seine Bannung mit der Exkommunikation Leos und der römischen Kirche beantwortet haben. Auch spätere Einigungsbemühungen haben diesen Bruch nicht mehr überbrücken können, so daß er bis in die Gegenwart fortbesteht.

In Rom haben zur gleichen Zeit die radikalen Reformer den Sieg davongetragen. Es sind der Mönch Hildebrand, Petrus Damiani und der Kardinal Humbert von Silvacandida. Sie betreiben die Erneuerung der römischen Kirche. Die Leitung der päpstlichen Politik geht dabei auf den Mönch und Kardinal Hildebrand über, der sie mit allen Mitteln des kirchenpolitischen Kampfes zu verfolgen weiß.

Zu den Erneuerungsmaßnahmen der römischen Kirche gehört die Änderung der Papstwahl. Das Papstwahldekret von 1059 entzieht die Wahl des Papstes dem römischen Klerus und dem römischen Volk und überträgt sie auf die Kardinäle, während dem Volk und der Geistlichkeit lediglich die Akklamation des Gewählten bleibt. Dieses Dekret hat auch den Einfluß der römischen Adelsparteien und des deutschen Königtums auf die Papstwahl aufgehoben. Die Mitwirkung des deutschen Königs wird der Entscheidung des Papstes anheimgestellt; sie kann dem einzelnen König nur noch für seine Person verliehen werden.

Einen neuen Bundesgenossen hat Hildebrand dem Papsttum durch seine Verbindung mit den in Mittel- und Süditalien herrschenden Normannen zugeführt. Es ist Hildebrand gelungen, die Normannen fest an Rom zu binden, indem 1059 Robert Guiscard und Richard von Aversa mit den süditalischen Gebieten vom Papst belehnt werden, der sie damit als die rechtmäßigen Herren in diesen Gebieten anerkennt. Das Recht des Papstes, die ihm nicht gehörenden Gebiete an fremde Mächte zu vergeben, wird aus der konstantinischen Schenkung und den Dekretalen Pseudoisidors abgeleitet.

Die neue normannische Politik Hildebrands bedeutet den Bruch des Papsttums mit dem deutschen und dem byzantinischen König- bzw. Kaisertum. Sie ist der bewußte Verzicht auf die Schutzherrschaft des deutschen Königs über Rom und die päpstlichen Gebiete. Sie unterstellt diese in dem Augenblick, als der Kampf gegen den deutschen König eröffnet werden soll, einem neuen Schutzherrn, den Normannen. Die beiden Normannenfürsten haben dem Papst den Lehenseid geleistet. Sie verpflichten sich zum Schutze des Papstes, sie garantieren die Freiheit der Papstwahl und die Unabhängigkeit des Kirchenstaates.

Im Norden hat Hildebrand dem Papsttum eine neue Bundesgenossenschaft in der Partei der Patria in Mailand zugeführt, eine aus den niederen Volksschichten gebildete soziale Bewegung, die sich gegen den Adel, die höhere Geistlichkeit und die feudalen Fürstbischöfe richtet. Das kirchliche Reformprogramm gibt die Grundlage für die soziologische Ideologie der Patria ab. Sie steht im Gegensatz zu der weltförmigen Geistlichkeit, besonders gegen verheiratete Kleriker.

In den Normannen und in der Partei der Patria hat Hildebrand diejenigen Kräfte gewonnen, mit deren Unterstützung er den politischen Kampf gegen das deutsche Königtum führen wird. Die Auseinandersetzungen zwischen dem deutschen Königtum und dem Papsttum sind nicht ohne die Persönlichkeit Hildebrands zu verstehen, die einem Jahrzehnt den Stempel ihres Geistes aufgeprägt hat.

Während der Leichenfeierlichkeiten für Alexander II. ist am 22. April 1073 der römische Archidiakon Hildebrand in stürmischer Weise vom Volk zum Papst ausgerufen worden. Seine Wahl durch die Kardinäle und den römischen Stadtklerus erfolgt erst zwei Tage später als nachträgliche Bestätigung des Volkswillens. Hildebrand nennt sich Gregor VII., sicher nach seinem Vorbild Gregor I., der Mönch und Papst in einer Person gewesen ist.

Gregor VII. ist erfüllt von dem Eifer für die Gerechtigkeit. Die Amtsführung hat ihn hart und unbeugsam gemacht. Er hat das Wort des Apostels: „Wenn ich noch den Menschen gefällig wäre, so wäre ich Christi Knecht nicht" selbst leben wollen. Im Persönlichen rein und unantastbar, will er die Heiligkeit des Papsttums in seiner Person darstellen. Ihn beherrscht das Ideal der Freiheit der Kirche von der Welt. Es wandelt sich aber für ihn zu dem anderen einer Herrschaft der Kirche in der Welt. In besonderer Weise weiß sich Gregor mit dem Apostel Petrus verbunden. Petrus erscheint ihm als das ewig gegenwärtige Haupt seiner Kirche. In der Form von Gebeten an Petrus hat Gregor seine leidenschaftlichen Kundgebungen im Kampf mit Heinrich IV. ausgehen lassen.

Seine Anschauungen hat Gregor am eindrucksvollsten in dem „Dictatus Papae" niedergelegt, der in scharfer Zuspitzung die Vorrangstellung des Papstes zum Ausdruck bringt. Die päpstliche Gewalt, in die schon die Unfehlbarkeit eingeschlossen ist, wird über die ganze Kirche, auch über die weltlichen Fürsten, ausgedehnt. Niemand steht über dem Papst, der jeden Menschen richten und die Herrscher ebenso wie die Bischöfe ein- und absetzen kann.

Das Verhältnis von Staat und Kirche vergleicht Gregor mit Sonne und Mond. Beide Lichter erleuchten die Welt, aber das größere ist die Kirche, das kleinere der Staat. Aus der Königsherrschaft Christi leitet Gregor die weltliche und kirchliche Stellung des Papstes ab, der die Oberlehensherrschaft über alle christlichen Reiche besitzt. Gregor VII. hat den Primat des Papstes zu einem politischen gesteigert, der der Verwirklichung des Reiches Gottes auf Erden in einer organisierten und politischen Theokratie dienen sollte.

Heinrich IV. (1056–1105) hat, mündig geworden, 1065 die Regierung selbst übernommen. Seine politischen Ziele sind in Deutschland auf die Festigung der Königsmacht gerichtet. 1073 bricht gegen ihn ein Aufstand der Sachsen los, der bis nach Süddeutschland übergreift und ihn dauernd in Anspruch nimmt. Infolge der Erhebung der Sachsen ist Heinrich gezwungen, dem Verlangen Gregors nach öffentlicher Kirchenbuße wegen der Trennung von der ihm anvermählten Frau zu entsprechen. Schnell hat sich dann der Gegensatz zwischen Gregor VII. und Heinrich IV. zugespitzt.

Die Fastensynode von 1075 geht zum Angriff auf den deutschen Episkopat und das deutsche Königtum über. Sie verbietet die Laieninvestitur, insbesondere die Einsetzung der Bischöfe durch den deutschen König. Simonistische und verheiratete Priester werden für abgesetzt erklärt. Die Bestimmungen verschärfen in Deutschland die Opposition des Episkopates gegen Gregor VII. Aber der Appell Gregors an das Volk, simonistische Priester nicht zu dulden, hat seine Wirkung nicht verfehlt. Gottesdienste werden tumultuarisch gestört. Verheiratete Priester werden verfolgt. Taufe und Abendmahl werden von den Laien gespendet. Die Unruhen gehen durch die ganze Kirche hindurch.

Nach der Bezwingung der Sachsen im Jahre 1075 ist Heinrich in der Lage, den Angriff auf das deutsche Königtum mit Gegenmaßnahmen zu beantworten. Er besetzt den erzbischöflichen Stuhl von Mailand mit einem königstreuen Bischof. Die Herrschaft der Patria in Mailand wird gebrochen. In gemeinsamer Front stehen der deutsche König, der deutsche und oberitalische Episkopat. Auch mit den Normannen versucht Heinrich die Verbindung aufzunehmen.

In dieser Lage kehrt Gregor offen die feindselige Haltung gegen den deutschen König hervor. Im Dezember 1075 richtet er ein Ultimatum an Heinrich, in dem er dem König die Absetzung androht. Um dem Papst zuvorzukommen, holt Heinrich IV. zu einem kühnen Gegenschlag aus.

Die Synode zu Worms im Januar 1076 spricht die Absetzung Gregors durch die deutschen Bischöfe aus. Sie sagen dem Papst den Gehorsam auf. Sie treten für das Recht der Investitur des deutschen Königs ein. Das Absetzungsschreiben ist gerichtet an „Hildebrand, nicht Papst, sondern falschen Mönch". In zwei Fassungen ist es erhalten; die kürzere sollte nach Rom gehen, die längere in Deutschland verbreitet werden. Kraft seines römischen Patriziates befiehlt Heinrich dem Papst, von dem von ihm angemaßten Apostolischen Stuhl herabzusteigen. Dem deutschen Episkopat schließt sich der oberitalische an. Gleichzeitig ruft Heinrich die Römer zur Erhebung gegen den Papst auf.

Auf der Fastensynode zu Rom von 1076 erfolgt die Antwort Gregors, die von der geistlichen Autorität des Papstes getragen ist. In der Form eines Gebetes an Petrus spricht Gregor die Absetzung Heinrichs IV. aus. Die Untertanen in Deutschland werden vom Treueid gegen den König gelöst. Der Erzbischof von Mainz als der Leiter der Wormser Bischofsversammlung und die oberitalischen lombardischen Bischöfe werden exkommuniziert. Gregor hat mit dem Ausschluß Heinrichs aus der Kirche und seiner Entthronung eine wirkungsvolle Antwort gegeben.

Die Antwort Heinrichs auf den Bannstrahl bleibt wirkungslos. Auf den Fluch antwortet er mit Gegenfluch. Der Absetzung durch den Papst stellt er das unverlierbare Gottesgnadentum des Königs gegenüber. Aber der Eindruck, den Gregors Bannspruch gemacht hat, ist ungeheuer. Die Einheit des deutschen Episkopates ist gesprengt. Die meisten Bischöfe verlassen den König. Die weltlichen Fürsten verbünden sich gegen ihn. Die Gegner Heinrichs nehmen die Beziehungen zu Gregor VII. auf. Der deutsche Fürstentag zu Tribur 1076 stellt Heinrich die Bedingung, sich innerhalb eines Jahres vom Banne zu lösen. Gregor ist von den deutschen Fürsten für Februar 1077 nach Augsburg als Schiedsrichter in der deutschen Königsfrage eingeladen. Die Bitte Heinrichs, sich die Absolution in Rom erteilen zu lassen, und die Vermittlung der deutschen Fürsten und Reichsäbte zugunsten von Heinrich hat er abgeschlagen.

Um den Bund zwischen dem Papst und den deutschen Bischöfen und Fürsten zu sprengen, antwortet Heinrich mit einem überraschenden Schritt. Er unternimmt eine Bußfahrt zu dem bereits auf dem Wege nach Deutschland befindlichen Papst. Heinrich trifft ihn in Canossa in Oberitalien am 25. Januar 1077. In Büßertracht ist er erschienen. Drei Tage muß er vergeblich vor dem Schlosse warten, in das sich Gregor zurückgezogen hat. Dann endlich erteilt ihm Gregor die Absolution. Heinrich erkennt Gregor weiterhin als Schiedsrichter über sich an und verpflichtet sich, die Reise des Papstes nach Deutschland nicht zu gefährden. Die Frage seiner Wiedereinsetzung als König bleibt unentschieden. Unter dem 28. Januar 1077 hat Gregor VII. einen Bericht über den Bußgang Heinrichs und über seine Motive für die Erteilung der Absolution abgegeben: er durfte als Priester die Reue Heinrichs nicht übersehen.

Das ist der Höhepunkt des großen Kampfes zwischen dem deutschen König und dem Papst. Wie ist der Vorgang von Canossa zu beurteilen? Ist es ein Erfolg Gregors? Ist es ein Sieg Heinrichs?

Die Wahrheit liegt in der Mitte: Heinrich und Gregor haben je einen halben Erfolg errungen. Der Appell Heinrichs nicht an den Politiker, sondern an den Priester in Gregor hat ihm seinen Erfolg eingetragen: in Gregor hat der Priester über den Politiker, der Mönch über den Herrscher gesiegt. So hat die persönliche Demütigung dem König den Weg zu neuem Aufstieg aufgetan. Gregor hat darin gesiegt, daß er weiterhin Schiedsrichter über das deutsche Königtum bleibt. Er wird auch in Zukunft das entscheidende Wort in der deutschen Königsfrage zu sprechen haben. Überdenkt man dieses Ergebnis, so wird man urteilen müssen, daß der größere politische Erfolg wohl auf der Seite Heinrichs als bei Gregor liegt.

Trotz der Lösung Heinrichs vom Bann ist es im März 1077 zur Aufstellung des Gegenkönigs in Rudolf von Schwaben durch die deutschen Fürsten gekommen. Gregor hat die Wahl, an der seine Abgesandten teilgenommen haben, nicht verhindert. Die Folge ist der Bürgerkrieg in Deutschland, der sich drei Jahre lang hinzieht. Mit großem Geschick hat Gregor in diesen Jahren eine Politik der Zurückhaltung betrieben. Erst die (irrtümliche) Annahme von einem Erfolg von Rudolfs von Schwaben, und die Forderung Heinrichs, Rudolf zu exkommunizieren sowie die Drohung der Aufstellung eines Gegenpapstes haben Gregor veranlaßt, aus seiner Zurückhaltung herauszutreten.

Im März 1080 verkündet er auf der Fastensynode zu Rom erneut Bannung und Absetzung von Heinrich. Aber jetzt macht dieser Schritt keinen Eindruck, weder bei den Bischöfen noch im Volk. Die öffentliche Meinung, die Gregor 1076 noch für sich gewonnen hatte, ist jetzt zugunsten Heinrichs umgeschlagen. Man versteht das Verhalten des Papstes nicht. Die deutsche Bischofsversammlung zu Brixen im Juni 1080 spricht die Absetzung Gregors, des Meineidigen und Verwüsters der Kirche, aus.

Nach dem Tode Rudolfs von Schwaben wendet sich Heinrich nach Italien, um Gregor in Rom selbst zu überwinden. Seine Bundesgenossen, die Normannen, sind durch einen Feldzug auf dem Balkan gebunden. In Rom führt die Opposition des Volkes und des Klerus zum Abfall einer Reihe von Kardinälen und schnellen Zusammenbruch der Herrschaft Gregors. Im Sommer 1084 wird Heinrich von den Römern in die Stadt gelassen, während sich Gregor in die Engelsburg zurückgezogen hat. Seine leidenschaftlichen Hilferufe an die Welt verhallen ungehört. Eine von Heinrich berufene Synode erklärt die Absetzung von Gregor für rechtmäßig und inthronisiert einen neuen Papst. Er nennt sich Clemens III. und nimmt die Krönung Heinrichs zum deutschen Kaiser vor.

Über dem Ende Gregors liegt eine große Tragik. Dem aus dem Süden ihm zur Hilfe kommenden Heere der Normannen entzieht sich Heinrich durch die Aufgabe Roms. Er will den Kampf vermeiden. Die Normannen besetzen und verwüsten Rom. Gregor hat damit den letzten Anhang in der Stadt verloren. Er folgt den abziehenden Normannen nach dem Süden. In Salerno ist er infolge der Aufregungen und Niederlagen der letzten Jahre am 25. Mai 1085 gestorben, ungebeugt und sich als Märtyrer wissend. Sein letztes Wort lautet: „Ich habe die Gerechtigkeit geliebt und die Ungerechtigkeit gehaßt, deshalb sterbe ich in der Verbannung“ (Ps 44,8).

Zu Lebzeiten der Unterlegene, ist Gregor der Sieger nach seinem Tode geworden. Von seinem Namen geht eine gewaltige Symbolkraft aus. Er hat das Ideal eines Papstes verkörpern wollen, der für die Freiheit der Kirche von den weltlichen Gewalten kämpft und der der Herr in der Welt ist, weil allein Christus die Königsherrschaft über alle Menschen und Mächte gebührt.

In seiner außerdeutschen Politik hat Gregor die Grundsätze, die er dem deutschen Reich gegenüber geltend gemacht hat, ebenfalls vertreten, bald mit größerer Rücksichtnahme, bald mit größerer Härte als gegenüber dem deutschen Reich. Seine außerdeutsche Politik zeigt ihn als den universalen Politiker; er ist wahrhaft der Anfänger einer päpstlichen Weltpolitik. Das gilt zunächst für sein Verhältnis zu den Normannen, wo er auch Bann und Absetzung des Normannenherzogs Robert Guiscard ausgesprochen hat, aber völlig wirkungslos geblieben ist. Sechs Jahre hat Robert unter dem Bann gestanden, ohne daß dieser politisch wirksam geworden wäre.

In seiner Ostpolitik hat Gregor ebenfalls die päpstliche Souveränität vertreten, so gegenüber Armenien oder gegenüber Böhmen und Ungarn, Polen und Rußland. Er hat in diesen Ländern die Ansprüche des Papstes auf das höchste gesteigert, indem er die Länder als seine Lehen vergeben hat. Ebenso ist er Sardinien, Korsika und der nordafrikanischen Kirche gegenüber aufgetreten.

In Deutschland herrscht infolge des Investiturstreites eine furchtbare Zerrissenheit. Der Episkopat ist zwischen gregorianischen und kaiserlichen Bischöfen gespalten. Die Bistümer sind zum Teil doppelt besetzt. Weder mit Friedensverhandlungen noch mit einer gewaltsamen Unterdrückung der gregorianischen Bischöfe, die jede Gemeinschaft mit dem Kaiser vermeiden, kann sich Heinrich durchsetzen. In Sachsen und Bayern brechen neue Aufstände gegen ihn aus. Schließlich gelingt es ihm, eine Verständigung mit dem gregorianisch gesonnenen Episkopat auf einer mittleren Linie zu erreichen. Die Gregorianer anerkennen die politische Herrschaft Heinrichs, aber nicht den von ihm eingesetzten Gegenpapst.

Wie tief die Zerrissenheit geht, erkennt man daran, daß eine außerordentlich zahlreiche Streitschriftenliteratur zwischen den Anhängern Gregors und Heinrichs die öffentliche Meinung bewegt und spaltet.

Der Nachfolger Gregors VII., *Papst Urban II. (1088–1099)*, hat die größten Erfolge seines Pontifikates in Frankreich errungen. Auf der *Synode zu Clermont (1095)* hat er im Geiste Gregors den Bann über den französischen König wegen seiner kirchlichen Gesetze verhängt, vor allem aber die Massen für den Kreuzzugsgedanken begeistern können, auch damit eine Idee Gregors VII. aufnehmend.

Urban hat an bereits vorhandene Bewegungen zur Abwehr der nach dem Westen vordringenden Türken angeknüpft. Er hat aber diesen zunächst noch im politischen

Raum sich haltenden Bewegungen die religiöse Motivierung gegeben. Unter dem Ruf „Gott will es“ nehmen die Massen den Kreuzzugsplan auf. *Der Erste Kreuzzug (1096–1099)* wird unter Beteiligung der Franzosen durchgeführt.

Der religiöse Charakter des Kreuzzuges ist bald ganz in den Hintergrund getreten. Die Führer der Kreuzfahrerheere errichteten in den von ihnen eroberten Gebieten eigene Fürstentümer. So entstand in Jerusalem, das 1099 nach einem furchtbaren Blutbad eingenommen worden war, der wichtigste Kreuzfahrerstaat unter Gottfried von Bouillon, der sich „Beschützer des Hl. Grabes“ nannte, während sein Bruder den Titel eines „Königs von Jerusalem“ annahm.

In die Bahnen der radikalen Politik Gregors VII. lenkte Urbans Nachfolger *Paschalis II. (1099–1118)*, ein Mönch aus Cluny, zurück. Er erneuert 1102 den Bann gegen Heinrich und unterstützt die Erhebung des Sohnes Heinrichs gegen seinen Vater.

Die Politik Heinrichs IV. in seinen letzten Jahren ist durch eine Sozial- und Friedenspolitik gekennzeichnet. Sie verstärkt aber die Opposition der Fürsten gegen den Kaiser und veranlaßt auch die Erhebung seines Sohnes. Heinrichs Sozialpolitik bringt grundlegende Reformen durch die Schaffung eines gleichen Rechtes für Freie und Unfreie, durch die Begünstigung der Städte und des Bauerntums sowie durch die Eingliederung des selbständigen Adels in das Staatsgefüge und die staatliche Gerichtsbarkeit. Die Neuordnung des Reiches soll der 1103 in Mainz verkündete allgemeine Reichsfrieden vollenden.

Die Empörung des zum König gekrönten Sohnes Heinrichs IV. gegen seinen Vater geht aus der Einsicht hervor, daß ein neuer Zusammenschluß des Papsttums und der Fürsten gegen das Königtum verhindert werden müsse. So tritt Heinrich V. an die Spitze der Opposition gegen den Vater, von dem die Sachsen, Bayern und Böhmen abgefallen sind, um sich dann auch mit päpstlicher Unterstützung die Krone zu sichern. Auf dem Reichstag zu Mainz (1105), der über die deutsche Königsfrage entscheiden soll, wird Heinrich IV. durch seinen Sohn gefangengesetzt und zur Abdankung gezwungen.

Heinrich IV. gehört zu den unglücklichsten Gestalten der deutschen Geschichte. Seinem großen Gegenspieler Gregor VII. war er nicht gewachsen an Kraft der Gedanken, aber ebenbürtig an diplomatischem Geschick. Dem Papsttum gegenüber ist Heinrich IV. nicht Sieger geblieben, aber er hat sich ihm auch nicht unterworfen und das Recht auf Investitur der Bischöfe weiterhin behauptet. Im Kampf gegen den Partikularismus der deutschen Fürsten hat er auf die Stärkung der Reichsgewalt hingearbeitet. Durch seine Sozialpolitik hat er dem Königtum eine breitere Basis im Volke selbst geben wollen.

Heinrich V. (1106–1125) hatte zunächst große Hoffnungen auf eine Aussöhnung mit der Kirche erweckt. Er kam den Reformbestrebungen in Deutschland entgegen, obgleich er für sich das Recht der Investitur der Bischöfe in Anspruch nahm. Aber innerdeutsche Probleme, unter denen die Regelung der Nachfolge in Sachsen obenan stand, beschäftigten ihn, ehe er sich dem Ausgleich mit der Kirche zuwenden konnte.

An der Ostgrenze des Reiches gab es langwierige Auseinandersetzungen. Hier tobten dynastische Kämpfe in Ungarn, Polen und Böhmen. Nur noch in Böhmen ließ sich die deutsche Lehnshoheit aufrechterhalten. Ungarn und Polen entzogen sich dem deutschen Einfluß. Erst nach Regelung der innerdeutschen Angelegenheiten hat Heinrich V. im

Jahre 1110 den Zug nach Rom antreten können. Er sollte die Versöhnung mit der Kirche und die Sicherung der deutschen Herrschaft in Italien bringen.

In Rom ist es 1110 zu denkwürdigen Verhandlungen zwischen Papst und Kaiser gekommen. Von der Idee der vollkommenen Freiheit der Kirche aus bietet der Papst den Verzicht auf allen weltlichen Besitz und alle weltlichen Rechte der Kirche an; der König sollte dafür auf die Investitur der Bischöfe verzichten. Diese Gedanken sind von den Idealen des cluniacensischen Mönchtums beherrscht: die Kirche sollte arm, aber frei sein.

Auf der Grundlage dieser Vorstellungen ist dann der geheime Vertrag zwischen Papst und Kaiser (Vertrag von Sutri, 1111) abgeschlossen worden. Aber gerade er weckte das Mißtrauen der deutschen Fürsten. Durch die überraschende Gefangennahme des Papstes und der Kardinäle konnte Heinrich V. auch das Zugeständnis der königlichen Investitur erreichen. Dieses aber hatte sofort die Erhebung der Gregorianer in der Kirche in Deutschland zur Folge.

Während sich so die Verhältnisse in Deutschland zuspitzten, ist es in England und Frankreich zu einer Lösung der Investiturfrage gekommen. In England verzichtete der König auf die Investitur der kanonisch gewählten Bischöfe, d. h. auf die Belehnung mit Ring und Stab. Es bleibt aber auf seiten der Bischöfe der dem König zu leistende Lehnseid, den diese vor ihrer kirchlichen Einsetzung abzulegen haben.

In Frankreich ist die begriffliche Klärung der Investiturfrage durch Ivo von Chartres erfolgt. Ivo hat den nichtsakramentalen Charakter der Investitur festgestellt und das Problem auf das rechtliche Gebiet verlagert. Er unterscheidet die weltliche und die geistliche Seite an der Investitur. Der König kann den Bischof nicht in das geistliche Amt einsetzen, sondern ihn lediglich mit dem Kirchengut und den weltlichen Besitztümern betrauen, wodurch er aber unter das Recht des Königs kommt.

Unter einem neuen Papst, *Calixt II. (1119–1124),* ist es schließlich nach erneuter Bannung Heinrichs V. zu einer Lösung des Konfliktes gekommen. Diese erfolgt in dem sog. *Wormser Konkordat von 1122,* das die Einigung zwischen Papst und König über die Investitur herbeiführt.

Der König verzichtet auf die Investitur in das geistliche Amt, d. h. auf die Belehnung des Gewählten mit Ring und Stab, den Abzeichen der bischöflichen Würde. Er behält aber die Investitur in den weltlichen Besitz des Bistums, d. h. dem König steht die Belehnung des Gewählten mit den Regalien zu, die durch die Verleihung des Zepters zum Ausdruck kommt. Er nimmt dafür den Lehnseid sowie militärische und finanzielle Leistungen des Bischofs entgegen.

Die Wahl der Bischöfe und Äbte erfolgt kanonisch, in Deutschland in Anwesenheit des Königs oder seines Vertreters, der sich damit den entscheidenden Einfluß auf die Zusammensetzung des Episkopates sichern kann. In Italien und Burgund hat der König auf die Wahl keinen Einfluß. Bei zwiespältigen Wahlen soll er sich an den „gesünderen Teil“ halten.

Die Frage, wann die Belehnung mit dem Kirchengut zu erfolgen hat, löst man nicht einheitlich. In Deutschland soll die Investitur mit dem Zepter vor der Weihe, in Burgund und Reichsitalien (ausgenommen ist der Kirchenstaat) dagegen spätestens ein halbes Jahr nach der Weihe erfolgen.

Das Wormser Konkordat liegt in zwei Urkunden vor, einer kaiserlichen und einer päpstlichen. Jeder Teil spricht in seiner Urkunde seine besonderen Zugeständnisse und Forderungen an die andere Seite aus.

Das Wormser Konkordat hat die Lösung des Investiturstreites durch einen Kompromiß ermöglicht: Der König behält, wenigstens in Deutschland, seinen Einfluß auf die Wahl der Bischöfe, die in weltlicher Hinsicht von ihm abhängig bleiben. Zugleich liegt in dieser Lösung aber auch ein Verlust an Macht über die Kirche, den das Königtum erlitten hat, denn die alte Belehnung der Bischöfe mit den geistlichen *und* weltlichen Rechten hat aufgehört. Darum bringt das Wormser Konkordat die vorläufige Beendigung eines langen und in den letzten Jahrzehnten heftigen Streites. Die Befreiung der Kirche von der Beherrschung durch das deutsche Königtum ist im Prinzip und weithin praktisch gelungen.

Die Kurie hat das Wormser Konkordat auf der großen Lateransynode von 1123 nur mit halbem Recht als ihren Sieg gefeiert. Das Problem, das das Wormser Konkordat für die Zukunft aufgibt, liegt in der Frage, ob es lediglich für die Person Heinrichs V. abgeschlossen ist oder ob es auch für seine Nachfolger gilt oder ob diese erneut den Kampf um das Recht der Investitur werden aufnehmen müssen.

SECHZEHNTER SCHWERPUNKT:

Drei Zeitgenossen: Innozenz III. – Friedrich II. – Franziskus von Assisi

Selten lassen sich für eine Epoche der Geschichte die sie beherrschenden politischen, geistigen und religiösen Tendenzen in einigen wenigen Gestalten zusammenfassen. In der ersten Hälfte des dreizehnten Jahrhunderts sind es drei Männer, die zur gleichen Zeit gelebt haben und die man als drei verschiedene, miteinander ringende, aufeinander wirkende und doch gegensätzliche Repräsentanten ihrer Epoche ansehen darf.

Wir stellen sie deshalb nebeneinander dar. In ihnen kulminiert die kirchliche, geistige, politische und religiöse Entwicklung weniger Jahrzehnte. Sie sind aber nicht nur die Vertreter eines Zeitalters, sondern auch die Träger von Ideen und Idealen, die größer sind als sie selbst, so daß sich gerade darauf ihre bleibende Bedeutung und ihr Einwirken auch auf spätere Abschnitte der Geschichte gründet, die oft neue, bislang verkannte Seiten an ihnen entdeckt oder auch ein spätes Gericht über sie und ihre Ideen hält. Die drei Gestalten sind ein Papst, ein Kaiser, ein Heiliger.

1. DER PAPST: INNOZENZ III.

Innozenz III. (1198–1216) ist im Alter von 37 Jahren auf den päpstlichen Thron gekommen, der jüngste Papst, den die Geschichte kennt. Seine theologische und juristische Ausbildung hat er in Rom, Paris und Bologna erhalten. Seine theologischen Werke ermangeln nicht der Originalität. Er ist aber vor allem Jurist, der die kirchenrechtliche Seite der Probleme in den Vordergrund rückt und auf die vertragliche und rechtliche Absicherung des politisch Erreichten aus ist.

Die Persönlichkeit von Innozenz und seine Anschauungen lassen sich aus seinen Briefen erheben, von denen über 6000 registriert sind. Innozenz ist ein Politiker großen Formats, von ungeheurer Wendigkeit in seinen Anschauungen, von äußerster Klarheit in seinen Entscheidungen und von überraschender Kühnheit in seinen Plänen. Er beginnt sein Pontifikat mit der Ordnung der päpstlichen Finanzen, mit der Vereinfachung des päpstlichen Hofes und mit dem Neubau der Verwaltung.

Innozenz III. hat in seinen *Anschauungen über das Amt des Papstes* die Gedanken Gregors VII. fortgebildet. Der Papst ist für ihn nicht mehr, wie ihn noch Gregor VII. verstanden hat, in erster Linie der Nachfolger Petri, sondern der Stellvertreter Christi. Ihm kommt die „Fülle der Gewalt" zu, die aus der Königsherrschaft Christi abgeleitet wird. Der Papst stellt für Innozenz den „typus Christi" auf Erden dar, allerdings nicht nach der Seite seiner dienenden, sondern seiner herrschenden Funktionen. Nicht die

Knechtsgestalt Jesu, sondern der zur göttlichen Glorie erhöhte Herr ist für Innozenz das „Bild Christi". Daraus ergibt sich eine vorstellbare Erhöhung der Person des Papstes. Der Papst ist zwischen Gott und Mensch in die Mitte gestellt, unter Gott, aber über den Menschen, geringer als Gott, aber mehr als der Mensch.

Aus dem Gedanken der Stellvertreterschaft Christi leitet Innozenz für den Papst auch das Recht ab, der Schiedsrichter der Welt zu sein. Die Reiche der Welt müssen ihm untertan sein, denn der Papst ist ihr oberster Lehensherr. Er kann die Fürsten ein- und absetzen und die Rechtmäßigkeit ihrer Wahl nachprüfen. Er kann sie in ihrem Amt und in ihrer irdischen Stellung bestätigen.

Das Verhältnis von Staat und Kirche beschreibt Innozenz mit dem alten Bild von den beiden Schwertern. Nach Innozenz führt der Papst sie beide, nicht nur das geistliche, sondern auch das weltliche. Auch das Gleichnis von Sonne und Mond wird entsprechend gedeutet:

> „Wie Gott, der Schöpfer des Alls, zwei große Lichter an die Feste des Himmels gesetzt hat, ein größeres Licht, um den Tag, ein kleineres, um die Nacht zu regieren, so hat er an der Feste der allgemeinen Kirche, die mit dem Namen des Himmels bezeichnet wird, zwei große Würden eingesetzt, eine größere, die gleichsam die Tage, nämlich die Seelen, lenkt, und eine geringere, die gleichsam die Nächte, nämlich die Körper, regiert. Diese beiden sind die päpstliche Autorität und die königliche Gewalt. Ferner, wie der Mond sein Licht von der Sonne empfängt, ihr jedoch in Wahrheit an Größe und Leuchtkraft, an Stellung und Wirkung nachsteht, so empfängt auch die königliche Gewalt den Glanz ihrer Würde von der päpstlichen Autorität, und je näher sie dieser mit den Augen kommt, mit um so geringerem Lichte wird sie durchdrungen, und je weiter sie sich von ihrem Anblick entfernt, mit um so größerem Glanz wird sie erfüllt."

Innozenz hat aus der Verbindung der beiden Gewalten in dem Amt des Papstes auch das ihm zukommende kaiserliche Priestertum abgeleitet. Der Papst ist wie Christus „Weltenherrscher und Priesterkaiser" in einer Person. Erst darin vollendet sich für ihn das durch den Papst dargestellte „Bild Christi".

Überblickt man diese Anschauungen von Innozenz, so muß man feststellen, daß sie einen kaum noch überbietbaren Höhepunkt in der Theologie des Papsttums darstellen. Innozenz hat eine Selbstapotheose unerhörten Ausmaßes getrieben: Er ist „geringer als Gott", damit aber „mehr als der Mensch" – ein Psalmenwort (Ps 8,6), das Innozenz auf den Papst bezieht.

Es mußte ein weltlicher Herrscher erscheinen, der sich diese Selbsterhöhung zum Vorbild nimmt, ein „Messiaskaiser", ein Weltenherrscher, ein „Gottkaiser", der sich als das Gegenstück zu der ins Unermeßliche erhobenen Gestalt des Papstes versteht. In Kaiser Friedrich II., für den Innozenz noch die Vormundschaft geführt hat, ist dieser seine Ansprüche aufs Höchste steigernde Herrscher gekommen.

Die politische Wirksamkeit von Innozenz III. ist wegen der Fülle ihrer Aktivitäten nicht leicht zu überblicken. Sie kann hier nur nach den wichtigsten Ergebnissen dargestellt werden.

Der Tod Kaiser Heinrichs VI. (1197) bietet Innozenz die Gelegenheit, das Papsttum aus der gefährlichen Umklammerung zu befreien, in die es durch die Vereinigung Siziliens mit dem Reich geraten war, die Heinrich VI. durch seine Heirat mit Konstanze von Sizilien, der Erbin des Königreichs beider Sizilien, hergestellt hatte. Innozenz hat erkannt, daß die Voraussetzung für eine sichere Herrschaft des Papstes in Rom die Befreiung aus dieser Umfassung war, die aber nur von Erfolg sein konnte, wenn es gelang, Sizilien wieder vom Deutschen Reich abzutrennen. Darum hat er die Ausdehnung des Kirchenstaates betrieben. Es gelingt ihm, ihn beträchtlich gegenüber den früheren Besitzungen durch das Herzogtum Spoleto und die Mark Ancona zu erweitern. Wie ein Riegel schiebt sich jetzt der vergrößerte Kirchenstaat von Meer zu Meer zwischen das Reich und Sizilien.

Auch in der sizilischen Frage selbst hat Innozenz bedeutende Fortschritte erzielen können. Die Kaiserin Konstanze, Witwe Heinrichs VI., verzichtete für ihren unmündigen Sohn Friedrich auf die Oberhoheit über Rom, der dafür zum König von Sizilien gekrönt wird. Gleichzeitig aber muß die Kaiserin die Lehnshoheit des Papstes über Sizilien anerkennen. Außerdem muß sie wichtige Zugeständnisse auf kirchlichem Gebiet machen. Sie verzichtet auf die Mitwirkung des deutschen Königs bei den Bischofswahlen und gesteht nur noch ein evtl. später einzuholendes allgemeines Konsensrecht zu.

Nach dem Tod der Kaiserin Konstanze (1198) hat Innozenz die Vormundschaft für den jungen Staufer Friedrich selbst übernommen. Jetzt kann er das Ziel seiner Politik, die Vereinigung Siziliens mit dem Reich wieder aufzulösen, mit Erfolg durchsetzen, den deutschen Einfluß in Italien und in Sizilien einschränken und die Oberhoheit des Papstes überall wieder zur Anerkennung bringen.

In Deutschland tobt infolge des tiefen Gegensatzes zwischen Staufern und Welfen der Bürgerkrieg. Einer welfisch-englischen Koalition steht eine staufisch-französische gegenüber. Diese Spaltung der deutschen Politik hat Innozenz für die Erhebung des Papsttums ausnutzen können. Die Entscheidung über den deutschen Thronstreit zwischen den beiden Herrscherhäusern, den Staufern und den Welfen, nimmt er für den Papst in Anspruch.

Die Entscheidung, die Innozenz zunächst für den Staufer Otto IV. und dann für Philipp von Schwaben getroffen hat, hat sich gegen ihn selbst gekehrt: Er mußte gegen den zu mächtig gewordenen Otto IV. trotz dessen erheblicher Zugeständnisse an den Papst (Verzicht auf das Wormser Konkordat, auf Regalien- und Spolienrecht) die Erhebung Friedrichs II. zum König selbst betreiben.

Seine Lebensarbeit hatte der Trennung Siziliens vom Reich gegolten. Jetzt hat er selbst die Verbindung in der Person des jungen Friedrich II. wieder herbeiführen müssen. Von den deutschen Fürsten ist Friedrich im September 1211 zum Gegenkönig erhoben worden. Der französisch-englische Konflikt hat die günstige Situation für Friedrich heraufgeführt, die ihm die Inbesitznahme des Thrones gestattete. Was die Verhältnisse in Deutschland anbelangt, so hat Innozenz schließlich mit vollem Erfolg die Anerkennung der päpstlichen Herrschaft erreichen können.

In die Regierungszeit von Innozenz III. fällt *der Vierte Kreuzzug 1202–1204,* der zur Eroberung und Verwüstung der Reichshauptstadt Konstantinopel und zur Einsetzung des lateinischen Kaisertums im Osten führte. Dieser Akt der Gewalt hat die politischen und kirchlichen Gegensätze zwischen Ost und West vertieft.

Überblickt man den Pontifikat Innozenz' III., so hat dieser Papst vier Aufgaben gelöst:

Er hat die Ordnung im Kirchenstaat durch die Einführung einer straffen Verwaltung und die Regelung der Finanzen wiederhergestellt.

Die Errichtung des lateinischen Kaisertums im Osten läßt die Unterwerfung der morgenländischen Kirche erhoffen, verschärft aber tatsächlich die Gegensätze zwischen der östlichen und der abendländischen Kirche.

Die Überwindung der mächtig angewachsenen häretischen Bewegungen, besonders in Südfrankreich in den sogenannten Albigenserkriegen, die zur Vernichtung der Gemeinschaft der Katharer und zur Unterdrückung der sie stützenden südfranzösischen Grafen führt.

Dem letzten Ziel einer Reform der Kirche an Haupt und Gliedern sollte das *Vierte Laterankonzil* (1215) dienen. Es zeigt Innozenz auf der Höhe seiner Macht. Außer den Fragen der kirchlichen Reform und dem politischen Ziel einer Eroberung des Hl. Landes hat das Konzil eine Reihe grundsätzlicher Maßnahmen getroffen.

Die einmalige Beichte im Jahr wird den Gläubigen zur Pflicht gemacht. Wenigstens zur Osterzeit soll jeder Gläubige auch das Sakrament der Eucharistie empfangen. Die bischöfliche Inquisition, die die in bezug auf den Glauben Verdächtigen aufspüren und bestrafen kann, wird zum Gesetz erhoben. Hinsichtlich des Abendmahls hat das Konzil die Transsubstantiationslehre verabschiedet, die das Zustandekommen der Gegenwart Christi in der eucharistischen Feier mit Hilfe der Begriffe der aristotelischen Philosophie erklären will (Verwandlung der Substanz des Brotes und des Weins in die Substanz des Leibes und des Blutes Christi unter Fortbestand der äußeren Gestalten).

Niemals wieder hat ein Wille die Welt so beherrscht wie Papst Innozenz III. Niemals wieder ist der päpstliche Anspruch auf Weltherrschaft so konsequent vertreten worden wie durch ihn. In Verfolgung dieser Ziele hat Innozenz aber auch die Kräfte geweckt, die sich schließlich gegen ihn selbst und das Papsttum haben kehren müssen. Die von ihm ausgehende einzigartige Erhöhung der Person des Papstes hat das Vorbild für die erregende Erhöhung der Person des Kaisers abgegeben, wie sie als Gegenstück zur päpstlichen Machtfülle Kaiser Friedrich II. für sich beansprucht hat.

2. FRIEDRICH II. (1215–1250), DER KAISER

Der Staufer, Kaiser Friedrich II., ist ein Repräsentant des deutschen Königtums, der mit der Weltmonarchie des Papsttums einen Kampf auf Leben und Tod geführt hat. Er hat das, was Innozenz III. für den kirchlichen Bereich geschaffen hat, in analoger Weise für die weltliche Sphäre aufgebaut. Er hat eine Begründung des Kaisertums und seiner Herrschaftsauffassung vertreten, die ihn als den säkularen Repräsentanten seines Zeitalters neben Innozenz III. erscheinen läßt.

Der Nachfolger von Innozenz III., Papst Honorius III. (1216–1227), der Schöpfer eines die ganze Kirche gleichmäßig umfassenden Finanz- und Steuersystems, wollte die Errungenschaften Innozenz' III. auf friedlichem Wege sichern. Den noch von Innozenz geplanten Kreuzzug hat Honorius mit einem päpstlichen Heer durchgeführt. Aber das

Unternehmen dieses Fünften Kreuzzuges (1218–1221) ist in Ägypten kläglich zusammengebrochen.

Die Hoffnungen der Kurie richten sich auf Friedrich II., der 1215 bei seiner Krönung in Aachen den Kreuzzug versprochen hatte. Aber er schob seine Teilnahme wegen der Inanspruchnahme in Italien immer wieder hinaus: Er konnte die Verbindung Siziliens mit dem Reich durch die Wahl seines Sohnes Heinrich zum deutschen König sicherstellen. Er wurde 1220 in Rom zum Kaiser gekrönt, machte aber das Zugeständnis, daß künftig die Reichsacht auf den kirchlichen Bann folgen werde.

Nach der Kaiserkrönung konnte Friedrich eine erfolgreiche Politik für das Reich, in Sizilien und in Italien betreiben. In Deutschland ist ihm die Festigung des königlichen Regimentes seines Sohnes gegenüber den Ansprüchen der Territorialgewalten gelungen. Dann hat er, wiederholt von päpstlicher Seite an sein Versprechen gemahnt, im August 1227 den Kreuzzug von Brindisi aus angetreten, diesen aber, als eine verheerende Seuche das Kreuzfahrerheer befallen hatte, sofort wieder abgebrochen.

In *Papst Gregor IX. (1127–1241)* ist ein Vetter von Innozenz III. auf den päpstlichen Thron gekommen, in dem sich die Machtansprüche Innozenz' III. fortsetzen. Sein politisches Ziel ist die Vernichtung des Staufers, in dem er wegen der Verbindung des Reiches mit Sizilien den zu vernichtenden Gegner des Papsttums erkennt.

Gregor IX. hat gleich nach seinem Regierungsantritt Friedrich II. wegen der Nichtausführung des Kreuzzuggelübdes gebannt. Unversehens ist Friedrich zum Sechsten Kreuzzug (1228–1229) aufgebrochen. Es leiten ihn vor allem dynastische Interessen. Seine Frau ist die Erbin des Königreiches Jerusalem. Die diplomatischen Verhandlungen, die Friedrich mit dem Sultan von Ägypten führt und die ihm den Besitz Jerusalems und der heiligen Stätten einbringen, sind ungewöhnlich für die Zeit. Sie lassen erkennen, daß alle Kreuzzugsbegeisterung bei Friedrich fehlt. Realpolitischer Sinn und religiöse Toleranz auch dem Islam gegenüber sind an die Stelle der früheren Kreuzzugsbegeisterung getreten.

In Jerusalem hat Friedrich einen Akt von unerhörter symbolischer Bedeutung vorgenommen. Er krönt sich selbst zum König von Jerusalem. Er versteht diese Handlung als die Erneuerung des gottunmittelbaren Königtums, die der vom Papst Gebannte an der heiligen Stätte der Christenheit vornimmt. In dem berühmten Krönungsmanifest hat er die ihn bewegenden Motive ausgesprochen. Er weiß sich selbst als das von Gott erwählte Werkzeug, als der von der Schrift verheißene königliche Messias, der das Reich des Friedens an der heiligen Stätte aufrichten will.

Während Friedrich in Palästina weilt, setzt der Papst die Angriffe auf das deutsche Königtum mit der Aufstellung eines Gegenkönigs, der Lösung der Untertanen vom Treueid und mit dem Absprechen aller Reiche, in denen Friedrich die Herrschaft ausübt, fort. Er beginnt einen Feldzug gegen Sizilien, das er zur Hälfte erobern kann.

Auf diese Ereignisse hin ist Friedrich unerwartet aus dem Heiligen Land zurückgekehrt. In schnellem Siegeslauf hat er Sizilien von der päpstlichen Herrschaft befreien können. Im Frieden von Ceperano (1230) kann er die Lösung vom Bann erreichen. Es gelingt ihm auch die schnelle Unterwerfung der Lombardei. Diese Erfolge rufen sofort die erneute Gegnerschaft des Papstes hervor, der 1239 mit einer zweiten Bannung Friedrichs zu offener Kriegserklärung übergeht.

Gerade zu dieser Zeit hat Friedrich II. seine Herrschaftsauffassung vertreten, die ihn als das profane Gegenstück zu dem mit dem geradezu göttlichen Rechtsanspruch auftretenden Papst Innozenz III. erscheinen läßt. Er versteht sich selbst als den „Messiaskaiser“, der mit der Wiederaufrichtung des römischen Imperiums das Reich der Gerechtigkeit und des Friedens aufbauen wird. Er hat ein einzigartiges Erwählungs- und Sendungsbewußtsein. In seinen politischen Erfolgen findet er den Beweis für die göttliche Erwählung seiner Person und das Recht seiner Herrschaftsauffassung.

Von dieser aus hat er eine unerhörte Vergöttlichung der eigenen Person und seiner Familie vorgenommen. Er hat sich selbst und sein aus geringen Anfängen immer höher aufsteigendes Leben in Analogie zu dem Leben Jesu von Nazareth gesehen. Wie Jesus aus der Niedrigkeit hervorgegangen ist, so ist es auch er, der jetzt das messianische Reich auf Erden errichten wird. Als den Messias und Friedenskaiser haben ihn die Städte begrüßt, in die er einzog. Er preist sich selbst mit den Worten der Schrift als Erlöser und Friedensbringer: „Bereitet den Weg des Herrn, und machet richtig seine Steige... Nehmet fort die Riegel eurer Türen, auf daß euer Cäsar komme, den Rebellen furchtbar und euch hold, bei dessen Ankunft die Geister schweigen, die euch so lange plagten.“

Mit den Worten des Evangeliums, die Johannes der Täufer von dem Kommen Christi sagt, hat Friedrich II. von sich selbst gesprochen. Die Selbsterhöhung steigert sich bis zur Gleichsetzung mit dem göttlichen Heiland: „Der Augenblick eurer Erlösung, eurem und unsrem Sehnen gewogen, ist jetzt gekommen.“ Sie spricht am deutlichsten aus dem Schreiben an die Geburtsstadt:

> „Nach dem Zuge der Natur sind wir getrieben und gehalten, Jesi, der Marken adelige Stadt, unseres Ursprungs erlauchten Anbeginn, wo unsre göttliche Mutter uns zum Licht gebracht, wo unsre Wiege geschimmert, mit innerster Liebe zu umfangen, auf daß aus unsrem Gedächtnis nicht entschwinde seine Stätte, und unser Bethlehem, des Cäsars Land und Ursprung, in unserer Brust zutiefst verwurzelt bleibe. So bist du, Bethlehem, Stadt der Marken, nicht die kleinste unter unseres Geschlechtes Fürsten. Denn aus dir ist der Herzog gekommen, des römischen Reiches Fürst, der über dein Volk herrsche und es schirme und nicht gestatte, daß es fürder fremder Hand untertan sei. Stehe denn auf, erste Mutter, und entrücke dich dem fremden Joch, denn es erbarmt uns eure Beschwernis und die der anderen Getreuen.“

Neben den Kult des Geburtsortes tritt die Vergöttlichung des eigenen Geschlechtes, nicht der Mutter allein, auch der Söhne: „Göttlicher Sproß cäsarischen Blutes“ schreibt Friedrich an seinen Sohn. Dieser zeichnet seine Urkunden mit: „Konrad, des göttlich erhabenen Kaisers Friedrich Sohn.“

Friedrich hat wie Innozenz III. nach Weltherrschaft gestrebt. Gerade deshalb ist er das vollendete Gegenstück zu diesem Papst. Staat und Kirche sollen streng geschieden sein, die Kirche sich auf geistliche Dinge beschränken, der Staat aber sich auf die säkularen begrenzen. Friedrich ist von einer starken Kritik an der Kirche beherrscht, für die er das Ideal der apostolischen Armut aufstellt. Als Gegenüber zur Kirche will er ein „Corpus saeculare“ der Fürsten, das dem „Corpus christianum“ der Kirche entgegentreten kann.

Neu ist die Relativierung der Religionen und ihres Wahrheitsanspruchs, der man bei

Friedrich begegnet. Eines der wichtigsten Ergebnisse der Kreuzzüge war die Bekanntschaft mit der bisher fremden Welt des Islams, die dem Abendland auch die arabische Kultur und Philosophie vermittelt hat. Friedrich selbst ist in Süditalien und Sizilien aufgewachsen, d. h. in einer Welt, in der sich abendländisch-christliche und morgenländisch-islamische Kultur unmittelbar berührten. Friedrich hat die Doppelschichtigkeit der europäischen Kultur erkannt und sich durch sie bestimmen lassen. So kann er das für die Zeit ganz neue Prinzip der Toleranz vertreten, das bei ihm zu einer Aufhebung der Unterschiede der Religionen führt. Auch ein neues Menschentum stellt sich in Friedrich dar. Der Gedanke einer Erneuerung des Imperiums findet seine Parallele in dem Gedanken einer Erneuerung des Menschenbildes, wie es Friedrich verkörpert.

Wie hat die Kurie auf die Ideen und Kundgebungen Friedrichs reagiert?

Papst Gregor IX. und erst recht *Papst Innozenz IV. (1243–1254)*, sein Nachfolger, haben Friedrich als eine Inkarnation des Antichristen, den Zerstörer des katholischen Glaubens, gedeutet. Ihm wird das Wort von den „drei Betrügern" (Moses, Jesus und Mohammed), die die Welt getäuscht haben, in den Mund gelegt.

Friedrich ist den Weg, auf den ihn die Kurie gedrängt hat, mit einem heroischen Fatalismus gegangen. Der Cäsar, der sich als der Messias weiß, hat die Erscheinungsform des Antichristen auf sich genommen, nachdem sie ihm vom Papst beigelegt worden ist. Er stellt Greuel und Verwüstung, Krieg und Vernichtung in den Dienst seines messianischen Wirkens.

Der Kampf Innozenz' IV. gegen Friedrich II. sollte nicht in erster Linie der Institution des Kaisertums gelten, sondern allein der Person Friedrichs II. Ebenso hat Friedrich nicht die Kirche vernichten wollen, wohl aber die päpstliche Theokratie, wie sie sich in der Kirche darstellte.

Innozenz IV. hat seine ganze Kraft an die Vernichtung des staufischen Geschlechtes gesetzt! Er hat gleich nach seinem Regierungsantritt den Kampf mit Friedrich aufgenommen. Die von ihm 1245 berufene Synode von Lyon spricht die Exkommunikation und Absetzung Friedrichs aus. Es gelingt dem Papst die Ausdehnung des Kriegsschauplatzes auf Deutschland und die Aufstellung von zwei Gegenkönigen. Auch in Italien kommt es zu Erhebungen gegen Friedrich. Als Friedrich ihrer endlich Herr geworden ist, ereilt ihn auf dem Weg nach dem Norden im Dezember 1250 der Tod. Er stand vor der Erfüllung eines weitgedachten Planes. Er wollte die Fürsten Europas zum Kampf gegen den Papst verbinden. Eines seiner letzten Worte lautet: „So also lenkt und leitet unsere göttliche Herrlichkeit, gestählt von des Himmels Voraussicht, das ganze ihr unterworfene Imperium in friedlicher Ordnung."

Friedrichs Tod leitet den Untergang des universalen Kaisertums der Deutschen ein.

Friedrichs Sohn Konrad IV. (1250–1254) sollte die Herrschaft im Reich und sein Bruder Manfred die Herrschaft in Sizilien antreten. Aber Konrad IV. ist frühzeitig gestorben, nachdem er die von Innozenz IV. gegen ihn geschürten Aufstände hatte niederwerfen können. Für seinen Sohn Konradin, den Erben des Herzogtums Schwaben, des Jerusalemischen und Sizilischen Königreiches, hat er noch den Papst zum Vormund bestellen können.

Manfred hat sich in Italien nur in einem Teil des Königreichs Sizilien als päpstlicher Statthalter behaupten können; der Papst kann es zur Hälfte in seinen Besitz bringen.

Papst Alexander IV. (1254–1261) hat den Kampf um Sizilien und gegen das staufische Geschlecht mit aller Schärfe fortgesetzt. Den Vernichtungskampf gegen die Staufer hat dann schließlich *Urban IV. (1261–1264)* durch eine folgenschwere Neuorientierung der päpstlichen Politik gewonnen. Unter ihm kommt die Verbindung des Papsttums mit Frankreich zustande. Er hat den Bruder des französischen Königs mit dem sizilischen Königreich belehnt. Das Kardinalskollegium wird durch eine Verstärkung des französischen Elements umgebildet.

So kommt es nicht nur zu einer neuen Ausrichtung der päpstlichen Politik, die sich vom Deutschen Reich abwendet, sondern auch zum Untergang des staufischen Geschlechtes. Gemeinsam haben der Papst und der französische Herzog Karl von Anjou gegen die Staufer gekämpft. Manfred ist 1266 entscheidend bei Benevent geschlagen worden. Konradin hat in der Schlacht von Tagliacozzo die vernichtende Niederlage erlitten. Er wurde 1268 in Neapel mit der Zustimmung des Papstes hingerichtet.

Die Freiheit des Papsttums scheint nach der Vernichtung der Staufer endlich gewonnen zu sein. Tatsächlich aber ist es in die Abhängigkeit der neuen Schutzmacht Frankreich geraten. Der Kampf gegen die Staufer hat alle Kräfte der Päpste beansprucht. Die Folge ist der nicht wieder aufzuholende Rückgang der moralischen Autorität der Kirche und der Verlust ihrer östlichen Machtstellung. Die letzte Folge aber ist dann der alsbald einsetzende Niedergang der päpstlichen Universalmonarchie selbst.

3. DER HEILIGE: FRANZISKUS VON ASSISI

Die Geschichte hat Franziskus von Assisi zu einem Zeitgenossen Innozenz' III. und Friedrichs II. gemacht. Sieht man den Heiligen einmal im Gegensatz zu diesen beiden Gestalten, dann springt sofort die Tatsache in die Augen, daß er der päpstlichen und der kaiserlichen Erhebung der eigenen Person in die göttliche und engelgleiche Sphäre die christliche Demut und Selbstüberwindung, die Liebe zu dem Geringen und Verachteten in der Welt entgegenstellt. Nicht Herrschaft, sondern Dienst und Liebe in der Nachfolge Jesu hat Franziskus als die eigentlichen christlichen Lebenskräfte verkündet. Die Nachfolge Jesu hat er zum Inhalt des christlichen Lebens schlechthin gemacht.

Eine besondere Schwierigkeit für die Erfassung der Gestalt von Franziskus bedeutet die Quellenlage. Man hat die von Franziskus selbst stammenden und die von seinen Schülern und anderen herrührenden Quellen zu unterscheiden. Von Franziskus selbst stammt das Testament von 1226. Er hat es kurz vor seinem Tode unter dem Eindruck einer bevorstehenden Spaltung des sich an ihn anschließenden Ordens und in der Vorahnung von Konflikten mit der katholischen Kirche niedergeschrieben. Ebenso rühren der bekannte „Sonnengesang", die „Lobpreisungen Gottes" und die verschiedenen Gestaltungen der Ordensregel von Franziskus her.

Die über ihn berichtenden Werke sehen das Leben des Heiligen als ein schon abgeschlossenes an. Sie bemühen sich, es entsprechend zu deuten, entweder indem sie die Entwicklung von Franziskus zu einem Heiligen herausarbeiten oder aber indem sie ihn als eine von Anfang an heilige Gestalt zeichnen.

Franziskus ist 1181 (oder 1182) zu Assisi in Umbrien als der Sohn eines wohlhabenden Kaufmanns geboren. Seine Jugend ist durch ein Leben nach den ritterlich-feudalen Idealen seiner Zeit ausgefüllt. Die entscheidende Wende in seinem Leben ruft eine Krankheit hervor, durch die er sich seiner inneren Leere und Armut bewußt wird. Ebenso hat der Besuch eines Aussätzigenasyls ihn tief beeindruckt.

Franziskus, der keine Aussätzigen sehen konnte, erkennt, daß die hingebende Liebe und der Dienst an den Kranken die höchste Selbstüberwindung sind. Unter dem Eindruck dieser Erfahrung gibt er seine bisherige Lebensweise auf und erwählt sich eine neue. Es ist die Demut als Dienst an und Liebe zu den Menschen. Franziskus nimmt sofort den Dienst an Armen und Aussätzigen auf. Schließlich zieht er sich ganz aus der Welt zurück, um ein Leben der Buße und des Krankendienstes zu führen.

Erst im Jahre 1209 ist ihm eine letzte Gewißheit über seine Mission während einer Predigt über die Aussendungsrede Jesu (Mt 10) zuteil geworden. Er bezieht die Worte des Evangeliums auf sich, seiner Berufung gewiß, fortan in apostolischer Wanderpredigt und Armut die Nachfolge Jesu zu üben.

Bald schließen sich Franziskus einige Genossen an. Da sie für die Wanderpredigt die kirchliche Erlaubnis brauchen, hat Franziskus die sogenannte Erste Regel niedergeschrieben. Sie verpflichtet zu Armut und Wanderpredigt. Die Anhänger von Franziskus nennen sich „Bußbrüder“, doch ist für sie bald die Bezeichnung „Minderbrüder“ aufgekommen. Papst Innozenz III. hat im Jahre 1210 seine Zustimmung zu der vorgelegten Regel gegeben.

Franziskus und seine Genossen führen das apostolische Wanderleben. Wie es das Evangelium gebietet, haben sie zu je zweien die verschiedenen Länder aufgesucht. Franziskus selbst hat von 1213 bis 1215 in Spanien gewirkt.

Für die Entwicklung dieser Bewegung ist die Begegnung von Franziskus mit dem Kardinal Hugo von Ostia, dem späteren Papst Gregor IX., entscheidend geworden. Dieser veranlaßt Franziskus, die beabsichtigte Reise nach Frankreich aufzugeben und die Missionstätigkeit der Bruderschaft zu organisieren. Hugo hat durch diese Anregung die Bewegung fest mit der römischen Kirche verknüpfen können. Die Welt wird in Provinzen eingeteilt und für die Mission das Amt der „ministri“ eingeführt. Franziskus und seine Brüder missionieren nun in allen Ländern. Johann von Penna und 60 Brüder suchen Deutschland auf; Franziskus selbst ist in Ägypten, wo er in Damiette den Sultan aufsucht. Er gelangt bis nach Syrien (1219/20).

Die Bewegung hat inzwischen eine weitere Ausdehnung erfahren, in die mit sicherer Hand abermals der Kardinal Hugo von Ostia eingegriffen hat.

Zunächst hat sich eine weibliche Vereinigung gebildet, der Clarissenorden, genannt nach Clara von Assisi, die 1212 wie Franziskus in der Portiunkulakapelle von Assisi das Armuts- und Keuschheitsgelübde abgelegt hat. Franziskus hat den Frauen eine eigene Lebensform gegeben. Die weibliche Vereinigung bildet den sogenannten „Zweiten Orden“. Zu dieser ordensmäßigen Einrichtung ist es durch den Kardinal Hugo gekommen. Franziskus und Clara haben für sich und ihre Genossen, die Brüder und Schwestern, die strengste Armut gefordert, die auch als Gemeinschaft keinen Besitz haben dürfen.

In der Laienwelt haben die asketischen Gedanken und der Ruf zur Armut ebenfalls eine große Anziehungskraft ausgeübt. Es bilden sich Laienbruderschaften, die Armut und Wanderpredigt und, wie Franziskus selbst, die tätige Buße fordern. Auch in diese Bewegung hat der Kardinal Hugo eingegriffen und den Laienbrüdern eine Regel gegeben, die er unter den Namen von Franziskus stellt. Auf diese Weise hat er die kirchliche Leitung der Bewegung sicherstellen können, der er auch in den Städten feste Stützpunkte gegeben hat.

Aber auch für den Fortgang der eigentlichen franziskanischen Bewegung ist der Kardinal Hugo von Ostia von Bedeutung. Auf Ersuchen von Franziskus übernimmt er das Protektorat über die Bewegung. Unter seiner Leitung erfolgt die allmähliche Umwandlung der Bruderschaft in einen Mönchsorden. Franziskus hat dem Orden 1221 eine neue, die sogenannte Zweite Regel gegeben, die die Bewegung bereits als eine geschlossene Organisation versteht. Es werden Besitzlosigkeit, Wanderpredigt und Arbeit noch im Prinzip festgehalten, aber gleichzeitig wird das Ordensgewand eingeführt, der Austritt aus dem Orden verboten und das freie Umherziehen ohne Erlaubnis der Oberen untersagt.

Franziskus selbst hat sich, an einem Augenleiden erkrankt, mehr und mehr von der Bruderschaft zurückgezogen, so daß ihre Angleichung an andere Orden stärker und schneller erfolgt ist, als seinen Absichten entspricht.

Die endgültige päpstliche Anerkennung aber hat der Orden erst nach weiteren Konzessionen gefunden. Diese liegen in der sogenannten Dritten Regel von 1222 vor. An die Stelle der Arbeit ist der Bettel getreten. Auch die Armut hat wesentliche Einschränkungen erfahren. Die Besitzlosigkeit soll nur noch für den einzelnen, dagegen nicht für die Gemeinschaft als ganze gelten. Die der Kirche gefährliche, weil aus dem Geist kommende Wanderpredigt ist überhaupt fallengelassen worden.

Die Organisation wird an die anderer Orden angeglichen. An der Spitze des ganzen Ordens steht der „minister generalis", an der Spitze der Provinzen stehen die entsprechenden Vorsteher. Alle drei Jahre sollen die Leiter der Provinzen zum Generalkapitel zusammenkommen. Bald erfolgt auch die Aufgabe des missionierenden Wanderns. Der Orden wird seßhaft und erlangt Konventshäuser.

Die Verkirchlichung des Ordens erfolgt unter Elias von Cortona. Franziskus selbst hat sich von der Bewegung zurückgezogen, um ganz für sich zu leben. Gegen die Verkirchlichung protestiert er in dem kurz vor seinem Tode verfaßten Testament von 1226. Schon zwei Jahre zuvor sind bei ihm die Wundmale Jesu sichtbar geworden.

In seinem Testament erweist Franziskus der Kirche den schuldigen Gehorsam; er fordert Respekt auch gegenüber dem einzelnen Priester. In scharfer Weise aber bringt er seine Abneigung gegen alles Unapostolische zum Ausdruck. Sein Testament ist ein Protest gegen die letzte Entwicklung des Ordens. Er bestimmt die wörtliche Befolgung seiner Anordnungen in der Voraussicht künftiger Konflikte innerhalb des Ordens, wie sie bald nach seinem Tode um die Frage der Armut ausgebrochen sind.

Hier muß man die Darstellung unterbrechen, um die Franziskus bewegenden Motive seines Glaubens und Lebens zu beleuchten.

Die Franziskus beherrschende Frömmigkeit ist von dem Bewußtsein getragen, schlechthin alles von Gott zu haben. Die Wende, die sein Leben durch die Krankheit und die Begegnung mit Aussätzigen genommen hat, ist von Gott gegeben; Gott hat sie in seinem Leben herbeigeführt. Ebenso hat Gott das Leben nach dem Evangelium ihm als die neue Lebensform geoffenbart.

„So hat mir, dem Bruder Franziskus, der Herr den Anfang des Bußetuns gegeben; denn als ich noch in Sünden lebte, da erschien es mir gar zu bitter, Aussätzige zu sehen. Und der Herr selbst führte mich unter sie, und ich tat Barmherzigkeit an ihnen. Und als ich von ihnen ging, da hatte sich mir das, was mir vorher bitter gewesen war, in Süßigkeit für Geist und Leib verwandelt ... Und nachdem mir der Herr Fürsorge für Brüder gegeben hatte, zeigte mir niemand, was ich tun sollte, sondern der Höchste selbst offenbarte mir, daß ich leben sollte nach der Ordnung des heiligen Evangeliums."

Das Grundmotiv dieser und weiterer Ausführungen des Testamentes ist „Der Herr hat es gegeben". Es besagt, daß Franziskus die entscheidenden Wendungen in seinem Leben als von Gott gegeben verstanden hat. Ein besonderes Erwählungsbewußtsein bestimmt also auch die Frömmigkeit von Franziskus. Es äußert sich in der Bereitschaft, alles für Gott hinzugeben. Franziskus verzichtet auf das Erbe des väterlichen Hauses und erwählt sich als seine „Braut" die Armut.

Ein weiterer Wesenszug an Franziskus ist, daß er sein Tun stets auf das Konkrete, Nächstliegende, der persönlichen Wirksamkeit Zugängliche richtet. Sein Dienst gilt dem Nächsten, wie er ihm hier und jetzt entgegentritt. Franziskus liebt nicht „den" Menschen oder die „Menschheit", er sieht den Nächsten in seiner unmittelbaren Nähe und in der jeweils konkreten Situation.

Für die Frömmigkeit von Franziskus ist das einzigartige Endzeitbewußtsein charakteristisch. Das Reich Gottes ist für ihn das transzendente Gottesreich, dessen Kommen unmittelbar bevorsteht. Franziskus versteht sich deshalb selbst als der Vorläufer, der Herold des Kommenden. Überzeugt von dem baldigen Anbruch der Gottesherrschaft, unternimmt er in letzter Stunde das große Wagnis, die Welt auf die Nähe des Endes vorzubereiten. In der Sammlung der „Bußbrüder" will Franziskus eine möglichst große Schar vereinen, um sie dem wiederkehrenden Herrn entgegenzuführen. Die Predigt von Franziskus ist deshalb Buß- und Reich-Gottes-Predigt, die eigene Zeit ist die Endzeit.

Franziskus ist mit seiner endgeschichtlichen Erwartung und mit seinem Reich-Gottes-Verständnis im Rahmen der kirchlichen Eschatologie geblieben. Darin ist es begründet, daß Franziskus mit seiner endzeitlichen Verkündigung, so sehr diese auch die Kritik an der Kirche enthält, doch in das Geschichtsbild der Kirche hat einbezogen werden können. Die Verkirchlichung seines Ordens ist schon in seinem Endzeitbewußtsein und in seinem Reich-Gottes-Verständnis angelegt. Franziskus hat seine Bedeutung als Herold, Vorbote und Ankünder der kommenden Gottesherrschaft, wie sie auch die Kirche erwartet.

Die Crux aller Historiker ist die Tatsache der Stigmatisation bei Franziskus. Die Behauptung, daß er die Stigmata sich selbst beigebracht habe, scheitert an ihrer Geheimhaltung durch ihn; er hat sie stets verborgen. Nur die Nächsten seiner Umgebung haben das Geheimnis geahnt. Sie haben das schmerzhafte Zusammenzucken des ganzen Körpers gesehen, wenn man ihn in seiner Krankheit berührte. Sie haben die blutigen Stellen seines Verbandes auf die Wundmale zurückgeführt, haben sie doch auch oft beobachtet, wie er seine Hände in seinen Kleidern verborgen hat.

Die Stigmatisation ist aus dem Geist der augustinisch-bernhardinischen Mystik zu erklären: Sie bedeutet die Verwandlung des Liebenden in den Geliebten, eine Transformation also in das, was wir lieben. Sie ist der Ausdruck dafür, daß sich geistliche und geistige Vorgänge leiblich abzeichnen können.

Franziskus ist am 3. Oktober 1226 gestorben. Schon im Jahre 1228 wird er durch Gregor IX. heiliggesprochen.

Die von Franziskus ins Leben gerufene Bewegung hat sich schnell ausgebreitet. In wenigen Jahren hat der Orden in fast allen Ländern Europas festen Fuß gefaßt. Nach Frankreich ist er 1217, nach Deutschland erst 1221 gekommen. Bald haben sich auch die Franziskaner an der Pflege der theologischen Wissenschaft auf den Universitäten beteiligt und eine durch ihren Orden vornehmlich vertretene theologische Denk- und Arbeitsrichtung begründet.

Nach dem Tod von Franziskus ist der Orden durch den Streit der „Laxen“ und der „Strengen“, der Zeloten oder Spiritualen, in schwere innere Konflikte geraten. Es geht um die Stellung des Ordens zu Besitz und Geld sowie um die Geltung des Testamentes von Franziskus. Die Spiritualen lehnen jeden Besitz, besonders die Annahme von Geld, konsequent ab. Für sie gilt das Testament von Franziskus im buchstäblichen Sinne. Der Führer der Laxen ist Elias von Cortona. Er regiert in autokratischer Weise und verfolgt die Spiritualen, die genötigt werden, sich enger zusammenzuschließen. Sie entwickeln eine Geschichtsdeutung, in der Franziskus als der neue Messias erscheint, der mit dem Orden das neue Zeitalter der „Geistkirche“ heraufgeführt hat, das den geschichtlichen Status der Papstkirche aufhebt.

SIEBZEHNTER SCHWERPUNKT:

Höhepunkte mittelalterlicher Theologie

Die Höhepunkte mittelalterlicher Theologie sind durch Scholastik und Mystik bezeichnet.

Die Scholastik ist keine Einheit. Man kann drei Epochen unterscheiden: die Frühscholastik, die das elfte und zwölfte Jahrhundert, die Hochscholastik, die das dreizehnte Jahrhundert, und die Spätscholastik, die das vierzehnte und fünfzehnte Jahrhundert umfaßt.

Diese Epochen sind trotz ihrer verschiedenartigen theologischen Arbeit durch das gleiche Ziel verbunden, die von der Kirche dargebotenen Glaubenswahrheiten rational zu erfassen und sie nach einer vorgegebenen Arbeitsmethode, der sogenannten scholastischen Methode, zur Darstellung zu bringen.

Scholastik und Mystik sind keine Gegensätze, sondern komplementäre Erscheinungen. Fast alle großen Scholastiker sind auch Mystiker gewesen und umgekehrt. Der Unterschied zwischen beiden Erscheinungen ist ein solcher der Psychologie und der Sprache. Betont die Scholastik die Verwandtschaft der menschlichen Vernunft mit der göttlichen, so betont die Mystik die Verwandtschaft der menschlichen Seele mit dem Wesen Gottes. Scholastik und Mystik beruhen z. T. auf den gleichen Quellen, nämlich auf Augustinus und der aristotelischen und platonischen, besonders der neuplatonischen Philosophie.

1. DIE FRÜHSCHOLASTIK

Die beiden Pole, die in der Frühscholastik das theologische Denken bestimmen, sind Autorität und Vernunft (autoritas und ratio). Die Vernunft sucht zu begreifen, was ihr von der kirchlichen Autorität zu glauben dargeboten wird. Die Arbeitsweise der Vernunft geschieht unter dem Gegensatz von Antidialektikern und Dialektikern. Für diese kann nur das logisch Gesicherte der einzelnen Lehrsätze der Inhalt des Glaubens sein. Für jene gilt es, das Vernunftvolle des als Einheit verstandenen kirchlichen Dogmas zu erweisen.

Der erste große Vertreter der Frühscholastik ist *Anselm von Canterbury* (1033 bis 1109). Er stammte aus Piemont, war Abt des Klosters Bec in der Normandie und wurde 1093 Erzbischof von Canterbury. Er hat im Geiste Augustinus' der Scholastik das Programm gegeben, das sich in dem Satz zusammenfassen läßt: Ich glaube, damit ich verstehe (Credo, ut intelligam). Anselm versucht das Ganze des kirchlichen Dogmas als eine in sich vernünftige Einheit zu begreifen und seinen vernunftvollen Gehalt herauszuarbeiten. Seine zentrale, ihn bewegende Frage ist die nach der Notwendigkeit der Menschwerdung Gottes. „Warum mußte Gott Mensch werden?“ (Cur Deus homo?) lautet der Titel eines seiner grundlegenden Werke. Der christliche Glaube von der Menschwerdung Gottes sollte in seiner Vernünftigkeit dargetan und durch die rationale Erkenntnis als zu Recht bestehend erwiesen werden.

Auf dieser Arbeit der Vernunft beruhen auch *die Gottesbeweise bei Anselm,* z. B. der sogenannte „kosmologische Gottesbeweis“, der darauf ausgeht, Gott als das eine Wesen, durch das alles ist, was ist, und als durch sich selbst seiend sowie als das höchste von allem Seienden, welches durch nichts verursacht ist, darzulegen. Der „ontologische Gottesbeweis“ dagegen hat zum Ziel, Gott als ein Wesen, über das hinaus Größeres nicht gedacht werden kann, zu beweisen. Gott kann nicht einmal in den Gedanken des Menschen als „Nichtseiend“ gedacht werden, denn sonst gäbe es ja etwas, was das als nichtseiend Vorgestellte zumindest in der Vorstellung durch sein Sein überträfe.

In seinem Buch *Warum mußte Gott Mensch werden?* will Anselm die Notwendigkeit der Menschwerdung Gottes beweisen. Er geht von der Idee des göttlichen himmlischen Reiches aus, für das auch der Mensch ursprünglich geschaffen war, der aber durch seinen Abfall von Gott die Ehre Gottes verletzt hat. Mit logischen Folgerungen hat Anselm bewiesen, daß die verletzte Ehre Gottes eine Genugtuung von seiten des Menschen fordert. Der Mensch ist aber wegen der Größe Gottes nicht imstande, diese zu leisten. Andererseits ist er aber als Mensch verpflichtet, sie aufzubringen, da es ja der Mensch ist, der gesündigt, d. h. die Ehre Gottes verletzt hat. Also kann sie nur der „Gottmensch“ leisten, der allein tun kann, wozu nur Gott in der Lage, der ihn verunehrende Mensch aber verpflichtet ist. Mit dieser Feststellung ist die Frage für Anselm beantwortet, warum Gott Mensch werden mußte, nämlich um der Genugtuung willen (= Satisfaktion) für die verletzte göttliche Ehre.

Die Satisfaktionstheorie Anselms ist grundlegend für das scholastische Denken, aber auch für die folgenden Jahrhunderte geworden. Sie sollte als eine Denknotwendigkeit und nach ihrer Vernünftigkeit erwiesen werden.

Anselm von Canterbury gehört zu den Antidialektikern: Neu ist bei ihm die Methode, mit der er arbeitet, nämlich „mit Hilfe der Vernunft allein“ („sola ratione“) die Grundtatsache des Christentums, die Menschwerdung Gottes, als vernunftvoll zu erweisen, denn es ist vernünftig, daß für die Verletzung der Ehre Gottes durch den Menschen der „Gottmensch“ die vom Menschen geschuldete Genugtuung aufbringt, wozu er in der Lage ist. Neu ist die sich daraus ergebende Lehre von der Versöhnung, die auf der Einwirkung des freiwilligen Todes Christi auf Gott beruht, der diese Genugtuung annimmt. Neu ist die Orientierung der Gedanken an dem künftigen Gottesreich, für das der Mensch jetzt vorbereitet werden muß. Neu ist die Verlegung der Sünde in den Willen des Menschen. Neu ist der Gedanke, daß Christus mit seinem Tode der Ehre Gottes genuggetan und als Gott versöhnt hat.

Der Theologie Anselms von Canterbury steht die Theologie des *Petrus Abaelardus* (1079–1142) gegenüber. Abaelardus stammt aus der Bretagne. Er hat seine Wirksamkeit in Paris als Lehrer der Dialektik mit glänzendem Erfolg begonnen. Sein unerbittlicher Gegner ist Bernhard von Clairvaux, der große Mystiker. Der Grundsatz, nach dem Abaelardus theologisch arbeitet, ist nicht wie bei Anselm die Annahme des Glaubens, der dann verständlich gemacht wird, sondern der Vorrang der kritischen Erkenntnis, die nur das von der Vernunft Geprüfte und logisch Gesicherte als Inhalt des Glaubens gelten läßt.

Abaelardus ist *der eigentliche Urheber der „scholastischen Methode"*. Diese ist nach dem Prinzip „Ja und nein" (Sic et non) aufgebaut. Den Aussagen positiven Inhalts aus der kirchlichen Überlieferung werden diejenigen gegenübergestellt, die das Gegenteil besagen. Durch die dialektische Methode sollen die Widersprüche behoben und zwischen den verschiedenen Autoritäten der Überlieferung ein Ausgleich gesucht werden. Stets steht dabei die Bibel obenan, und die Vernunft gibt den kritischen Maßstab für die Geltung einer Aussage ab.

Abaelardus hat sich gegen die Theologie des Anselm von Canterbury ausgesprochen, der die Versöhnung Gottes auf den Tod Christi gründete. Ist der Tod Christi nicht ein ungesühnt gebliebener Mord, muß die Menschheit nicht auch von dieser Sünde befreit werden?, so fragt er. Abaelardus kommt es auf die sittliche Besserung des Menschen an, wie sie von der Botschaft Christi ausgeht, die die Verkündigung der grenzenlosen Liebe Gottes zu den Menschen zum Inhalt hat. Sie muß im Menschen die Gegenliebe zu Gott wecken.

Abaelardus ist ein kritischer Geist, der der Scholastik die Methode gegeben hat, die den Ausgleich zwischen Autorität und Vernunft sucht. Sein Arbeitsprinzip lautet: „Es ist nichts zu glauben, das nicht zuvor verstanden worden ist" (Nihil credendum nisi prius intellectum).

In den Auseinandersetzungen um die Frage, ob die Allgemeinbegriffe existent sind oder nicht, vertritt er den Grundsatz, daß diese die Konzeptionen des Verstandes sind und daß sie, obwohl sie eine gewisse Grundlage in den realen Dingen haben, doch nicht für sich existieren können. Es ist ein ausgesprochener Konzeptualismus, den Abaelardus vertritt.

Abaelardus hat einen bedeutenden Schüler in *Petrus Lombardus* (gest. 1160) gehabt. Dieser hat in seinen „Vier Büchern der Sentenzen" (= Lehrmeinungen) das dogmatische Lehrbuch der Hoch- und Spätscholastik geschaffen. Indem es den theologischen Stoff auf vier Bücher verteilt, hat es auch dessen Behandlung für die folgenden Jahrhunderte festgelegt. Es handelt 1. „Von Gott", 2. „Von den Kreaturen", 3. „Von der Erlösung", 4. „Von den Sakramenten und den Letzten Dingen". Mit dieser Aufteilung ist zwar eine gewisse Ordnung, aber auch eine Begrenzung des theologischen Stoffes gegeben, aus dem damit die Lehre von der Kirche und auch die Ethik verschwunden sind.

2. DIE HOCHSCHOLASTIK

Die Hochscholastik ist die Theologie des 13. Jahrhunderts, das ja überhaupt einen Höhepunkt in der mittelalterlichen Geschichte darstellt. Die Hochscholastik ist durch die Bekanntschaft mit dem gesamten Schrifttum des griechischen Philosophen Aristoteles (gest. 322 v. Chr.) und durch die Vereinigung der christlichen Glaubenswahrheiten mit dem Weltbild und den Grundbegriffen der Philosophie von Aristoteles bestimmt. Die Theologie des dreizehnten Jahrhunderts führt einen wunderbaren Einheitsbau von

Kirchenlehre und Weltanschauung, die Verbindung von Christus und Aristoteles, zur Geschlossenheit des Weltbildes und der Weltdeutung auf. Man kann im Hinblick auf diese Tatsache von einer *„Hellenisierung des Christentums* sprechen, die im Mittelalter viel stärker ist, als man sie früher für die Alte Kirche angenommen hat.

Das dreizehnte Jahrhundert lernt Aristoteles neu aus den griechischen Quellen kennen. Eine Übersetzerschule hat die lateinische Fassung der griechischen Texte hergestellt. Ihr Haupt war *Wilhelm von Moerbeke* (gest. 1286), der die neuplatonische Einkleidung der Überlieferung des Aristoteles, wie sie in der jüdisch-arabischen Philosophie bestand, aufgegeben hat.

Die Bekanntschaft mit Aristoteles ist für die Hochscholastik *in dreifacher Hinsicht von Bedeutung:* Erstens lernt man die grundlegenden Begriffe für den Ausbau der Metaphysik, der Erkenntnistheorie und der Psychologie kennen. Sodann schließt man sich hinsichtlich der Ethik und der Sozialethik an die Prinzipien des griechischen Philosophen an. Drittens führt die Kenntnis der naturwissenschaftlichen Werke des Aristoteles zu einer ungeheuren Vermehrung des Wissensstoffes und einer Einbeziehung auch der Natur in das mittelalterliche Weltverständnis.

Für die Theologie der Hochscholastik ist aber auch *das Aufkommen der Universitäten* von Bedeutung, die aus den Dom- und Kathedralschulen hervorgegangen sind. Es bilden sich Hörerkreise um einzelne hervorragende Lehrer, die sich gemeinsam der wissenschaftlichen Bearbeitung ihrer Disziplinen widmen. Seit dem Ende des zwölften Jahrhunderts besteht die Universität aus den vier Fakultäten der Theologie, des Rechts, der Medizin und der „Artes", der Vorstufe für die genannten drei oberen Fakultäten. Einzelne Universitätsstädte kommen bald zu besonderer Bedeutung: In Paris herrscht die Theologie vor, in Bologna wird die weltliche und kirchliche Rechtswissenschaft vorwiegend betrieben, während Salerno ein Mittelpunkt für das Studium der Medizin ist. Nach dem Muster der Pariser Universität werden die Universitäten von Oxford und Cambridge aufgebaut.

Die Entstehung der Universitäten ist für die Theologie von Bedeutung, weil diese sich nicht nur in der Literatur entfaltet hat, sondern ihre Probleme im lebendigen Unterricht behandelt. Diese Tatsache hat die Entstehung bestimmter Schulen veranlaßt, die durch die Vertretung gemeinsamer Anschauungen und Lehren verbunden sind.

Eine große theologische Schule bildet die der Franziskaner, eine andere die der Dominikaner. Letztere herrschen besonders in Paris vor, während jene an den englischen Universitäten vertreten sind. Die Differenzen zwischen den beiden Orden haben sich zu den Gegensätzen großer wissenschaftlicher Schulen ausgeweitet. Die Franziskanerschule neigt dem Augustinismus zu, während die Dominikanerschule sich von vornherein dem Aristotelismus geöffnet hat.

Es gibt eine ältere Franziskanerschule, der *Alexander von Hales* (gest. 1245) und *Bonaventura* (gest. 1274) angehören. Sie ist nicht nur dem Augustinismus verpflichtet, sondern auch schon von der Philosophie des Aristoteles berührt. Es gibt auch eine ältere Dominikanerschule, deren Vertreter *Albert d. Gr.* (gest. 1280) und *Thomas von Aquino* (gest. 1274) sind. Bei Albert d. Gr. begegnet zum ersten Mal die konsequente Aufnahme der aristotelischen Philosophie, die dann Thomas von Aquino systematisch fortgesetzt hat.

Thomas von Aquino bezeichnet den eigentlichen Höhepunkt der Scholastik. Er hat lange Zeit als der katholische Kirchenlehrer schlechthin gegolten. In der Tat, er übertrifft alle anderen an Umfang der Produktion, aber auch an Klarheit der Gedankenführung. Wegen dieser seiner historischen Bedeutung wenden wir uns der Theologie des Thomas von Aquino zu.

Der für ihn charakteristische Ausgangspunkt für den Aufbau seines theologischen Systems ist *die Bestimmung der Aufgabe der Theologie*. Thomas hat sich über die Voraussetzungen für die theologische Arbeit, wie sie im Unterschied zu denen einer jeden anderen Wissenschaft bestehen, klar ausgesprochen. Es handelt sich in der Theologie um die Erkenntnis Gottes, die der menschlichen Vernunft, die sonst alle Bereiche der Wissenschaften durchdringen kann, wegen der Erhabenheit ihres Gegenstandes schlechterdings nicht möglich ist. Nur in dem Maße, als es Gott gefallen hat, sich zu erschließen und den Menschen mitzuteilen, d. h. sich zu offenbaren, ist es dem Menschen möglich, Gotteserkenntnis zu gewinnen. *Die Theologie ist die sich an die göttliche Offenbarung anschließende Wissenschaft.*

Kein anderer katholischer Theologe hat so wie Thomas *die Notwendigkeit der göttlichen Gnade* für den natürlichen Menschen betont. Sie erleuchtet die menschliche Vernunft und versetzt den Menschen in die Lage, in einer die natürliche Begrenztheit und Schwäche seines Wesens überwindenden Art und Weise zu existieren und sich in den zwischenmenschlichen Beziehungen entsprechend zu verhalten.

Nach Thomas setzt die Gnade die Natur voraus. Ihre Wirksamkeit knüpft an die Natur an, ja, sie vollendet sie. Im Unterschied zu Luther kennt Thomas nicht die Gegensätzlichkeit von Natur und Gnade. Vielmehr besteht für ihn zwischen beiden Größen eine Korrelation, weil die Natur die Urgegebenheit ist und die mit dem menschlichen Sein gesetzte Wirkmöglichkeit für die göttliche Gnade darstellt. *Die Natur ist der vorgegebene Grund, die vorgegebene Materie für das Wirken der Gnade, das sich niemals im luftleeren Raum vollzieht.* Deshalb hat Thomas den bekannten, aber auch umstrittenen Satz gebildet, daß die Gnade die Natur nicht aufhebt, sondern vollendet. Sie kann also niemals naturfeindlich sein.

Es gibt nach Thomas keine menschlichen Verdienste ohne die Gnade, und es gibt keine Erlangung des ewigen Zieles des Menschen, ohne daß dieser nicht durch die Gnade dazu befähigt wird. Thomas hat das *„Allein durch Gnade“* betont und die Wirksamkeit der Gnade an den fest umgrenzten Raum der Kirche und ihrer Handlungen gebunden. Wenn das kirchliche Handeln sich in der Darbietung der Sakramente und des Wortes Gottes ereignet, so hat Thomas das eine wie das andere zum Träger und Vermittler der Gnade gemacht.

Die Verbindung von Gnade und Sakrament hat Thomas nach dem Gesichtspunkt von Ursache und Wirkung gedeutet. Die Gnade „ist“ im Sakrament, wie die Wirkung immer schon in der Ursache enthalten ist, so daß man sagen muß, daß die Sakramente die Gnade in der Seele „verursachen“. Gnade und Sakrament sind derart miteinander verbunden, daß das eine ohne das andere nicht sein kann. Dabei hat Thomas die Sakramente der Kirche auch als „Instrumente“ angesehen, durch welche die göttliche Kraft der Gnade in die Seele einströmt.

Nach Thomas sind *die Sakramente zur „Heiligung“ des Menschen eingesetzt,* die als

Durchdringung und Erneuerung der natürlichen Existenz des Menschen verstanden wird. Thomas lehrt die Alleinwirksamkeit der Gnade. Seine letzten Absichten treten in dem Gedanken zutage, daß die Erneuerung des Menschen durch die Gnade als *ein momentaner Akt* vorzustellen ist, nicht etwa als ein Prozeß, sondern als der einmalige, plötzliche Übergang aus dem Stande der Schuld und der Sünde in den Stand der Gerechtigkeit und des neuen Lebens, wie er durch die „Eingießung“ der Gnade durch die Sakramente zustande kommt.

Die Gnade wird nicht als die den Menschen wandelnde geistige Kraft verstanden, sondern geradezu stofflich-dinglich vorgestellt als die „Medizin“, die von den Sakramenten auf den Menschen übergeht und seine Natur heilt, indem sie sie wiederherstellt. Für Thomas gehört *die Einflößung der Gnade* eng mit der Vergebung der Schuld durch Gott und der in ihr begründeten Rechtfertigung des Sünders zusammen. Thomas kann deshalb den Satz bilden, daß „die Rechtfertigung des Sünders von Gott her in einem Augenblick“ geschieht.

In seinen ethischen Gedanken geht Thomas von der Grundlage *des allen Menschen immanenten Naturgesetzes* aus. Es zeigt, daß dem Menschen von Natur aus nicht nur die Liebe zu sich selbst, sondern auch zum Guten überhaupt eingestiftet ist. Thomas kann aber auch die Ungenügsamkeit des Naturgesetzes im Hinblick auf die Erlangung eines letzten Zieles des Menschen aufzeigen. Deshalb muß zur Ergänzung der natürlichen Veranlagung des Menschen das göttliche Gesetz hinzutreten, das den Menschen erst das letzte Ziel, auf das er ausgerichtet sein muß, nämlich die ewige Seligkeit als die jenseitige Schau Gottes, erkennen lehrt.

Die thomistische Sozialethik ist sehr elastisch gehalten. Thomas hat den Staat auf das Naturrecht gegründet, ist doch der Mensch von Natur aus auf Staat und Gesellschaft angelegt, muß er doch immer in der Gesellschaft mit seinesgleichen leben. Was diese Erkenntnis des von Natur aus auf die Gesellschaft angelegten Wesens des Menschen für die Anerkennung der verschiedenen Staatsformen und Staatsordnungen bedeutet, liegt auf der Hand. Über den sozialen, rein irdischen Zwecken des Staates erhebt sich die Kirche, die den Menschen über die Natur hinausführt und zur Erreichung des letzten Zieles fähig macht. Wie die Seele qualitativ mehr ist als der Leib, so steht auch die Kirche ihrer geistigen Qualität nach über dem Staat. Die thomistische Sozialethik hat durch diese, die natürlichen Gegebenheiten stets voraussetzenden Ideen dem Katholizismus eine große Beweglichkeit und Akkommodationsfähigkeit verliehen.

Neben dem Dominikaner Thomas von Aquin ist der Franziskaner *Johannes Duns Scotus* (gest. 1308) der umfassendste und bedeutendste Denker der hochmittelalterlichen Theologie. Er hat die scholastische Methode zu einer dialektischen Technik fortgebildet. Die aristotelischen Denkvoraussetzungen hat er sich innerlich angeeignet. Sein System hat er im Gegensatz zu Thomas von Aquin entwickelt. Durch die bei ihm nicht untergegangene augustinische Tradition ist er der überragende Geist der franziskanischen Theologie geworden.

Duns Scotus hat *die Auflösung der von Thomas geschaffenen Verbindung von Natur und Übernatur,* von Philosophie und Theologie, von Aristoteles und Christus eingeleitet. Für Duns Scotus sind Wissen und Glauben, die natürliche Welterkenntnis und die Wahrheiten des christlichen Glaubens nicht mehr wie selbstverständlich vereinbar.

Die Theologie hat es nach Duns Scotus *mit praktischen Wahrheiten* zu tun, die der menschliche Verstand nicht als vernunftvoll oder vernunftgemäß erweisen kann, denn Gottes immer freies, kontingentes Handeln ist dem menschlichen Begreifen schlechthin unzugänglich.

Duns Scotus übt eine scharfe Kritik an der Satisfaktionstheorie des Anselm von Canterbury. Es gibt eben „keine absolute Notwendigkeit", durch die sich die von Anselm behauptete Satisfaktion des Gottmenschen in ihrer angeblichen Logik vertreten ließe.

Die Gottesanschauung von Duns Scotus ist durch den Voluntarismus bestimmt. Gott ist schlechthin freier, d. h. durch nichts zu bestimmender Wille. Da es keine vom Menschen aufweisbare Notwendigkeit für das göttliche Handeln gibt, lehrt Duns Scotus die unumschränkte Allmacht des göttlichen Willens. Nur in seiner Selbstbegrenzung in Christus ist Gott dem Menschen überhaupt zugänglich. Im Hintergrund dieses Gedankens steht die Anerkennung des göttlichen Wirkens in der von ihm selbst gewollten Begrenzung auf die Ordnungen der römischen Kirche.

Duns Scotus ist in seiner Theologie die eigenen Wege gegangen: durch seine scharfsichtige Kritik an den kirchlichen Lehren, wie sie von Thomas von Aquin vertreten worden sind, ist er *zu dem großen Antipoden des großen Thomas geworden,* wie dieser einer der wichtigsten Lehrer des dreizehnten Jahrhunderts.

3. DIE SPÄTSCHOLASTIK

Die Spätscholastik, die die Unvereinbarkeit von Glauben und Wissen, von Theologie und Philosophie, von Christus und Aristoteles betont, ist mit dieser ihrer Zielsetzung durch Duns Scotus vorbereitet worden.

Ihr größter Vertreter ist der Schüler von Duns Scotus, der Franziskaner *Wilhelm von Ockham,* Professor in Paris (gest. ca. 1347 in München). Ockham, ein unabhängiger, eigenständiger Denker, setzt die Kritik fort, die Duns Scotus an Thomas von Aquin und an der überlieferten Kirchenlehre geübt hat.

Wilhelm von Ockham hat Glauben und Wissen grundsätzlich getrennt. Die Vernunft ist nicht in der Lage, die Realitäten der Übernatur zu beweisen oder gar zu erkennen, auf die sich allein der Glaube beziehen kann. Eine Begründung der Glaubenswahrheiten von der Vernunft her ist unmöglich. Man muß sie vielmehr glauben, weil sie ihr widersprechen, weil sie „absurd" sind.

War es einst das Ziel der Scholastik, den Beweis für die Vernünftigkeit des Glaubens zu erbringen, so hat Wilhelm von Ockham den mit keiner Logik zu behebenden Gegensatz zwischen den beiden Größen statuiert. Der Glaube richtet sich auf geistig-geistliche Inhalte, die der Vernunft immer anstößig sind. Seine Aufgabe ist es, sie zu glauben, gerade weil sie nicht logisch, nicht notwendig, sondern kontingent sind.

Gottes Handeln geschieht nach Wilhelm von Ockham in voller Freiheit. Man muß es anerkennen und sich ihm beugen, sofern es Gott gefallen hat, sich durch die kirchlichen Ordnungen zu offenbaren. Die Aussagen des Glaubens sind allein von der Autorität der römischen Kirche her zu begründen. So gelangt Ockham zu einem für die Spätscholastik überhaupt charakteristischen *„kirchlichen Positivismus"*.

Zu der Frage nach der Realität der Allgemeinbegriffe (= Universalien) hat Ockham jeden Realismus derselben bestritten. Die Universalien sind vom menschlichen Verstand gesetzte „Zeichen" oder „Namen", denen aber außerhalb des Menschen keine Existenz zukommt. Ockham vertritt mit dieser Ansicht einen ausgesprochenen „Nominalismus", wie man schon im Spätmittelalter sagte.

Auf Luther hat Wilhelm von Ockham stark eingewirkt. Aber Luther hat die Enge des Ockhamismus überwunden und dessen Anschauungen vom Abendmahl, vom göttlichen Willen und von der Kirche nicht in ihrer Einengung auf die römische Kirche übernommen, sondern sie auf die Kirche und die göttlichen Ordnungen überhaupt ausgedehnt, vor allem aber seiner Herkunft aus dem Nominalismus durch eine gleichzeitige Verbundenheit mit der Mystik ein Gegengewicht an die Seite gestellt. Ohne die Vorbereitung durch die Spätscholastik und den Ockhamismus, aber auch ohne seine Verwurzelung in der Mystik ist Luthers Theologie nicht zu verstehen.

ACHTZEHNTER SCHWERPUNKT:

Spätmittelalterliche Reformbestrebungen

Das Papsttum war nach seiner Befreiung aus der Abhängigkeit vom deutschen Königtum in die Abhängigkeit von Frankreich geraten. Papst Cölestin V. (1294), ein Asket und ein Eremit, mußte auf Drängen des französischen Herrschers Karl II. von Anjou seinen Sitz nach Neapel verlegen. Die Kardinäle nötigten ihn zur Abdankung unter der Führung von Benedikt Gaëtani und wählten diesen zum Papst. Er führte die Kurie nach Rom zurück.

Bonifatius VIII. (1294–1303) hat die päpstlichen Weltherrschaftsansprüche am schärfsten vertreten, obgleich er nicht mehr als der Regent des Kirchenstaates gewesen ist. Erschütternd ist der Widerspruch zwischen dem universalen Herrschaftsanspruch und der tatsächlichen politischen Ohnmacht des Papsttums. Bonifatius VIII. ist mit den höchsten Forderungen in bezug auf die päpstliche Stellung gegenüber den Staaten und der Kirche aufgetreten. Aber er stand dem erwachenden Nationalbewußtsein in den abendländischen Reichen und einem neuen Kirchenverständnis in der katholischen Welt gegenüber. In der Auseinandersetzung mit diesen Bewegungen hat das Papsttum die entscheidende Niederlage hinnehmen müssen, die den Ruf nach seiner Reform geweckt hat.

Auf dem Höhepunkt seiner Macht hat Bonifatius VIII. das Jahr 1300 als *ein kirchliches „Jubeljahr"* feiern können, dessen Erfinder er selbst gewesen ist. Es sollte ursprünglich alle hundert Jahre begangen werden, wurde dann aber bald auf fünfzig, wenig später auf dreiunddreißig, schließlich auf fünfundzwanzig Jahre (1470) festgesetzt. In diesem Abstand wird es noch heute gefeiert. Ein vollkommener Jubiläumsablaß war anläßlich der Jahrhundertwende ausgeschrieben worden. Die Pilgerscharen, die nach Rom strömten, halfen der Finanznot der Kirche wieder auf.

Während seiner Auseinandersetzungen mit König Philipp IV. von Frankreich berief Bonifatius VIII. für das Jahr 1302 *eine Synode nach Rom, die die päpstlichen Herrschaftsansprüche zu unüberbietbarem Ausdruck brachte.* Die Synode promulgierte die von Bonifatius verfaßte *Bulle „Eine heilige Kirche"* („Unam sanctam ecclesiam"). Der Papst wird hier als der Herr der Kirche und der Welt bezeichnet, dem beide Schwerter, das geistliche und das weltliche, zustehen. Die Ordnung in der Kirche muß der Ordnung im Kosmos entsprechen. Wie im Universum das Untere durch das Obere regiert wird, so wird in der Kirche das Niedere durch das Höhere gelenkt. Ein oberstes Prinzip muß in der Kirche wie im Kosmos in abgestufter Ordnung herrschen. Nach dieser göttlichen Ordnung in der Welt ist also auch die päpstliche Autorität von vornherein angelegt. Die weltliche Gewalt muß ihr untertan sein. Nach der Weisung des Papstes hat diese das Schwert einzusetzen. Die Unterwerfung unter den Papst wird sogar als notwendig für das Heil der Seele angesprochen.

Diese die päpstlichen Herrschaftsansprüche in krasser Weise vertretende Bulle ist in Wirklichkeit ein Anachronismus. Der Papst ist nicht in der Lage, sie durchzusetzen oder auch nur zu allgemeiner Anerkennung zu bringen. Philipp IV. von Frankreich hat den Papst 1303 zum Ketzer erklären lassen und ihn zur Verantwortung vor ein allgemeines Konzil gefordert. Bonifatius bereitete daraufhin die Exkommunikation Philipps IV. vor, aber der französische Kanzler kam der Veröffentlichung der schon ausgefertigten Bulle durch die Gefangennahme des Papstes zuvor, der im Schloß von Anagni festgehalten wurde. Aus dieser Gefangenschaft ist Bonifatius zwar durch die Einwohner der Stadt wieder befreit worden, aber wenige Wochen später ist er infolge der erlittenen Aufregungen gestorben.

Die Gefangennahme des Papstes machte *den Zusammenbruch und das Ende der päpstlichen Weltherrschaft* offenbar. Sie bezeugte auch die Erschütterung der geistlichen und weltlichen Autorität des Papsttums sowie dessen Verflechtung in die politischen Konstellationen der europäischen Welt.

Von dem Schlag, der dem Papsttum durch Philipp IV. von Frankreich versetzt worden ist, hat es sich nicht wieder erholt. Nach dem Tod von Bonifatius ist es immer tiefer in die französische Abhängigkeit geraten. Der zweite Nachfolger von Bonifatius verlegte 1309 den päpstlichen Sitz nach Avignon. Es folgte *die „babylonische Gefangenschaft" der Päpste in Avignon* (1309–1377).

Diese Periode geht für das Papsttum erst zu Ende, nachdem Papst Gregor XI. seinen Sitz nach Rom zurückverlegt hat. Es folgt aber sofort *das große abendländische Schisma (1378–1417),* das die innere und äußere Zerrissenheit der Kirche erkennen läßt. Unter dem Gegensatz von Franzosen und Italienern, die jeder das Papsttum für sich beanspruchen, tatsächlich aber nur je einen Teil der Kirche beherrschen können, ist die Einheit der katholischen Kirche zerbrochen, ist sie in zwei Kirchen mit zwei Häuptern, die ihren Sitz in Rom bzw. in Avignon hatten und sich vierzig Jahre hindurch gegenseitig bekämpft haben, geteilt. Die Obödienz von Rom wurde in Deutschland, Italien und England, die Obödienz von Avignon in Frankreich, Sardinien, Sizilien und den habsburgischen Ländern anerkannt.

Der tiefe Verfall des Papsttums weckte das Verlangen nach einer Reform der Kirche an Haupt und Gliedern. Diese wurde auf den verschiedenen Sektoren des kirchlichen Lebens unternommen. Das 14. und 15. Jahrhundert sind von vielen bedeutsamen Versuchen zu einer solchen grundlegenden Erneuerung der Kirche erfüllt. Tatsächlich ist keiner von ihnen von durchgreifendem Erfolg gewesen. Aber sie gehören alle in die Vorgeschichte der Reformation, die ohne sie nicht zu verstehen ist.

Zunächst haben sich *die kirchlichen Konzile* darum bemüht, das Verhältnis des Papstes zur Kirche neu zu gestalten und damit auch die Einheit der Kirche wiederherzustellen. Man suchte nach der Autorität, welche die Spaltung der Kirche wieder heilen und das Neben- bzw. Gegeneinander der Päpste wieder beseitigen konnte. Diese letzte Autorität wurde dem allgemeinen Konzil zugesprochen.

Die *Reformkonzile von Pisa (1409) und von Konstanz (1414–1418)* erkannten ihre

Aufgabe in der Beseitigung des Schismas, d. h. der Aufhebung der Spaltung der Kirche in zwei Gehorsamsbereiche, und der Herbeiführung der notwendigen kirchlichen Reformen im einzelnen. Auch die Einheit des Glaubens sollte neu festgestellt und ausgedrückt werden.

Diese tiefgreifende Erneuerung der Kirche sollte von den Grundsätzen des Konziliarismus aus geschehen.

Der Konziliarismus erstrebt die Reform der Kirche auf der Grundlage eines neuen Rechtes, wie es französische und deutsche Theologen entwickelt haben. Sie haben die höchste kirchliche Autorität dem Konzil beigelegt, das, weil Repräsentation der Gläubigen in der Gesamtheit, auch über dem Papst stehe. Im Fall der Not kann es von den weltlichen Fürsten berufen werden und gegebenenfalls auch über den Papst urteilen. Das Konzil erscheint als die Inhaberin der höchsten Gewalt in der Kirche. Es gilt als die einzige kirchliche Instanz, welche die Erneuerung der Kirche an Haupt und Gliedern vornehmen kann.

Die Grundsätze des Konziliarismus stellen *die kirchliche Parallele zu der politischen Idee von der Souveränität des Volkes dar,* mit deren Hilfe jetzt die Begründung der staatlichen Gewalt erfolgt. Nach dieser Lehre ist die weltliche Gewalt dem jeweiligen Herrscher von der Gesamtheit des Volkes übertragen, das deshalb eine letzte Kontrolle über die Herrschaft ausüben und den Herrscher notfalls wieder absetzen kann. Wie im Konziliarismus die Idee einer Überordnung des Konzils über den Papst enthalten ist, so ist in der Idee der Volkssouveränität der Gedanke einer Überordnung des Volkes über die weltliche Gewalt gegeben. Kein Geringerer als der Franziskaner Wilhelm von Ockham hat diese Ideen auf die Kirche angewendet. Die hierarchische Ordnung der Kirche hat in seiner Gedankenwelt keinen Platz.

Bei Ockham treten aber noch andere Konsequenzen dieser Anschauung hervor. So wird von ihm vor allem die Unfehlbarkeit des Papstes bestritten. Nicht der Papst gilt bei Ockham als unfehlbar, sondern die Bibel. Der Papst kann irren, die Heilige Schrift kann es nicht. Ockham hat zum erstenmal in pointierter Weise der Infallibilität des Papstes die Unfehlbarkeit der Schrift entgegengesetzt. Er hat außerdem die prinzipielle Gleichordnung von Priestern und Laien vorgenommen und das Konzil als die Repräsentation der Gesamtheit der Gläubigen und als die Inhaberin der höchsten kirchlichen Gewalt bezeichnet. Es wird mit der höchsten kirchlichen Vollmacht ausgestattet. Zwar hält er noch an der kirchlichen Stellung des Papstes fest, der die Einheit der Kirche repräsentieren soll, in dem die höchste Gewalt zusammengefaßt erscheint, aber im Prinzip ist mit dem Papsttum nach seiner bisherigen Stellung und Begründung gebrochen. Diese Gedanken haben in der Geschichte fortgewirkt und sich auch in der Ideenwelt der Reformation niedergeschlagen, die allerdings umgebildet und mit einer biblischen Begründung versehen wurde.

Die Grundsätze des Konziliarismus sind in der fünften Sitzung des Konstanzer Konzils vom 6. April 1415 klar zum Ausdruck gebracht worden. Das Konzil repräsentiert die Kirche, es hat seine Gewalt unmittelbar von Christus, und jeder Christ, auch der Papst, muß ihm in Sachen des Glaubens, der Unterdrückung des Schismas und auch in bezug auf die „Reform der Kirche an Haupt und Gliedern" gehorsam sein. Die Überordnung des Konzils über den Papst gilt jetzt sogar als heilsnotwendiger

Glaubenssatz. Auf der Grundlage des Konziliarismus ruht auch *das Reformkonzil zu Basel–Ferrara–Florenz (1431–1449)*.

Die Behebung des päpstlichen Schismas aber wollte nicht ohne weiteres gelingen. Die drei Reformkonzile bemühten sich zwar darum, hatten aber immer neue prinzipielle Schwierigkeiten. Auf dem Konzil zu Konstanz brach zum erstenmal das nationale Prinzip durch. Es sah die Beteiligung der Laien, namentlich der Fürsten, vor. Es wurde außerdem nach Nationen abgestimmt, so daß das Konzil praktisch aus fünf Nationalkonzilen bestand. Auch der von Ockham vertretene Gedanke einer grundsätzlichen Gleichstellung von Theologen, Priestern und Laien setzte sich durch. Die Beseitigung der kirchlichen Spaltung war nicht zu vollbringen. In den Reformfragen wurden nur geringe Fortschritte gemacht. Das Konzil zu Basel war ein jahrzehntelanges Ringen um die Reform der Kirche, ein Kampf mit der Kurie, ob das Konzil oder der Papst die höchste Repräsentanz der Kirche sei. In diesen Auseinandersetzungen hat schließlich die Kurie gesiegt. Der Kurialismus hat sich endgültig gegenüber dem Konziliarismus durchgesetzt.

Papst Eugen IV. (1431–1447) war vom Basler Konzil zum Papst erhoben worden, aber er begann alsbald nach seinem Amtsantritt den Kampf gegen den Konziliarismus.

Es ist ihm ferner gelungen, die vorübergehende Union mit der orthodoxen Kirche unter der Zusicherung eines Kreuzzuges gegen die immer weiter nach dem Westen vordringenden Türken herbeizuführen. Die Orthodoxen erkannten unter dieser Voraussetzung die Autorität des Papstes an. Die inneren Auseinandersetzungen in der katholischen Kirche, die besonders in Böhmen aufgebrochen waren, betrafen nicht nur die Stellung des Papstes in der Kirche, sondern rührten mit dem neuen Verständnis des Abendmahls (Laienkelch) und der Kritik am katholischen Priestertum an die Grundlagen des Glaubens.

Hatte sich auch der Kurialismus gegen den Konziliarismus durchgesetzt, so war doch die Behebung des Schismas nicht gelungen und die kirchliche Refom nicht zur Durchführung gekommen. Das Basler Konzil mußte bis zur Aufstellung eines Gegenpapstes gehen, um Eugen IV. zu Reformmaßnahmen zu veranlassen. Das Verhältnis der katholischen Kirche zu den einzelnen Ländern mußte neu geregelt werden. *Jetzt trat zum ersten Mal der Gedanke auf, daß die Kirche mit den einzelnen europäischen Staaten gesonderte Verhandlungen führt, also Konkordate abschließt,* weil ihr nicht mehr ein geschlossenes Reich gegenübersteht.

Überblickt man die Arbeit der drei Reformkonzile, so muß man urteilen, daß sie letztlich nicht von Erfolg gewesen ist. Nach der von Frankreich erreichten Abdankung des Gegenpapstes hat das Konzil von Basel–Ferrara–Florenz den schon amtierenden Nikolaus V. zum Papst gewählt und sich dann selbst aufgelöst. Es zeigte sich, daß die Reform der Kirche an Haupt und Gliedern auf der Grundlage der konziliaren Theorie nicht zu erreichen war.

War die Erneuerung der Kirche auf dem Wege des Rechtes und der kirchlichen Verfassung nicht möglich, so ist diese auch noch durch andere Motive bestimmt worden, insbesondere die nationalen, die sich mit den biblischen verbanden. *Das neuerwachte Nationalgefühl* ist zuerst in England hervorgetreten. Hier hat das Parlament im Verein mit der Krone den nationalen Charakter der Kirche und die Freiheit des Staates gegenüber dem Papsttum erfolgreich vertreten. Ebenso ist in Frankreich die Regelung des Verhältnisses zur Kirche von nationalen Gedanken aus erfolgt. In der *Sanktion von Bourges (1438)* haben diese als die sogenannten gallikanischen Freiheiten ihren Ausdruck gefunden. Sie übertragen die Gerichtsbarkeit und die Stellenbesetzung für die Bischöfe und den Klerus dem französischen König.

Der Vertreter *einer von nationalen Ideen bestimmten Reform der Kirche* ist der Engländer *John Wiclif* (1328–1384). Er hat die Kirche als die Gemeinschaft der Prädestinierten bezeichnet, deren Haupt Christus ist. Das Verhältnis von Staat und Kirche hat sich Wiclif als ein Zusammenwirken beider vorgestellt. Die Kirche ist Landeskirche, die in das staatliche Leben eingegliedert ist. Jede äußere Machtstellung wird für sie verworfen. Wiclif fordert die Säkularisierung des Kirchengutes. Seine Soziallehren stellen eine Anwendung der Idee der Prädestination auf die Ordnung der Welt dar. Nur die Prädestinierten haben ein Anrecht auf Besitz, denn Gott hat ihnen die Güter der Erde zugeteilt; nur sie handeln nach dem Gesetz Christi. So erstrebt Wiclif als letztes eine politische und soziale Theokratie, die aber auf der Grundlage der Bibel ruhen soll.

In Wiclifs Gedanken liegt auch die Idee der Revolution verborgen. Den Frommen gehört die Welt; die Gottlosen haben sie sich entgegen dem göttlichen Gesetz angeeignet. Deshalb muß ihnen, notfalls mit Gewalt, der irdische Besitz genommen werden. Wiclif hat im Namen des göttlichen Rechtes die „heilige Revolution" gefordert. Die Gottesherrschaft, wie sie schon in der Bibel bezeichnet ist, soll auf diese Weise in der Welt aufgerichtet werden.

Aufgrund dieser Anschauungen ist Wiclif mit der englischen Kirche, vor allem aber mit dem Papsttum, zusammengestoßen. Durch die Entwicklung der römischen Kirche haben seine Ideen eine Verschärfung erfahren. Mit dem Ausbruch des großen abendländischen Schismas von 1378, mit der geschichtlichen Erfahrung von der Spaltung der Kirche, haben sich auch die Anschauungen Wiclifs über die Kirche und besonders über die Stellung des Papstes in der Kirche radikalisiert. Jetzt erscheint der Papst als der Antichrist, an dem das Gegenteil zu Christus und der Armut Christi offenbar wird. Ferner greift Wiclif die kirchliche Anschauung vom Abendmahl, seine Veräußerlichung, das Bußsakrament und die Ablaßpraxis an.

Von diesen Ideen aus betreibt er die Reform der Kirche. Die Bibel wird in das Englische übersetzt; Wiclif selbst hat dieses Werk begonnen. Seine Gedanken halten ihren Einzug in das Volk. Sie führen zu dem großen Bauernaufstand von 1381, der Erhebung der von Wiclif ins Leben gerufenen Bewegung der Lollharden, die seine Soziallehren in die Praxis umsetzen.

Aber gerade infolge des Bauernaufstandes hatte Wiclif sich nicht behaupten können. Er mußte sich zurückziehen und die Entwicklung sich selbst überlassen. Die Lollharden, vom englischen Adel verfolgt, wurden nach dem Tod ihrer Wortführer unterdrückt.

Die in England unterdrückten Anhänger Wiclifs nahmen *die Verbindung mit den Böhmen,* die Kaiser Karl IV. (1356–1378) hergestellt hatte, auf. Die Böhmen waren durch die Studien ihrer führenden Kreise auf die Anschauungen Wiclifs aufmerksam geworden. Sie nahmen sie auf, um nun von diesen Ideen aus die Kritik an der Beherrschung der böhmischen Kirche durch die Deutschen zu üben. Die eigentliche

Verbreitung der Ideen von Wiclif in Böhmen ist aber das Werk von *Johann Hus* (1369–1415).

Hus ist ganz und gar von Wiclif abhängig, aus dessen Schriften er viele Partien wörtlich übernommen hat. Das gilt namentlich auch für die Forderungen Wiclifs nach einer Reform der Kirche an Haupt und Gliedern. Aber gerade gegen diese Reformbestrebungen von Hus ist das Konzil von Konstanz (1415) vorgegangen.

Dem Konzil ist zunächst die Behebung des Schismas der römischen Kirche gelungen. Es kam zu dem bedeutsamen Beschluß, daß das allgemeine Konzil über dem Papst stehe und daß diese Lehre ein Satz des katholischen Glaubens sei. So kam es zur Beseitigung der drei Päpste, die im Jahre 1415 den Anspruch erhoben, die rechtmäßige Kirche zu vertreten.

Während diese Frage auf dem Konzil nicht zuletzt durch Absetzung und Verzicht der Päpste gelöst wurde, wandte es sich gleichzeitig der hussitischen Frage zu. Hus war mit einem Geleitbrief auf Anraten des Königs Sigismund nach Konstanz zum Konzil gekommen. Er wurde von den anwesenden Prager Theologen wegen Ketzerei verdächtigt, gefangengesetzt und in einem kurzen Verfahren wegen seiner Lehre und der Anhängerschaft an Wiclif zum Feuertode verurteilt. Er starb am 6. Juli 1415, nachdem er jeden Widerruf abgelehnt hatte.

Der Tod von Johann Hus hatte *den Bürgerkrieg in Böhmen* zur Folge. Der böhmische Adel setzte sich für Hus und seine Reformideen ein. Man verlangte die freie Predigt des Evangeliums, die Armut des Klerus und die Gewährung des Laienkelchs.

Die Anhänger von Hus sind untereinander in zwei Gruppen aufgespalten. Die gemäßigte Richtung, zu der der Adel und die Bürgerschaft gehören, bilden *die Calixtiner oder Utraquisten.* Ihre Forderungen sind in den vier Prager Artikeln von 1420 niedergelegt. Sie fordern den Laienkelch beim Abendmahl und die Geltung der Bibel im öffentlichen Leben, so daß die Obrigkeit jeden Verstoß gegen das göttliche Gesetz ahnden kann. Man will auf diese Weise die Verwirklichung des Gottesreiches auf Erden erreichen.

Die radikale Gruppe des Hussitismus bilden die Taboriten, genannt nach dem Stützpunkt Tabor, einer südlich von Prag erbauten hussitischen Festung. Ihre Anschauungen berühren sich mit denen der Utraquisten, sind aber dadurch radikalisiert, indem sie die gewaltsame Aufrichtung des Gottesreiches durch Unterdrückung der Gottlosen und durch die Forderung nach einer Umwandlung der bestehenden Sozialordnung verlangen. *Die Taboriten sehen ihren Kampf gegen die Feinde Gottes zugleich als eine Sache zur Befreiung des tschechischen Volkes* an. So vereinigen sich gerade in dieser Richtung des Hussitentums der tschechische Nationalismus und sozialethische und naturrechtliche Gedanken in radikaler Ausprägung.

Es ist nicht gelungen, das Hussitentum zu unterdrücken. *Die Hussitenkriege (1419–1436)* sind ein Aufruhr des tschechischen Volkes gegen die politische (meist noch deutsch orientierte) Obrigkeit und die katholische Kirche, in dem zum ersten Mal die ganze nationale Leidenschaft des böhmischen Volkes aufgebrochen ist.

Das Konzil von Basel–Ferrara–Florenz (1431–1449) hat schließlich den Hussiten den Laienkelch gewährt, womit eine ihrer wesentlichen Forderungen erfüllt ist. In den Prager Kompaktaten von 1433 wurde dieses Zugeständnis rechtlich festgelegt.

Untereinander haben sich die verschiedenen Gruppen des Hussitismus schwer bekriegt. Die Taboriten sind zweimal von den Utraquisten entscheidend geschlagen worden. Aus Böhmen verdrängt, haben sich ihre Reste nach Schlesien verzogen, wo sie in der Unität der böhmischen und mährischen Brüder aufgegangen sind.

Die Utraquisten haben sich schließlich in kirchlichen Formen national-tschechischen Gepräges konstituiert. Es ist zu einem Ausgleich mit der katholischen Kirche gekommen. Katholiken und Utraquisten stehen sich als zwei Religionsparteien in Böhmen gleichberechtigt gegenüber. Der Laienkelch ist zum eigentlichen Kennzeichen dieser wiclifitisch-hussitischen Bewegung geworden.

Erst die Stellungnahme zu Luther hat dann eine weitere Aufspaltung unter ihnen herbeigeführt. Die einen sind zum Katholizismus zurückgekehrt, die anderen haben sich mit den böhmischen Brüdern vereinigt.

So bedeutsam der Wiclifitismus und Hussitismus als Reformbestrebung am Ausgang des Mittelalters sind, so zeigen sie doch auch die Enge an, die die Verbindung mit den nationalen Gedanken dieser Reformbewegung aufgeprägt hat. Eine wirkliche Erneuerung der Kirche an Haupt und Gliedern, wie sie von ihnen angestrebt wurde, war auf der Grundlage der nationalen Motive und der einseitigen theologischen Motivationen von Wiclif und Hus nicht zu erreichen.

Im Spätmittelalter wird aber auch *eine Reform des Lebens und der Frömmigkeit* erstrebt, die die ganze Christenheit ergreifen soll. Nicht von außen, sondern von innen her sollte die Erneuerung der Kirche erfolgen. Diese Ziele bestimmen die *devotio moderna* und die gerade auf deutschem Boden unter ihren Einflüssen stehende Gemeinschaft der „Brüder vom gemeinsamen Leben".

Das Ziel dieser Bewegung ist ein doppeltes. Man will einerseits die persönliche und innerliche Aneignung der Glaubenslehre, das Erlebnis der Gemeinschaft mit Gott, die unser ganzes Sein bestimmen soll, und man will andererseits die Ausdehnung dieser Glaubenshaltung auch auf die Welt der Laien überhaupt, um die Christenheit als Ganzes zu erneuern.

Diese neue, auf die Reform der Kirche an Haupt und Gliedern gerichtete Bewegung ist von den Niederlanden ausgegangen. In ihr begegnet eine scharfe Kritik an der Veräußerlichung des kirchlichen Lebens, an dem weltlichen Gebaren des Klerus sowie an dem Reichtum der katholischen Kirche überhaupt. Ebenso übt man eine schneidende Kritik an den Lehren der katholischen Kirche, bei denen man die biblische Begründung vermißt.

Die Vertreter dieser Richtung, *die sogenannten Vorreformatoren,* haben aber nur einzelne Neuerungen erstrebt, so sehr sie damit auch der eigentlichen Reformation des 16. Jahrhunderts vorgearbeitet haben. Als „Vorreformatoren" kann man sie nur in dem Sinne bezeichnen, daß sie ihre Anschauungen von der Bibel her zu begründen suchen, ohne dabei mit letzter Konsequenz vorzugehen. Luther hat sie positiv beurteilt und einzelne Schriften aus ihren Kreisen herausgegeben.

Es sind in diesem Zusammenhang *Johann Pupper von Goch* (gest. nach 1475), *Johann Ruchrat von Wesel* (gest. 1481) und *Wessel Gansfort* (gest. 1489) zu nennen. Diese drei Männer haben vornehmlich von biblischen Gedanken aus das Ablaßwesen und zahlreiche kirchliche Mißstände bekämpft, ohne jedoch zu umfassenderen Reformforderungen fortgeschritten zu sein. Am weitesten ist Johann von Wesel gegangen, der nicht nur das Bußsakrament und den Ablaß verworfen hat, sondern auch der Autorität der katholischen Kirche und ihrer sich auf die Väter stützenden Theologie die Bibel als die alleinige Grundlage des Glaubens und aller theologischen Arbeit entgegengesetzt hat.

Aus den Kreisen dieser Reformer ist Luthers Ordensvikar *Johann von Staupitz* (gest. 1524) hervorgegangen. Dieser hat die Glaubenshaltung der Demut und die Gleichförmigkeit des Christen mit dem Gekreuzigten betont, aber doch auch an der Verdienstlichkeit des frommen Lebens festgehalten. Er steht Luther nahe und fern zugleich.

So ist das Spätmittelalter von zahlreichen Reformbestrebungen erfüllt, in denen sich der Wille zur Behebung der Mißstände in der katholischen Kirche ebenso ausdrückt wie die Einsicht, daß nur eine Erneuerung der Kirche an Haupt und Gliedern diese wieder glaubwürdig und missionsfähig machen und sie zu ihrer eigentlichen Aufgabe führen kann, die lebendige Darstellung des Gottesvolkes für die Gegenwart zu sein, das den Ruf des Herrn in die Nachfolge im Gehorsam des Glaubens aufgenommen hat.

NEUNZEHNTER SCHWERPUNKT:

Die drei Zentren der Reformation

Die Reformation hat sich in drei sprachlich getrennten Räumen in unterschiedlicher Weise vollzogen, im deutschen Raum, in der Schweiz und in England-Schottland. Wir haben das reformatorische Geschehen in diesen Räumen gesondert zu betrachten. Unter verschiedenen geschichtlichen Voraussetzungen ist es in ihnen zu einer Erneuerung der Kirche gekommen, und unterschiedliche Wirkungen sind von jedem dieser drei Räume ausgegangen. Sie belegen die Weltweite der Reformation, haben aber auch zum Aufbau eines neuen Kirchentums geführt. Wenn wir im folgenden von „der Reformation" schlechthin sprechen, so meinen wir das reformatorische Geschehen in den genannten drei Räumen.

Die Reformation des 16. Jahrhunderts ruht auf einer breiten geschichtlichen Grundlage. Sie ist die letzte der auf die Erneuerung der abendländischen Kirche an Haupt und Gliedern gerichteten Reformbewegungen des Spätmittelalters. Sie setzt die Kritik an der Weltförmigkeit der Kirche, wie sie im 14. und 15. Jahrhundert mannigfach aufgebrochen ist, fort. Ohne die Reformbewegungen des Spätmittelalters ist sie nicht zu verstehen. Sie leitet einen neuen Abschnitt für die abendländische Christenheit ein, in dem das Verhältnis von Kirche und Welt von der Erneuerung der Kirche her neu bestimmt wird. Auch die politische Gestalt der Welt hat dadurch entscheidende Veränderungen erfahren.

Eine isolierte Betrachtung der Reformation in Loslösung von ihrem geschichtlichen Hintergrund und ihrer Umgebung ist nicht möglich. Sie ist ein lange anhaltender Prozeß, der mit der Konsolidierung von konfessionell bestimmten Kirchen im europäischen Raum endet, aber über diesen auch schon hinausgreift und neue Formen des kirchlichen und politischen Lebens sowohl in den Gebieten ihres Ursprungs als auch im Zuge der Besiedelung Amerikas im 17. Jahrhundert hervorgebracht hat. Die Reformation ist als die in breiter Front durchgeführte und von vielen zusammenwirkenden Motiven bestimmte Erneuerung der Kirche zu begreifen, die sich auch in einer neuen Ordnung der politischen Verhältnisse darstellt.

1. DER DEUTSCHE RAUM: WITTENBERG

Die Reformation im deutschen Raum ist mit der Gestalt *Martin Luthers* (1483—1546) verbunden. Luthers reformatorische Ziele sind von vornherein darauf abgestellt, die Kirche als ganze zu erneuern und Leben und Lehre der Kirche in Übereinstimmung zu bringen. Zu dieser Aufgabe weiß sich Luther als der Inhaber des biblischen Lehramtes berufen, das er an der 1502 gegründeten Universität zu Wittenberg innehat.

In seiner *Vorlesung über den Römerbrief,* die er 1515/16 gehalten hat, spricht er aus, daß Lehre und Leben der Kirche derart zusammenhängen, daß das eine zur Erläuterung des anderen dienen müsse. Das biblische Lehramt verpflichte ihn, die Mißstände in der Kirche offen anzusprechen, die die Konformität von Leben und Lehre der Kirche in Frage stellen. Der junge Luther übt ferner eine scharfe Kritik an der Welthaftigkeit der Kirche, die den Bischöfen und den kirchlichen Oberen die schweren Versäumnisse in bezug auf die Pflichten ihres geistlichen Amtes vorhält. Ebenso werden die Lehrer der Kirche angegriffen, die die biblischen Lehren vernachlässigt und statt ihrer die griechische Philosophie aufgenommen haben.

Diese *Kritik an Leben und Lehre der Kirche* führt Luther, lange bevor er in der Frage nach Berechtigung und Wirksamkeit des Ablasses mit den kirchlichen Oberen zusammengestoßen ist, zur Forderung einer umfassenden Erneuerung der Kirche. Diese wird aber nicht als Institution, sondern als das von Gott aus der Welt zusammengerufene und zur Heiligkeit des Lebens verpflichtete „Volk Gottes“ verstanden.

Im Kampf um den Ablaß (Thesenanschlag vom 31. Oktober 1517) haben die reformatorischen Ziele Luthers eine konkrete Ausformung erhalten, die ihn nötigt, die geschichtlichen Grundlagen der autoritären Instanzen in der Kirche von der Bibel her in Frage zu stellen. Gefördert durch die Weigerung des Kardinals Albrecht von Mainz, den von ihm geübten Ablaßhandel einzustellen, und veranlaßt durch die gegen ihn geführten Angriffe ist Luther zu *einem umfassenden kirchlichen Reformprogramm* gekommen, wie er es in seinen Schriften von 1520 entwickelt hat.

Dieses Reformprogramm ist auf die Erneuerung der Kirche in ihrer Gesamtheit gerichtet. Die geschichtlich gewordenen Institutionen wie Papst und Konzil werden einer strengen Kritik unterzogen; die Legitimität ihrer Ämter wird von den biblischen Grundlagen her bezweifelt. Gestützt auf die mit der Kombination von Verfall und Tradition arbeitende Geschichtsdeutung werden diese Institutionen als ein Ausdruck der Entartung der Kirche, als die Entfernung von den neutestamentlichen Grundlagen und als der Anbruch der geweissagten endzeitlichen Verwüstungen der heiligen Stätten selbst gedeutet.

Durch die Auseinandersetzung mit seinen Gegnern, die das Ablaßgeschäft verteidigt und ihn sofort der Häresie verdächtigt haben, ist Luther in nur knapp drei Jahren dazu geführt worden, die im Papsttum erscheinende Weltförmigkeit der Kirche als die Manifestation antichristlicher Kräfte und als Zeichen für die vollkommene Destruktion der Kirche anzusehen. Das Ziel einer Reform der Kirche an Haupt und Gliedern besteht deshalb für Luther in der Zurückführung der Papstkirche zu ihrer ursprünglichen Reinheit, Einfachheit und Heiligkeit, wie sie in den ersten drei Jahrhunderten leuchtend hervorgetreten ist.

Die Kritik Luthers bezieht sich sodann auf die Lehre der Kirche. Er stellt der überkommenen Theologie, die er als „theologia gloriae“ bezeichnet, die „theologia crucis“, die Theologie des Kreuzes, entgegen. Das Kreuz Christi wird in seiner ganzen historischen Faktizität festgehalten und zugleich als Sinngebung und Symbol christlichen Lebens verstanden.

Von der Betrachtung des Kreuzes her ist Luther zu einem *neuen Verständnis des christlichen Glaubens* gekommen. Dieser darf sich auf kein menschliches Werk gründen. Er besteht in der dankbaren Annahme der von Gott in Jesus Christus verheißenen Vergebung der Sünden und in der Bezeugung der von Gott durch Geist und Gnade gewirkten Erneuerung des Sünders durch die Tat. So ist der Glaube recht eigentlich die Grundlage der christlichen Person, die immer lebendige Quelle der menschlichen Existenz schlechthin.

Im Zusammenhang mit diesen neuen reformatorischen Einsichten steht *die Entdeckung des Wortes Gottes,* das, in der Bibel enthalten, die von Gott selbst gegebene Deutung des Werkes Jesu von Nazareth darstellt. Ebenso ist Luther von dem neu verstandenen Wort Gottes aus zu einer neuen Einschätzung der Sakramente gekommen. Diese werden auf Taufe und Abendmahl eingeschränkt, weil sie allein als die sichtbaren Zeichen für die im Worte dargebotene Sündenvergebung gelten können. Beide sind aber auch aufeinander bezogen, denn sie wirken die Inkorporation in Christus und die Stärkung und Vollendung des neuen geistlichen Menschen.

In seinen Schriften zum Jahre 1520 hat Luther also ein umfassendes Reformprogramm für den *Neubau von Kirche und Gesellschaft* entwickelt. Er hat damit die Grundgedanken der mittelalterlichen Ständeordnung aufgehoben und die prinzipielle Gleichordnung der beiden Größen von Kirche und Staat vorgenommen, durch die die freie Entwicklung der weltlichen Reiche möglich geworden ist.

Das von Luther aufgestellte Reformprogramm erlitt einen schweren Rückschlag durch den *Reichstag zu Worms* (1521). Zwar ist es diesem nicht gelungen, Luther zum Widerruf seiner Lehren zu bringen, aber die Einstellung Kaiser Karls V. trat deutlich auf dem Reichstag hervor: Er lehnte die Reformation für das Deutsche Reich ab. Notgedrungen ist durch diese Haltung des Kaisers auf dem Reichstag zu Worms das territoriale Prinzip für die praktische Durchführung der Reformation wirksam geworden.

Wie sich das politische Leben des Deutschen Reiches in seinen Ländern vollzieht, so hat auch die Reformation, nachdem sich ihr Karl V. für das Reich versagt hat und nachdem Papst und Bischöfe sich ihr verschlossen haben, *nur den Weg über die deutschen Länder nehmen* können. Das umfassende Reformprogramm Luthers ist dadurch an wichtigen Punkten eingeschränkt worden. Auch die konfessionelle Aufteilung Deutschlands und das Gegeneinander der sich politisch und kirchlich befehdenden Obrigkeiten sind letztlich in der von Karl V. auf dem Wormser Reichstag getroffenen Entscheidung begründet. Die territoriale Begrenztheit der Reformation und das Auftreten der evangelischen Kirchen als Landeskirchen gehören also nicht zu ihrem Wesen, sondern sind eine Folge der geschichtlichen Umstände.

Nach dem Reichstag zu Worms ist Luther dank der geheimen Vorbereitung des Kurfürsten Friedrichs des Weisen von Sachsen *auf die Wartburg verbracht* worden. Er sollte der Öffentlichkeit entzogen werden, war er doch mit seinen Anhängern mit dem kirchlichen Bann belegt worden, damit aber auch der Reichsacht verfallen.

Die Arbeiten, die Luther während seines Verweilens auf der Wartburg betrieben hat, sind von großer geschichtlicher Bedeutung. Da ist zunächst die *Übertragung des Neuen Testamentes in das Deutsche* zu nennen, die im Anschluß an den griechischen Text der von Erasmus von Rotterdam veranstalteten Ausgabe des Neuen Testamentes von 1518 erfolgt ist. Es hat zwar deutsche Bibelübersetzungen auch schon vor Luther gegeben, aber die Luthers hat sich mit einem Schlage durchgesetzt. Sie ist in einer dem Volk unmittelbar zugänglichen Sprache verfaßt und läßt die entscheidenden Heilsaussagen des Neuen Testamentes klar hervortreten.

Neben der Übertragung der Bibel, die also zuerst mit dem Septembertestament von 1522 erschienen und mit der des Alten Testamentes von 1534 zum Abschluß gekommen ist, hat Luther die „Kirchenpostille" verfaßt, um den Geistlichen für ihre Predigten eine Anleitung zur Auslegung des göttlichen Wortes zu geben. Auch grundsätzliche Äußerungen, z. B. zu den Fragen des Mönchtums und der relativen Berechtigung der für diese Lebensform abzulegenden Gelübde, hat Luther auf der Wartburg abgegeben.

Während des Aufenthaltes Luthers auf der Wartburg ist in Wittenberg und an anderen Orten *die Reformation in eine nicht von ihm beabsichtigte Radikalität umgeschlagen.* Führend ist dabei *Andreas Bodenstein, gen. Karlstadt,* der unter Berufung auf das Bilderverbot des Alten Testamentes die gewaltsame Entfernung aller Bilder aus den Kirchen betreibt. Weihnachten 1521/22 feiert er in der Schloßkirche zu Wittenberg das Abendmahl unter beiderlei Gestalt vor einer großen Gemeinde. Er hat die Priestergewänder abgelegt und den Kanon der Messe an wichtigen Stellen geändert. Der Rat der Stadt Wittenberg wird von ihm zum Erlaß einer neuen Armenordnung gedrängt.

Luther hat die Vorgänge in Wittenberg von der Wartburg aus mit Sorge verfolgt, um dann, gerufen vom Rat der Stadt, aber gegen den ausdrücklichen Willen seines Kurfürsten, in die erregte und verwirrte Gemeinde zurückzukehren. Es gelingt ihm, innerhalb von acht Tagen mit den bekannten *Invokavitpredigten* die Ordnung wiederherzustellen. Alle Reformen werden rückgängig gemacht und nur diejenigen bleiben in Kraft, die notwendig aus dem Glauben folgen und von der Liebe, d. h. von der Rücksichtnahme auf den Nächsten, bestimmt sind.

Im Anschluß an *die Wiederherstellung der Ordnung in Wittenberg* und anderen Orten hat Luther die Klärung des Kirchenverständnisses vorgenommen und das Verhältnis des Christen zu Welt und Obrigkeit neu bestimmt. *Die Kirche* wird als die um Wort und Sakrament versammelte Gemeinde umschrieben, in der Christus als der Erhöhte mit seinen Gaben gegenwärtig ist. Was *das Verhältnis zur Obrigkeit* anbetrifft, so hat Luther die Grenze des politischen Gehorsams, die dem Christen vom Glauben und dem Gebote Gottes her gesetzt ist, klar ausgedrückt. Jedes Überschreiten dieser Grenze durch die Obrigkeit hat den passiven (sogar den von Luther später betonten aktiven) Widerstand unter Übernahme aller Konsequenzen (Leiden!) zur Folge. Die sozialen Pflichten der Obrigkeit werden energisch betont.

Zwei grundlegende Auseinandersetzungen hat Luther im Jahr 1525 zu führen gehabt. Sie betreffen die Kontroversen erstens mit dem Humanismus, der durch Erasmus von Rotterdam repräsentiert wird, und zweitens mit den im Bauernkrieg aufgetretenen Kräften, die Luther zu weiteren Konsequenzen hinsichtlich der Aufgaben des Staates veranlaßt haben.

Durch den *Bruch mit dem Humanismus* ist einerseits die geistesgeschichtliche Stellung der Reformation, andererseits die Reinheit ihrer Ziele deutlich geworden. Dem frommen Rationalismus des Erasmus ist Luther von seiner Gottesanschauung aus entgegengetreten. Er betont das unbegreifliche Wirken Gottes in der Geschichte und im Leben der Menschen.

Die Auseinandersetzung mit dem Humanismus hat zu einer Läuterung der reformatorischen Arbeit Luthers beigetragen. Es kommt Luther nicht auf die Hilfe an, die die Gnade für die Entfaltung der an sich guten menschlichen Anlagen abgeben kann, sondern auf die Betonung der Alleinwirksamkeit Gottes, die auch das Wollen und das Vollbringen des in bezug auf das Heil ganz unfreien Menschen trägt. Für das Selbstverständnis des Menschen der Neuzeit ist die Abgrenzung Luthers vom Menschenbild des Erasmus mit seiner optimistischen Anthropologie von der größten Bedeutung geworden. Sie hat dazu geführt, daß der Mensch sich selbst vom Glauben her und von den in ihm ruhenden geistigen Kräften in seiner Totalität und als Einheit neu zu verstehen gelernt hat.

Auch *die Auseinandersetzung Luthers mit den im Bauernkrieg zum Durchbruch gekommenen Kräften* ist von wesentlichem Belang. Zwar ist es heute üblich, die Haltung Luthers im Bauernkrieg scharf zu verurteilen, da er mit den gegen die Bauern getroffenen Entscheidungen sich selbst untreu geworden sei und die soziale Revolution, die er eingeleitet haben soll, nicht fortgeführt habe.

Aber diese Deutung Luthers verkennt, daß seine Reformziele nicht von sozialen Aspekten beherrscht gewesen sind. Vielmehr ist es ihm auf die Erneuerung der Kirche und des christlichen Glaubens sowie auf die Hervorkehrung aller sich aus dem Glauben ergebenden ethischen Konsequenzen angekommen, die sich dann auch in der Gesellschaft auswirken.

Im Zusammenhang mit den durch den Bauernkrieg veranlaßten Auseinandersetzungen hat Luther *seinen sozialethischen Anschauungen* eine letzte, durchgebildete Gestalt gegeben. Sein Ideal ist keineswegs der Obrigkeitsstaat, als den man es immer wieder hingestellt hat, sondern der Rechtsstaat, der in seinen Funktionen von der Durchsetzung und Bewahrung des Rechtes her qualifiziert ist, unter das er sich selbst zu beugen hat, selbst wenn es seine Aufgabe ist, Zwang und Gewalt zur Durchführung des Rechtes zu gebrauchen. Aber diese sind nach Luther niemals um ihrer selbst willen da, sondern dem Staate von Gott her anvertraut, damit er den Menschen vor dem Menschen schützen und das Recht zu allgemeiner Anerkennung bringen kann.

Durch den Bauernkrieg ist es zu einer Erweiterung des sozialethischen Programms der Reformation gekommen. Die Anschauungen Luthers vom Staat und von der Haltung des Christen gegenüber der Obrigkeit, der er zwar zum Dienst, aber keineswegs zu bedingungslosem Gehorsam verpflichtet ist, beruhen auf der Trennung von Gesetz und Evangelium und auf der Einsicht, daß die Staatsordnung, in welcher Gestalt auch immer, das von Gott gegebene Mittel zur Eindämmung der sozialen Auswirkungen der menschlichen Sündhaftigkeit ist.

Zur Zeit seiner Auseinandersetzung mit dem Bauernkrieg und mit dem Humanismus hat Luther *eine weitere, für den Fortgang der Reformation bedeutsame Entscheidung getroffen.* Um für sich selbst die Übereinstimmung von Glaube und Leben zu dokumentieren, hat er einen Schritt von zeichenhafter Bedeutung getan. Im Juni 1525 hat er die ehemalige Nonne Katharina von Bora geheiratet, die wenige Jahre zuvor ihr Kloster verlassen hatte. Dieser persönliche Schritt ist durch ein neues Verständnis der

Ehe bestimmt. Dieses basiert auf ihrer neuen Wertung als göttlicher Schöpfungsordnung. Von ihr sind nur die Menschen auszunehmen, denen Gott die Gabe der Keuschheit verliehen hat. Luther hat mit seiner Verheiratung ein Zeichen setzen wollen, das die Natur als göttliche Schöpfung wertet, die mit der Verkündigung des Evangeliums durchaus zu verbinden ist.

In dem *Jahrzehnt von 1520 bis 1530* ist die kaiserliche Politik darauf gerichtet, das Wormser Edikt trotz heftigen Widerstandes der einzelnen deutschen Territorien im Reich zur Anerkennung zu bringen. Gerade dadurch verschärft sie auch die Opposition gegen ihre Pläne. Auf dem *ersten Reichstag zu Speyer von 1526* können die der Reformation zugetanen Reichsstände den Beschluß durchsetzen, daß es jede Obrigkeit mit der Durchführung des Wormser Ediktes halten solle, *wie sie sich vor Gott und kaiserlicher Majestät solches zu verantworten getraue.* Mit der rechtlichen Sicherung dieses Prinzips ist ein neues Moment von höchster politischer Relevanz für die weitere geschichtliche Entwicklung wirksam geworden: Es gibt die letzte Verantwortung des Menschen vor Gott, die das durch keine irdische Gewalt zu bezwingende letzte Motiv politischen Handelns ist.

Dieser wichtige Beschluß setzt andererseits den Fortgang der Reformation in der territorialen Begrenztheit fort, die ihr durch den Reichstag von Worms und die Entscheidung Karls V. aufgenötigt worden war. *Die Reformation kann künftig ihren Weg nur über die Länder nehmen.* Die sich ihr aufschließenden Gemeinden können praktisch nur in der Gestalt von Landeskirchen existieren. Diese äußere Form der Kirche bedeutet nicht den Verzicht auf die kirchliche Einheit und Universalität. Sie ist das Resultat der geschichtlichen Umstände, das die neue ökumenische Fragestellung in sich schließt.

Der *zweite Reichstag von Speyer von 1529,* der entsprechend einer zugunsten des Kaisers sich abzeichnenden politischen Lage die Aufhebung des Beschlusses des ersten fordert, führt zum *Protest der die Reformation der Kirche aufnehmenden Reichsstände.* Sie lehnen jede Entscheidung in Glaubenssachen aufgrund von Mehrheitsbeschlüssen entschieden ab. Das sich allein Gott verantwortlich wissende politische Handeln erwies sich als von eminent praktischer Bedeutung. *Die „Protestanten"* sind also diejenigen Reichsstände, die sich dagegen erhoben haben, daß man in Glaubensfragen der Mehrheit folgen müsse.

Alsbald nach dem Reichstag zu Worms hat die Politik einen konfessionell bestimmten Charakter angenommen. Diese Tatsache drückt sich in der Überzeugung aus, *daß man in politischer Hinsicht nur mit einem Partner zusammenwirken kann, mit dem man in der gleichen Glaubensüberzeugung verbunden ist.* So haben sich die Anhänger des Wormser Ediktes zu einem politischen Bündnis zusammengeschlossen. Die ihnen entgegenstehenden Kräfte finden sich im „Torgauer Bund" zusammen, der durch den jungen Landgrafen *Philipp von Hessen* zustande gebracht wird.

Dieser hat auch den weitschauenden Plan, die sich der Reformation öffnenden deutschen Territorien mit den gleichgerichteten Bewegungen in der Schweiz zusammenzuführen. Landgraf Philipp von Hessen hat sich deshalb um die Verständigung der „Protestanten" in Deutschland und in der Schweiz untereinander bemüht. So hat er *das Religionsgespräch von Marburg vom Oktober 1529* herbeigeführt, das die Lehrdifferenzen zwischen Luther und Zwingli beheben und das gemeinsame politische Handeln beiden Seiten ermöglichen sollte.

Die unterschiedlichen Standpunkte Luthers und Zwinglis sind besonders in den Fragen des Abendmahls hervorgetreten. Es ist nicht gelungen, Luther und Zwingli zu einer Einigung zu bringen. Während Luther die Kennzeichnung des Abendmahls als „geistliche Nießung" zugesteht, hat die andere Seite nicht die reale Präsenz Christi im Abendmahl annehmen können. Über der Frage nach der Gegenwart Christi im Abendmahl ist also die Einigung zwischen Luther und Zwingli unmöglich geworden. Die Folge des Marburger Religionsgespräches, dessen Resultate die „Marburger Artikel" festhalten, ist das Fehlen einer einheitlichen Vertretung der beiden Seiten auf dem Reichstag zu Augsburg.

Das kaiserliche Ausschreiben zum *Reichstag von Augsburg* (1530) betont, daß die verschiedenen Standpunkte vertreten und angehört werden sollen, um diese dann „zu einer einigen christlichen Wahrheit zu bringen und zu vergleichen". Karl V. sucht also die Glaubensfrage in Deutschland auf dem Wege der Verhandlungen und durch den Kompromiß zu lösen.

Die schwere Aufgabe, den Glauben der „Protestanten" auf diesem Reichstag zu vertreten, ist *Philipp Melanchthon* zugefallen. Luther kann als der durch das Wormser Edikt Geächtete an ihm nicht teilnehmen. Er verfolgt auf der nicht fernen Feste Coburg die Verhandlungen in steter Fühlungnahme mit Melanchthon in Augsburg mit Ratschlägen, Ermahnungen und mit Kritik.

Nach mehrfachen Überarbeitungen hat Melanchthon das *Augsburgische Bekenntnis* vollendet. Es ist von einer dreifachen Tendenz getragen. Es versucht erstens das reformatorische Wirken der „Protestanten" als die Beseitigung von offenkundigen kirchlichen Mißständen hinzustellen. Es ist sodann bemüht, den Zusammenhang mit der alten Kirche und ihren Lehren bei den Anhängern Luthers nachzuweisen. Es grenzt sich drittens von dem Lehrverständnis der Oberdeutschen und Zwinglis an entscheidenden Punkten ab. Die vier Städte Straßburg, Konstanz, Memmingen und Lindau haben als die Anhänger Zwinglis ein eigenes Bekenntnis vorgelegt, die sogenannte *Confessio Tetrapolitana*. Zwingli hat eine eigene *Fidei Ratio* dem Kaiser eingereicht.

Am 25. Juni 1530 ist das „Augsburgische Bekenntnis" in lateinischer und deutscher Fassung dem Reichstag vorgelegt worden, nicht als ein privates, sondern als das offizielle Bekenntnis derjenigen Gemeinden, die sich zu dem Glaubensverständnis Luthers bekennen und die Reformen annehmen, wie sie schon im Kurfürstentum Sachsen zur Durchführung gekommen sind. Im zweiten Teil des Augsburgischen Bekenntnisses werden diese Maßnahmen ausdrücklich gerechtfertigt.

Das Augsburgische Bekenntnis hat deutlich gemacht, daß das Selbstverständnis der Kirche sich künftig in Gestalt des Bekenntnisses und der Lehre aussagt, die nur im Akt des Bekennens lebendig zu erhalten sind. *Die Kirche tritt künftig als „Bekenntniskirche" in Erscheinung* — das ist das welt- und kirchengeschichtlich bedeutsame Resultat des Augsburger Reichstages. Luthers reformatorische Ziele waren damit zu einem freilich systematisierten, aber auch geordneten Ausdruck gekommen. Es war deutlich geworden, daß der Glaube sich in Lehre und Bekenntnis umsetzen muß, wenn er geschichtlich wirksam sein will.

2. DER SCHWEIZER RAUM: ZÜRICH UND GENF

Dem im deutschen Raum sich darstellenden Typus der Reformation, der durch Luther bestimmt ist, steht der in der Schweiz entstandene zur Seite. Seine Anfänge liegen bei Huldreich Zwingli, aber in seiner weiteren Entwicklung ist er durch Johannes Calvin geprägt worden. Dieser Typ hat sich besonders in westeuropäischen Ländern, namentlich in der angelsächsischen Welt, durchgesetzt. Als Neucalvinismus hat er sich bis nach Amerika verbreitet. Aber Zwingli hat den Grund gelegt, auf dem der Calvinismus geworden ist.

Für das Verständnis *Huldreich Zwinglis (1484–1531)* ist ein Blick auf seinen geistigen Werdegang aufschlußreich. Im Gegensatz zu Luther ist Zwingli von der Restaurationstheologie des Spätmittelalters ausgegangen, die die Probleme der Zeit durch den Anschluß an die großen Lehrer der Vergangenheit wie Thomas von Aquino und Johannes Duns Scotus lösen will. Zwingli ist auch nicht wie Luther der wissenschaftlich gebildete Theologe. Sofort nach dem Abschluß seiner Studien ist er als Weltgeistlicher in die praktisch-kirchliche Arbeit eingetreten. Sein reformatorisches Anliegen geht von der kirchlichen Praxis aus.

Frühzeitig haben *humanistische Einflüsse* auf ihn eingewirkt und sich mit denen des Thomismus in seiner Gedankenwelt verbunden. Erst in den Jahren 1518 und 1519 hat Zwingli das Schrifttum Luthers kennengelernt. Luther hat ihm ein tieferes Verständnis des Evangeliums von der Gnade Gottes, der Rechtfertigung und der Vergebung der Sünden erschlossen. Auch in seiner Auffassung von der menschlichen Willensfreiheit und in seinen Anschauungen von der Kirche ist Zwingli von Luther beeinflußt.

Die *Grundlage der Theologie Zwinglis* bildet ein philosophisch gearteter Gottgedanke. Gott wird als absolutes und vollkommenes Sein verstanden, dem höchste Geistigkeit und Vernunft eignet. Gott ist die erste Ursache für alles Geschehen in der Welt, das durch ihn in seiner Ordnung und zugleich in einer ständigen Bewegung erhalten wird. Zwinglis Gottesbegriff gipfelt in dem Gedanken der göttlichen Providenz, dem ewigen Vorherwissen Gottes, das alle Dinge in der Welt weise und vernunftvoll geordnet hat.

Die rationalen Züge im Gottesverständnis Zwinglis treten deutlich in seiner Deutung der Gestalt und des Werkes Christi hervor. Der für Luther so charakteristische Gedanke von der vollen Verleiblichung des göttlichen Logos liegt Zwingli fern. Die Menschwerdung Gottes deutet er als die „Annahme" der menschlichen Natur. Er preist Christus vor allem als den göttlichen Lehrer, der den Menschen zum Vorbild gegeben ist, und als den Stifter eines neuen Gesetzes, dem es nachzustreben gilt.

Die Erbsünde wird im Sinn der dem Menschen von der Geburt her anhaftenden sündlichen Neigung als „Krankheit" oder „Gebrechen" bezeichnet. Zwingli betont den geistigen Charakter des Glaubens, der vorwiegend als Vertrauen und als unmittelbar geistige Hingabe an Gott verstanden wird. Es paßt zu dieser Deutung des Glaubens, wenn Zwingli besonders seine psychologischen Momente wie Empfindung, Gefühl und Erfahrung hervorhebt: „Der Glaube ist eine Wirklichkeit, kein Wahn, keine Einbildung. Der Mensch fühlt im Herzen innerlich den Glauben."

Diese Motive seines Denkens erscheinen vor allem auch in Zwinglis Auffassung der

Sakramente. Sie sind für ihn Zeichen und Symbole geistiger und innerlicher Vorgänge, die sich unabhängig von ihnen abspielen. Entsprechend wird das Abendmahl als Symbol für den Opfertod Christi, als eine Handlung der Erinnerung und zugleich als ein Akt des Bekenntnisses zu Christus verstanden. Im Gegensatz zu Luther betont Zwingli, daß Christus im Abendmahl nur für die „bloße Seele" und für den „reinen Geist" gegenwärtig ist.

Die Fortführung des Werkes Zwinglis nach seinem frühen Tod, den er als Feldprediger in der Schlacht bei Kappel (1531) erlitten hat, und die Behebung der Differenzen zu Luther ist vor allem das Werk von *Martin Butzer (1491–1551)*. Dieser hat 1522 mit der Durchführung der Reformation in Straßburg begonnen. Dadurch ist er einerseits mit dem durch Zwingli vertretenen Typ der Reformation in Berührung gekommen, andererseits hat er frühzeitig Luthers Werk kennengelernt, von dem er schon im Anschluß an die Heidelberger Disputation von 1518 gewonnen worden war.

Butzer ist für *eine innerprotestantische Union,* für die Einigung von Luther und Zwingli eingetreten. Durch diese Unionsbemühungen nimmt er eine besondere Stellung in der Geschichte des Protestantismus ein. Der durch Luthers Reformation geprägten hessischen Kirche hat er nach der Aufforderung durch den Landgrafen Philipp von Hessen die erste evangelische Kirchenordnung gegeben. An den Religionsgesprächen, wie sie die kaiserliche Politik später veranlaßt hat, ist er maßgeblich beteiligt. Nach dem Augsburger Interim von 1548 ist er nach England gegangen, wo er eine höchst einflußreiche Wirksamkeit für den weiteren Gang der Reformation entfaltet hat.

Aber nicht Zwingli, sondern *Johannes Calvin (1509–1564)* hat den Typ des Protestantismus geprägt, der in der Schweiz zur Ausbildung gekommen ist. Durch ihn hat die Kirche mit der durch ihn bestimmten theologischen Eigenart ihrer Lehren eine ökumenische Weite verbunden, die ihr das Eindringen in die westliche Welt ermöglicht hat.

Frühzeitig ist Calvin mit dem Schrifttum Luthers in Berührung gekommen. Zunächst hat er dann als Prediger des Evangeliums in den geheimen evangelischen Kreisen Frankreichs gewirkt. Es folgen Jahre der Flucht, die ihn über Straßburg und Basel, über Italien und Frankreich wieder nach Straßburg führen. Hier ist er im Juli 1536 von Wilhelm Farel aus Genf veranlaßt worden, neben ihm in Genf zu bleiben und die kirchliche Reformation in die Hand zu nehmen. So ist Calvin zunächst an der Seite Farels in die Leitung der Genfer Kirche eingetreten, die er entsprechend seinen Zielen neu gestaltet hat.

In Straßburg hat Calvin noch sein grundlegendes Werk geschaffen, das den tief in die Probleme eindringenden, scharfen Genius erkennen läßt, *die „Institutio christianae religionis" („Unterricht in der christlichen Religion").* In der ersten Auflage, die 1536 zu Basel erschienen ist, folgt Calvin dem Großen Katechismus Luthers. Die zweite Auflage bringt eine Neugestaltung, sie beginnt mit Kapiteln über die natürliche Gotteserkenntnis und über das Wesen des Menschen. Die großen geschichtlichen Wirkungen sind aber erst von der letzten Ausgabe des Buches von 1559 ausgegangen. In ihm liegt eine bis ins letzte durchgegliederte Zusammenfassung aller Fragen des christlichen Glaubens und Lebens vor. Ein einfacher Aufbau ist für das Werk kennzeichnend. Calvin behandelt die Schöpfung, die Erlösung, die Heilsaneignung und das Leben in der Gemeinschaft mit

Christus. Auf diesem Fundament ruht das gewaltige Buch, das späteren Generationen zur Norm für Glaube und Leben geworden ist.

Im Mittelpunkt der Theologie Calvins steht die Gottesanschauung; einerseits ist sie an der Ehre Gottes orientiert, andererseits gipfelt sie in der Betonung der unbedingten Souveränität und Freiheit Gottes. Letztere hat Calvin besonders in seiner oft mißdeuteten Lehre von der Prädestination zum Ausdruck gebracht, die besagen will, daß es auf seiten des Menschen keinen zureichenden Maßstab für die Erkenntnis des unergründlichen göttlichen Willens gibt und daß die freie göttliche Gnade durch kein menschliches Verdienst erworben werden kann. Calvin versteht die Prädestination als „das doppelte Dekret" Gottes, das sich in der Erwählung des einen Teils der Menschheit und in der Verwerfung des anderen äußert. Letztlich will Calvin mit dieser Lehre auf die Frage eine Antwort geben, warum die Gnade bei einem Teil der Menschen offensichtlich unwirksam bleibt, während sie einem anderen zu Heil und Leben gereicht.

In der Ausformung seiner theologischen Gedanken kommt Calvin denjenigen Luthers am nächsten. Wie dieser so lehrt er die totale Verderbtheit der menschlichen Natur durch die Sünde. Der Mensch ist unfähig, sich selbst von ihr zu befreien, dem Zorn Gottes und der durch seinen Ungehorsam verletzten göttlichen Ehre genugzutun. Aus der Orientierung alles christlichen Handelns an seinen jenseitigen Zielen leitet Calvin die Einstellung des Christen zur Welt ab. Aus dieser Freiheit der Welt gegenüber ergibt sich für ihn die Verpflichtung zu einem immer aktiven sittlichen Handeln, das als Siegel für die Echtheit der inneren Erneuerung des Menschen anzusehen ist.

In seinem Kirchenbegriff unterscheidet sich Calvin von Luther. Die Kirche ist für ihn die Gemeinschaft der Erwählten, deren Zahl von Ewigkeit her feststeht. Als solche ist sie die „unsichtbare Kirche", deren Vorhandensein geglaubt werden muß. Sichtbar wird die Kirche durch die Sammlung der Glaubenden um Wort und Sakrament, wodurch auch ihr Zusammenhang mit der „unsichtbaren Kirche" hergestellt wird, denn diese kann nur dort sein, wo die um Sakrament und Wort versammelte Gemeinde ist.

Das Kirchenverständnis Calvins gewinnt nun aber seine besondere Note durch die Kennzeichen der Kirche, die diese als die wahre Kirche aufweisen muß. Calvin rechnet dazu die von Christus eingesetzten vier Ämter, durch die er sein Regiment über die Kirche ausübt: das Amt der Pastoren, die an die Stelle der Apostel getreten sind; das Amt der Doktoren, denen die Lehre der Kirche anvertraut ist; das Amt der Presbyter, die einen Senat von Laien bilden, und das der Diakone, die die soziale Fürsorge in der Gemeinde auszuüben haben. Ein weiteres Merkmal der wahren Kirche sind die Kirchenzucht bzw. der Bann, die der Reinerhaltung der Gemeinde und der Läuterung ihrer Glieder dienen. Sie kommen bei Abweichungen in der Lehre oder auch bei einem die Gemeinde verunehrenden unsittlichen Leben in Anwendung.

Das Kirchenverständnis Calvins trägt von vornherein *ein gesamtkirchliches Bewußtsein* in sich. Über alle nationalen Grenzen hinweg wissen sich die Kirchen als eine Einheit, weil sie die Kennzeichen der wahren Kirche – die vier Ämter und die Handhabung der Kirchenzucht – haben. Den calvinischen Gemeinden ist niemals das Bewußtsein ihrer Zusammengehörigkeit und einer gegenseitigen Verantwortung verlorengegangen, während im Luthertum die territoriale Abgegrenztheit der Kirchen voneinander ein solches ökumenisches Bewußtsein nicht hat aufkommen lassen.

Wenn allerdings das Kirchenverständnis Calvins ein gesamtkirchliches Bewußtsein einschließt, so *trägt es auch den Keim zu seiner Auflösung in sich.* Die wahre Kirche stellt sich dann in der einzelnen Gemeinde dar, wenn diese die Kennzeichen der wahren Kirche an sich trägt. In Zeiten der Not werden diese Gemeinden immer ihre Selbständigkeit und Unabhängigkeit gegenüber dem Staat behaupten können. Darum hat sich der Gedanke, daß die Kirche sich konkret in der einzelnen Gemeinde darstellt, an die Kirchenanschauung Calvins angeschlossen. So ist es zur Bildung independentistischer Gemeinden gekommen, wie sie im Kongregationalismus zutage getreten sind. Deshalb liegt in der Stärke des calvinischen Kirchenbegriffs mit seinem ökumenischen Bewußtsein zugleich eine große Schwäche verborgen, die zur Auflösung der Kirche in nicht mehr zusammenhängende Einzelgemeinden führen kann und tatsächlich auch geführt hat.

Aber über diesen Mangel hinaus hat die verfassungsmäßig festgelegte Mitarbeit der Laien an der Leitung und in der Praxis der Kirche eine große Bedeutung für die Gestaltung des öffentlichen Lebens im Bereich des Calvinismus erlangt. Durch die Aktivität ihrer einzelner Glieder haben die calvinischen Gemeinden einen dauernden Einfluß auf das politische, kulturelle und soziale Leben in den angelsächsischen und westlichen Ländern ausgeübt. Der Calvinismus hat durch dieses Moment seiner „christlichen" Aktivität die Öffentlichkeit und die Gesellschaft bestimmt, in der alle Lebenssphären mit christlichem Geist durchdrungen werden.

Von diesen Gedanken aus ist bei Calvin auch eine andere Regelung des Verhältnisses von Staat und Kirche als im Luthertum erfolgt. Die Kirche hat unter dem Einfluß Calvins als das „Gewissen" des Staates fungieren können, das dessen Maßnahmen zur Erfüllung der ihm zugesprochenen Beobachtung der beiden Tafeln des Dekalogs beurteilt bzw. ihn zu diesen anhält. Darum kann die Kirche dem Staat kraft göttlicher Autorität selbständig gegenübertreten, wenn dieser die ihm gezeigten Pflichten vernachlässigen sollte. In diesen Anschauungen über das Verhältnis von Staat und Kirche hat sich ein letztes Ideal für die Gestaltung des Lebens durch das Zusammenwirken dieser beiden Ordnungsmächte niedergeschlagen.

3. DIE REFORMATION IN ENGLAND UND IN SCHOTTLAND

Dem in Deutschland und in den skandinavischen Ländern im Luthertum und dem sich in der Schweiz und in den Niederlanden durchsetzenden Typ der Reformation ist eine eigene Ausprägung in England zur Seite getreten, in der deutsche und schweizerische, lutherische und calvinische Einflüsse sich mit der nationalen Gestaltung des kirchlichen Lebens verbunden haben.

Die Reformation in England nimmt ihren Ausgang von dem politischen Vorgehen König *Heinrichs VIII. (1509–1547)*. Ohne die päpstliche Entscheidung abzuwarten, löst er seine Ehe mit Katharina von Aragon, um sich mit der Hofdame Anna Boleyn zu verbinden. Im weiteren Vorgehen entzog er auch eigenmächtig die Kirche von England der päpstlichen Jurisdiktion. Im Februar 1531 beschließt der englische Klerus, die Suprematie des Königs über die englische Kirche anzuerkennen. Das Parlament verbietet jede Appellation des Klerus nach Rom. Nachträglich bestätigt ein päpstliches

Urteil die Gültigkeit der Ehe Heinrichs mit Katharina. Die Folge ist die Aufhebung jeder Verbindung der englischen Kirche mit dem Papsttum. Dieser Schritt wird, nachdem das Parlament die Ernennung der Bischöfe durch den König und die Unterstellung des Klerus unter die staatlichen Gesetze verkündet hat, durch die Suprematsakte von November 1534 auch öffentlich vollzogen. Dem König wird der Titel „Das einzige oberste Haupt der Kirche von England auf Erden" zuerkannt, ebenso wird ihm die Pflicht, für die Reinheit der Lehre zu sorgen, zugesprochen.

Das Vorgehen Heinrichs VIII. und die Lösung der Kirche von England von der päpstlichen Suprematie finden ihre Ergänzung durch eine Reihe von Lehrdokumenten, die Heinrich VIII. für die Kirche von England verkünden läßt. Sie zeigen zwar noch einen gewissen lutherischen Einfluß, aber es treten in ihnen doch auch schon die typisch anglikanischen Lehren der späteren Zeit hervor: der Primat des Papstes wird geleugnet, aber an der apostolischen Sukzession der Bischöfe wird festgehalten; neben der Heiligen Schrift und den altkirchlichen Glaubensbekenntnissen werden nur die Lehren der ersten vier Konzile anerkannt.

Unter Eduard VI., dem unmündigen Nachfolger Heinrichs VIII., verstärkt sich der Einfluß des Protestantismus, vor allem durch die vom Festland infolge des Interims vertriebenen Männer wie Martin Butzer u. a. Es kommt zu einer ersten Ausgabe des *Book of Common Prayer* („Allgemeines Gebetbuch") von 1549; eine revidierte Fassung, die zugleich die Formulare aller kirchlichen Handlungen enthält, wird 1552 eingeführt. Gleichzeitig wird das Glaubensbekenntnis der „Zweiundvierzig Artikel" als Lehrgrundlage für die Kirche von England angenommen. In ihm sind die lutherischen Lehrauffassungen zugunsten der typisch calvinischen zurückgetreten, so etwa hinsichtlich der Erhebung der Heiligen Schrift zur alleinigen Norm für die kirchlichen Lehren und das politische Handeln und in bezug auf die Abendmahls- und Prädestinationslehre.

Unter der Königin *Elisabeth I. (1558–1603)* werden die in der vorangegangenen Zeit einer katholischen Reaktion erlassenen Kirchengesetze wieder aufgehoben und durch eine neue Supremats- und Uniformitätsakte ersetzt. Der calvinische Einfluß hat sich unter dieser Königin noch stärker durchgesetzt, nachdem sie von Rom exkommuniziert worden war (1570). Das Glaubensbekenntnis der „Zweiundvierzig Artikel" erhält eine neue Fassung, die 1571 als das Bekenntnis der *Neununddreißig Artikel* vom Parlament verkündet wird.

Mit dieser Gestalt der Kirche, die die Geistlichkeit einer strengen Aufsicht unterwirft, und mit der Beibehaltung des Amtes des Bischofs, der Domkapitel und des Diakonats hat sich ein eigener Typ der Reformationskirchen in England herausgebildet. Er zeichnet sich durch die konservativen Elemente in der kirchlichen Verfassung und in den liturgischen Ordnungen sowie durch das im ganzen von Calvin bestimmte Lehrgut gegenüber den Reformationskirchen auf dem Festland aus.

Die Reformation in Schottland ist viel stärker als die in England in die politischen Auseinandersetzungen des Adels und der Bürgerschaft mit der Krone verwoben. Der Adel hat sich im sog. „Covenant" zusammengeschlossen, um die freie Predigt des Wortes Gottes zu ermöglichen und die „Gemeinde Gottes" im Land zu verteidigen. So kommt es unter dem schottischen Reformator *John Knox* infolge seiner das Volk aufbringenden Predigten gegen die ungerechte, gottlose Obrigkeit zum Bürgerkrieg.

Erst 1560 wird unter der Führung von John Knox in dem Vertrag von Edinburgh durch das schottische Parlament die Jurisdiktion des Papstes über die schottische Kirche aufgehoben. Die Meßfeier und alle dem protestantischen Bekenntnis widersprechenden kirchlichen Handlungen werden abgeschafft. Gleichzeitig wird die „Confessio Scotica", ein unter Leitung von John Knox verfaßtes, konsequent calvinisches Bekenntnis, vom Parlament verkündet.

Nach einer kurzen katholischen Epoche unter Maria Stuart folgt die Aufrichtung einer nach calvinischen Grundsätzen durchorganisierten schottischen Landeskirche. Ihr Aufbau, ihre Lehren und ihre Ordnungen sind in dem „Buch der Disziplinen" von 1561 festgelegt. Nach der presbyterialen Verfassung wird das Amt des Superintendenten als kirchliches Aufsichtsamt beibehalten. Die gottesdienstliche Ordnung schließt sich eng an die Grundsätze Calvins an, ebenso auch die Handhabung der Kirchenzucht nach Genfer Vorbild. Nach dem Tod von John Knox (1572) werden die calvinischen Grundsätze mit noch größerer Strenge in der Kirche von Schottland durchgeführt.

König Jakob VI., der Sohn der Maria Stuart, ist zwar in der neuen calvinischen Lehre erzogen worden, aber er lehnt die presbyteriale Kirchenordnung und die Enge und Strenge der calvinischen Einstellung zu allen Fragen des Glaubens und Lebens ab. Als Jakob VI. zugleich den englischen Thron (jetzt als Jakob I. gezählt) bestiegen hat, sucht er deshalb, die kirchlichen Verhältnisse Schottlands an die von England anzugleichen. Seinen absolutistischen Neigungen kommen die Verhältnisse in England entgegen. Gegen den Calvinismus hat er die Verbindung mit der anglikanischen Kirche ausgebaut, deren hierarchischer Aufbau und katholische Traditionen von ihm gefördert werden. Bei der englischen Geistlichkeit findet er in diesem Vorgehen Unterstützung.

Der Erzbischof *Bancroft von Canterbury* und der Bischof *William Laud* haben *die hochkirchlichen Theorien* entwickelt, wonach die Kirche ihre Spitze in der Krone findet und ihre Einheit an den äußeren Ordnungen hat, die die Krone festlegen kann. Der Episkopat beruht auf „göttlichem Recht", denn die Bischöfe sind die Nachfolger der Apostel. Im Gegensatz zum Calvinismus hält die hochkirchliche Theorie an der Lehre von der apostolischen Sukzession der Bischöfe fest. Man glaubt, mit dieser Lehre allein das Priestertum legitimieren und das Recht der Sakramentsspendung weitergeben zu können. Überhaupt werden bei dieser hochkirchlichen Auffassung des Amtes der sakrale Charakter und das Übergewicht des liturgischen Handelns betont, während Predigt, Katechese und Seelsorge in den Hintergrund treten.

Auf theologischem Gebiet herrscht bei den Vertretern der hochkirchlichen Theorie eine eigentümlich liberale Einstellung. Man unterscheidet zwischen fundamentalen, zur Seligkeit notwendigen und nicht fundamentalen Glaubensartikeln, die der theologischen Bearbeitung überlassen werden. Als das Wesentliche am Christentum erscheint der gelebte Glaube. Diese theologische Differenzierung läßt erkennen, daß schon im England des 16. und 17. Jahrhunderts der Einfluß des liberalen, sich vornehmlich am Rande der calvinischen Kirche ansiedelnden Humanismus besonders stark gewesen ist.

Wie die Kirchen der Reformation ihre Kritik vom Täufertum und Spiritualismus erfahren haben, so ist die Kirche von England vom Humanismus und seinen Einflüssen in schwere innere Konflikte geführt worden, in denen aber auch ein kräftiger Einschlag einer spiritualen Laienfrömmigkeit mitgewirkt hat.

ZWANZIGSTER SCHWERPUNKT:

Laienchristentum und Humanismus

Mit der Schaffung des Augsburgischen Bekenntnisses und dem Vierstädtebekenntnis sind in Deutschland und der Schweiz die ersten maßgeblichen Dokumente des Protestantismus für das neue Verständnis des christlichen Glaubens und Lebens geschaffen worden. In diesen Urkunden wird die Abgrenzung von jener anderen Richtung innerhalb der breiten reformatorischen Bewegung vollzogen, die sich in den Täufern und in den (nach Luther so genannten) „Schwärmern“ sowie in gewissen humanistischen Strömungen darstellt.

Die Täufer und die „Schwärmer“ kommen darin überein, daß sie die Kirche in jeder Form ablehnen. Sie führen eine leidenschaftliche Polemik gegen den kirchlichen Typ der Reformation, wie ihn Luther, Zwingli und Calvin geprägt haben.

Beide Gruppen bekämpfen die Verfestigung des Glaubens, die sie im Katholizismus und bei den reformatorischen Kirchen wahrnehmen. Insbesondere wenden sie sich gegen die Aufrichtung der Autorität der Bibel durch Luther, der damit an die Stelle des von ihm gestürzten Papsttums einen neuen „papiernen Papst“ gesetzt habe. Beide wollen nicht nur die Lehre, sondern das Leben reformieren, weil Luther, wie sie ihm vorwerfen, auf halbem Weg stehen geblieben ist. Es gelte jetzt, sein Werk fortzuführen und die Reformation der Lehre durch die des Lebens zu vollenden.

Die Täufer verstehen die Kirche als die Gemeinde der wahrhaft Glaubenden, die aber ganz auf die Freiwilligkeit ihrer Glieder gestellt ist. Zur Reinerhaltung der Gemeinde üben sie eine strenge Kirchenzucht. Sie haben auch gewisse kirchliche Handlungen, die sie aber in ihrem Sinn deuten. Die Taufe wird nur als Gläubigentaufe geübt. Sie gilt als Siegel unter die Echtheit der erlebten Wiedergeburt. Das Abendmahl ist vorwiegend Gedächtnismahl und Bekenntnisfeier der Gemeinde.

Die Ethik der Täufer orientiert sich an der Bergpredigt. Sie will die kompromißlose Befolgung der Gebote Jesu. Die Täufer haben deshalb den Bruch mit der bestehenden Gesellschaft vollzogen. Als die Gemeinden der Heiligen leben sie in vollständiger Zurückgezogenheit von der Welt. Jede Beteiligung an den Ordnungen des menschlichen Gemeinschaftslebens wird verworfen. Sie übernehmen keine staatlichen Ämter, leisten vor Gericht nicht den geforderten Eid und sind unerbittlich in der Verwerfung des Kriegsdienstes. Hohe Opfer haben sie für die Aufrechterhaltung dieser ihrer Ideale gebracht, wofür man ihnen dankbar sein muß, denn der jetzt erst allgemein anerkannte rechtliche Schutz für die Verweigerung jeglichen Kriegsdienstes aus religiösen oder Gewissensgründen geht auf sie zurück.

Bei dem Täufertum des 16. Jahrhunderts handelt es sich um eine Massenbewegung, die nur deshalb dem historischen Blick entschwunden ist, weil sie von den Kirchen des

16. Jahrhunderts verfolgt und oft grausam unterdrückt worden ist. In der Täuferbewegung haben wir ein glaubensstarkes Laienchristentum vor uns, dessen führende Geister mit wenigen Ausnahmen nicht gelehrte Theologen, sondern oft ehemalige Priester, Mönche, vor allem aber einfache Christen gewesen sind.

Im Vordergrund der täuferischen Theologie steht der Gedanke vom „Erleiden Gottes", der in uns selbst die Bedingungen schaffen muß, unter denen sich sein Leben entfalten kann. Der Mensch muß sich dabei ganz passiv verhalten, er muß „armgeistig" oder „gelassen" werden, wie etwa Thomas Müntzer betont. Wir müssen, nach Müntzer, die „Entgröbung" und „Entwerdung" vollziehen, indem wir uns von allen Kreaturen und sinnenhaften Vorstellungen abwenden. Erst dann kann das Ich zur Stätte der Offenbarung Gottes werden.

Manchmal gehen diese Gedanken schon in den Rationalismus über. Das „innere Wort" identifizieren nämlich manche täuferischen Kreise mit dem „Licht der Natur", das ebenfalls in uns ist. In diesem Sinne hat Leonhard Schiemer das Wort „Das Reich Gottes ist inwendig in euch" (Lk 17,21) ausgelegt: „So ist es nun gewiß, daß ein jeder Mensch hat in sich ein Licht, das ihm anzeigt, was gut und böse ist."

Dieser Deutung entspricht das Verständnis der Wiedergeburt, die als die Geburt Christi in der Seele bezeichnet wird.

Die Anschauungen der Täufer erscheinen auch besonders deutlich in ihrer *Auffassung der Sakramente*. Diese werden als gleichnishafte Handlungen oder Symbole für den allein realen inneren Vorgang gewertet. Sie sind die äußere Bestätigung einer ihnen vorausgegangenen inneren Glaubenserfahrung. Die Täufer haben dabei eine feste Ordnung für die Vorgänge des inneren Lebens, namentlich in bezug auf die Taufe. Das erste ist die Predigt des göttlichen Wortes; das zweite ist der Glaube, der aufgrund der Predigt gefaßt wird; das dritte ist der Gebrauch der Sakramente zur Bestätigung des Vorhandenseins des Glaubens. In geradezu moderner Weise betonen die Täufer den kognitiven Sinn der Taufe. Konsequent verwerfen sie die Kindertaufe. Das Abendmahl wird rein symbolisch aufgefaßt. Es ist ein Bekenntnisakt, ein Mahl nur für die Reinen.

Die stärksten geschichtlichen Wirkungen aber sind von der Ethik der Täufer ausgegangen. Das sittliche Handeln erwächst aus der radikalen Entgegensetzung von Gott und der Welt. Doch gibt es da auch viele Unterschiede im einzelnen, die auch eine radikale Wendung wie etwa bei Thomas Müntzer erfahren haben. Christus ist nach *Thomas Müntzer* (1490–1525) gekommen, um das Unkraut von dem Weizen zu scheiden. Man muß sich deshalb von der glaubenslosen Welt trennen.

Während ein Teil der Täufer die Ablehnung des Staates als einer nur für die sündige Welt geltenden Ordnungsmacht vertritt, hat Thomas Müntzer in ausgesprochen scharfem Gegensatz zu Luther dem Staat die Aufgabe zugesprochen, als „christliche Obrigkeit" das Evangelium mit Gewalt in der Welt zu vertreten: „Wollt ihr nun rechte Regenten sein, so müßt ihr das Regiment bei der Wurzel anheben, und, wie Christus befohlen hat, treibt seine Feinde von den Auserwählten, denn ihr seid die Mittler dazu... Lasset die Übeltäter nicht länger leben, die uns von Gott absondern... Denn ein gottloser Mensch hat kein Recht zu leben, wo er die Frommen hindert." Wenn die Obrigkeit dieser Aufgabe nicht nachkommt, muß zur Erhebung gegen sie aufgerufen werden.

So hat Thomas Müntzer den Appell zur Revolution im Namen Christi ausgehen lassen. Erst mit ihr kann die Reformation wahrhaft vollendet werden: „Anders kann die christliche Kirche zu ihrem Ursprung nicht wieder kommen. Man muß das Unkraut ausraufen aus dem Weingarten Gottes in der Zeit der Ernte; dann wird der schöne rote Weizen beständige Wurzeln gewinnen und recht aufgehen."

Andere Täufergruppen sind mit ihren Idealen bis zur Gütergemeinschaft und einer geradezu modern anmutenden Planwirtschaft fortgegangen. Aber nur in der vollkommenen Separation von der Welt haben sie sich behaupten können. Der „Nächste" ist für sie nicht der sündige Mitmensch, sondern allein der Wiedergeborene, der auch alle äußeren Güter mit den Gleichgesinnten teilen wird.

Noch radikaler als die Täufer haben *die Spiritualisten und einzelne Humanisten* den Bruch mit der Welt vollzogen. Sie verzichten überhaupt auf das Leben in der Gemeinschaft, weil durch sie immer das Innerliche veräußerlicht und der Geist unterdrückt wird, der frei und ungebunden sein will. Die Täufer sind für die Spiritualisten nur eine neue „Sekte" oder Partei, die neben die vorhandenen, die päpstliche, lutherische und zwinglische, getreten ist. In ihrer Stellung zur Gemeinschaft unterscheiden sich Täufer und Spiritualisten.

Dabei gibt es auch viele Variationen unter den Spiritualisten selbst. Mit *Paracelsus* ist der Spiritualismus die Verbindung mit der Naturphilosophie der Renaissance eingegangen. In *Sebastian Franck* begegnet uns eine neue Deutung der Geschichte, die wie eine Vorwegnahme moderner Gedanken anmutet.

In *Kaspar Schwenckfeld* hat der Spiritualismus eine letzte Konsequenz erreicht. Schwenckfeld will den „Mittelweg" zwischen allen Parteien und Sekten gehen. Die wahre Kirche ist die Geistgemeinde, zu welcher die Wiedergeborenen in allen Konfessionen gehören. Gerade weil die Handlungen der Kirche nur Äußerlichkeiten sind, kann der Spiritualist die Separation von der Kirche nicht mehr vollziehen. Er unterzieht sich ihren Ordnungen, die ja im Hinblick auf die Unmittelbarkeit des Geistes nur leere, abbildhafte Handlungen sind. Schwenckfeld erstrebt die „unparteiische" Haltung allen Kirchen und Gemeinschaften gegenüber. Er will nichts als ein „Christ" sein. „Man halte mich für einen Wiedertäufer oder wofür man wolle, so gibt mir's, gottlob, nichts zu schaffen. Ich danke Gott, daß ich ein Christ bin."

In ähnlicher Weise wie die Spiritualisten denken auch die Humanisten, die besonders dem Calvinismus entgegengetreten sind. Sie üben scharfe Kritik an der Prädestinationslehre Calvins. Sie tadeln das von ihm ausgeübte strenge Kirchenregiment und kommen bis zu einer Verneinung der Kirche und aller ihrer Lehren überhaupt. *Michael Servet* hat die kirchliche Trinitätslehre leidenschaftlich bekämpft. Seine Ideen haben bei den Sozinianern fortgewirkt. Gerade gegen den antikirchlichen Humanismus hat sich aufs neue die Bekenntnisbildung in dem calvinischen Protestantismus erhoben, die dann die kirchlichen und bekenntnismäßigen Züge in ihm verstärkt hat.

EINUNDZWANZIGSTER SCHWERPUNKT:

Die reformatorischen Bekenntnisse

Die reformatorische Bekenntnisbildung läßt sich nicht aus einer Wurzel herleiten. Früher wurde das politische Moment betont (H. v. Schubert), das bei der Bekenntnisbildung entscheidend mitgewirkt haben sollte. Heute weiß man, daß es nicht möglich ist, in ihm die allein treibende Kraft für die Aufstellung von Bekenntnissen zu sehen. Wenn man das reiche, heute zugängliche Material an Stellungnahmen, Gutachten und Ratschlägen überblickt, die dem Augsburgischen Bekenntnis in bekenntnisartiger Gestalt voraufgegangen sind, so wird klar, daß man die verschiedensten Motive für die Bekenntnisbildung in Anschlag zu bringen hat.

Eine Vorstufe für das offizielle protestantische Bekenntnis, die Confessio Augustana, bilden die sog. *Fränkischen Bekenntnisse*, die fast ausschließlich in Franken in den Jahren 1524–1530 entstanden sind. Ebenso muß man an die bekenntnisartigen Äußerungen der evangelischen Stände erinnern, die teils für den Augsburger Reichstag abgefaßt sind, teils private oder offizielle Äußerungen der Reichsstände darstellen. Oft handelt es sich auch um Gutachten und Äußerungen einzelner Theologen, Geistlicher oder der von den Städten und Kurfürsten beauftragten Kommissionen.

Diese bekenntnisartigen Äußerungen sind deshalb so bedeutsam, weil sie die Umsetzung der reformatorischen Ziele in die Praxis, die Übertragung der reformatorischen Gedanken auf den Alltag und seine Probleme zeigen. Man erkennt an ihnen, wie die reformatorischen Gedanken Luthers bei ihrer Anwendung auf die kirchliche Wirklichkeit notwendigerweise vereinfacht und umgeformt oder auch mit anderen Ideen durchsetzt worden sind.

Blickt man auf die Theologie dieser frühen evangelischen Bekenntnisse, so herrscht durchaus nicht der Einfluß Luthers vor. Ebenso stark ist der Eindruck, den Zwingli mit seiner Reformation gemacht hat. Man begegnet einer durchaus nicht einheitlichen Auffassung von Taufe und Abendmahl. Daneben steht ein gewisser theologischer Humanismus, der z. B. der Kirchengeschichte das Beweismaterial gegen den Katholizismus und seine Bräuche entnimmt, indem aufgezeigt wird, welchen heidnischen Quellen sie entstammen. Er stellt aber auch die philologisch-kritische Exegese in den Dienst der Arbeit, um die Nützlichkeit und Verständlichkeit der erneuerten kirchlichen Zeremonien und Lehren zu betonen und diese als dem einfachen Mann zugängliche hinzustellen.

Diese bekenntnisartigen Aussagen unterstreichen das Schriftprinzip und wenden sich gegen die katholische Sakramentsmagie. Gegen eine institutionell gebundene Frömmigkeit betonen sie die Verinnerlichung und die persönliche Heilsaneignung durch den Glauben. Sie sehen darin das letzte Ziel aller kirchlichen Arbeit. Vor allem wird auch der Opfercharakter der Messe verurteilt. Ebenso werden der Verdienstgedanke und jede Auffassung der guten Werke, die auf ihn führen könnte, zurückgewiesen.

In die Nähe dieser Bekenntnisse gehören die sog. *Torgauer Artikel*, die ja ebenfalls eine Vorstufe der „Confessio Augustana" abgeben. Sie dienen der Rechtfertigung der im Kurfürstentum Sachsen vorgenommenen Veränderungen. Auch die Schwabacher und Marburger Artikel sind als eine Vorstufe anzusehen.

Die *Marburger Artikel* betonen die Gemeinsamkeit des Glaubens zwischen den deutschen und den schweizerischen Protestanten, zwischen Luther und Zwingli. Sie sind bestrebt, die Gegensätze tunlichst abzumildern und die Übereinstimmung hervorzuheben. Sie sind das Ergebnis des Marburger Religionsgesprächs und stellen nur den Gegensatz in bezug auf die Abendmahlslehre heraus. Die Frage nach der leiblichen Gegenwart Christi im Abendmahl wird offengelassen, weil eine Einigung zwischen Luther und Zwingli nicht zu erreichen war. Immerhin hat Luther zugestanden, daß die „geistliche Nießung" des Leibes und Blutes Christi einem jeden Christen besonders nötig sei, während Zwingli sich nicht zum Zugeständnis der realen Präsenz entschließen konnte.

Zu den Vorstufen des Augsburgischen Bekenntnisses gehört auch *Luthers Bekenntnis von 1528,* das er seiner Schrift „Vom Abendmahl Christi, Bekenntnis" angehängt hat. Luther hat es als ein öffentliches Dokument zum Beweis seiner Übereinstimmung mit den Lehren der ganzen Christenheit, der Alten Kirche und mit der Hl. Schrift abgefaßt. Es ist im Grunde ein Kompendium seiner Theologie, das er im Bewußtsein des göttlichen Gerichtes und seines bevorstehenden Todes niedergeschrieben hat. Dieses Bekenntnis ist triadisch gebaut, während die anderen genannten Bekenntnisse das Heilswerk und den Heilsweg des Christen zur Grundlage ihres Aufrisses machen.

Das erste protestantische Bekenntnis offiziellen Charakters ist die von Melanchthon abgefaßte *Confessio Augustana,* der die Marburger und Schwabacher Artikel sowie Luthers Bekenntnis und die Torgauer Artikel als Vorlage gedient haben.

Seinen offiziellen Charakter hat dieses Bekenntnis dadurch erlangt, daß es das gemeinsame Bekenntnis einer Reihe von Fürsten und Städten ist, die es unterzeichnet haben. Die Landesherren und Stadträte vertreten mit ihm offiziell die in ihrem Bereich geübte Predigt und Lehre. Das politische Moment spielt in diesem Bekenntnis insofern eine Rolle, als es vom Kaiser eingefordert ist, um als Grundlage für die Bereinigung des Glaubenszwiespaltes im Reich zu dienen. Durch die Entgegennahme und Anerkennung als gemeinsames Bekenntnis der deutschen Territorien durch Kaiser und Reich hat die „Confessio Augustana" ihren offiziellen Charakter erhalten.

Das Augsburgische Bekenntnis ist unter drei Gesichtspunkten zu charakterisieren. Es ist erstens allgemein christliches Bekenntnis. Es hebt die Übereinstimmung der von ihm vertretenen Lehren mit der Heiligen Schrift und mit denen der Alten Kirche hervor. Es bekundet damit seinen Willen zur Katholizität, wie ihn das Schlußwort noch einmal unterstreicht. Es beginnt mit Ausführungen über Gott und die Trinität, über die Erbsünde und das Werk Christi, um damit auch die Übereinstimmung mit der katholischen Kirche in den grundlegenden Fragen des Glaubens zu betonen.

Die „Confessio Augustana" ist zweitens lutherisches Lehrbekenntnis. Sie gibt den

Glauben der Anhänger Luthers wieder. Dies kann aber nur so geschehen, daß die Grundgedanken der Theologie Luthers geordnet, zusammengefaßt und im Hinblick auf den allgemeinen Zweck des Bekenntnisses ausgerichtet, d. h. systematisiert und vereinfacht werden.

Die „Confessio Augustana" ist schließlich drittens kursächsische Apologie. Es werden die kirchlichen Änderungen gerechtfertigt, die im Kurfürstentum Sachsen vorgenommen worden sind. Das Augsburgische Bekenntnis dehnt diese Apologie auf diejenigen evangelischen Territorien aus, die diese Veränderungen gleichfalls durchführen. Mit der Vornahme von Änderungen in diesem Sinne werden sie zu Anhängern des Augsburgischen Bekenntnisses, werden sie tatsächlich evangelisch.

In ihrem zweiten Teil behandelt die „Confessio Augustana" die praktisch-kirchlichen Fragen unter Verwendung der Torgauer Artikel. Sie trägt damit zugleich einen kirchlich-apologetischen Charakter.

Jede Interpretation der „Confessio Augustana" muß diese ihre Eigenart zugrunde legen, denn diese ist nicht zuletzt darin begründet, daß die „Confessio Augustana" zwar von Melanchthon verfaßt ist, daß sie aber auch die Grundgedanken der Theologie Luthers wiedergibt, so daß sie auch von Luther aus zu interpretieren ist. Das von Luther eröffnete Verständnis des Glaubens hat sich in Lehre und Bekenntnis umgesetzt.

Die „Confessio Augustana" bringt mit diesem Vorgang einen wichtigen Prozeß zum Abschluß, der allerdings mit der verschiedenartigen Bekenntnisbildung schon vorher eingesetzt hat. Die Kirche ist durch ihn zur Bekenntniskirche geworden. In ihren Aussagen über sich selbst, d. h. in ihrem Bekenntnis, spricht sich die Kirche hinsichtlich ihres Glaubens und ihrer Ordnungen aus, legt sie ihr Verständnis des Evangeliums, ihr Verhältnis zur Heiligen Schrift und den altkirchlichen Lehren nieder.

Es kommt deshalb dem Augsburgischen Bekenntnis eine besondere Bedeutung für die Geschichte des Christentums und der Theologie zu. Durch sie wird eine neue Epoche in der Geschichte der Kirche eingeleitet, denn mit ihr beginnt eine Entwicklung, die sofort auch auf den Katholizismus und die Orthodoxie überspringt: Die Kirche wird zur Konfessionskirche. In der Form des Bekenntnisses wird die rechte Interpretation des Evangeliums mit allen sich aus ihr ergebenden Konsequenzen für das gesamte kirchliche Leben festgehalten.

In den Artikeln über die Kirche wird der institutionelle Charakter der Kirche hervorgehoben. Die Kirche ist die „Gemeinschaft der Heiligen" oder die Versammlung der wahrhaft Glaubenden, die an dem Vorhandensein von Wort und Sakrament zu erkennen ist. Es wird aber bemerkt, daß Wort und Sakrament „in rechter Weise" (= „recte") gelehrt und dargereicht werden müssen. Es bleibt aber offen, wie der Zusatz „in rechter Weise", d. h. das Rechtmäßige eben dieser Auslegung des Evangeliums und der Darbietung der Sakramente, zu sehen ist.

In bezug auf das Abendmahl (Art. 10) wird die reale Gegenwart von Leib und Blut Christi betont, aber die Frage nach dem Wie dieser Gegenwart wird nicht näher berührt. Die spezifisch lutherischen Lehren in bezug auf das Abendmahl fehlen, offenbar deshalb, weil ihre Hervorhebung die Verständigung mit den Katholiken erschwert hätte. Später hat Melanchthon den Abendmahlsartikel umgeändert und die Hervorhebung der realen Gegenwart Christi fallengelassen, ebenso sich nur in abschwächender Weise dahin geäußert, daß mit der Darreichung von Brot und Wein den Gläubigen Leib und Blut Christi gegeben werde.

Wichtig ist zu erkennen, von welchen Punkten im Bekenntnis nicht die Rede ist. Es fehlt die Idee des allgemeinen Priestertums. Es wird nichts über den päpstlichen Primat und die Stellung des Papstes in der Kirche gesagt; es fehlt also die scharfe Kritik Luthers am Papsttum. Die Fragen nach dem Verhältnis von Schrift und Tradition und nach der Stellung der Bischöfe werden ebenfalls nicht berührt. Die „Confessio Augustana" sagt nachdrücklich, daß lediglich „gewisse Traditionen und Mißbräuche" auf evangelischer Seite geändert worden seien; sie sagt dies, um den Gegensatz zum Katholizismus im Hinblick auf das Einigungswerk des Kaisers tunlichst abzuschwächen. Luther hat deshalb über das Augsburgische Bekenntnis geurteilt, daß es ihm „fast wohl" (= „recht gut") gefalle, daß er aber „so leise nicht treten" könne, wie es Melanchthon getan habe.

Läßt man das Augsburgische Bekenntnis als Ganzes auf sich wirken, so muß man feststellen, daß es die Gedanken Luthers in den Formeln Melanchthons wiedergibt. Man könnte den Einfluß Melanchthons vielleicht noch stärker herausarbeiten, aber das eigentliche Problem der „Confessio Augustana" würde dadurch nicht berührt. Es besteht darin, daß es in zeitgeschichtlich gebundener Weise die Wahrheit des Evangeliums aussagt, die in dem ganz bestimmten Bekenntnis zu Person und Werk Christi gefunden wird. Deshalb betont das Augsburgische Bekenntnis, daß zur Einigkeit der Kirche nicht die Übereinstimmung in den äußeren Riten und Handlungen notwendig sei, sondern daß das einigende Band in dem Bekenntnis zu Jesus Christus besteht, wofür dann auch wieder alle Freiheit im einzelnen gelassen wird.

Das Augsburgische Bekenntnis ist in lateinischer und deutscher Fassung am 25. Juni 1530 vor Kaiser und Reich verlesen und in beiden Fassungen dem Kaiser ausgehändigt worden. Alsbald nach seiner Übergabe verfertigten die Katholiken in aller Eile eine *Confutatio,* d. h. eine Widerlegung oder Zurückweisung, die ebenfalls dem Kaiser übergeben wurde.

Die „Confutatio" stellt eine erste katholische Auseinandersetzung mit den von der „Confessio Augustana" angerührten Fragen dar. Sie bemüht sich, vom Boden der Hl. Schrift aus zu argumentieren und der von dem Augsburger Bekenntnis vertretenen Kritik an den offenkundigen Mißständen gerecht zu werden, allerdings ohne die Tiefe der Argumentation der „Confessio Augustana" oder ihr Sendungs- und Geschichtsbewußtsein zu erreichen. Erst anläßlich des 450-Jahr-Jubiläums der Übergabe der „Confessio Augustana" an Kaiser und Reich ist sie in einer kritischen Ausgabe erschienen. Diese läßt jetzt stärker, als es früher möglich war, einerseits das theologische Bemühen der „Confutatio" um Verständigung mit der Gegenseite, andererseits aber auch die ihr wie der „Confessio Augustana" fehlende reichsrechtliche Fundierung erkennen.

Melanchthon nahm, während sie vorgetragen wurde, einige Notizen und verfertigte noch in Augsburg eine *Apologie* zur Augsburgischen Konfession, mit der er die katholischen Auffassungen zurückweist und die katholische Interpretation des Augsburger Bekenntnisses widerlegt.

In dieser Apologie ist Luther noch stärker als in der „Confessio Augustana" zurückgetreten. Hier spricht vorwiegend Melanchthon. Hier begegnen uns seine späteren charakteristischen Anschauungen, so besonders in bezug auf Gesetz und Evangelium, die Buße, die Rechtfertigung und die guten Werke, die Akzentuierung der Gewissenserschütterung und den aus der göttlichen Verheißung der Sündenvergebung zu schöpfenden Trost.

Der Theologenkonvent zu Schmalkalden hat die Apologie zum Bekenntnis erhoben. Damit ist klar geworden, daß das Luthertum in seiner Kirche nicht nur Luther, sondern auch Melanchthon umfaßt. Dem gleichen Konvent haben auch *Luthers „Schmalkaldische Artikel“* vorgelegen. Sie haben aber erst später die Anerkennung als Bekenntnisschrift durch ihre Aufnahme in das Konkordienbuch erfahren. Luther hat sie im Hinblick auf das von Papst Paul III. für das Jahr 1536 nach Mantua ausgeschriebene Konzil verfaßt.

Diese Artikel haben drei Teile. Der erste Teil handelt von „den hohen Artikeln der göttlichen Majestät“, über die keine Differenzen mit den Katholiken bestehen. Der zweite Teil behandelt das Amt und Werk Jesu Christi *oder* unsere Erlösung. Er hat Tod und Auferstehung Christi zum Inhalt. Diese können allein durch den Glauben, durch kein Werk oder Verdienst von menschlicher Seite angenommen werden. Nach Luthers Meinung steht auf diesem Artikel, d. h. in der Auffassung und Aneignung des Werkes Christi, der ganze Gegensatz gegen das Papsttum.

Der dritte Teil der Artikel umfaßt die Fülle der strittigen Probleme über die Sünde, das Gesetz, die Sakramente, über Taufe und Abendmahl und das Amt der Schlüssel. Schließlich werden die Kirchenzucht, die Ordination und das Problem der Priesterehe behandelt. Die Artikel schließen mit einer Zusammenfassung ab, in der das Wesen der Kirche und das Anliegen der Rechtfertigung – wie wird man vor Gott gerecht? – behandelt werden.

Im Gegensatz zur „Confessio Augustana“ und zur Apologie ist in den Schmalkaldischen Artikeln die Hoffnung auf den sog. „Religionsvergleich“, d. h. praktisch auf die Erhaltung der Einheit der abendländischen Kirche durch den Kompromiß in den umstrittenen Glaubensfragen, ganz aufgegeben. Die Überschrift zu Teil III der Artikel bemerkt, daß eine Verständigung über die genannten praktischen Fragen mit den Katholiken kaum möglich sei und daß sich deshalb die Anhänger Luthers untereinander verständigen müßten. Deshalb bringen die Schmalkaldischen Artikel die Notwendigkeit einer Verständigung der Protestanten untereinander, damit allerdings auch der Abgrenzung von der römischen Kirche deutlich zum Ausdruck.

Erst später ist durch die Aufnahme in das Konkordienbuch von 1580 der an sich selbständige *Traktat Melanchthons „Über die Gewalt und den Primat des Papstes“* mit den Schmalkaldischen Artikeln verbunden worden. Ursprünglich sollte diese Abhandlung die in der Augsburger Konfession nicht besprochenen Fragen des päpstlichen Primates und der päpstlichen Jurisdiktion behandeln, also eine gewisse Ergänzung zur „Confessio Augustana“ bieten.

Melanchthon hat in aller Schärfe in seinem Traktat das „göttliche Recht“ des Papsttums zurückgewiesen und es aus Schrift und Geschichte widerlegt. Die Entstehung des Primats wird auf das 8. Jahrhundert zurückgeführt, in dem sich die römische Kirche zum „Haupt aller Kirchen“ aufgeworfen habe. Von da an hat die päpstliche Herrschaftsform, von Melanchthon als „Tyrannei“ bezeichnet, sich in unchristlichen

Lehren und Kirchengebräuchen derart ausgebreitet, daß man heute das Papsttum als „das Reich des Antichrist" fliehen müsse.

Es ist eine Besonderheit des Traktats Melanchthons, daß er die Obrigkeiten als „hervorragende Glieder der Kirche" anspricht, die als solche das Werk der Reformation in die Wege leiten müssen. In dieser Auffassung der Obrigkeit und ihrer Reformationspflicht liegt eine entscheidende Abweichung von Luthers Anschauungen. Luther hat von der Obrigkeit keineswegs so wie Melanchthon gesprochen. Er hat sie stets als eine Art „Notbischof" bezeichnet, die beim Versagen der Bischöfe und des Papstes für die Reformation in der Not einzutreten habe. In den Anschauungen Melanchthons ist dagegen die Entwicklung in Richtung auf das Landeskirchentum und den landesherrlichen Summepiskopat gegeben, wenn der Obrigkeit als solcher die hervorgehobene Stellung in der Kirche eingeräumt wird.

Zu den Bekenntnissen der Reformation gehören auch der Große und der Kleine Katechismus Luthers. Jener ist aus einer Predigtreihe hervorgegangen, die Luther vom Mai bis Dezember 1528 in Wittenberg gehalten hat. Die Nachschriften zu diesen Predigten hat er überarbeitet, so daß zunächst das erste Hauptstück mit den zehn Geboten, dann die Auslegung des apostolischen Glaubensbekenntnisses und schließlich die Auslegung des Vaterunsers zum Abschluß gekommen sind. Im April 1529 ist dann der „Deutsche Katechismus" erschienen, den Luther in der Vorrede als den „Großen Katechismus" bezeichnet.

Der Kleine Katechismus ist aus den Visitationen des Jahres 1528 mit ihren deprimierenden Ergebnissen herausgewachsen. Er ist von Luther im Dezember 1528 abgefaßt, als er am dritten Hauptstück für den Großen Katechismus gearbeitet hat. Der Kleine Katechismus sollte vor allem den in den Fragen des Glaubens zu wissen notwendigen und darum zu lernenden Stoff zusammenfassen.

Die beiden Katechismen stehen durchaus selbständig nebeneinander. Nach Luthers Vorrede soll der Große Katechismus enthalten, was ein jeder Christ notwendigerweise wissen müsse, so daß er, der solches nicht weiß, nicht unter die Christen gezählt und zum Abendmahl nicht zugelassen werden sollte. Mit diesen Werken hat Luther den in der Christenheit üblichen Katechismusstoff, der die Gebote, das Glaubensbekenntnis und das Vaterunser zum Inhalt hat, zusammenfassen wollen. Erst 1525 sind in Wittenberg die Taufe und das Abendmahl hinzugekommen, so daß insgesamt fünf Hauptstücke entstanden sind.

Die beiden Katechismen sind in das Konkordienbuch von 1580 aufgenommen worden. Dieses hat sie als die „Laien-Bibel" bezeichnet, darin alles begriffen ist, was in der Heiligen Schrift weitläufig behandelt wird und einem Christenmenschen zu seiner Seligkeit zu wissen vonnöten ist. Sie sind aber auch „Zeugnis und Erklärung des Glaubens", wie er in der Heiligen Schrift enthalten ist.

Blickt man auf die bisher genannten Bekenntnisschriften, so muß man feststellen, daß sowohl Luther als auch Melanchthon in der gleichen Weise in ihnen vertreten sind. Von Melanchthon stammen die Augsburgische Konfession, die Apologie und der Traktat über den Primat und die Gewalt des Papstes, während die Schmalkaldischen Artikel, der Große und der Kleine Katechismus von Luther herrühren. Damit ist klar geworden, daß nicht nur Luther, sondern auch Melanchthon in der gleichen Weise und in dem gleichen Umfang in die Lutherischen Bekenntnisschriften gehören. Aber gerade diese Tatsache, daß in ihnen beide in gleicher Stärke vertreten sind, hat alsbald nach dem Tod Luthers die Gegensätze zwischen den Anhängern der beiden Kirchenlehrer aufbrechen lassen, die schon in ihrer Theologie angelegt sind.

Alsbald nach dem Tod Luthers sind deshalb schwerwiegende *Auseinandersetzungen innerhalb des Luthertums* aufgetreten, die sich an die Lehren Luthers bzw. Melanchthons anschließen. Die Anhänger Luthers, die sog. Gnesiolutheraner, erstreben einen Biblizismus, eine Gebundenheit aller Aussagen an die Hl. Schrift, ganz im Sinne Luthers. Die Anhänger Melanchthons, die sog. Philippisten, vertreten demgegenüber einen theologischen Humanismus. Die Gnesiolutheraner kämpfen für eine größere Selbständigkeit und Unabhängigkeit der Kirche gegenüber den Obrigkeiten, während die Philippisten mehr an die Verbindung von Staat und Kirche im Sinne Melanchthons denken. Beide Gruppen stimmen aber darin überein, daß sie die Kirche als die Kirche der „reinen Lehre“ verstehen. Beide Gruppen wollen die Reinheit der Lehre für die Kirche erhalten; die einen machen dabei Luthers, die anderen Melanchthons Theologie zum Maßstab für den Umfang und den Inhalt dessen, was „reine Lehre“ sein soll.

Auf die Schärfe der Gegensätze innerhalb des Luthertums hat aber auch die politische Lage eingewirkt. Nach dem *Augsburger Interim von 1548,* das der Kaiser nach dem für ihn glücklichen Ausgang des Schmalkaldischen Krieges mit seinen rekatholisierenden Tendenzen erlassen hat, werden die Gegensätze noch verschärft. Melanchthon hat bei der Erstellung des sog. *Leipziger Interims,* eines Auszugs aus dem Augsburger Interim, mitgewirkt. Es ist eine, aber nur für Kursachsen geltende, äußerlich mehr evangelisch erscheinende Abwandlung des Augsburger Interims, die die schlimmsten politischen Folgen zu vermeiden sucht. Tatsächlich aber hat Melanchthon sich zu den schlimmsten Zugeständnissen bereitfinden lassen (z. B. Anerkennung der Siebenzahl der Sakramente, des Papstes und der weltlichen Stellung der Bischöfe), unter der Voraussetzung allerdings, daß die „reine Lehre“ – die Vergebung der Sünden um Christi willen – frei gepredigt werden dürfe.

Gegen das Augsburger und Leipziger Interim und besonders gegen Melanchthon als den Urheber des letzteren hat sich sofort die leidenschaftliche Opposition der Anhänger Luthers erhoben. Ihnen kommt in diesen Auseinandersetzungen das geschichtliche Verdienst zu, gegenüber den Kompromissen Melanchthons die Substanz des Luthertums bewahrt und das Wesen der Reformation gerettet zu haben.

Zwei bedeutende Männer stehen auf seiten der Genesiolutheraner, der Reformator Nürnbergs, *Andreas Osiander* (gest. 1552), der nach seiner Vertreibung durch das Interim bei Herzog Albrecht von Preußen in Königsberg Aufnahme gefunden und hier das Werk der Reformation fortgeführt und der Kirche ihre lutherische Gestalt gegeben hat. Osiander hat besonders Luthers Christusanschauung und Rechtfertigungslehre kombiniert und die Rechtfertigung als die Gerechtigkeit des in uns wirkenden Christus gedeutet.

Der andere bedeutende Mann der Genesiolutheraner ist *Matthias Flacius Illyricus* (gest. 1575). Flacius ist der geistige Führer des Widerstandes gegen das Interim. Ihm verdankt die lutherische Theologie grundlegende Werke auf den Gebieten der Kirchen- und Dogmengeschichte sowie des Neuen Testamentes. Unter der Leitung von Flacius sind zwei bedeutende Geschichtswerke entstanden, die die Anschauungen Luthers am historischen Stoff selbst durchführen: die „Magdeburger Centurien“ und der „Katalog der Zeugen der Wahrheit“. In beiden Werken wird die Lehre zum Kriterium der geschichtlichen Entwicklung des Christentums gemacht; die Zeugen der Wahrheit haben sie auch in den dunkelsten Epochen der Kirchengeschichte vertreten.

Eine grundlegende Bedeutung kommt dem hermeneutischen Werk von Flacius zu, dem „Schlüssel zum Neuen Testament“. Flacius hat als erster die Probleme der Hermeneutik, das Verstehen einer fremden Schrift und die Deutung der uns fernstehenden Urkunde entwickelt. Er fordert die sachliche Exegese; die Sache aber ist Christus. Seine Auslegung gipfelt in der Christusbezogenheit der Schrift.

Die Philippisten haben so bedeutende Männer wie Osiander und Flacius nicht aufzuweisen. Auf ihrer Seite reproduziert man mehr oder weniger die Formeln und Anschauungen Melanchthons.

Eine Reihe von *Streitigkeiten zwischen den beiden Gruppen* haben das Luthertum gespalten.

Der adiaphoristische Streit wird um die Frage geführt, wie weit man in äußeren Dingen, den sog. „Adiaphora“ oder „Mitteldingen“, nachgeben könne, ohne mit der Schrift in Widerspruch zu geraten. Flacius hat in diesen Auseinandersetzungen den Satz geprägt: „Im Stande des Bekenntnisses und des Ärgernisses ist nichts ein Adiaphoron.“

Der majoristische Streit, nach einem Schüler von Melanchthon, Georg Major, genannt, geht um die Frage, ob gute Werke zur Seligkeit nötig seien oder nicht. Ihre Notwendigkeit hat Major behauptet, während Nikolaus von Amsdorf ihre Schädlichkeit herausgestellt hat.

Im antinomistischen Streit kämpft man um die Bedeutung des Gesetzes für die Rechtfertigung und das neue Leben des Wiedergeborenen.

Der synergistische Streit behandelt die Frage, ob der Mensch aufgrund einer gewissen Willensfreiheit zu seiner Bekehrung mitwirken könne oder ob er sich dabei völlig passiv verhalten müsse, weil die Bekehrung des Menschen das Werk Gottes ist.

Die Auseinandersetzungen spitzen sich im Fortgang dieser Erörterungen auf die Frage zu, *wie tief die Sünde in den Menschen eingedrungen* sei, ob sie auch seinen Willen ergriffen habe. Flacius hat in diesen Auseinandersetzungen die Meinung vertreten, daß die Erbsünde die „Substanz“ der menschlichen Natur ausmache, also ihn immer wesensmäßig bestimme.

Der sog. *osiandrische Streit* schließt an die Rechtfertigungslehre des Andreas Osiander an, der die Rechtfertigung als die Gerechtmachung des Menschen durch den infolge des Glaubens in ihm wohnenden Christus verstanden hat, während die Philippisten demgegenüber die Rechtfertigung als einen forensischen Akt, d. h. vornehmlich als Gerechtsprechung aufgrund der Satisfaktion Christi, aufgefaßt haben.

Im *Abendmahlsstreit* wird der Einfluß der calvinischen Abendmahlslehre auf das Luthertum untersucht. Die Hinneigung zum Calvinismus ist mit dem Ziel der Herstellung einer gesamtprotestantischen Einheit verbunden. Aber diesen Tendenzen ist es gelungen, die lutherische Abendmahlslehre neu zu formulieren und sie gegen die schweizerischen Anschauungen abzugrenzen.

In den *christologischen Auseinandersetzungen* ist es schließlich zu einer Lösung gekommen, die mehr den Anschauungen Luthers als denen Melanchthons entsprochen hat. Das Neue und Fortschrittliche besteht in der Trennung der christologischen Fragen von den speziellen Problemen und des Abendmahls.

Die Gegensätze zwischen Gnesiolutheranern und Philippisten haben die Einheit des Luthertums ernsthaft gefährdet. In dieser Lage ist von dem Herzog Christoph von Württemberg der Anstoß ausgegangen, *die Einheit des Luthertums* durch eine Verständigung der evangelischen Fürsten und Stände unter Ausschluß der Theologen herbeizuführen. So sind die verschiedenen Fürstentage zustande gekommen, die die einzelnen Landeskirchen in einer gewissen Lehreinheit verbinden.

Jakob Andreae (gest. 1590) hat das nord- und süddeutsche Luthertum zusammengeführt und auf die Herstellung einer gesamtlutherischen Lehreinheit hingearbeitet. Ihm kamen analoge Bestrebungen in Braunschweig, Wolfenbüttel und Rostock entgegen.

Ihr Ergebnis ist *die Bildung der Konkordienformel,* die 1577 im Kloster Berge bei Magdeburg entstanden ist. Sie hat zwei Werke aufgenommen, das Bergische Buch und das Torgauer Buch. Aus ihnen hat Andreae einen Auszug, die Epitone, hergestellt, die den ersten Teil der Konkordienformel bildet. Die Konkordienformel hat die Einheit des Luthertums gerettet, weil sie die Gegensätze zwischen Genesiolutheranern und Philippisten überbrückt hat, indem sie die Extreme, wie sie besonders Flacius und Osiander vertreten haben, ausgeschieden hat. Andererseits hat sie jede Hinneigung zu calvinischen Gedanken, etwa in bezug auf die Abendmahlsanschauung, aufgegeben. Auch die Übersteigerung der melanchthonischen Anschauungen hat sie ausgeschlossen.

Die geschichtliche Bedeutung der Konkordienformel ist eine doppelte. Sie hat *erstens* die innere Zerrissenheit des deutschen Luthertums beseitigt. Sie hat seine Einheit erhalten und damit einen Typ des Protestantismus in seiner geschichtlichen Eigenart und nach seiner glaubensmäßigen Bestimmtheit bewahrt.

Zweitens: Indem die Konkordienformel aber die Einheit des Luthertums herstellt, hat sie auf die Einheit des Protestantismus überhaupt verzichten müssen. Das weitere Vordringen des Calvinismus in Deutschland ist durch die Konkordienformel unmöglich geworden. Es hat sich deshalb neben dem Luthertum der calvinische Typ in seiner Eigenart weiter entwickelt und behauptet. Die Geschlossenheit des Luthertums aber ist nur auf der Grundlage der jetzt erreichten Lehreinheit möglich geworden.

Die lutherischen Bekenntnisschriften sind von diesem Gedanken und der in ihnen enthaltenen Einheit der Lehre bestimmt. Sie bilden ein mehr oder weniger geschlossenes „Corpus doctrinae".

Die reformierten Bekenntnisse sind dagegen nicht von dem Gedanken der Lehreinheit wie die lutherischen beherrscht. Sie wollen vielmehr als Zeugnisse des Glaubens verstanden werden, die in bestimmter geschichtlicher Lage zur Bezeugung desselben abgelegt worden sind. Sie fordern damit ihrerseits zur Wiederholung eben dieses Aktes des Bekennens in neuer geschichtlicher Situation heraus.

Die wichtigsten frühen reformierten Bekenntnisse sind das „Vierstädtebekenntnis" (= „Confessio tetrapolitana") von 1530, das ja dem Augsburger Reichstag vorgelegt worden ist, die Lehrartikel des Berner Synodus von 1532, das Baseler Bekenntnis von 1534 und das „Erste Schweizer Bekenntnis" (= „Confessio helvetica prior") von 1536.

Diese frühen vorcalvinischen Bekenntnisse bringen Zwinglis Gedanken nur noch abgeschwächt zum Ausdruck. Sie sind auf eine mögliche Annäherung des gesamten Protestantismus bedacht. In ihnen hat sich vor allem der Geist Martin Butzers und seines Freundes Wolfgang Capito, eines Straßburger Predigers, niedergeschlagen. Der Einfluß Zwinglis macht sich nur noch bei der Sakramentslehre bemerkbar, die allgemein als Symbole geistig-seelischer Vorgänge verstanden werden und das Vorhandensein von Glaube und Liebe bezeugen. Auf Zwingli weist auch die strikte Ablehnung der Bilder in den Kirchen hin. Sie werden verworfen, weil Gott selbst sie in seinem Gesetz verboten hat. Endlich macht sich der Einfluß Zwinglis in der Betonung der von Gott gewollten Stellung der Obrigkeit bemerkbar, die immer eine „Christliche Obrigkeit" zu sein und sich als solche zu beweisen hat.

Die Besonderheit dieser Bekenntnisse besteht in der praktischen Abzweckung der Heilslehre. Das Ziel der Rechtfertigung ist die Bewährung im Leben, der aktive Dienst an den Brüdern und das Fortschreiten des einzelnen wie der ganzen Gemeinschaft unter der Herrschaft des Geistes Christi. Das Kennzeichen für die Echtheit des Glaubens liegt also in den Früchten, d. h. in den Werken, die er hervorbringt. So fällt eben doch ein anderer Akzent auf die Erneuerung und Heiligung des Christen als bei Luther.

In den reformierten Kirchen sind aber nicht diese vorcalvinischen, sondern *die aus nachcalvinischer Zeit stammenden Bekenntnisse* von geschichtlicher Wirkung gewesen. Sie stellen die Anwendung des durch Calvin bestimmten Verständnisses des Evangeliums auf die konkreten kirchlichen Verhältnisse dar. Der Einfluß Zwinglis ist in ihnen ganz zurückgetreten. Aber auch die Anschauungen Calvins sind in diesen Bekenntnissen in gewisser Weise gemildert, ihre Schärfen ihnen genommen worden.

Das gilt namentlich für die Lehre von der Prädestination. Die meisten nachcalvinischen Bekenntnisse bringen sie in abgeschwächter Form, nämlich ohne die Reprobation zum Ausdruck. In bezug auf das Abendmahl haben sich die calvinischen Auffassungen durchgesetzt und diejenigen Zwinglis verdrängt. Auf diese Weise ist die Herstellung einer gewissen einheitlichen Lehrauffassung auch im Calvinismus möglich geworden.

Folgende Bekenntnisse stammen aus spät- oder nachcalvinischer Zeit:

1. Das Gallikanische Bekenntnis (= „Confessio gallicana") von 1559, ein für die erste Nationalsynode von Paris ursprünglich von Calvin verfaßtes, dann leicht abgeändertes Bekenntnis.

2. Das Schottische Bekenntnis von 1560, verfaßt von John Knox; es ist mit dem „Bündnis" (= „Covenant") von 1561 verbunden.

3. Das Belgische Bekenntnis (= „Confessio belgica") von 1561, das später eine endgültige Fassung durch die Synode von Dordrecht (1619) erhielt.

4. Das Ungarische Bekenntnis von 1562.

5. Die Neununddreißig Artikel der Kirche von England von 1562, denen als eine erste Fassung die Zweiundvierzig Artikel von 1552 vorausgegangen sind.

6. Der Heidelberger Katechismus von 1563, der zunächst für die zum Calvinismus übergegangene Pfalz, dann überhaupt für die deutschen Gebiete (Nassau-Dillenburg, Sayn-Wittgenstein, Solms, Isenburg, Wied, Lippe, Bremen) weite Verbreitung und Anerkennung gefunden hat.

7. Das umfangreiche Spätere Schweizer Bekenntnis (= „Confessio helvetica posterior") von 1562, das, verfaßt von Heinrich Bullinger, dem Nachfolger Zwinglis,

nicht nur in der Schweiz, sondern auch in Frankreich, Schottland und den Niederlanden angenommen wurde.

8. In diesen Zusammenhang gehören auch die Canones der Synode von Dordrecht (1619), die noch einmal im Gegensatz zu den humanistischen Strömungen die Lehren Calvins zusammenfassen, besonders auch in bezug auf die Prädestination.

9. Als letztes Bekenntnis ist die „Westminster-Konfession“ von 1647 zu nennen, die das Bekenntnis der presbyterianischen Kirche in England geworden ist.

Diese Bekenntnisse haben in den reformierten Kirchen Geltung gefunden. *Sie sind als die einzigartige Bezeugung des Glaubens in der einmaligen historischen Situation zu verstehen.* Sie sind nicht wie die Bekenntnisschriften des Luthertums auf die Herstellung einer Lehreinheit ausgerichtet. Sie fordern deshalb dazu auf, ein gleiches Zeugnis, wie sie es selbst abgegeben haben, in neuer geschichtlicher Situation zu wiederholen. Die Sammlung der reformierten Bekenntnisschriften ist also im Prinzip nicht abgeschlossen. Sie kann jederzeit durch neue Bekenntnisse, die den Akt des Bekennens in neuer Stunde ablegen, ergänzt werden, wie denn tatsächlich das Barmer Bekenntnis von 1934 in die neueste Ausgabe der reformierten Bekenntnisschriften mit aufgenommen worden ist (u. a. Wilhelm Niesel).

In dieser unterschiedlichen Auffassung des Bekenntnisses – im Luthertum wird die Lehreinheit, die für die Kirche verbindlich ist, betont, im Calvinismus herrscht die Ablegung des Zeugnisses vor, das sich hier und jetzt im Akt des Bekennens bewährt – liegen die wesentlichen Unterscheidungsmerkmale zwischen den lutherischen und reformierten Bekenntnisschriften. Aber man muß betonen, daß beide Seiten wichtige Züge des Bekenntnisses festgehalten haben, so daß heute weder die eine noch die andere Seite eine Ausschließlichkeit für sich beanspruchen kann.

ZWEIUNDZWANZIGSTER SCHWERPUNKT:

Die Erneuerung der katholischen Kirche

1. DIE ANFÄNGE IN SPANIEN UND ITALIEN

Der Katholizismus hat in einer eigenen Reformbewegung, die man nach älteren Vorstellungen auch heute noch gelegentlich als „Gegenreformation" zu bezeichnen pflegt, eine innere Erstarkung und eine Belebung der Frömmigkeit, dazu eine äußere Regeneration und die Entbindung frischer missionarischer Kräfte, oft unter dem ausgesprochenen Gegensatz gegen den Protestantismus, erfahren, die ebensosehr der Ausdruck wie das weitergehende Ziel einer Erneuerung der katholischen Kirche gewesen sind.

Es handelt sich dabei um eine bis in die frühen zwanziger und dreißiger Jahre des 16. Jahrhunderts zurückgehende Bewegung. In den vierziger Jahren dieses Jahrhunderts und um 1560 hat sie fast ganz Europa erfaßt. Sie führt mit der Erneuerung auch zu einer tiefgreifenden Umbildung der katholischen Kirche gegenüber ihrer spätmittelalterlichen Ausgangsposition.

Es hat lange gedauert, bis auch das Papsttum von dieser Erneuerungsbewegung erfaßt worden ist, ist es doch im ausgehenden 15. und zu Beginn des 16. Jahrhunderts zu einer Art von Renaissancefürstentum herabgesunken, dessen Inhaber lange Zeit ohne Verständnis für den Ernst der Lage der Kirche gewesen sind. Man war blind gegenüber dem Verfall der Kirche, deren Organisation in Auflösung begriffen war, deren Episkopat und Klerus in großer Zuchtlosigkeit dahinlebten, während es an Nachwuchs für das Mönchtum und die Geistlichkeit fehlte und die oberen und geistig führenden Kreise in der Gesellschaft der Kirche entfremdet waren.

Das Papsttum selbst ist sogar durch seine Politik, die es insbesondere dem deutschen Kaiser gegenüber betrieben hat, zu einem Beförderer des Protestantismus geworden. Es hat den Kaiser dadurch genötigt, auf die Bekämpfung der Ketzer überhaupt zu verzichten und die Berufung des Konzils, das die Erneuerung der Kirche an Haupt und Gliedern vornehmen sollte, vom Papst zu erzwingen.

Die Erneuerung der katholischen Kirche, die schließlich auch das Papsttum ergriffen hat, hat in *Spanien* begonnen. In politischer und kultureller Hinsicht hat Spanien zu Beginn des 16. Jahrhunderts die besondere Stellung in Europa behaupten können. Die spanische Macht hat sich über die ganze iberische Halbinsel mit Ausnahme von Portugal ausdehnen können. Auch in Neapel, Sizilien und im oberen Italien hat sie Fuß gefaßt. Mit den Kronen der spanischen Länder hat Kaiser Karl V. die der Niederlande und die deutsche Kaiserkrone vereinigen können.

Das spanische Volk selbst hat eine ungeheure Aktivität und eine gewaltige Expansionskraft bei seinen Entdeckerfahrten über den Ozean zu neuen Ländern entfaltet. In einem jahrhundertelangen Kampf gegen Juden und Mauren hat es die Reinheit des Glaubens bewahren, sich gegen jede völkische Vermischung behaupten und dem Rivalen Frankreich gegenüber sich siegreich durchsetzen können. Die spanische Hegemonie steht so am Anfang der neueren europäischen Geschichte. Man hat nicht zu Unrecht die Zeit von 1480 bis 1580 das „spanische Jahrhundert" in der Geschichte Europas genannt.

Auch in kultureller Hinsicht nimmt Spanien in dieser Zeit eine besondere Stellung ein. Der Humanismus, von den Niederlanden her eingedrungen, hat in Spanien, befördert durch den Kardinal Ximenes, eine Bereicherung durch die Berührung mit der jüdischen und arabischen Kultur empfangen.

In religiöser Hinsicht erscheint die neu belebte spanische Frömmigkeit am reinsten in der *spanischen Mystik*. Diese hat ihre große Vertreterin in *Teresa de Jesus* (gest. 1582). Neben ihr steht ihr Schüler und Seelenleiter *Johannes vom Kreuz* (gest. 1591), ebenfalls als ein Repräsentant dieser neuen Art von Frömmigkeit. Ihr Kennzeichen ist ein herber und asketischer Spiritualismus, der sich von allen geistigen und natürlichen Empfindungen abkehrt, um durch den „geistlichen Tod" den allen menschlichen Gefühlen entgegenwirkenden Gott zu finden.

Ein weiteres Charakteristikum dieser Mystik ist ihre Kirchlichkeit, die bewußte Unterordnung unter die Seelenführung der geistlichen Oberen und den Beichtvater. Schließlich gipfelt sie in der Betonung der Tat, d. h. der Ethik, die höher als die Ekstase eingeschätzt wird. Das schlichte, demütige Werk ist von größerem Wert als alle Visionen.

In psychologischer Hinsicht nimmt die spanische Mystik die Zerlegung und Aufgliederung des religiösen Erlebnisses vor. Sie hat mit dieser Entdeckung der Seele und der kritischen Betrachtung ihres Lebens einen großen Einfluß auf die europäische Geistesgeschichte ausgeübt. Die französische und die deutsche Mystik des 16. und 17. Jahrhunderts haben sich unter ihrem Einfluß entwickelt, so daß die spanische Mystik auf diesem Wege auch das innere Leben der katholischen und der evangelischen Christenheit in Deutschland beeinflußt hat.

Neben Spanien sind auch in *Italien* die Ansätze zu einer Erneuerung der katholischen Kirche aufgebrochen. Sie erstreben ebenfalls deren Umwandlung von innen her und wollen vor allem Leben und Frömmigkeit der Geistlichen wie der Laien erneuern. So sind in Italien verschiedene, auf die Erweckung eines frommen und zugleich kirchlichen Sinnes in der Geistlichkeit und Laienwelt gerichtete Orden entstanden.

Es ist hier in erster Linie das *Oratorium der göttlichen Liebe* (= Oratorium oder Sodalitium divini amoris) zu nennen. Diese Bruderschaft von Klerikern und Laien, schon 1497 in Genua begründet und 1517 in Rom erneuert, ist auf die Erweckung persönlicher, lebendiger Frömmigkeit gerichtet. Sie sucht dieses Ziel durch die Predigt, den häufigen Sakramentsempfang und die praktische Übung der Nächstenliebe zu erreichen. Zu Mitgliedern des Oratoriums gehören der hl. *Cajetan von Tiene* (gest. 1541) – nicht zu verwechseln mit dem bekannten Gegner Luthers gleichen Namens (über diesen s. unter S. 167) – und *Johann Peter Carafa,* der spätere Papst Paul IV.

Die Bestrebungen des Oratoriums sind durch weitere Ordensgründungen, die Cajetan und Carafa vorgenommen haben, unterstützt worden. So ist 1524 der *Theatinerorden* entstanden, benannt nach Theate, dem Bistum Carafas, als ein regulierter Klerikerorden, der strengste Armut und Askese mit planmäßiger Erziehung einer durch sie ertüchtigten Geistlichkeit verbindet. Es bilden sich weitere Orden mit ähnlichen Zielen, die sich auf die Nächstenliebe, die Krankenpflege und die Jugenderziehung richten.

Die bedeutendsten dieser Orden sind der *Orden der Ursulinen,* ursprünglich 1535 als ein Verein zur Krankenpflege und Mädchenerziehung begründet, dann 1544 in einen eigenen Orden umgewandelt, hat er sich bald über Italien hinaus verbreitet. Er darf noch heute als einer der angesehenen Orden zur Erziehung der weiblichen Jugend gelten. Er hat sein Gegenstück an dem männlichen *Orden der Barmherzigen Brüder,* der, 1550 von Johannes von Gott als Spitalorden in Granada begründet, ausschließlich der Krankenpflege lebt.

Als eine Abzweigung von den Franziskanern ist 1525 der *Kapuzinerorden* entstanden. Er will zur strengsten Befolgung der ursprünglichen Regel des hl. Franziskus von Assisi zurückführen. 1528 als eigener Orden in Rom bestätigt, hat er in der zweiten Hälfte des 16. Jahrhunderts schwere innere Krisen durchgemacht. Der vierte Generalvikar des Ordens, *Bernhard Ochino,* ist 1547 zum Protestantismus übergetreten. Der Orden hat dann seine Tätigkeit besonders auf den Gebieten der Seelsorge unter dem einfachen Volk, in der Mission und in der Ketzerbekämpfung entfaltet.

Diese im 16. Jahrhundert entstandenen Orden stellen eine neue Form des monastischen Lebens innerhalb der katholischen Kirche dar. Der Zweck des Ordenslebens liegt nicht mehr in dem Streben nach persönlicher Vollkommenheit. Er wird in erster Linie als ein besonderer Dienst für die Kirche verstanden – ein Ziel, das dann allgemein im Jesuitenorden verwirklicht worden ist.

Aus dem Gegensatz gegen die Ketzerei ist auch *das Bemühen um die Erneuerung der Theologie* hervorgegangen. Vor allem geht es dabei um eine Wiederbelebung des Thomismus. Diese ist von dem päpstlichen Kardinallegaten für Deutschland *Cajetan (= Thomas de Vio aus Gaëta),* dem bekannten Gegner Luthers vom Augsburger Reichstag von 1518, ausgegangen.

Cajetan, der als einer der eifrigsten und tüchtigsten Theologen seiner Zeit gelten kann, hat die Werke des Thomas von Aquino fortlaufend kommentiert. Noch heute sind seine Kommentare, die häufig mit dem Text des Thomas verbunden werden, sehr geschätzt. Cajetan hat sich auch um die Förderung des katholischen Schriftstudiums, zu dem man durch den Protestantismus angeregt worden ist, sehr verdient gemacht. Dazu gehören sein Bemühen um die Erfassung des Neuen Testamentes nach dem griechischen Urtext und um seine Übersetzung in die deutsche Sprache. Beides zeigt den neuen Eifer für Reformen in der katholischen Kirche an.

Das wichtigste Mittel aber, nicht so sehr zur Erneuerung der Kirche als vielmehr zur Ketzerbekämpfung, hat man bald in der *Inquisition* entdeckt. Diese hat nun ebenfalls eine Erneuerung erfahren.

Die Inquisition ist eine Einrichtung der mittelalterlichen Kirche zur Bekämpfung von Häretikern in bestimmten Gebieten. So sind im 13. Jahrhundert die beiden großen kirchlichen Orden der Dominikaner und der Franziskaner mit der Aufspürung und der Anzeige von Häretikern betraut worden. In Spanien ist mit ihrer Hilfe der Kampf gegen Juden und Mauren geführt worden. Hier ist die Inquisition auch zu einer selbständigen Einrichtung der spanischen Kirche entwickelt worden. Der „Groß-Inquisitor" wird vom spanischen König ernannt und vom Papst bestätigt. In Spanien hat Carafa die Inquisition in dieser Form kennengelernt und sie nun auf die gesamte Kirche übertragen.

So ist im Jahr 1542 *die päpstliche Inquisition* nach dem spanischen Muster erneuert worden. Die Sacra Congregatio am päpstlichen Hof ist der höchste Gerichtshof im Kampf gegen die Ketzerei. Schon auf die Verdächtigung hin kann er den Prozeß wegen Ketzerei eröffnen und in Rom durchführen. Der eigentliche Leiter der Inquisition und ihr Erneuerer im spanischen Geist ist Papst *Paul IV.* (1555–59). Die staatlichen Gerichte werden aufgefordert, die Urteile der Inquisitionsbehörde zu vollstrecken. Mit der Inquisition hat das Papsttum eine neue Waffe im Kampf gegen die Ketzerei erhalten, zugleich aber auch mit ihrer Hilfe neue innere Kräfte mobilisieren können.

2. IGNATIUS VON LOYOLA UND DER JESUITENORDEN

Ignatius von Loyola und der Jesuitenorden bezeichnen diese neuen und starken Kräfte, die ebensosehr Ausdruck wie Mittel der Neubelebung für die Auseinandersetzung der katholischen Kirche mit dem sich in der Mitte des 16. Jahrhunderts über fast ganz Europa ausbreitenden Protestantismus sind.

Der Begründer des Jesuitenordens, *Don Iñigo Lopez de Recolde* aus dem baskischen Adelsgeschlecht der Loyola, ist 1491 auf dem gleichnamigen Schloß geboren worden. Neben den ritterlichen Idealen ist seine Haltung durch Mut, Tapferkeit, Gehorsam und die Beherrschung des eigenen Willens bestimmt. Es verbindet sich in ihm die Romantik des untergehenden Rittertums mit der Selbstzucht und Disziplin des modernen Soldaten und Offiziers. Im spanisch-französischen Krieg schwer verwundet, muß er den Militärdienst aufgeben. Damit sind bei ihm auch die Ideale des Rittertums versunken. Während seines Krankenlagers ist ihm eine neue Welt durch die Lektüre des Lebens der Heiligen aufgegangen. Im Unterschied zu den schnell wieder verblassenden Bildern der weltlichen Romane erfüllen sie die Seele mit einer bleibenden Freude. So kommt er zu dem für sein Leben entscheidenden Entschluß, künftig der hl. Jungfrau Maria und dem göttlichen Kind seine Dienste zu weihen.

Gezwungen, auf die geplante Bußfahrt und Pilgerreise nach Jerusalem wegen des Ausbruchs der Pest zu verzichten, verbringt er längere Zeit im Kloster zu Manresa bei Barcelona in ernster Selbstprüfung. Schwerste Anfechtungen und innere Kämpfe werden unter harter Buße und in strengster Askese überwunden.

Man hat nicht zu Unrecht das innere Ringen des Ignatius mit den Kämpfen und Anfechtungen Luthers in seiner Klosterzeit verglichen. Aber bei aller formalen Gleichheit der inneren Kämpfe besteht der Unterschied zwischen beiden in der Art, wie die Befreiung gewonnen wird: bei Luther durch ein vertieftes Verständnis der Gnade Gottes, das im Ringen um die Erfassung des Wortes der Hl. Schrift gewonnen wird; bei

Ignatius durch den Entschluß des Willens, sich ganz dem in Visionen geschauten Dogma der Kirche zu unterstellen. So führen bei Ignatius die inneren Kämpfe zur Tat, die die Befreiung aus der seelischen Qual bringt. Er hat die Geschichte seiner Bekehrung selbst in seinen „Bekenntnissen“ niedergelegt.

Die bleibende Frucht seiner inneren Auseinandersetzungen mit sich selbst stellen die berühmten *Exercitia spiritualia* (= „Geistliche Übungen“) dar. Ignatius hat sie alsbald nach seiner Bekehrung auf spanisch niedergeschrieben. Neben dieser ihrer Urfassung gibt es eine frühe lateinische Übersetzung, die Ignatius gelegentlich selbst zitiert. Mit ihrer Einstellung auf das seelische Leben sowie mit seiner scharfen Beobachtung und Zergliederung sind die „Exercitia spiritualia“ des Ignatius die wohl reifste Frucht der spanischen Mystik, ist doch von ihnen eine einzigartige Kraft zur Umwandlung der Menschen ausgegangen.

Der Grundgedanke, auf dem die Exerzitien beruhen, ist, daß der Mensch erschaffen ist, Gott zu loben und ihm zu dienen, ihm Ehrfurcht zu erweisen und dadurch für das Heil der eigenen Seele zu wirken. Um dieses Zieles willen ist alles Geschaffene da: sein Gebrauch kann förderlich oder hinderlich für die Erlangung des letzten Zieles des menschlichen Lebens sein. Also kommt es darauf an, allem Geschaffenen gegenüber die rechte Seelenhaltung einzunehmen. Es muß als Mittel diesem höchsten Ziel des menschlichen Lebens dienstbar gemacht werden.

Zur Erfüllung dieser Aufgabe wollen die „Exercitia spiritualia“ die rechten Wege aufzeigen, indem sie den Schüler anleiten, die wichtigsten Entscheidungen für sein Leben selbst zu treffen. Die Voraussetzung aber dafür, daß der richtige Entschluß gefaßt wird, ist die Indifferenz, d. h. die innere Unabhängigkeit von allen Geschöpfen und allen Größen dieser Welt: „Ich muß mich gleichsam in der Mitte zwischen zwei Waagschalen halten, um dann nach *der* Seite den Ausschlag zu geben, wo nach dem Zeugnis meines Inneren die größere Ehre für Gott und der größere Gewinn für meine Seele liegt.“ So kommt es also auf die Prüfung einer jeden Erfahrung und einer jeden Sache hinsichtlich der beiden Zwecke, der Ehre Gottes und dem Heil meiner Seele, an. Es gilt, den eigenen Willen entsprechend zu beherrschen und durch den rechten Gebrauch der Vernunft zu lenken. Der Mensch muß ganz Herr über sich selbst und alles außer ihm werden, um nur noch die Ehre Gottes und die eigene Seligkeit vor Augen zu haben.

Diese Beherrschung seiner selbst lehren die „Geistlichen Übungen“ mit einer festen Methode der kritischen Selbstbeobachtung und der Selbstschulung. Die Exerzitien sollen in vier Wochen mit dem Mittel der „Meditation“ durchgeführt werden. Dabei werden dann praktisch das Leben Jesu und das Leben der eigenen Seele in Beziehung zueinander gesetzt. Jede der vier Wochen wird als eine Einheit behandelt und durch eigene Betrachtungen ausgefüllt.

Der Tagesablauf ist genau geregelt. Die erste Meditation geschieht um Mitternacht, die letzte vor der Abendmahlzeit. Bestimmte Themen bilden den Inhalt der Betrachtungen, z. B. die „Betrachtung vom Reiche Christi“ für die zweite Woche. Sie setzt mit einer „Vorübung“ ein, d. h. der anschaulichen, mit Erregung der Phantasie erzeugten Vorstellung des Ortes und seiner Umgebung, der Synagogen und des Tempels zu Jerusalem, in denen Jesus gepredigt hat, oder der Städte und Flecken Palästinas, durch die er gezogen ist.

Die Übungen sind von steter Gewissenserforschung begleitet, mit der man sich über Fortschritte und Hemmnisse des inneren Lebens Rechenschaft ablegt. Am Ende der zweiten Woche folgt die Entscheidung für den eigenen Lebensweg. Sie besteht in der völligen Abkehr von sich selbst zur größeren Ehre Gottes: „Denn das soll ein jeder bedenken, daß er in allen geistlichen Dingen nur insoweit Fortschritte machen wird, als er sich von seiner Eigenliebe, seinem Eigensinn und seinem Eigennutz freimacht“ (Ex. spir. 189; Schlußbemerkung zur 2. Woche). Dieses Aufgeben des eigenen Willens wird in der dritten und vierten Woche befestigt, indem man sich Christi Leiden und Verklärung vor Augen stellt.

Die Kraft, die die Exerzitien des Ignatius immer wieder ausgestrahlt haben, beruht nicht nur auf dieser durchdachten Methode der Selbstschulung. Sie liegt vielmehr auch darin, daß diese „Übungen“ von dem, der sich ihnen unterzieht, den großen Entschluß, die ganze Tat, die volle Hingabe an den Dienst Gottes fordern und daß sie dabei doch von einer klugen Anpassung an die Kräfte des einzelnen sich leiten lassen. Sie fordern nichts Unmögliches, diese Kräfte Übersteigendes. Vielmehr wollen sie sein „Mitwirken und Mitarbeiten“ mit Gott und dem Hl. Geist wecken (ed. von Trentz, S. 12).

So stellen die „Exercitia spiritualia“ in der Tat ein Meisterwerk der religiösen Psychologie und der Seelenlenkung dar. Sie haben mit ihrer aufmerksamen Zergliederung des Seelenlebens und ihrer Forderung der Selbstbeherrschung die Menschen zu höchsten Leistungen befähigt. Aber sie haben auch eine religiöse Technik und Methode entwickelt, die geeignet ist, dem besonderen Charakter des geistlichen Lebens nicht gerecht zu werden. Der Schüler der Exerzitien ist ja nur mit den Gedanken beschäftigt, die er bei sich selbst durch Meditation und Betrachtung erzeugt hat. So ist es die Gefahr der religiösen Illusion, die mit dieser Methode verbunden sein und der ihr Schüler erliegen kann.

Die Wallfahrt nach dem Heiligen Land, die Ignatius gelobt hat, hat er erst 1523 ausführen können. Nach seiner Rückkehr widmet er sich humanistischen, philosophischen, später auch theologischen Studien auf den Universitäten zu Alcalà, Salamanca und Paris, wo er 1533 den Titel eines Magister artium erworben hat.

Schon in seiner Studienzeit hat Ignatius versucht, durch persönlichen Umgang und durch die Exerzitien auf seine Studiengenossen einzuwirken. Mit Hilfe der Exerzitien gewinnt er die ersten Freunde. Mit diesen sechs Genossen – Petrus Faber, Franz Xaver, Diego Lainez, Alfons Salmeron, Nicolaus Bobadilla und Simon Rodrigus, dem einzigen Portugiesen neben den fünf Spaniern – schließt er an Mariä Himmelfahrt, dem 15. August 1534, in der Marienkapelle auf dem Montmartre bei Paris einen festen Bund. Die Freunde geloben Armut, Keuschheit und Mission im Heiligen Land oder, falls diese nicht möglich sein sollte, die Unterstellung unter den Papst zu besonderem Dienst.

Der Kreuzzug nach dem Hl. Land aber hat wegen kriegerischer Auseinandersetzungen zwischen Venedig und der Türkei nicht ausgeführt werden können. Deshalb haben die Freunde in Venedig, wo sie sich getroffen haben, die Priesterweihe empfangen und sich nach Art des Theatinerordens in der Seelsorge und Krankenpflege betätigt. Eine Christusvision des Ignatius veranlaßt sie, nach Rom zu gehen und sich dem Papst zur besonderen Verfügung zu stellen. Ignatius selbst hat seine Gruppe als *Compania de Jesús* bezeichnet, d.h. als die Truppe, die unter der Fahne Jesu ihren besonderen Dienst tun will.

Erst nach Überwindung großer Schwierigkeiten hat die Gruppe durch die Bulle „Regimini militantis Ecclesiae" von 1540 die Bestätigung durch Papst Paul III. als ein regulierter Klerikerorden erlangt. In diesem Dokument sind auch die besonderen Aufgaben des Ordens bezeichnet. Neben die drei Gelübde von Armut, Keuschheit und Gehorsam tritt als viertes Gelöbnis die besondere Verpflichtung zum Gehorsam gegenüber dem Apostolischen Stuhl, besonders in Sachen der Mission.

Als die eigentlichen Aufgaben des Ordens werden die Förderung des Seelenheils und der Vollkommenheit des Nächsten bezeichnet. Der Orden sucht dieses Ziel durch die Predigt, die geistlichen Übungen sowie durch Beichthören und den Religionsunterricht zu erreichen. Eine eigene Tracht kennt der Orden nicht. Ebenso übt er nicht das Chorgebet. Dagegen wird auf eine gründliche Ausbildung seiner Glieder in Philosophie und Theologie alles Gewicht gelegt. Kirchliche Würden und Ämter sollen seine Angehörigen nicht bekleiden, dagegen alle Arbeiten verrichten, die andere nicht übernehmen können oder wollen.

Die Verfassung der „Gesellschaft Jesu" ist streng monarchisch. An der Spitze des Ordens steht der General. Er wird von der gewöhnlich im Abstand von drei Jahren zusammentretenden Generalkongregation auf Lebenszeit gewählt. Für den Orden nimmt er die Stellung ein, die der Papst für die Kirche innehat. Er ist der Stellvertreter Gottes, so daß man hinter seinem Willen den göttlichen Willen erkennen muß, dem es unbedingt und ohne Reserven zu gehorchen gilt. Der General ernennt zu den Ämtern des Ordens. In bestimmten Fällen ist seine Gewalt allerdings durch die der Generalkongregation begrenzt. Unter dem General stehen die Provinziale als die Leiter der einzelnen Provinzen des Ordens, unter diesen die Rektoren der einzelnen Kollegienhäuser.

Der Aufbau des Ordens gliedert sich in vier Klassen: a) die *Novizen* machen eine zweijährige Probezeit in eigenen Häusern durch; b) die *Scholastiker,* nach Beendigung des Noviziates zur weiteren wissenschaftlichen Ausbildung in die Kollegien des Ordens aufgenommen, machen für fünf bis sechs Jahre ein philosophisches, dann für vier bis fünf Jahre das theologische Studium durch; erst nach einem weiteren Probejahr erhalten sie die Priesterweihe; c) *die geistlichen Koadjutoren* sind Priester, zu Gehorsam „soli Deo et non homini" („allein Gott und nicht dem Menschen") verpflichtet, üben sie insbesondere die wissenschaftliche und die Jugendarbeit; d) *die Professen* haben die Verpflichtung, jede Mission des Papstes auf sich zu nehmen; sie stehen in unmittelbarem päpstlichen Dienst; auch sind sie die geistlichen Leiter der verschiedenen Einrichtungen des Ordens.

Die *weltlichen Koadjutoren* sind Laien, die die Verwaltung des Ordens und seine nichtgeistlichen Arbeiten besorgen. Sie haben das Noviziat durchgemacht, sind aber nicht als „approbate Scholastici" in die weitere wissenschaftliche Ausbildung genommen worden.

Die Mitglieder des Jesuitenordens haben die strengste Disziplin zu beobachten. Das Gesetz der „stabilitas loci" existiert für sie nicht. Der Geist des Ordens ist durch den unbedingten Gehorsam gegenüber jedem Gebot des Oberen gekennzeichnet, denn Gottes Wille erreicht uns ja im Befehl des Oberen. Auch der Federzug ist augenblicklich abzubrechen, sobald das Gebot des Oberen zu uns kommt.

Ignatius selbst hat *die Gehorsamsidee* entwickelt, die auf die Überwindung des eigenen Willens und Urteils hinzielt, damit man zu denken lernt, wie der Obere denkt. So hat er 1555 an die portugiesischen Jesuitenkollegien geschrieben: „Lassen wir uns von anderen Orten ruhig übertreffen in Fasten, Wachen, schmaler Kost und schlechter Kleidung . . ., die sie gemäß ihren Regeln in heiliger Absicht beobachten. Ich aber will, daß die Diener Gottes in unserer Gesellschaft sich durch wahren und vollkommenen Gehorsam hervortun, durch aufrichtigen Verzicht auf ihren eigenen Willen und durch Verleugnung des eigenen Urteils."

Dieser unbedingte Gehorsam hat die Lösung von allen natürlichen Banden zur Voraussetzung. Der einzelne Ordensangehörige soll in jeder ihm begegnenden Situation Christus erkennen: „Ich hatte Eltern und Geschwister, nun aber habe ich sie nicht mehr." Wie der Gehorsam ihn zur Unterdrückung des eigenen Willens führt, so ist der einzelne Jesuit zur vollkommenen Beherrschung seiner selbst, bis in die Gesichtszüge und Gebärden hinein, verpflichtet. Sie ist ein Ausdruck seiner steten Selbstüberwindung.

Die Ausbreitung der Gesellschaft Jesu ist außerordentlich schnell vor sich gegangen. Bei ihrer Bestätigung noch auf höchstens sechzig Mitglieder begrenzt, ist diese Zahl bald erweitert worden. Beim Tod von Ignatius (31. Juli 1556) zählt sie an tausend Mitglieder mit über hundert Häusern und zwölf Provinzen. Ignatius selbst ist von 1541 bis zu seinem Tod der erste Generalobere des Ordens gewesen. Die von ihm verfaßten „Konstitutionen" hat die erste Generalversammlung 1558 als Norm des Ordens anerkannt.

Auch unter den Nachfolgern von Ignatius, dem zweiten und dritten General, Diego Lainez und Franz von Borgia, hat das Wachstum des Ordens angehalten. In Deutschland hat seit 1543 und über fünfzig Jahre *Petrus Canisius* (gest. 1597) in einer vielseitigen Tätigkeit als Prediger und Katechet, als Organisator des katholischen Schulwesens und als Professor der Theologie in Ingolstadt und Wien gewirkt. Außerdem ist er 1556–1569 als Leiter der oberdeutschen Provinz der Jesuiten und als päpstlicher Gesandter wiederholt in außerordentlicher Mission tätig gewesen.

Die Wirksamkeit des Ordens hat sich besonders auf das Schul- und Erziehungswesen als einem für die Zeit neuen Gebiet erstreckt. So hat der Orden 1548 mit der Gründung von Gymnasien, Kollegien und Seminarien begonnen, die sich schnell wie ein Netz über Europa verbreitet haben. In Italien ist die Universität Messina, in Deutschland die Hochschule von Ingolstadt gegründet worden. Ignatius selbst hat 1551 das berühmte *Collegium Romanum* als die Hauptunterrichtsanstalt der Jesuiten mit einem Gymnasium sowie mit einer philosophischen und theologischen Fakultät und ein Jahr später das ebenso angesehene *Collegium Germanicum,* das der Heranbildung eines tüchtigen deutschen Klerus dienen sollte, begründet. Es hat dann das Vorbild für die nach den Vorschriften des Konzils von Trient zu errichtenden Priesterseminare abgegeben.

An allen jesuitischen Anstalten wird nach einer einheitlichen Studienordnung („Ratio et institutio studiorum", endgültige Fassung 1599) verfahren. Auf humanistisch-scholastischer Grundlage bringt sie *Unterricht und Erziehung* in eine enge Wechselbeziehung. *Ihr Ziel ist die religiöse und sittliche Bildung des ganzen Menschen im Sinne des katholischen Glaubens.* Sie betont auch die Autorität des Lehrers, weckt beim Schüler Fleiß und Arbeitsfreudigkeit durch Belohnung oder Strafe und weiß auch den Ehrgeiz als Mittel der Erziehung einzuschalten, in allen ihren Anordnungen stets auf die

Steigerung der Leistungen des Schülers bedacht. Nahezu zweihundert Jahre hindurch hat diese Studienordnung des Schulwesens im katholischen Europa geherrscht. Dieses hat bald ganz in den Händen der Jesuiten gelegen, die ein eigenes Personal dafür herangezogen haben.

Neben dem Unterricht hat der Jesuitenorden in der *Seelsorge* eine höchst einflußreiche Tätigkeit entfaltet. Er hat auch die Predigt in der katholischen Kirche wieder zur Geltung gebracht. Vor allem aber kommt es ihm darauf an, im Sinne der „Exercitia spiritualia" auf den einzelnen Christen einzuwirken. Stets soll die Einzelseele dabei auf ihr ewiges Heil gelenkt werden.

Insbesondere aber hat sich die jesuitische Seelsorge auf die *Beichte* konzentriert. Durch den Jesuitenorden ist das Bußsakrament in der römischen Kirche wieder mit einem neuen Ernst aufgefaßt worden. *Der Beichtstuhl* wird, besonders in den von den Jesuiten erbauten und geleiteten Kirchen, zur wichtigsten Einrichtung neben der Kanzel. Auch durch die Handhabung der Beichte haben die Jesuiten ihre einmalige Bedeutung für die neuere Geschichte der katholischen Kirche erlangt. Das Vertrauen auf den Beichtvater ist dabei ebenso gestärkt worden wie die Klugheit, Milde und Festigkeit vereinende Leitung der Menschen. An fast allen katholischen Höfen Europas haben die Jesuiten als Beichtväter oder Prinzenerzieher fungiert und damit ihren politischen und kirchlichen Einfluß oft unmerklich nach außen hin steigern können.

Mit einem besonderen Eifer aber hat der Jesuitenorden von Anfang an *die Mission* betrieben. Frühzeitig sind die ersten jesuitischen Missionare ausgezogen. So hat *Franz Xaver* (1506–1552) sich als erster Missionar nach Indien begeben. Hier hat er große Erfolge gehabt, die sich in Massenbekehrungen und Massentaufen geäußert haben. Bedacht auf die Schonung der indischen Sitten und Gebräuche, ist er von vornherein darum bemüht gewesen, einen einheimischen Klerus heranzubilden.

So haben die Jesuiten gerade für Indien und später auch für China die *Methode der Akkommodation* für die christliche Mission entwickelt. Für Indien hat man z. B. das dortige Kastenwesen als eine politisch-soziale Einrichtung durchaus anerkannt und sich mit der Übernahme der äußeren Formen des indischen Lebens vor allem der Bekehrung der oberen Kaste der Brahmanen zugewendet. In China hat man hingegen bedenkliche Zugeständnisse in bezug auf die Verehrung des Konfuzius gemacht und auch in bezug auf die Darbietung der Sakramente weitgehende Änderungen gestattet oder selbst vorgenommen. Von Indien aus ist Franz Xaver nach *Japan* weitergezogen. Hier hat er in einer nur zweijährigen Tätigkeit ebenfalls große Erfolge an Bekehrungen erzielen können.

Wie nach Ostasien, so hat sich die jesuitische Mission auch schon im 16. Jahrhundert den neu entdeckten Gebieten in *Südamerika* zugewendet und in Brasilien, Argentinien und Paraguay mit ihren Arbeiten eingesetzt. In diesen Erdteilen hat sich die jesuitische Mission mit ihrer ganzen Eigenart erst im 17. Jahrhundert entwickeln können. Wir werden sie in anderem Zusammenhang besprechen.

Überblickt man die Tätigkeit der Jesuiten, die sie schon alsbald nach ihrer Gründung mit so großer Intensität betrieben haben, so kommt ihnen ein besonderer Anteil an der neu erweckten katholischen Mission, an der Stärkung und Erneuerung des kirchlichen Lebens in den romanischen Ländern und als Gegenwirkung gegen die Reformation die

Erweckung einer neuen, bewußt katholisch-kirchlichen Frömmigkeit, vor allem durch die intensiv betriebene Seelsorge, zu. Auf diese Weise ist es möglich geworden, nun den eigentlichen Kampf gegen die Reformation als eine Auseinandersetzung um die Erneuerung der katholischen Kirche in der Gegenwart zu führen.

3. DAS KONZIL VON TRIENT (1545–1563), SEINE VORGESCHICHTE UND SEINE RESULTATE

Der Ruf nach einem Konzil, das eine „reformatio ecclesiae in capite et membris" (= „Erneuerung der Kirche an Haupt und Gliedern") vornehmen kann, durchzieht das ganze 15. Jahrhundert. Dabei ist vor allem an die praktisch-kirchlichen Fragen gedacht, wie sie auf den Gebieten des Rechtes, der kirchlichen Sitten und des Kultus in vielen Mißständen zutage getreten waren. Auch die Reformation hat zunächst in diesem Sinn den Ruf nach dem Konzil erhoben. Ebenso hat die kaiserliche Politik eine solche Arbeit vom Konzil erwartet. Stets haben bei diesen verschiedenen Forderungen nach einem Konzil die eigentlich praktischen Fragen des kirchlichen Lebens obenan gestanden, auch wenn es sich dabei, wie bei Luthers Konzilsforderung von 1520, um eine Erneuerung der Christenheit aus dem Geist des Evangeliums heraus handeln sollte.

Aber seit dem Reichstag von Augsburg von 1530, auf dem die „Protestanten" von 1529 das geschlossene Bekenntnis ihres Glaubens in einer gewissen systematischen Zusammenfassung und mit sachlichen und historischen Argumenten vorgelegt haben, ist die Aufgabe des Konzils eine andere geworden. Die protestantische Darstellung des christlichen Glaubens, die bis in die praktisch-kirchlichen Konsequenzen hinein geht, hat nur durch ein analoges Vorgehen auf der katholischen Seite beantwortet werden können. Die Kirche mußte zu den von den Protestanten aufgeworfenen Fragen des Glaubens und ihren Auswirkungen auf die Praxis des kirchlichen Lebens Stellung nehmen.

Eine solche Antwort hätte dann allerdings die Aufstellung einer Lehrnorm oder doch eines dem protestantischen „Schriftprinzip" vergleichbaren Grundsatzes zur Voraussetzung gehabt, von dem aus dann die Zusammenfassung der als „katholisch" angesehenen Lehre hätte erfolgen können. Aber diese konnte dann auch nur unter dem Gegensatz gegen bzw. als eine Auseinandersetzung mit den von den Protestanten vertretenen Lehren gegeben werden.

Diese schwierige Aufgabe ist dem Konzil von Trient zugefallen. Sie hat sich also gegenüber den dem Konzil ursprünglich zugedachten praktischen Reformen völlig gewandelt. Jetzt gilt es, eine von den Grundsätzen des Glaubens ausgehende, diesen systematisch entfaltende und bis zu den praktischen Konsequenzen verfolgende Darstellung dessen zu geben, was man als die „katholische" Lehre und Praxis der Kirche vertreten wollte. Diese dogmatische Aufgabe war umso dringlicher geworden, als die Protestanten auf den Zusammenhang ihrer Lehren mit denen der Alten Kirche haben verweisen können.

Unter dem politischen Druck des Kaisers und der europäischen Mächte ist *das Konzil* schließlich nach verschiedenen, aber nicht zur Durchführung gekommenen Ansätzen von Papst Paul III. für 1542 nach Trient ausgeschrieben worden. Aber wegen erneuter kriegerischer Auseinandersetzungen zwischen dem Kaiser und Frankreich ist sein Beginn erneut verschoben worden. Im Jahre 1544 erneut berufen, ist es dann endlich *am 13. Dezember 1545 im Dom zu Trient feierlich eröffnet* worden.

Das Konzil hat nach zweimaliger Unterbrechung nahezu achtzehn Jahre gedauert. Infolgedessen kann man die drei Perioden, in denen das Konzil getagt hat und die von unterschiedlicher Thematik beherrscht sind, unterscheiden.

Das Konzil hat im ganzen fünfundzwanzig Sitzungen (= Sessiones) abgehalten. Seine Beschlüsse sind durch Papst Pius IV. (1559–1565) mit der Bulle „Benedictus Deus" (= „Der gepriesene Gott") feierlich bestätigt worden. Sie umfassen die eigentlichen Glaubenslehren (Decreta de fide) und die sich mit der Reform der Kirche befassenden Dekrete (Decreta de reformatione). Nach dem Text der die kirchlichen Lehren wiedergebenden Dekrete wird in den Canones die zu verurteilende, entgegengesetzte Lehre als häretisch zurückgewiesen.

Die „Protestanten" von 1529 sind, mit Ausnahme der Person Luthers, der ja noch immer unter der Reichsacht von 1521 gestanden hat, zu jeder der drei Tagungsperioden des Konzils eingeladen worden. Schon 1535 hat der päpstliche Nuntius Vergerio mit Luther über eine eventuelle Vertretung der evangelischen Seite auf dem Konzil verhandelt. Seit dieser Zeit haben sich also die protestantischen Stände des Reiches auf eine an sie eventuell ergehende Einladung gefaßt machen müssen. Sollten sie eine solche überhaupt annehmen – wenn ja, unter welchen Bedingungen und mit der Forderung nach der Behandlung welcher Sachfragen? Luthers „Schmalkaldische Artikel" (1537) sind ja schon im Hinblick auf das ursprünglich nach Mantua zu berufende Konzil verfaßt.

Tatsächlich hat auch 1534 der päpstliche Nuntius Peter van der Vorst die Berufungsbulle mit den angeschlossenen Breven für die Protestanten den protestantischen Ständen des Deutschen Reiches zugestellt. Diese haben dann aber in Schmalkalden die Annahme der Dokumente verweigert, damit also auch eine Einladung direkt abgelehnt. Ebenso ist man 1542 bei der ersten Berufung des Konzils nach Trient verfahren.

Die Haltung der Protestanten gegenüber einer Annahme oder Ablehnung der Einladung zu einer Teilnahme am Konzil ist nicht einheitlich gewesen. Philipp Melanchthon und Martin Butzer sind für sie eingetreten, wenn auch Melanchthon unter gewissen Kautelen, weil eine Ablehnung ihre Position von vornherein geschwächt haben würde. Butzer hat zudem die Hoffnung gehabt, auf dem Konzil selbst die Verbindung mit den katholischen Reformkreisen aufnehmen zu können. Aber die protestantischen Fürsten und Städte, d. h. vor allem die politisch orientierten Mächte, haben schließlich die Ablehnung der Einladung zur Teilnahme am Konzil durchgesetzt. Sie haben diesen negativen Entschluß jedoch auf dem Reichstag zu Augsburg von 1548 zurücknehmen und sich zur Beschickung des Konzils bereiterklären müssen.

Die Protestanten haben auch unter dem 25. Januar 1552 das freie Geleit für den Besuch des Konzils zugestanden erhalten. Tatsächlich aber sind schon seit Herbst 1551 die Gesandten des Kurfürsten Joachim II. von Brandenburg und des Herzogs von Württemberg, der Vertreter der Stadt Straßburg – es war der Historiker Johannes Sleidanus – sowie seit Januar 1552 auch die Gesandten des Kurfürsten Moritz von Sachsen in Trient zugegen gewesen. Auch Philipp Melanchthon hat sich mit einem eigenen Bekenntnis, der „Confessio Saxonica“, einer Erweiterung des Augsburgischen Bekenntnisses, auf den Weg nach Trient gemacht, ist aber von seinem Kurfürsten an der Weiterreise gehindert und in Nürnberg festgehalten worden.

Das Verhalten des Papstes und des Kaisers gegenüber den Protestanten ist ebenfalls nicht einheitlich gewesen. Ihre Taktik geht darauf hinaus, zunächst die Gegner zu besiegen und sie damit überhaupt zu schwächen, um erst dann mit ihnen die kirchlichen und die theologischen Fragen zu verhandeln.

Bei dem schließlichen Eintreffen der Protestanten zur zweiten Sitzungsperiode hat sich deshalb die Frage erhoben, ob die inzwischen auf der ersten Tagungsfolge des Konzils beschlossenen Dekrete (Schrift und Tradition; Erbsünde; Rechtfertigung; Sakramente allgemein) noch einmal verhandelt und unter Umständen zurückgezogen werden sollten. Die Protestanten hatten auch gefordert, daß das Konzil im Sinne der spätmittelalterlichen Konzile von Konstanz und Basel den (doch inzwischen erledigten) Konziliarismus wieder vertreten und seine Superiorität über den Papst erklären sollte. Aber der Kardinallegat Crescenzio hat diese Forderung von vornherein abgelehnt, so daß alle weiteren Verhandlungen zu diesem und anderen Punkten gescheitert sind.

Die württembergischen Gesandten haben ein eigenes Bekenntnis mit sich geführt. Es ist die *Confessio Württembergica* von 1551, die später das offizielle Bekenntnis der Württembergischen Landeskirche neben der Confessio Augustana geworden ist. Auch für die dritte Konzilsperiode ist den Protestanten eine Einladung zuteil geworden. Die päpstlichen Nuntien Commendone und Delfino haben sie überbracht.

Die drei ersten Generalkongregationen nach der Eröffnungssitzung vom 13. Dezember 1545 mit nur 34 stimmberechtigten Mitgliedern haben die Fragen der Geschäftsordnung behandelt, denn für das Konzil hat es zunächst weder eine äußere Ordnung noch eine Geschäftsordnung noch ein Arbeitsprogramm gegeben. Die ersten drei Sitzungen sind deshalb mit der Herstellung der Geschäftsordnung und mit der Aufstellung eines Arbeitsprogramms ausgefüllt gewesen.

Dabei sind sofort zwei Schwierigkeiten aufgetreten. Die erste liegt in dem Problem, ob zuerst die Glaubensfragen oder die kirchliche Reform behandelt werden sollten. Der Kaiser hat wegen der Protestanten die bevorzugte Behandlung der innerkirchlichen Reform gewünscht. Aber diese ist ja schon längst nicht mehr deren erstes und vordringliches Anliegen. Der Papst hingegen hat der Behandlung der Glaubensfragen den Vorrang gegeben haben wollen. Es ist deshalb eine weise Entscheidung des Konzils gewesen, *daß die dogmatischen Fragen des Glaubens und die der kirchlichen Reform gleichzeitig und nebeneinander behandelt* werden sollten.

Sodann hat *die Frage der Repräsentationsformel,* mit der die Beschlüsse des Konzils eingeleitet werden, eine entscheidende Rolle gespielt, bringt sie doch das Selbstverständnis des Konzils zum Ausdruck. So hat die Frage, ob sich das Konzil angesichts des Fehlens der Protestanten noch als „universum ecclesiam repraesentans“ („die ganze Kirche vertretend“) bezeichnen dürfe, doch sofort auch eine grundsätzliche Bedeutung gewonnen. Aber gerade diese Formel hat das Konzil von Konstanz nach der Flucht des Papstes Johannes XXII. gebraucht, um die Oberhoheit des Konzils gegenüber dem Papst zum Ausdruck zu bringen.

Als nun in Trient das erste Dekret betreffend die Lebensordnung der Konzilsteilnehmer zur Debatte kommen sollte, ist vor allem und zuerst *das Fehlen eben dieser Repräsentationsformel* bemängelt worden. Der vom Präsidenten del Monte gefertigte Entwurf hat sie fortgelassen, um mit ihr nicht die Erinnerung an den alten Konziliarismus zu wecken. Aber zum Entsetzen der päpstlichen Legaten hat die Mehrzahl der Konzilsväter gerade diese Repräsentationsformel gewünscht. Sollte nun doch der alte Konziliarismus wieder aufleben?

Nur langsam haben sich die Wogen der Erregung zu dieser Frage gelegt. Eine Beruhigung hat die Bemerkung von del Monte herbeigeführt, daß gegen die Formel an sich nichts einzuwenden sei, aber daß ein Konzil mit nur 34 Bischöfen doch den Hohn der Gegner durch den Gebrauch dieser Formel heraufbeschwören würde, so daß zwischen der Formel an sich, die durchaus berechtigt sei, und der Opportunität ihres Gebrauchs unterschieden werden müsse.

Sodann hat die Bemerkung eines Bischofs, daß der Begriff „universam ecclesiam repraesentans" doch auch die Vertretung der Gesamt- bzw. der allgemeinen Kirche bezeichne, zu einer kritischen Betrachtung dieser Frage geführt. So ist die Formel schließlich fallen gelassen worden. Eine beachtliche Minorität der Bischöfe aber hat ihre spätere Aufnahme gewünscht, wenn das Konzil eine größere Stärke erlangt haben würde. Deshalb lautet nun die Einleitungsformel der Dekrete, bei der man dann auch verblieben ist: „Sacrosancta oecumenica generalis Tridentina Synodus in Spiritu Sancto legitime congregata..." („Die allerheiligste, ökumenische, allgemeine Synode von Trient, die rechtmäßig im Heiligen Geist versammelt ist...")

Es sind im Grunde *nur drei dogmatische Gebiete, auf die das Konzil nach der Erledigung der Geschäftsordnung eingegangen ist:* den Problemkreis von Schrift und Tradition (Sess. IV), den von Erbsünde und Rechtfertigung (Sess. V und VI) und die Lehre von den Sakramenten, die ausführlich im ganzen und im einzelnen behandelt worden ist (Sess. VII, XIII, XIV, XXI, XXII, XXIII, XXIV). In der letzten Sitzung sind noch das Fegefeuer sowie die Reliquien- und Bilderverehrung besprochen worden (Sess. XXV).

Dieser Überblick zeigt, *daß das Konzil in seiner Themenwahl durch den Gegensatz gegen den Protestantismus bestimmt* gewesen ist. Es fehlen die Gottesanschauung und die Christologie, weil ja auch die Confessio Augustana erklärt hat, daß es hinsichtlich dieser Fragenkreise keine Differenzen gebe. *Es fehlt vor allem ein Lehrstück von der Kirche,* das nun insbesondere die durch den Protestantismus aufgeworfenen Fragen zum Wesen der Kirche, überhaupt das Problem der Stellung des Papstes in oder über der Kirche, behandelt haben würde. Diese wichtige Sachfrage ist nicht zur Verhandlung gekommen, offensichtlich deshalb nicht, weil man bei ihr ein neues Aufbrechen der alten Gegensätze aus dem 14. und 15. Jahrhundert befürchtet hat.

Bis zum Abschluß des Zweiten Vatikanischen Konzils hat es deshalb, wenn man von den ein Torso gebliebenen Ansätzen des Ersten Vatikanums absieht, eine lehramtliche oder konziliare Entscheidung zu diesem für das christliche Selbstverständnis doch grundlegenden Lehrstück nicht gegeben. Man kann zwar die Enzyklika Papst Pius' XII. „Mystici corporis" als eine solche ansehen. Aber durch die Verlautbarungen des Zweiten Vatikanischen Konzils zu dieser Frage ist sie als ganze und im einzelnen überholt bzw. in eine neue Sicht gerückt worden.

4. DIE DREI VOM KONZIL VON TRIENT BEHANDELTEN THEMENKREISE: SCHRIFT UND TRADITION; ERBSÜNDE UND RECHTFERTIGUNG SOWIE DIE LEHRE VON DEN SAKRAMENTEN

a) *Das Verhältnis von Schrift und Tradition.* Die Synode, so heißt es gleich zu Beginn des Dekrets über die kanonischen Schriften, halte sich vor Augen, daß in der Kirche stets die „Reinheit des Evangeliums“ bewahrt werden müsse, nachdem die Irrtümer im Verständnis der Schrift abgetan seien. In dieser grundsätzlichen Formulierung macht sich sofort der protestantische Einfluß bemerkbar. Die Reformation hat ja ebenfalls die reine und lautere Verkündigung des Wortes Gottes in der Kirche gefordert, wie in der Confessio Augustana ausdrücklich gesagt wird.

Nach der Aussage des Konzils ist nun das Evangelium die „Quelle sowohl jeder Heilswahrheit als auch des sittlichen Verhaltens“, wie es der Herr selbst verkündigt und aller Kreatur zu predigen seinen Aposteln geboten hat. Es ist enthalten „in den schriftlich verfaßten Büchern und in den nicht schriftlich verfaßten Überlieferungen“. Diese gehen auf die Apostel zurück, die sie entweder von Christus selbst empfangen oder unter der unmittelbaren Einwirkung des Hl. Geistes (= spiritu sancto dictante) weitergegeben haben. Gott selbst ist der Autor der heiligen Schriften des Alten wie des Neuen Testamentes. Auch die nicht schriftlich festgelegte Überlieferung geht auf jeden Fall auf die Apostel zurück. Ihre Quelle ist also entweder der geschichtliche Christus selbst oder der Hl. Geist.

Schrift und Tradition werden hier also in bezug auf Glaube und Sitte einander gleichgestellt, ebenso aber auch in bezug auf ihren Ursprung, damit aber auch hinsichtlich ihrer Qualität und ihres Wertes. Die Tradition erscheint hier als eine zweite Quelle des Evangeliums, die neben der aus Gott stammenden der Hl. Schrift steht. Die Tradition ist „in ununterbrochener Nachfolgeschaft“ („continua successione“) in der katholischen Kirche bewahrt worden. Diese nimmt deshalb auch beide „mit dem gleichen frommen Sinne und in Ehrerbietung“ („pari pietatis affectu ac reverentia“) auf.

Als *der authentische Bibeltext* wird der der Vulgata bezeichnet. Die biblischen Bücher werden nach der Vulgata aufgezählt. Zu ihnen gehören auch die alttestamentlichen Apokryphen. Die derart nach Umfang, Text und Inhalt umgrenzte Hl. Schrift soll nun die Grundlage für die dogmatischen und ethischen Entscheidungen des Konzils abgeben.

Was *die Auslegung der Hl. Schrift* anbetrifft, so ist es ganz unmöglich, die Schrift „vertrauend auf die eigene Einsicht“ (= „sua prudentia innixus“) oder „gegen den einmütigen Konsens der Väter“ (= „contra unanimem consensum patrum“) auszulegen. Es gibt kein anderes Verständnis der Schrift als das von der Kirche vertretene, „der es auch zusteht, über den wahren Sinn und die Auslegung der hl. Schriften zu entscheiden“ (= cuius est iudicare de vero sensu et interpretatione scripturarum sanctarum). Es ist auch nur der kirchlich genehmigte Druck der Hl. Schrift erlaubt. Ebenso dürfen keine Bücher in bezug auf die heiligen Dinge (= „de rebus sacris“) ohne das kirchliche Imprimatur künftig erscheinen. Sie dürfen auch nicht anonym herauskommen und müssen in jedem Fall der ordentlichen Prüfung durch den Bischof unterzogen werden.

Diese Feststellungen hinsichtlich des Gebrauchs, des Druckes, des Umfangs und der Auslegung der Hl. Schrift sind als ein großer Fortschritt des Konzils in seiner Auseinandersetzung mit dem Protestantismus zu werten. Sie machen dessen Berufung auf die Hl. Schrift als der alleinigen Quelle aller Glaubenswahrheiten in gewisser Weise unwirksam. Sie nehmen die Hl. Schrift auch für die katholische Kirche in Anspruch und stellen ein sicheres Prinzip für das Verständnis der Bibel auf. Diese ist nicht gegen den einmütigen Konsens der Väter zu verstehen und in dem Sinne auszulegen, den die Kirche festgestellt hat.

Bei diesen klaren Definitionen *ist die Frage der Tradition in ihrem Verhältnis zur Schrift und hinsichtlich ihres Wertes offen geblieben.* Es ist nichts über ihren Umfang, nichts über ihre Qualität als sog. mündlicher Tradition im Vergleich zur Schrift und nichts über diese zweite Quelle der göttlichen Offenbarung, die in Christus und dem Hl. Geist ihren Ursprung hat, in ihrem Verhältnis zu der ersten Quelle, die Gott als den Urheber der hl. Schriften annimmt, gesagt.

Dieses seit dem Tridentinum ungelöste Problem der katholischen Theologie hat erst mit der Erklärung des Zweiten Vatikanums von dem interpretativen Charakter der Tradition in ihrem Verhältnis zur Schrift eine neue, auch der Kritik des Protestantismus an den Auslassungen des Tridentinums Rechnung tragende Lösung gefunden.

b) *Erbsünde und Rechtfertigung.* Bei diesem zweiten Themenkreis hat das Konzil zunächst das Dekret über die Erbsünde verabschiedet. Was sie ist, wird an Adam demonstriert. Adam hat durch die Übertretung des göttlichen Gebotes die „Heiligkeit und Gerechtigkeit" verloren, in die er „eingesetzt" war. Sie sind ihm also nicht anerschaffen gewesen, so daß die Natur Adams von den Folgen der Sünde nicht berührt worden ist. Aber der *„ganze Adam"* ist nach Leib und Seele unter den Folgen der Sünde verdorben worden, die dann durch den natürlichen Zusammenhang auf die ganze Menschheit übergegangen ist.

So hat man im ganzen sehr geschickt das Problem der Erbsünde behandelt, ohne dabei doch positiv zu sagen, was sie ist. Vor allen Dingen aber hat man sich nicht der in der Scholastik gebräuchlichen Formeln bedient, sondern in biblischer Sprache sich zu reden bemüht und einen Weg durch die bekannten Gegensätze der Scholastik in dieser Frage gefunden.

Intensiv hat sich das Konzil in den Theologen- und Generalkongregationen mit den Problemen der Rechtfertigung befaßt, ehe das Dekret in der sechsten Sitzung vom 13. Januar 1547 hat verkündet werden können. Es ist die längste aller Konzilsverlautbarungen. Sie umfaßt allein 16 Kapitel, an die sich dann noch 33 Canones mit der Verurteilung der häretischen Lehren anschließen. Man ist in der Tat mit der Behandlung dieses Problems an den entscheidenden Differenzpunkt zu den Protestanten gekommen.

Es sind im ganzen *drei Fragenkreise, in die das Dekret über die Rechtfertigung die vorgegebene Problematik aufgelöst hat:*

Erstens: Bei der *Frage nach der „Disposition" des Sünders für den Vorgang der Rechtfertigung* fällt einmal *die starke Betonung des Unvermögens der Natur* auf, daß der Sünder sich von sich aus aus dem Stand der Sünde erhebe. Niemand, weder aus den Juden noch aus den Heiden, kann die Gerechtigkeit ohne die Wiedergeburt in Christus erlangen, die allein durch die Gnade in dem einzelnen wirksam wird.

Sodann muß darauf verwiesen werden, daß ein starker Akzent auf *die „zuvorkommende göttliche Gnade“* gelegt wird. Sie setzt keine Verdienste des Menschen voraus und kommt in unserer „Berufung“ allem Eigenwirken des Menschen zuvor. Die „Berufung“ ist von einer eigenen Gnadenwirkung, nämlich der „erweckenden“ und „helfenden Gnade“ begleitet. Sie befähigt die Menschen, „sich zu ihrer eigenen Rechtfertigung zu bekehren“ (= „ad convertendum se ad suam ipsorum iustificationem“), indem sie „freiwillig“ („libere“) dieser Gnadenwirkung zustimmen und so mit der göttlichen Gnade „kooperieren“.

Sieht man einmal von der Tatsache ab, daß die Art und Weise der „Berufung“ oder „Erleuchtung“ des Menschen (ob durch das Wort, durch die Sakramente oder unmittelbar durch Gott?) nicht näher bestimmt wird, so ist doch ein Doppeltes mit diesen Aussagen über das Zustandekommen der Rechtfertigung festgestellt.

Es handelt sich zunächst um *die Betonung der allen menschlichen Verdiensten zuvorkommenden göttlichen Gnade*. Ausdrücklich wird dabei das Genügen des freien Willens in bezug auf das Heil abgelehnt. Sodann muß auf die ebenfalls betonte Mitwirkung und Betätigung des Menschen an der Erlangung des Heils verwiesen werden, der sich ja auch der ersten Gnadeneinwirkung Gottes verschließen könnte. So sind also Gottes zuvorkommende Gnade *und* die menschliche Willensfreiheit miteinander verbunden, ja sogar biblisch begründet worden:

> „Daher werden wir in der Hl. Schrift an unsere Freiheit erinnert, wenn gesagt wird: ‚Bekehret euch zu mir, und ich werde mich zu euch kehren‘ (Zach 1,3) und wenn wir entgegnen: ‚Bekehre uns, Herr, zu dir, und wir werden bekehrt werden‘ (Jer. Threni 5,21), so bekennen wir, daß Gottes Gnade uns zuvorkomme.“

Zweitens: Das Wesen der Rechtfertigung bildet den zweiten, in diesem Zusammenhang ausführlich behandelten Fragenkreis. Die Rechtfertigung besteht keineswegs bloß in der Vergebung der Sünden. Sie umfaßt vielmehr auch die Heiligung und Erneuerung des inneren Menschen durch die willentliche Aufnahme der Gnade und ihrer Gaben. Erst durch sie wird der Mensch aus einem Ungerechten zu einem Gerechten, aus einem Sünder zu einem Kind der Gnade.

In verschiedener Weise wird *das Wesen der Rechtfertigung hinsichtlich ihrer Ursachen und ihres Zieles umschrieben*. Der „bewirkende Grund“ („causa efficiens“) ist die Barmherzigkeit Gottes, die „ohne Entgelt abwäscht und heiligt“. Aber auch der durch sein Leiden verdienende Christus und die von ihm damit erreichte Satisfaktion Gottes werden als die Ursachen unserer Rechtfertigung geltend gemacht. Ihr Ziel ist die Verherrlichung Gottes und das ewige Leben.

Der sie uns „vermittelnde Grund“ („causa instrumentalis“) ist die Taufe, „das Sakrament des Glaubens“. Aber ihr eigentlicher und „wesentlicher Grund“ („causa formalis“) ist die Barmherzigkeit Gottes, „nicht diejenige, durch die er selbst gerecht ist, sondern diejenige, durch die er uns gerecht macht“ (= cap. 7) („non qua ipse iustus est, sed qua nos iustos fecit“). Mit den gleichen Worten hat auch Luther in seiner bekannten Vorrede zum ersten Band seiner lateinischen Schriften von 1545 das von ihm wiederentdeckte Verständnis des Begriffs der Gerechtigkeit Gottes umschrieben.

Aber diese sich mit der Äußerung Luthers berührende Aussage ist nach den Worten des Konzils doch dahin zu verstehen, daß wir die Gerechtigkeit Gottes, *nach Maßgabe unserer eigenen Disposition und Kooperation* (= secundum propriam cuiusque dispositionem et coöperationem) (cap. 7) mit der göttlichen Gerechtigkeit in uns aufnehmen.

So werden also gerade an diesem entscheidenden Punkt die göttliche Wirkung einerseits und die menschliche Kooperation andererseits zusammengeschlossen. Einerseits wird dem Menschen durch den Hl. Geist die Liebe Gottes mit Glaube und Hoffnung eingegossen, andererseits können diese jedoch *nur durch die entsprechende Disposition des Menschen, die dieser selbst wirkt,* zu einer der Seele inhärenten Form werden.

Ausführlich hat das Konzil *die Auseinandersetzung mit dem Apostel Paulus und seinem Verständnis der Rechtfertigung* getrieben, dazu sicher durch die Kontroverse mit der Reformation veranlaßt. Wir werden, wie es das Konzil ausgedrückt hat, durch Glaube und Gnade gerechtfertigt. Der Glaube ist gewiß „Fundament" und „Wurzel" des gesamten Vorgangs der Rechtfertigung. Aber er verdient sie ebensowenig wie die Werke, so daß man sagen muß, daß sie „aus Gnade" geschehe. Ausdrücklich soll damit das „sola fide" der Reformation abgelehnt werden. Niemand darf sich mit einem „allein durch den Glauben" begnügen und meinen, daß er schon aufgrund seines Glaubens der Erbe der göttlichen Verheißungen sei.

Die Fragen der Heilsgewißheit hat das Konzil umgangen. Man darf sich, so heißt es, bei dem Bewußtsein der Sündenvergebung nicht beruhigen, sondern muß im Wachsen der Gerechtigkeit durch die Beobachtung der göttlichen Gebote ständig fortschreiten. Auch der Gerechtfertigte kann wieder sündigen. Er darf sich nicht zur Zahl der Erwählten rechnen, denn es gibt über sie keine spezielle Offenbarung Gottes.

Der *dritte* Fragenkreis, unter dem das Problem der Rechtfertigung behandelt wird, sofern es sich bei ihr um den göttlichen Gnadenakt handelt, *betrifft ihr Verständnis als eines einmaligen Vorganges,* der das Fortschreiten in der Gnade durch die Erfüllung der göttlichen Gebote geradezu erforderlich macht:

> „Denn Gott befiehlt nichts Unmögliches, sondern dadurch, daß er befiehlt, ermahnt er, sowohl zu tun, was du vermagst, als auch zu erbitten, was du nicht vermagst, und er hilft, daß du es vermagst" ... „Denn Gott verläßt nicht die durch seine Gnade einmal Gerechtfertigten, wenn er nicht zuvor von ihnen verlassen wird."

Die schon Gerechtfertigten haben mit Furcht und Zittern die Gebote Gottes und der Kirche zu erfüllen, um sich so die Verdienste zur Mehrung der Gnaden zu erwerben.

An sich gilt der so beschriebene Rechtfertigungsvorgang für den Menschen vor der Taufe. Wer nach der Taufe in Sünden fällt, wird durch das Sakrament der Buße gerechtfertigt. Diese ist für die katholische Seite das eigentliche Sakrament der Rechtfertigung, wie es für die evangelische das Sakrament der Taufe gewesen ist.

Überblickt man die Rechtfertigungslehre des Konzils von Trient, auf welche der Protestantismus trotz aller seiner Ablehnung stark eingewirkt hat, so muß man urteilen, daß sie eine mittlere Linie zwischen den gegensätzlichen scholastischen Anschauungen innehält. Sie vermeidet die scholastische Terminologie und bemüht sich um die biblische Begründung ihrer Ausführungen. Auch der Gegensatz gegen den Protestantismus kommt deutlich zum Ausdruck. Und doch ist gerade an diesem entscheidenden Punkt ein einseitig aufgefaßter und verengter Protestantismus getroffen, wie es sich *z. B. an den Verurteilungen* im can. 14 zeigt:

> „Wenn jemand behaupten würde, der Mensch würde von den Sünden gelöst und gerechtfertigt werden aufgrund der Tatsache, daß er mit Sicherheit glaube, daß er von den Sünden gelöst und gerechtfertigt worden sei, oder es sei niemand wahrhaft gerechtfertigt, wenn er nicht glaube, daß er gerechtfertigt worden sei und daß diese Lösung und Rechtfertigung ‚allein durch den Glauben' geschehe: der sei verflucht."

Die Anschauungen Luthers von der effektiven Gerechtigkeit und von der Gerechtmachung und Heiligung des Sünders aufgrund des Wirkens des Heiligen Geistes sind hier nicht getroffen. Lediglich die spätere melanchthonische Fassung der Rechtfertigungslehre als Imputation der fremden Gerechtigkeit Christi ist als die – ohne den Namen zu nennen – protestantische Gegenlehre, gegen die man sich richtet, verworfen! Fraglich bleibt außerdem, ob diese Rechtfertigungslehre, wenn sie einige Jahre vor dem Konzil in der hier verurteilten Weise vertreten worden wäre, überhaupt die Billigung der Reformatoren würde gefunden haben.

c) *Die Sakramentenlehre.* In der in Sessio 7 abgehandelten Sakramentenlehre macht sich der alte Gegensatz zwischen franziskanischer und thomistischer Sakramentenlehre geltend. Auf ihre Überwindung ist jetzt die Arbeit des Konzils gerichtet. Man hat aber den Widerspruch zwischen den beiden Anschauungsweisen nicht zu lösen vermocht, sondern die Probleme nach Möglichkeit umgangen.

So ist es bekanntlich thomistische Anschauung, daß die Sakramente die Gnade „enthalten" bzw. „verursachen". Dieser Auffassung steht die franziskanische Anschauung entgegen, nach der Gott aufgrund des der Kirche gegebenen Paktes den Vollzug der Sakramente mit einer unmittelbaren Gnadenwirkung in der Seele begleitet.

Diese zwischen den Dominikanern und Franziskanern im Mittelalter bestehende Differenz hat das Konzil nicht entschieden, sondern in der Schwebe gelassen, um das Auftreten innerkatholischer Gegensätze zu vermeiden. Deshalb hat man zunächst auch auf die Aufstellung eines eigenen Dekrets zur Lehre von den Sakramenten verzichtet. Nur in den „Canones de sacramentis in genere" sind die „häretischen" Auffassungen der Sakramente, d. h. eben die evangelischen, verurteilt worden. In dieser Gegnerschaft sind die verschiedenen Richtungen innerhalb des Konzils einig gewesen.

Den betreffenden Canones sind nun aber auch *die positiven Anschauungen des Konzils in bezug auf die Sakramente* zu entnehmen, von denen wir hier nur die wichtigsten besprechen können.

Wie es in der Einleitung heißt, schließt sich die Sakramentenlehre direkt an die Behandlung der Rechtfertigung an, weil nämlich die „Gerechtigkeit" durch die Sakramente begonnen, vermehrt oder wiederhergestellt wird. Die Sakramente „enthalten" nämlich die Gnade; die Gnade wird denen zuteil, die beim Empfang der Sakramente keinen „Riegel" vorschieben. Sie sind nicht zur Stärkung des Glaubens allein eingesetzt. Insbesondere wird Zwinglis Meinung verworfen, daß sie die Zeichen eines christlichen Bekenntnisses seien oder nur figurative Bedeutung haben.

Ihre Siebenzahl steht fest. Als „Sakramente" werden im einzelnen aufgezählt: Taufe, Firmung, Eucharistie, Buße, Letzte Ölung, Priesterweihe und Ehe. Jede der genannten

Handlungen ist wirklich und wahrhaftig Sakrament, denn sie „wirken" oder „übertragen" die Gnade *ex opere operato* (= „aufgrund des vollzogenen Werkes"). Ausdrücklich wird die Meinung verworfen, daß sie den bloßen Glauben zur Erlangung der Gnade wirken könnten.

Drei Sakramente (Taufe, Firmung, Priesterweihe) prägen einen *„geistlichen und unzerstörbaren Charakter"* auf, ohne daß Näheres über diesen gesagt wird. Die Idee des allgemeinen Priestertums wird verworfen, denn nicht alle Christen haben die Gewalt, Wort und Sakramente zu spenden oder zu verwalten. Für den Priester wird bei der Darreichung und der Bereitung der Sakramente die „Absicht, wenigstens zu tun, was die Kirche tut", verlangt.

Der Priester wird bezeichnenderweise „minister" genannt, worin sicher ein protestantischer Einfluß zu erblicken ist. Auch ein in Todsünde befindlicher „minister" kann das Sakrament rechtmäßig und mit allen seinen Wirkungen spenden. Die von der katholischen Kirche angenommenen Gebräuche dürfen von niemandem mißachtet oder eigenwillig verletzt werden.

Wenn die Reformation insbesondere die subjektive Seite beim Empfang der Sakramente betont hat, die sich besonders in der Hochschätzung des Glaubens äußert, so ist das Konzil von Trient im Gegensatz dazu und in der Abwehr der sich hieraus ergebenden Gefahren zu der gegenteiligen Ansicht gekommen, indem es die objektive Seite bei der Darreichung der Sakramente unterstreicht. Aber auch diese Position birgt wie jene protestantische ihre Gefahren hinsichtlich eines reinen Subjektivismus und Individualismus ihre Gefährdungen hinsichtlich der Depravation zu einem reinen Institutionalismus und einer Veräußerlichung der kirchlichen Handlungen in sich.

Während das Konzil in seiner ersten Phase nur noch über Taufe und Firmung gehandelt hat, ist es erst in seiner zweiten Phase in der Sessio XIII am 11. Oktober 1551 zu einem *Dekret über die Eucharistie gekommen.* Dieses umfaßt acht Kapitel, an die sich elf Canones anschließen.

Ernste Auseinandersetzungen um die Fassung der Gegenwart Christi im Abendmahl sind vorangegangen. Die alte Konsubstantiationslehre hat man fallen gelassen. Hinsichtlich der *Feststellung der Transsubstantiation* und der Verurteilung aller gegnerischen, d. h. praktisch der reformatorischen Lehren ist man einer Meinung gewesen. In bezug auf die Eucharistie, so heißt es, dürfe man nichts anderes glauben, lehren und verkündigen, als was das Konzil an diesem Punkt erklärt und definiert hat.

Zunächst wird *die Realpräsenz* festgestellt. Nach der Konsekration von Brot und Wein ist, wie es heißt, unser Herr Jesus Christus, wahrer Gott und Mensch, „wahrhaft, wirklich und der Substanz nach" (= „vere, realiter et substantialiter") unter (= „sub") der Gestalt der sichtbaren Dinge (= Brot und Wein) „enthalten". Weiters wird erklärt, daß nach der Konsekration „durch die Kraft der Worte" (= „ex vi verborum") sofort der ganze Christus mit der menschlichen Seele und mit seiner Gottheit gegenwärtig ist (cap. 3). Mit einer gegen Zwingli, der freilich nicht genannt wird, gerichteten Spitze wird dann gesagt, daß, sowohl im Abendmahl gegenwärtig, Christus doch im Himmel zur Rechten des Vaters sei. Diese allein Gott mögliche Seinsweise kann nur die „durch den Glauben erleuchtete" Erkenntnis begreifen.

In der weiteren Bemerkung, daß das Abendmahl eine „geistliche Speise für die Seele" sei, von Christus eingesetzt als Gegenmittel (antidotum = Gegengift) gegen die täglichen Sünden, zur Bewahrung vor den Todsünden und als Unterpfand für die ewige Seligkeit, wird man wieder eine Bezugnahme auf Zwinglis Abendmahlslehre erblicken dürfen, der ja auch das Abendmahl als „geistliche Speise" angesprochen hat, die hier allerdings auch noch durch die altkirchlichen Reminiszenzen verstärkt worden ist. Aufgrund dieser Aussagen wird nun die Eucharistie mit den übrigen Sakramenten als „Symbol einer heiligen Sache und Form einer unsichtbaren Gnade" (= „symbolum rei sacrae et invisibilis gratiae formam") (ib. cap. 3) bezeichnet.

Von den anderen Sakramenten unterscheidet sich die Eucharistie dadurch, daß diese die heiligende Kraft erst im Augenblick ihrer Darreichung erlangen, während in der Eucharistie „der Urheber der Heiligkeit selbst vor dem Gebrauch gegenwärtig ist (= „ipse sanctitatis autor ante usum est") (cap. 3). Der ganze Christus ist sofort nach der Konsekration in allen einzelnen Teilen des Brotes und des Weines vorhanden. Das Zustandekommen der realen Präsenz Christi geschieht durch „conversio", d. h. der ganzen Substanz des Brotes in die Substanz des Leibes und der des Weines in die des Blutes Christi: „Welche Wandlung sachentsprechend und zutreffend von der heiligen katholischen Kirche ‚Transsubstantiation' genannt wird" (= „Quae conversio convenienter et proprie a sancta catholica Ecclesia transsubstantiatio est appellata") (cap. 4).

Alle Gläubigen sind deshalb gehalten, die wahre, allein Gott zukommende Anbetung und Verehrung in der Verehrung dieser Sakramente auszudrücken. Auch die Verehrung dieses Sakramentes an einem besonderen Tag des Jahres wird ausdrücklich geboten, sogar in Verbindung mit den dazugehörigen Prozessionen und Schaustellungen. Die Christen sollen auf diese Weise ihren Dank und ihr Gedenken für diese unaussprechliche, einmalige Gabe Gottes bezeugen, „quo mortis eius victoria et triumphus repraesentatur" (cap. 5). Die Aufbewahrung des geweihten Sakramentes in den Kirchen im Tabernakel wird als alte kirchliche Sitte angesprochen. Das geweihte Sakrament ist für die Krankenkommunion bestimmt. Niemand, der im Stande einer Todsünde ist, darf das Sakrament der Eucharistie empfangen, wenn er sich nicht zuvor dem Sakrament der Buße unterzogen hat.

Wenn man von einigen anderen, mit großer Erregung diskutierten Fragen, z. B. über das Verhältnis von Papst und Bischöfen und nach der Gewalt der Bischöfe, absieht, so hat das Konzil eine Zusammenfassung der katholischen Kirchenlehre unter dem antiprotestantischen Gesichtspunkt gegeben. An den drei von uns besprochenen Themenkreisen von Schrift und Tradition, von Erbsünde und Rechtfertigung und hinsichtlich der Lehre von den Sakramenten, insbesondere der Eucharistie, wird dies besonders deutlich.

Man erkennt nun aber auch die Stelle, zu der das Konzil keine Aussagen gemacht hat, die mithin offen geblieben ist. Es handelt sich um die Fragen nach Wesen und Gestalt der Kirche sowie nach der Stellung des Papstes und dem Verhältnis von Papst und Bischöfen. Diese Fragen, von der Reformation her an die katholische Seite gestellt, bezeichnen die bisher offene Stelle im Selbstverständnis der katholischen Kirche. Ihre, wie es das Konzil von Trient ausgedrückt hat, Lösung ist der Zukunft vorbehalten geblieben.

Das Erste und das Zweite Vatikanum haben nach den ein Torso gebliebenen

Anfängen des Ersten diese Frage dann neuen Lösungen zugeführt. Sie haben zugleich die neue ökumenisch bedeutsame Behandlung dieser Probleme aufgegriffen und sind zu neuen, ökumenisch relevanten Ergebnissen gekommen.

Die Erneuerung der katholischen Kirche, die das Konzil von Trient noch unter der ausdrücklichen Abgrenzung von der Kritik und den Positionen der Reformation eingeleitet hat, ist erst mit den Aussagen des Zweiten Vatikanischen Konzils vollendet worden, so daß viele der seit dem 16. Jahrhundert offenen Fragen eine gesamtchristliche und weiterführende Antwort gefunden haben. Sie bezeichnen die ökumenische Ausgangsposition von heute. Dazu gehört nun ganz wesentlich das neue Kirchenverständnis auf der katholischen *und* auf der protestantischen Seite. Wir werden es im Zusammenhang mit der Darstellung der katholischen Kirche in der Gegenwart behandeln.

5. DIE AUSWIRKUNGEN DER TRIDENTINISCHEN REFORMEN AUF DAS KIRCHLICHE LEBEN

Das Konzil von Trient hat nicht nur in bezug auf die drei Themenkreise von grundsätzlicher Bedeutung (Schrift und Tradition; Erbsünde und Rechtfertigung; die Sakramente) die katholische Glaubenslehre unter dem Gegensatz gegen den Protestantismus zum Abschluß gebracht, sondern auch für die Notwendigkeit und die Fragen der Reformen die maßgeblichen Gesichtspunkte entwickelt. *Die katholische Kirche hat in einer „katholischen Reform“ an sich selbst nachgeholt, was seit langem von den Protestanten von ihr gefordert worden war.* Aber sie hat dabei, weit stärker als der Protestantismus, mit der mittelalterlichen Theologie und Frömmigkeit die Verbindung aufrechterhalten, so daß in ihr gewisse Elemente der mittelalterlichen Kirchlichkeit viel kräftiger als im Protestantismus nachleben, der eben diesen den völligen und oft ganz radikal vollzogenen Abschied gegeben hat.

Im 15. Jahrhundert hat die kirchliche Reform zumeist die Frage nach der Stellung des Papstes in bzw. über der Kirche oder nach seinem Verhältnis zu den Bischöfen zum Inhalt gehabt. Die kirchliche Reform hat sich zu dem schwerwiegenden Problem geäußert, ob der Papst oder das Konzil die höchste Autorität für die Kirche sei. Sie hat also das Verhältnis von Episkopalismus und Papsttum, von Kurialismus und Konziliarismus zum Inhalt gehabt. Für das Konzil von Trient ist diese Problematik, nicht zuletzt infolge der Auseinandersetzungen mit dem Protestantismus und seiner teilweise sehr radikalen Ablehnung des Papsttums überhaupt, nicht mehr akut gewesen.

Die Fragen, die das Konzil vor allem praktisch lange beschäftigt haben, betreffen *das Verhältnis des Bischofs zu seiner Diözese.* Zunächst hat das bischöfliche Amt eine entscheidende Stärkung seiner Stellung dadurch erfahren, daß die Priester mit ihrer gesamten Wirksamkeit den Bischöfen unterstellt und die direkten Einflüsse des Papsttums auf die Besetzung von Stellen oder die Vergabe von Pfründen stark beschnitten und weitgehend eingeschränkt worden sind. Nur die Priester in den Ordenshäusern und Klöstern sind nicht den Bischöfen unterstellt worden, sondern auch weiterhin exemt geblieben.

Den Bischöfen sodann ist *die Pflicht der ständigen Residenz in ihren Diözesen* und der regelmäßigen Visitationen in ihren Sprengeln auferlegt worden. Im Namen des Papstes und als seine Legaten sollten sie die unmittelbare kirchliche Aufsicht ausüben. So sind die Erzbischöfe in ihrer Stellung zurückgedrängt und ist zugleich ein neues unmittelbares Verhältnis von Papst und Bischöfen hergestellt worden.

Auch *die Ausbildung des Klerus* in ihren Sprengeln ist in ihre Hände gelegt worden. Die bisher getrennten Gebiete von Unterricht und Erziehung der Geistlichkeit sollten durch diese Maßnahme vereinigt werden. Jede Diözese ist zum Unterhalt eines Priesterseminars verpflichtet. Vor allem ist der „Weltklerus" von dieser Maßnahme betroffen, d. h. diejenigen Geistlichen, die nicht in Ordenshäusern und Klöstern herangebildet werden. Durch die Einrichtung der im übrigen kostenfreien Priesterseminare ist es gelungen, die Ausbildung der Geistlichen zu vereinheitlichen und einen mit einem guten Maß von Wissen und Allgemeinbildung ausgestatteten Klerus für die ganze Kirche heranzuziehen.

Das Konzil hat ferner seine besondere Aufmerksamkeit der *Erneuerung der Seelsorge* zugewendet. So ist die Erstellung eines für die ganze Kirche einheitlichen *„Katholischen Katechismus"* beschlossen worden. Die geistlichen Stellen sollten nicht mehr gegen Geld vergeben werden und weder für den Klerus noch für den Bischof oder die Kurie eine finanzielle Einnahmequelle sein.

Eine Aufhebung oder Einschränkung des Zölibats hat das Konzil nicht zugelassen, obwohl sie vom Kaiser im Hinblick auf die Protestanten gewünscht worden war. Zu den entscheidenden Reformmaßnahmen des Konzils gehört auch die Beseitigung des Ablaßhandels und die Einschränkung der zahlreichen Plenarablässe.

Von grundsätzlicher Bedeutung ist weiterhin die vom Konzil beschlossene *Reform des Eherechts*. Es wird das dreimalige öffentliche Aufgebot des Brautpaares in der zuständigen Parochialkirche eingeführt. Die Ehe kann nur vor dem jeweiligen Ortsgeistlichen der Brautleute geschlossen werden. Die Anwesenheit von Trauzeugen ist notwendig. Die erfolgte Eheschließung muß in das entsprechende Pfarregister eingetragen werden. Jede andere, nicht derart geschlossene Ehe sollte kirchlich ungültig sein.

Zur Unterdrückung der Häresien hat das Konzil neue Maßnahmen getroffen. *Die wichtigste ist die Errichtung eines „Index der verbotenen Bücher"*, eines „Index librorum prohibitorum". Der Gedanke zur Aufstellung einer solchen Liste ist zwar nicht neu, aber jetzt sollte sie eine dauernde kirchliche Einrichtung sein. Die Kommissionen des Konzils haben eine gute Vorarbeit durch die Aufstellung von Richtlinien für die in den Index aufzunehmende Literatur geleistet.

Ebenso hat das Konzil *eine Reform des Meßbuches* und des von jedem Geistlichen täglich zu betenden *Breviers* angestrebt. Diese Maßnahmen sollten der Herstellung einer gerade nach außen hin in Erscheinung tretenden Einheit der Kirche gelten, haben sich dann aber im Sinn einer die ganze Kirche beherrschenden Uniformität ausgewirkt. Für das liturgische Gebiet sollten die römischen Gepflogenheiten maßgeblich sein. Ausnahmen sollten nur für Traditionen von mehr als zweihundertjähriger Überlieferung gelten.

Die mit dem Schluß des Konzils am 3. und 4. Dezember 1563 noch nicht zum Abschluß gekommenen Reformen sind, namentlich auch im Hinblick auf ihre praktische Durchführung, dem Papst übertragen worden. Papst Pius IV. hat dann die Konzilsdekrete am 26. Januar 1564 mit der Bulle „Benedictus Deus" bestätigt, doch hat er sich die Auslegung der Beschlüsse selbst vorbehalten, zu denen kein Kommentar und keine Erläuterung ohne ausdrückliche päpstliche Genehmigung erfolgen sollten.

Eine *Zusammenfassung der in dogmatischer und kirchenrechtlicher Hinsicht wichtigen Ergebnisse des Konzils* stellt die am 13. November 1564 von Pius IV. verkündete *Professio Fidei Tridentinae* dar, die alle Professoren und Doktoren der Theologie und die Kandidaten für alle kirchlichen Ämter zu beschwören hatten. Dieses Bekenntnis fordert nicht nur den Gehorsam gegen den Papst und die römische Kirche, der Mutter und Lehrmeisterin für alle übrigen Kirchen, sondern auch die Anerkennung der ökumenischen Konzile, einschließlich des Tridentinismus. Später ist dann noch mit einem Zusatz das Erste Vaticanum und die Lehre von der Unfehlbarkeit des Papstes mit ihm verbunden worden.

Mit dem Konzil von Trient, insbesondere auch durch seine Reformdekrete, ist ein neuer Geist in die katholische Kirche des 16. Jahrhunderts eingezogen. Es ist der Geist der „katholischen Reform“ der Kirche. Unter dem betonten Gegensatz zum Protestantismus hat diese Bewegung sich selbst als „Gegenreformation“ verstanden bzw. ist sie derart aufgefaßt worden. Tatsächlich aber bedeutet dieser wichtige Prozeß die Überführung der katholischen Kirche aus ihrer spätmittelalterlichen Vielgestaltigkeit in dasjenige auch im Inneren geläuterte Kirchentum, mit dem sie einer sich ebenfalls neugestaltenden politischen Welt und dem in sich so vielfach variierten Protestantismus mit der Fülle seiner Probleme hat entgegengehen können.

Die Päpste der nachtridentinischen Erneuerung der Kirche wie *Pius V.* (1566–1572), ein Dominikaner, der auch als Papst die asketische Lebensform nicht aufgegeben hat, oder *Gregor XIII.* (1571–1583), ein erfolgreicher Rechtslehrer in Bologna, dem die Einrichtung zahlreicher neuer Nuntiaturen und Kollegienhäuser sowie die Kalenderreform zu danken ist, oder *Sixtus V.* (1585–1590), ein Franziskaner, der die so nötigen Reformen im Kirchenstaat und an der Kurie durchgeführt, die päpstlichen Finanzen geordnet und das Kardinalskollegium und den Geschäftsgang reformiert hat, oder *Clemens VIII.* (1592–1605), der Heinrich IV. von Frankreich anerkannt und dem Papsttum gegenüber Spanien und dem deutschen Kaiser die größere Freiheit und Unabhängigkeit gegeben hat, haben die Reformen der Kirche durch ihre Amtsauffassung und eine einwandfreie Lebensführung unterstützt. So ist die katholische Kirche, in sich gestärkt und erneuert durch das Konzil von Trient und die Wirksamkeit der nachtridentinischen Päpste, in einer gegenüber dem Protestantismus gefestigten und einheitlichen Gestalt aus den schweren Krisen des 16. Jahrhunderts hervorgegangen.

DREIUNDZWANZIGSTER SCHWERPUNKT:

Religionskriege und Religionsfrieden

Das Zeitalter der Reformation und der Gegenreformation schließt eine Reihe von Auseinandersetzungen ab, in denen noch einmal der Versuch gemacht wird, die Glaubensfrage mit den Waffen zu entscheiden, um einem bestimmten Glauben den Vorrang zu geben. In den sie abschließenden Friedensverhandlungen werden aber die Grundlagen für ein neues Verhältnis von Staat und Kirche in Europa gelegt. Es werden aber auch die Rechte des einzelnen Bürgers und seine religiösen und politischen Freiheiten gesichert. Diese Resultate verliehen den Auseinandersetzungen eine weltgeschichtliche Bedeutung.

Bei den sog. Religionskriegen, mit denen das Zeitalter der Reformation und Gegenreformation ausgeht, handelt es sich erstens um den *Schmalkaldischen Krieg* von 1546 bis 1547. Kaiser Karl V. hatte nicht nur verschiedene katholische Mächte als Bundesgenossen, sondern konnte sich auch einzelne protestantische Territorien zur Neutralität verpflichten. Die Vorbereitungen hatte der Kaiser insgeheim getroffen und die Protestanten über seine Absichten getäuscht. Bayern konnte er zu sich herüberziehen. Wichtiger war der Neutralitätsvertrag mit Herzog Moritz von Sachsen, dem die Kurwürde seines Vetters Friedrich in Aussicht gestellt wurde. Ebenso konnte er die Neutralitätsverträge mit einzelnen evangelischen Fürsten, unter ihnen Albrecht von Brandenburg, Erich von Braunschweig und Hans von Küstrin, abschließen. Das erneuerte Bündnis mit dem Papst bedeutet eine weitere Stärkung seiner Positionen. Die Kurie stellte dem Kaiser nicht nur Truppen, sondern auch finanzielle Hilfen zur Verfügung. Letztere kamen zumeist aus der spanischen Kirche, wie überhaupt das katholische Spanien weitgehend die Lasten des Krieges gegen die deutschen Protestanten getragen hat.

Der Krieg brach bald nach Luthers Tod im Sommer 1546 mit einem kaiserlichen Vorstoß nach Hessen und Sachsen aus. Der Schmalkaldische Bund unter Führung von Kurfürst Johann Friedrich von Sachsen konnte aber den Kriegsschauplatz nach Bayern verlegen. Die Entscheidung fiel in Sachsen. Herzog Moritz von Sachsen war unter Bruch der Neutralität gemeinsam mit König Ferdinand in die kursächsischen Lande eingefallen, während Kurfürst Johann Friedrich mit seinen Truppen an der Donau stand.

Mit der Gefangennahme des völlig überraschten Kurfürsten Johann Friedrich ist dem Kaiser der den Krieg entscheidende Erfolg gelungen. Tapfer hat sich Johann Friedrich in seiner verzweifelten Lage behauptet. Die Kurwürde ging an Moritz von Sachsen über. Auf Land und Leute konnte der Kurfürst verzichten, aber in seinem Glauben ist er unbeugsam geblieben.

Ebenso schlimm war das Schicksal des Landgrafen Philipp von Hessen, der für seine gegen das Reichsrecht verstoßende Doppelehe vom Kaiser Verzeihung erhoffte und sich ihm ergeben hatte. Er ist das Opfer der kaiserlichen Täuschungspolitik geworden. Er wurde gefangengesetzt und mit Johann Friedrich nach Augsburg und dann in die Niederlande gebracht.

In dieser für ihn erfolgreichen Lage hat der Kaiser das *Augsburger Interim* (1548) erlassen, mit dem er die Glaubensfrage für das Deutsche Reich ohne den Papst regeln wollte. Den Protestanten hat er den Laienkelch und die Priesterehe zugestanden, während sonst die Rekatholisierung hinsichtlich Lehre und kirchlichem Brauchtum eingeleitet wurde. Während sich Süddeutschland schnell unterwerfen mußte, ist der Widerstand in Norddeutschland, besonders in Magdeburg, erwacht. Ein gemäßigter Auszug, das Leipziger Interim, stellte die Abwandlung für Kursachsen dar.

Die Behandlung der beiden deutschen Fürsten und die kaiserlichen Täuschungsmanöver haben das Selbstbewußtsein der deutschen Fürsten tief verletzt. Im Augenblick seines größten Erfolges hat deshalb der Kaiser selbst die Opposition unter den deutschen Fürsten erzeugt. Sein Verbündeter, Moritz von Sachsen, ist in dieser Lage der Führer der Opposition der deutschen Fürsten geworden.

Auch die *politische Lage* in der Welt hat sich schnell wieder verändert. Der Papst, der gegen den Willen des Kaisers *das Konzil von Trient (1545 bis 1563)* berufen hatte, machte damit den Versuch, die Kirchenfrage mit Hilfe des Konzils und ohne, ja gegen den Kaiser zu entscheiden. Mit dem Vordringen der Türken vom Osten her setzte eine neue Bedrohung des Reiches ein. Auch der Krieg zwischen dem Kaiser und Frankreich war wieder ausgebrochen. Die Opposition der deutschen Fürsten konnte in Frankreich einen wichtigen Bundesgenossen gewinnen, dem sie die Hoheit über die im Reichsverband befindlichen Städte Cambrai, Metz, Toul und Verdun zusprach.

Dem Kaiser gegenüber führte nun auch *Moritz von Sachsen* eine geschickt getarnte Täuschungspolitik. Zu erneuten kriegerischen Auseinandersetzungen kam es im Frühjahr 1552. Frankreich besetzte die Städte im Westen des Reiches. Moritz von Sachsen überraschte den Kaiser mit einem Vorstoß nach Bayern und Süddeutschland. Karl V. gelang es noch einmal, dem Gegner zu entkommen.

So kam es zu den Verhandlungen in Passau, in denen Moritz von Sachsen sich als geschickter Unterhändler bewies. Durch den *Passauer Vertrag* (1552) haben die Deutschen ihre Freiheit wiedererlangt. Den Protestanten wird ein weiterer Stillstand gewährt, d. h. die evangelischen Stände müssen im Reich geduldet werden. Aber dieser Vertrag ist vor allem deshalb von Bedeutung, weil in ihm zum erstenmal *der Gedanke des Religionsfriedens* aufgetreten ist, d. h. das Eingeständnis, daß die Glaubensfrage sich mit Gewalt nicht entscheiden läßt. In einzelnen Fürstenbündnissen wird zunächst der Schutz des Passauer Vertrages und die Herstellung eines allgemeinen Landfriedens vereinbart.

Kaiser Karl V. hat noch unter dem Eindruck seiner Niederlage den *Augsburger Reichstag von 1555* ausgeschrieben. König Ferdinand, sein Bruder, hat vom Kaiser die Vollmacht zu selbständigem Handeln erhalten: es ist das tatsächliche Eingeständnis vom Zusammenbruch der bisherigen kaiserlichen Religionspolitik. Es ist endgültig deutlich geworden, daß die Kirchenfrage weder durch Gewalt noch auf dem Wege des

Kompromisses zu erreichen ist. Auch in allgemein politischer Hinsicht sind die Pläne Karls V. gescheitert. Die Umgestaltung des Reiches zu einem Reichsbund und die Sicherung der spanisch-habsburgischen Macht im Reich in Verbindung mit dem Kaisertum hat sich als nicht möglich erwiesen. Sie ist mit dem Widerstand der deutschen Fürsten untergegangen. So muß man urteilen, daß in kirchlicher und politischer Hinsicht die Pläne Karls V. ohne Erfolg gewesen sind.

Im Jahr 1555 hat Kaiser Karl V. endgültig resigniert und die Regierung seinem Bruder Ferdinand überlassen. Erst durch den Rücktritt des Kaisers sind die Verhandlungen für einen Religionsfrieden möglich geworden. So hat der Reichstag zu Augsburg endlich den ersehnten Frieden geben können, der am 25. September 1555 verkündet worden ist.

Die *Bestimmungen des Augsburger Religionsfriedens* bedeuten die Feststellung, daß die kirchliche Einheit definitiv zerbrochen ist. Der Friede spricht *die Anerkennung zweier Religionsbekenntnisse im Reich als gleichberechtigt* aus, die der römisch-katholischen und die der lutherischen Glaubensweise, wie sie sich durch die Augsburgische Konfession manifestiert hatte. Die Schweizer und die Täufer werden von dieser Anerkennung ausgenommen.

Den Reichsständen wird Glaubensfreiheit gewährt. In geschlossenen Territorien soll es keinen Zwiespalt der Religion geben. Dieser Grundsatz ist später mit dem Satz umschrieben worden: „Cuius regio, eius religio" (= „Unter wessen Herrschaft man ist, dessen Glauben bekennt man"). Es steht also dem Herrn des Landes die Bestimmung über die Religion des Landes zu. Eine letzte Glaubensfreiheit wird *den Untertanen also noch nicht* gewährt. Sie erhalten jedoch das Recht der Auswanderung, wenn ihr Glaubensbekenntnis von dem des Landesherrn abweicht. Es ist diese Bestimmung ein großer Fortschritt für die Zeit, aber es ist kein Zweifel, daß die Minderung der Glaubensfreiheit der Untertanen die Ausbreitung des Luthertums verhindern sollte. Die Parität der Konfessionen wird schließlich den Freien Städten und den Reichsstädten zugestanden.

Für die geistlichen Territorien wird das Reformationsrecht der Stände eingeschränkt. Das *Reservatum ecclesiasticum* besagt, daß ein geistlicher Fürst oder ein Reichsabt, der lutherisch wird, durch den Glaubenswechsel alle seine geistlichen Würden, seine Besitzungen und Einkünfte verliert. Er kann nur für seine Person konvertieren. Diese Bestimmung soll der Erhaltung des geistlichen Fürstentums dienen. In den evangelischen Gebieten wird die geistliche Gerichtsbarkeit suspendiert.

Der Augsburger Religionsfriede hat *keiner Konfession in Deutschland den Sieg gebracht.* Er hat vielmehr *die konfessionelle Aufteilung Deutschlands für immer festgelegt.* Von weltgeschichtlicher Relevanz ist dabei die Tatsache, daß das Deutsche Reich der erste und für lange Zeit der einzige Staat ist, in dem zwei Religionsbekenntnisse gleichberechtigt nebeneinander stehen. Die Bindung des Konfessionsstandes an die Obrigkeiten und Reichsstände hat zwar den deutschen Territorialismus gefördert, aber auch in den sich herausbildenden Landeskirchen die Frage nach einer größeren überterritorialen Geschlossenheit, wie sie dem Wesen der Kirche entspricht, geweckt.

Mit Hilfe des „Reservatum ecclesiasticum" soll das katholische Übergewicht auf den Reichstagen erhalten werden, doch hat dies schon nicht mehr der Wirklichkeit entsprochen. Infolgedessen sind im Augsburger Religionsfrieden auch die Konflikte der Zukunft enthalten. Die Abdankung Karls V. im Dezember 1555 hat *das Ende des universalen abendländischen Kaisertums* herbeigeführt bzw. dokumentiert, so daß mit ihr ein neuer Abschnitt der abendländischen und der deutschen Geschichte einsetzt. Aus den großen europäischen Entscheidungen tritt Deutschland zurück. Das Schwergewicht der Reformation verlagert sich von Deutschland nach dem Westen.

Eine weitere blutige Auseinandersetzung um die Fragen der Religion stellen die *acht Hugenottenkriege* dar (1562 bis 1598). Sie sind ein Kampf der Protestanten (Calvinisten) Frankreichs um ihre Anerkennung als eigene Konfession und um die Sicherung ihrer politischen Rechte. Sie haben furchtbare Greuel im einzelnen hervorgerufen und beiden Seiten schwere Verluste zugefügt. In der berüchtigten Bartholomäusnacht von 1572 kommt es zu der grausamen Ermordung einer großen Zahl angesehener Protestanten. Ihr Führer, Heinrich von Navarra, wird nach der Bartholomäusnacht zum Übertritt auf die katholische Seite genötigt. Er flüchtet aber zu den Hugenotten, um sich dem Calvinismus wieder anzuschließen. Schließlich geht auf ihn die Krone Frankreichs über (1589), die er nur durch einen abermaligen Glaubenswechsel, d. h. den Übergang zum Katholizismus, hat behaupten können.

Durch das *Edikt von Nantes (1598)* hat Heinrich IV. den Hugenotten eine Duldung und Religionsfreiheit in beschränktem Umfang verschaffen können. Das Edikt gewährt die Gewissensfreiheit, grenzt aber zugleich das Recht der Ausübung des reformierten Gottesdienstes ein. Dieser darf nur dort ausgeübt werden, wo er schon 1597 (also ein Jahr vor dem Edikt von Nantes) bestanden hat. Vor allem aber hat das Edikt den Protestanten eine Reihe von festen Sicherheitsplätzen zugestanden, in denen sie sich wie ein Staat im Staate haben niederlassen können. Auch in Frankreich hat die Auseinandersetzung in der Religionsfrage zu einer Regelung geführt, die wenigstens in gewissem Umfang der Sicherung des Friedens und der Zuerkennung der gleichen bürgerlichen Rechte an Katholiken und Protestanten dienen sollte.

Zwei große Religionskriege hat die Gegenreformation hervorgerufen:

1. In dem *Kampf der Niederlande gegen Spanien (1566 bis 1609)* verbinden sich ebenfalls politische und religiöse Motive. Das niederländische Volk erhebt sich gegen die spanische Herrschaft, die von einer fremden katholischen Macht über ein sich weithin dem Calvinismus öffnendes Volk ausgeübt wird.

Der Kampf endet mit der Erlangung der politischen Unabhängigkeit und der religiösen Freiheit für den nördlichen Teil der Niederlande (1609). Diese findet im Westfälischen Frieden (1648) ihre endgültige Anerkennung. Seitdem bilden die Niederlande einen selbständigen europäischen Staat mit einer in der Mehrzahl calvinistischen Bevölkerung. Aus dem Verband des Deutschen Reiches sind sie ausgeschieden.

2. Der zweite, durch die Gegenreformation verursachte Krieg ist *der Dreißigjährige Krieg (1618 bis 1648)*, der sich als der letzte Religionskrieg großen Stiles darstellt. Aber politische Motive wirken in ihm ebenso stark wie religiöse. An seinem Ende herrschen überhaupt die politischen Motive vor.

Dieser Krieg ist ein in mehreren Phasen sich vollziehender Kampf um die Vorherrschaft in Europa. Es geht darum, ob sie Spanien – Habsburg – oder Frankreich zufallen soll. In Deutschland kämpfen die Stände und Länder um ihre politische Selbständigkeit gegenüber Kaiser und Reich.

Der Krieg setzt also die Konflikte des 16. Jahrhunderts in politischer und religiöser Hinsicht fort. Er ist der letzte, aus der Gegenreformation hervorgegangene Versuch, die Religionsfrage mit den Waffen zu entscheiden. Das gelingt nicht mehr. Neue Ideen und Stimmungen führen zu neuen Lösungen, die ein neues Zeitalter heraufführen.

Drei Abschnitte des Krieges lassen sich unterscheiden. Der erste ist an seinem Ende durch das Restitutionsedikt des Jahres 1629 bezeichnet, das die völlige Rekatholisierung Deutschlands bewirken soll.

Der zweite Abschnitt ist durch das Eingreifen Gustav Adolfs II. von Schweden (1611 bis 1632) bestimmt. Gerade aufgrund des Sieges des Katholizismus ist der schwedische König, nicht zuletzt aber auch aus politischen Gründen, in den Krieg eingetreten, um den deutschen Protestantismus vor der drohenden Vernichtung zu bewahren.

Die dritte Phase des Krieges ist durch die aktive Teilnahme Frankreichs am Krieg und durch das Zurücktreten der religiösen und die Vorherrschaft der politischen Beweggründe gekennzeichnet.

Unter den Persönlichkeiten, die die geschichtliche Entwicklung entscheidend beeinflußt haben, ist in erster Linie *Gustav Adolf II. von Schweden* zu erwähnen. Er hat seine Politik im Geiste des Alt-Luthertums und im Sinne der Staatsauffassung Luthers geführt. In seinem politischen Handeln nicht doktrinär, ist er aber auch bemüht, das Recht und die Freiheit für den evangelischen Glauben im Deutschen Reich zu sichern. Er erstrebt den Zusammenschluß der evangelischen Territorien zu einem dauernden Bund, also eine Änderung der deutschen Reichsverfassung, die dann unter schwedischer Führung stehen sollte.

Der Westfälische Frieden (Münster und Osnabrück vom 24. Oktober 1648) ist kein innerdeutscher Friede zwischen deutschen Protestanten und Katholiken, denn es geht nicht mehr um den Ausgleich zwischen diesen beiden Parteien, wie ihn noch der Augsburger Religionsfriede von 1555 gesucht hat. Es geht vielmehr einerseits um den Frieden zwischen dem Deutschen Reich und den auswärtigen Mächten wie Frankreich, andererseits um die Regelung der Religionsfrage im Deutschen Reich auf der Grundlage des Augsburger Religionsfriedens.

Vier politische Probleme hat der Friede zu lösen. Es gilt *erstens* den Frieden zwischen Spanien und den Niederlanden herzustellen. Er bringt die Anerkennung der Unabhängigkeit der Niederlande. Diese wie auch die Schweiz scheiden aus dem deutschen Reichsverband aus.

Zweitens: Der Friede zwischen Frankreich und dem Deutschen Reich bringt Frankreich in den Besitz der Bistümer von Metz, Toul und Verdun sowie des Elsaß als bisher österreichischer Besitz.

Drittens: Der Friede zwischen den Schweden und dem Deutschen Reich bringt Schweden in den Besitz der Stifte Bremen und Verden als weltliche Herzogtümer sowie die Herrschaft über Vorpommern. Kurbrandenburg erhält die Stifte Kammin, Halberstadt und Minden als weltliche Fürstentümer und die Anwartschaft auf das Stift Magdeburg.

Viertens: Die innerdeutschen Schwierigkeiten, die der Friede zu regeln hat, werden in der Tatsache sichtbar, daß die deutschen Reichsstände mit französischer Unterstützung ihre Selbständigkeit gegenüber dem Kaiser erlangen.

In kirchlicher Hinsicht hat der Friede ebenfalls vier schwere Probleme zu lösen.

Es muß erstens das Verhältnis von katholischer und evangelischer Religion geregelt werden. Der Passauer Vertrag und der Augsburger Religionsfriede werden zu diesem Zweck anerkannt und auch auf die Reformierten, d. h. die Calvinisten, ausgedehnt. Diese werden also jetzt mit in den Frieden aufgenommen. Sie werden als „Verwandte der Augsburgischen Konfession" angesehen. Ausgeschlossen bleiben vom Frieden aber die „Sekten", d. h. vor allem die Gruppen der Täufer und der Spiritualisten, die im Reichsverband nicht geduldet werden sollen.

Das Verhältnis von katholischer und evangelischer Konfession zueinander wird nach dem Prinzip der Rechtsgleichheit geordnet. Religiöse Fragen sollen auf den Reichstagen nicht mehr nach dem Grundsatz der Stimmenmehrheit, sondern durch den Vergleich geregelt werden. Strittige Fragen zwischen katholischen und protestantischen Ständen können künftig also nur auf dem Weg der Vereinbarung gelöst werden – eine der folgenreichsten Bestimmungen des Friedens.

Zur Regelung des Besitzstandes der Konfessionen wird das Restitutionsedikt von 1629 aufgehoben und als neuer Stichtag der 1. Jänner 1624 festgesetzt. Die zu diesem Zeitpunkt im Besitz der Protestanten befindlichen geistlichen Territorien verbleiben diesen. Aus dem Augsburger Religionsfrieden bleibt das Reservatum ecclesiasticum erhalten.

Das Reformationsrecht der Landesherren besteht weiterhin fort, doch wird dafür *das neue Prinzip der Duldung* eingeführt. Wer nach dem Frieden die Konfession wechselt, kann vom Landesherrn geduldet oder wegen seines abweichenden Bekenntnisses zur Auswanderung gezwungen werden, doch verbleiben ihm sein Besitz und seine Güter. Wechselt ein Landesherr die Konfession unter den Protestanten, so sind die Untertanen nicht gehalten und zu zwingen, ihm zu folgen. Das Zugeständnis der Gewissensfreiheit und der Befreiung von der Teilnahme an den Gottesdiensten einer fremden Konfession wird den 1624 bestehenden Minderheiten gemacht. Ausgenommen vom Religionsfrieden sind die österreichischen Erblande und Schlesien, so daß gerade in diese Gebiete jetzt erst die Gegenreformation ihren Einzug hat halten können.

Überblickt man den Westfälischen Frieden, so muß man sagen, daß er in politischer Hinsicht eine große Schwächung des Reiches bedeutet. Das neue Prinzip der Religionspolitik aber setzt sich durch, daß die konfessionellen Gegensätze im Geist der Toleranz und durch Verhandlungen überbrückt werden müssen. Die Territorialisierung der kirchlichen und politischen Verhältnisse bleibt freilich erhalten. Im ganzen hat der Westfälische Friede eine neue Ordnung in das Reich gebracht. Man muß sich künftig dem inneren Aufbau des Reiches zuwenden und damit auch endlich die Epoche der Religionskriege durch die nun folgende Epoche des Friedens abgeschlossen sein lassen.

VIERUNDZWANZIGSTER SCHWERPUNKT:

Reflektierender und aktiver Glaube

1. AUFKLÄRUNG

Es hat zu allen Zeiten im Christentum die Spannung zwischen einem über sich selbst und seinen Inhalt reflektierenden und einem nach Verwirklichung drängenden, sich im Tatbeweis bewährenden Glauben gegeben. Besonders deutlich ist dieser Gegensatz zwischen der Aufklärung und dem Pietismus hervorgetreten. Man kann die Aufklärung als eine Bewegung bezeichnen, die die Reflexion des Glaubens über sich selbst, über sein Wesen und über seinen Inhalt betont, wobei alle kritischen Faktoren aufgeboten werden, mit denen die Vernunft arbeiten kann. Der Pietismus ist im Gegensatz dazu ein auf die konkrete Einlösung im Leben des einzelnen und der Gemeinschaft hindrängender Glaube, der sich in der Tat bewährt und die Echtheitsgrade seines Inhaltes nicht so sehr von der Vernunft aus gewinnt, als vielmehr durch die Tat geschehen läßt und so zu ihrer Anerkennung überführen will.

Betrachten wir die beiden Erscheinungen unter diesem Gesichtspunkt, so sind sowohl Aufklärung als auch Pietismus von einer aktuellen Bedeutung für die Gegenwart. Manche Erscheinungen im Christentum der Gegenwart werden verständlich, wenn man sie von der Aufklärung oder dem Pietismus her ansieht und in ihnen die gegenwärtige Ausprägung alter, mindestens bis ins 18. Jahrhundert zurückreichender Gegensätze erkennt.

Die Aufklärung ist eine universale Bewegung, die in den verschiedenen Ländern Europas im 18. Jahrhundert gleichzeitig und gleichmäßig geherrscht hat. Sie ist nicht mit „Rationalismus“ gleichzusetzen, denn sie erstrebt nicht nur die Schulung des Verstandes, sondern auch die Bildung des Herzens. Sie hat, trotz aller Begründung der Religion auf die Vernunft, doch auch immer an der Offenbarung festgehalten, wenngleich sie diese auch in unterschiedlichem Sinn gedeutet hat.

Mit dem Pietismus ist die Aufklärung in der Tiefe durch ein neues, individualistisches Lebensgefühl verbunden. Aber in der Stellung zum Irrationalen ist sie von ihm geschieden. Die Aufklärung sucht den Ort Gottes in der menschlichen Vernunft oder im sittlichen Handeln des Menschen. Sie verwirft das menschliche Gefühl und die religiöse Erfahrung, die gerade der Pietismus als Versicherung der Echtheit des Glaubens betont.

Die Aufklärung ist eine durch Europa hindurchgehende Emanzipationsbewegung, die zum Bruch mit der überlieferten religiös und kirchlich bestimmten Kultur geführt und an deren Stelle die Eigenständigkeit des natürlichen, sittlichen, vernünftigen und allgemeinmenschlichen Lebens gesetzt hat.

Ernst Troeltsch (gest. 1923) hat deshalb die Neuzeit nicht mit dem Humanismus und der Reformation, sondern mit der Aufklärung beginnen lassen, die ihre Vorläufer bei den spiritualistischen Gegnern Luthers gehabt haben soll. Wie diese der Neuzeit näher als Luther selbst stehen, so soll es auch die Bedeutung der Aufklärung ausmachen, daß sie in Anknüpfung an diese Geistesströmungen zur Befreiung von dem kirchlich und theologisch bestimmten Denken der europäischen Welt geführt hat. Erst im 19. Jahrhundert haben sich diese Tendenzen der Aufklärung voll entfalten können.

Gegenüber dieser Sicht muß man jedoch feststellen, daß die Aufklärung niemals allein in Europa geherrscht hat. Neben ihr läuft der Pietismus einher, der ebenso mächtig wie sie in das Denken und Leben der Neuzeit eingegangen ist. Von den oft unterirdisch dahinfließenden Strömen des Pietismus und einer kirchlich gebundenen Frömmigkeit ist die Überwindung der Aufklärung auf dem religiösen und theologischen Sektor eingeleitet worden, wie das auch *Immanuel Kant,* der größte Sohn der Aufklärung, für den philosophischen Bereich bewirkt hat.

Nach Kant macht es das Wesen der Aufklärung aus, daß der Mensch sich seines eigenen Verstandes selbständig bedient und davon auch öffentlich Gebrauch macht. Mit dieser Kennzeichnung ist die Weite, aber auch die Grenze der Aufklärung bezeichnet, die sich ebensosehr auf den Gebieten des geistigen Lebens und in der politischen Wirklichkeit ausgewirkt hat.

Die Aufklärung ist deshalb als *eine Durchgangsstufe in der Entwicklung des abendländischen Geisteslebens* zu bezeichnen, in der es zur Entfaltung bestimmter Tendenzen gekommen ist, die in dem Humanismus und der Reformation angelegt sind. Sie führen eine neue, rein weltlich bestimmte Epoche der abendländischen Kultur herauf. Scheinbar haben Christentum und Kirche dabei die äußere Stellung und an sachlichem Gewicht entscheidend eingebüßt. Tatsächlich aber hat sich der Aufbau einer neuen, rein säkular bestimmten Kultur unter dem Protest der Kirchen und des christlichen Glaubens vollzogen. Diese haben durch den Gegensatz zur Aufklärung nicht verloren, sondern an Substanz gewonnen und die Kräfte entwickelt, von denen aus es zur Überwindung der Aufklärung gekommen ist.

In den verschiedenen europäischen Ländern nimmt diese Emanzipationsbewegung der Aufklärung verschiedene Gestalt an, die sich in ihrem Verhältnis zur Religion, d. h. in der besonderen Religionskritik und Religionsphilosophie ausdrückt, wie sie die Aufklärung entwickelt hat.

Die *englische* Aufklärung ist dabei durch den Empirismus und den Deismus sowie durch die wachsende Kritik an letzterem charakterisiert.

Die *französische* Aufklärung unterscheidet sich von der englischen durch ihren radikalen und revolutionären Charakter. Unter den Einwirkungen des englischen Empirismus schlägt sie in den vollendeten Materialismus um, der sich in der radikalen Ablehnung von Kirche und Religion äußert und in der gewaltsamen gesellschaftlichen Umschichtung endet, die sich in der neuen Gestaltung der politischen Verhältnisse in Europa, aber auch in neuen, außenpolitischen Kräften entladen hat.

Die *deutsche* Aufklärung hat gegenüber der englischen und französischen den religiösen Charakter bewahrt, den ihr *Gottfried Wilhelm Leibniz* eingestiftet hat. Dadurch ist in Deutschland die materialistische, skeptische und revolutionäre Wendung der Aufklärung auf lange Zeit hintangehalten worden. Erst im 19. Jahrhundert holt sie die radikale Wende nach. Im ganzen aber trägt die deutsche Aufklärung, namentlich in ihrem Verhältnis zu Kirche und Christentum, einen durchaus konservativen Charakter. Diese Tatsache trifft auch für die im Zeitalter der Aufklärung entwickelte Theologie zu.

Die *Theologie der Aufklärung* ist eine keineswegs einheitliche, sondern in sich differenzierte Bewegung. Man gliedert sie am besten von der verschiedenartigen Lösung des Problems von Vernunft und Offenbarung her. In der sog. Übergangstheologie wird jede extreme Lösung des Verhältnisses der beiden Größen zueinander vermieden. Sie werden vielmehr nach ihrer Notwendigkeit und mit ihrem je besonderen Recht anerkannt. In dieser Epoche bleiben die aus der Offenbarung abgeleiteten kirchlichen Lehren noch unangetastet, wenngleich der Vernunft die Aufgabe ihrer kritischen Bearbeitung gegeben wird. Entschieden wird dabei aber die praktische Seite des religiösen Lebens betont, das sich in einer vernunftgemäßen Moral auszuweisen hat. So können Offenbarung, Vernunft und Moral als gleichwertige Größen nebeneinander stehen, die sich gegenseitig tragen und stützen.

Aus der Übergangstheologie hat sich die für die Aufklärung charakteristische Richtung der *Neologie* entwickelt, in der die Gleichstellung von Vernunft und Offenbarung vollzogen wird. Die Offenbarung gibt demnach nichts, was über die Vernunft, ihre Anlage im Menschen und die allgemeinen ethischen Forderungen hinausginge! Sie gibt es aber leichter und schneller als die Vernunft.

Insbesondere wird in dieser Epoche der Aufklärung *die geschichtliche Gebundenheit aller Aussagen des Menschen* betont, so daß es zu einer neuen Hochschätzung der Geschichte und zu einer umfassenden kritischen Arbeit an der Bibel und der kirchlichen Überlieferung kommt. Die Geschichte wird ganz unter die Idee der nach ihren natürlichen Momenten aufzudeckenden Entwicklung gestellt, die sie als einen in jeder Epoche sich ausweisenden Fortschritt ansehen läßt. Mit Hilfe dieser Ideen werden die Autorität des biblischen Kanons und die normative Geltung bestimmter Epochen der Geschichte, wie etwa die des Urchristentums und der Reformation, aufgehoben und nur noch in ihrem geschichtlich bedingten, dadurch aber auch begrenzten Wert anerkannt.

An den Ausgängen der Aufklärung lassen sich zwei Richtungen unterscheiden: *ein konsequenter Rationalismus,* der die Anerkennung der Offenbarung überhaupt ablehnt und in einer einseitigen rationalistischen und moralistischen Ausdeutung der Bibel endet. Die Anwendung desselben auf das Neue Testament führt zur Konzeption eines neuen, vorwiegend von der Moral her bestimmten Bildes von der Entstehung des Christentums und der Kirche. Auch *die sogenannte Leben-Jesu-Forschung,* die das „Leben Jesu" nach allgemeinen historischen, humanen, rationalen und ethischen Grundsätzen zu begreifen sucht, hat in dieser rationalen Phase der Aufklärung ihren Ursprung.

Neben diesem Rationalismus entwickelt sich ein ausgesprochener *Supranaturalismus,* der zwar an der Eigenständigkeit der Offenbarung festhalten will, diese aber mit rationalen und historisch-kritischen Gedankengängen als notwendig zu erweisen sucht. Der Inhalt der Offenbarung soll zwar über die Vernunft hinausgehen, wird aber als in sich vernünftig begriffen, so daß die Vernunft zum Kriterium für den Inhalt der Offenbarung gemacht werden kann.

Auf das Ganze gesehen, kommt der Aufklärung, namentlich für Deutschland, eine entscheidende Bedeutung für die Entwicklung der biblischen und historischen Wissenschaften zu. Aber auch die Stellung zum kirchlichen Leben und die Ordnung des Verhältnisses von Staat und Kirche haben in der Aufklärung einen grundlegenden Wandel erfahren.

In kirchlicher Hinsicht hat die Aufklärung als die große Zerstörerin und Umgestalterin gewirkt, denn sie leitet den Verfall der Gottesdienste und der Gottesdienstordnungen ein. Man betont auf Kosten einer glaubensmäßigen Vertiefung und Ausrichtung deren lehrhafte, moralische und volkspädagogische Abzweckung. Wie die öffentliche Pflege der Frömmigkeit ist aber auch die private in der Aufklärung zurückgegangen. Der Pfarrer ist zum Volksaufklärer geworden, der mit seiner Arbeit in die allgemeine Erziehung der Bürger einbezogen wird.

Die politischen Auswirkungen der Aufklärung zeigen sich in doppelter Richtung. Einmal liegt in ihrer Tendenz die vollkommene Ablehnung von Kirche und Christentum, Frömmigkeit und Glaube, die als irrelevant für die Gestaltung des öffentlichen Lebens, ja, als Hindernis für seine natürliche Entfaltung angesehen werden. In dieser Hinsicht hat die Aufklärung ihren schärfsten Ausdruck in der *Französischen Revolution* gefunden. Mit ihr bricht der erste große Kirchensturm der Neuzeit durch, an dem gewiß auch soziologische und gesellschaftliche Ursachen beteiligt sind.

Die andere der Aufklärung entwachsene Tendenz ist mit der *Idee einer Verstaatlichung der Kirche* gegeben. Gerade die öffentliche Religion ist dem Staat nicht gleichgültig, der bestrebt ist, sich die Kirche selbst nicht nur zu unterwerfen, sondern sie in das vom Staat gelenkte kulturelle Leben mit einzubeziehen. So kommt es in Preußen zur Aufhebung der Selbständigkeit der kirchlichen Behörden und der Einordnung der Geistlichkeit und ihres Wirkens in das allgemeine Bildungsleben überhaupt. In der Kirchenpolitik Friedrichs d. Gr. von Preußen, bei seinem Schüler Joseph II. von Österreich und durch Napoleon I. von Frankreich hat diese Tendenz der Aufklärung ihren geschichtlich so bedeutsamen Niederschlag gefunden.

Insbesondere haben sich die politischen Ziele der Aufklärung außer in Deutschland auch in Österreich und Frankreich und nicht zuletzt im Kirchenstaat selbst ausgewirkt.

In *Deutschland* haben die politischen Grundsätze der Aufklärung ihren Ausdruck in dem Werk des Weihbischofs von Trier *Johann Nikolaus von Hontheim* „Über den Zustand der Kirche und die rechtmäßige Gewalt des römischen Bischofs" von 1763 gefunden. Das Buch ist unter dem Pseudonym Justinus Febronius erschienen. Nach diesem fingierten Verfassernamen wird das in dieser Schrift vertretene System eines verstaatlichten Landeskirchentums als *Febronianismus* bezeichnet.

Es löst die universale katholische Kirche in eine Vielzahl autonomer Landeskirchen auf. Die Hoheit des Papstes wird für sie praktisch und theoretisch aufgehoben und durch die eines sie alle umfassenden Generalkonzils ersetzt. Febronius hat namentlich die Autonomie der deutschen Reichskirche gegenüber dem Papsttum behauptet und dieses Verlangen auch noch ökumenisch, gleichsam als durch die Rücksichtnahme auf die nichtkatholischen Kirchen gefordert, begründet.

Wie stark diese Forderungen auch im deutschen Episkopat vertreten gewesen sind, zeigt die Tatsache, daß sich die deutschen Erzbischöfe von Köln, Mainz, Trier und

Salzburg in der *„Emser Punktation" von 1786* zu einer gemeinsamen Ablehnung der ein Jahr zuvor neu errichteten Nuntiatur von München zusammengeschlossen haben, um die sich für sie in diesem Akt bekundende päpstliche Hoheit über die deutsche Kirche zurückzudrängen.

In *Österreich* hat Kaiser *Joseph II.* (1765–1790), der Sohn der Maria Theresia, der sich selbst als Schüler und Vollstrecker der Kirchenpolitik Friedrichs II. von Preußen verstanden hat, die absolute Hoheit des Staates über die Kirche proklamiert und sie durch eigenmächtige Eingriffe in das kirchliche Leben wie die Aufhebung des bischöflichen Ernennungsrechts für die Geistlichkeit, die Einziehung von Hunderten von Klöstern, die Errichtung neuer Pfarreien oder die neue Umschreibung der Bistümer praktiziert. Selbst die Reise Papst Pius' VI. im Februar 1782 nach Wien zu direkten Verhandlungen mit dem Kaiser ist trotz aller ihm zuteil gewordenen äußeren Ehrungen ergebnislos geblieben.

Das System des Febronianismus ist seit seiner rücksichtslosen Handhabung durch Joseph II. auch unter dem Namen des *Josephinismus* in die Geschichte eingegangen. Dieser hat sich besonders verheerend in der katholischen Kirche von Österreich ausgewirkt und ihre äußere Schwäche und Verarmung bis in den Anfang des 19. Jahrhunderts hinein bestimmt.

Von den schlimmsten Folgen aber ist die Verwirklichung der politischen Grundsätze der Aufklärung für den Katholizismus in *Frankreich* gewesen. In der Französischen Revolution hat sich eine lange aufgestaute, sich ganz rational begründende Kirchenfeindlichkeit mit einer gesellschaftlich-soziologisch motivierten, gewaltsamen Ablehnung des herrschenden politischen Systems entladen. Es ist nicht nötig, in diesem Zusammenhang auf die bekannten Verirrungen dieser Erscheinungen auf dem Gebiet der Religion einzugehen. Ihr wichtigstes geschichtlich bedeutsames Ergebnis ist die hier zum ersten Mal durchgeführte grundsätzliche Trennung von Staat und Kirche im Sinne der religionsfeindlichen Tendenzen der französischen Aufklärung.

Erst *Napoleon Bonaparte* hat durch den Staatsstreich vom 9. November 1799 zwar der offiziellen Feindschaft gegen das Christentum ein Ende gemacht, aber nur, um den Papst und die katholische Kirche in die völlige Abhängigkeit von Frankreich zu bringen. Es beginnt die Epoche einer zweiten „Französischen Gefangenschaft" des Papsttums. Sie ist noch verheerender in ihren Auswirkungen als jene spätmittelalterliche erste gewesen. Nur durch den Sieg der europäischen Mächte über Napoleon hat das Papsttum seine Freiheit und schließliche Unabhängigkeit wiedererlangen können.

Die Stationen des Leidensweges, den Papst *Pius VII. (1800–1823)* von tiefster Demütigung bis zu seiner endgültigen Befreiung und der Wiedereinsetzung in den Kirchenstaat dabei durchlaufen hat, können wir hier nur kurz berühren.

Sein Vorgänger Papst Pius VI. ist als Gefangener der Franzosen 1799 in Valence gestorben. Nach der Ablehnung der für den französischen Klerus 1790 erlassenen „Zivilkonstitution", die die Bistümer erheblich verminderte und ihre Besetzung sowie die der Pfarreien den politischen Organen übertrug und die kurz zuvor erfolgte Auflösung kirchlicher Orden sowie die Übergabe des gesamten Kirchengutes an den Staat durch den Papst bestätigte, hat Napoleon den Kirchenstaat besetzt, diesem ein hohes Lösegeld auferlegt und zahlreiche Kunstwerke aus Rom fortschaffen lassen.

In dieser Situation hat Pius VII. dank der vermittelnden Tätigkeit seines Staatssekretärs *Consalvi* von Rom und von dem in seinem Umfang stark verminderten Kirchenstaat wieder Besitz nehmen können. Das 1801 mit Napoleon abgeschlossene Konkordat anerkennt zwar den Katholizismus als die Religion der Mehrheit der französischen Bürger, überträgt aber die Ernennung der Bischöfe auf Napoleon, die ihm den Treueid zu leisten hatten, verstaatlicht den kirchlichen Besitz und bringt den französischen Klerus in die Abhängigkeit von der Regierung.

Noch weiter gehen die von Napoleon dem Konkordat nachträglich angehängten *27 Organischen Artikel.* Danach bedürfen alle päpstlichen Erlässe der Zustimmung der Regierung, ebenso die Abhaltung der National- und Provinzialsynoden. Die kirchliche Trauung darf erst nach Abschluß der gesetzlich eingeführten Zivilehe vorgenommen werden. Auch die direkten Verhandlungen des Papstes mit Napoleon in Paris, wohin er auf dessen Einladung zum Vollzug der Kaiserkrönung gereist war, bei der Napoleon sich dann aber doch selbst die Krone aufs Haupt gesetzt hat, sind ohne Erfolg geblieben.

Die Spannungen zu Frankreich haben sich schnell infolge weiterer Gewaltakte Napoleons gegen den Papst verschärft, als dieser sich den Wünschen des Franzosen nicht gefügig zeigte. Sie haben in der Entführung des Papstes nach Savona und dann nach Fontainebleau, mit der Besetzung des Kirchenstaates durch die Franzosen und mit der Nötigung der Kardinäle zur Übersiedlung nach Paris ihren Höhepunkt erreicht. Ein von Napoleon berufenes „Nationalkonzil" der Bischöfe aus Frankreich, Italien und Deutschland hat allerdings den Wünschen des Kaisers in bezug auf die Ernennung der Bischöfe, notfalls bei Weigerung des Papstes durch einen Metropoliten, nicht entsprochen. Es ist von Napoleon im Oktober 1811 wieder entlassen, gleichzeitig ist das Konkordat von 1801 durch den Kaiser aufgelöst worden.

Erst die Niederlagen Napoleons im Rußlandfeldzug und im Kampf gegen die verbündeten europäischen Mächte, seine Abdankung und seine Verbannung nach Elba haben nach einem kurzen Zwischenspiel – sein Schwager Murat, König von Neapel, hat den Papst noch einmal zur Übersiedlung nach Genua nötigen können – auf dem Wiener Kongreß von 1815 mit der Rückgabe des abermals verkleinerten Kirchenstaates an den Papst eine neue Epoche in der Geschichte der katholischen Kirche einleiten und damit auch das Ende der Herrschaft der politischen Ideen der Aufklärung für die katholische Kirche bewirken können.

Dennoch sind dem Papsttum drei wichtige politische Ziele für die nächsten Jahrzehnte verblieben. Papst Pius VII., der wie sein Vorgänger die tiefsten äußeren Demütigungen unter der Verwirklichung der politischen Ideen der Aufklärung hat hinnehmen müssen, hat sie nach der Wiedererlangung der Freiheit und nach der Wiederherstellung des Kirchenstaates sofort in Angriff genommen. Es handelt sich erstens um *die Neuordnung der in fast allen Ländern Europas zerrütteten kirchlichen Verhältnisse.* Diese Aufgabe hat sich nur durch neue Konkordatsabschlüsse bewältigen lassen. Zum ersten Mal geht dabei der Blick der Kurie auch über Europa hinaus und bezieht die jungen südamerikanischen Staaten in dieses Vertragssystem mit ein.

Die zweite Aufgabe ist mit dem *Aufbau des kirchlichen Lebens in Deutschland gegeben.* Hier hat der Reichsdeputationshauptschluß von Regensburg im Jahre 1803 die allgemeine Enteignung und Schwächung vor allem der katholischen Kirche bewirkt und ihr mit dem Übergang des kirchlichen Besitzes an die weltlichen Mächte die materiellen Grundlagen ihrer Existenz entzogen. Das kirchliche Leben in Deutschland hat einer inneren Regeneration bedurft, die der äußeren, in der Umschichtung der politischen Stände und in dem Erwachen eines neuen geistigen Lebens sich bekundenden, hat entsprechen müssen.

Die dritte und schwierigste Aufgabe aber hat in der *Neuordnung des Kirchenstaates nach seinen inneren und äußeren Verhältnissen* bestanden, ist dieser doch von dem gerade im 18. und 19. Jahrhundert stark aufbrechenden italienischen Nationalbewußtsein umgeben. Nur unter dem Schutz fremder Mächte wie Frankreich und Österreich hat er sich überhaupt gegen die auch in seinem Inneren immer stärker hervortretenden nationalen Einigungsbestrebungen behaupten können. Dazu haben die Rückstände in der Rechtspflege und die Mängel in der Verwaltung den inneren Frieden immer wieder gestört. Die Unruhen haben durch das ganze 19. Jahrhundert bis zur Einverleibung Roms in das Königreich Italien im Jahre 1870 infolge des Abzugs der französischen Schutztruppen angehalten. Mit diesem Akt ist dann aber eine Situation geschaffen worden, die nicht nur für das Papsttum, sondern auch für die gesamte katholische Kirche den Eintritt in einen neuen Abschnitt ihrer Geschichte bedeutet.

Die religionsfeindlichen Tendenzen der französischen Aufklärung haben schließlich im 19. Jahrhundert in Frankreich und dann in den von ihm beherrschten Staaten eine Fortführung gefunden. Die von der Aufklärung eingeleitete mächtige Emanzipationsbewegung ist mit der *Neuordnung des Verhältnisses von Staat und Kirche,* von Welt und Religion in Europa in eine neue, heute noch keineswegs abgeschlossene Phase getreten, die sich auch in dem Erwachen einer neuen Rationalität in bezug auf alle Größen des geistigen und religiösen Lebens äußert.

So kommt der Aufklärung im Hinblick auf das Verständnis vieler Erscheinungen des kirchlichen und politischen Lebens in der Gegenwart eine nicht hoch genug zu veranschlagende Bedeutung zu.

2. PIETISMUS

Der Pietismus ist wie die Aufklärung eine internationale und interkonfessionelle Bewegung. Er ist weder eine typisch deutsche noch eine speziell lutherische Erscheinung. Er ist auch nicht, wie Albrecht Ritschl gemeint hat, durch den Einbruch des Calvinismus in das Luthertum entstanden. Er trägt vielmehr *gemeinsame Grundzüge,* die in allen Kirchen und Ländern in gleicher Stärke hervortreten:

a) Der Pietismus ist durch die *Polemik gegen den Bekenntniszwang der Staatskirche* und gegen den lehrmäßigen Charakter der Orthodoxie gekennzeichnet.

b) Der Pietismus ist ferner durch das *Drängen auf Heiligung* charakterisiert. Das Erlebnis ist ihm am Glauben das Entscheidende. Es soll sich in der Rechtfertigung ausdrücken, die nicht Wissen und verstandesmäßiges Erfassen ist. Die Probe auf die Echtheit des persönlichen Erlebens aber ist die Tat. Deshalb betont der Pietismus die „praxis pietatis“, die Bewährung der Überzeugung in der gesamten Lebenshaltung.

c) Der Pietismus ist durch *ein neues Lebensgefühl* bestimmt, das sich gegenüber allen Objektivierungen der Geschichte als etwas Eigenes und Selbständiges versteht. Es ist so stark, daß der einzelne in sich, in seinem Herzen oder in seiner Seele, den Ort für die Offenbarung Gottes findet.

Luthertum und Pietismus sind durch gemeinsame Grundzüge verbunden, so sehr sie auch wieder prinzipiell voneinander geschieden sind. Gemeinsam ist ihnen die Betonung des persönlichen Charakters allen frommen Lebens. Die objektiven Tatsachen, auf denen der Glaube ruht, müssen von dem einzelnen Christen persönlich erlebt und so sein Eigen geworden sein.

Luthertum und Pietismus sind ferner durch die Anschauung verbunden, daß die Sünde nur durch die Wiedergeburt überwunden werden kann, in der die Erneuerung des Menschen besteht. Sie sind auch in dem Verständnis des christlichen Glaubens als einer sich stets auf die Bibel beziehenden Größe verbunden. Das gesamte religiöse Leben des Christen hat sich für den Pietismus stets an der Bibel zu orientieren.

Luthertum und Pietismus sind durch ihre Stellung zur Kirche geschieden. Luther hat die Reformation der Kirche als ganze gewollt, von der dann die Erneuerung aller Lebensgebiete ausgehen muß. Dem Pietismus kommt es dagegen auf die Wiedergeburt des einzelnen und auf die Zusammenfassung der wiedergeborenen Christen in kleinen Kreisen innerhalb der Kirche an. Der Pietismus will die „Ecclesiola in ecclesia“. Er ist vom Luthertum ferner durch die Beziehung der religiösen Aussagen auf den einzelnen geschieden. Im Pietismus liegt eine Subjektivierung, in gewisser Weise auch eine Sentimentalisierung der theologischen Begriffe vor.

Der Pietismus ist weder in kirchlicher noch in sozialer oder politischer Hinsicht radikal. Er denkt nicht an die von Grund auf notwendige Erneuerung der gegebenen sozialen und politischen Verhältnisse. Er anerkennt vielmehr die bestehenden Ordnungen. Es kommt ihm auf die Sammlung der einzelnen Wiedergeborenen innerhalb der gegebenen sozialen und kirchlichen Gemeinschaften an. Der Pietismus hat damit die dualistische Lebenslösung Luthers erhalten, nach der das Gesetz dieser Welt und das Gesetz Christi grundsätzlich geschieden sind.

Der Pietismus hat trotz dieser Einstellung das lutherische Kirchenverständnis nicht erhalten, sondern zu seiner Auflösung beigetragen. Er denkt die Kirche von „unten“, d. h. von den einzelnen Frommen her. Er versteht die Kirche als die freie und selbstgewollte Vereinigung der einzelnen Gläubigen. Er hat damit die Kirche als die Versammlung der ernsten Christen gedeutet, sie aber nicht von der Institution und der Stiftung Christi her gedacht. Gegenüber seinem letztlich soziologischen Aufbau der Kirche ist ihm die theologische Begründung der Kirche als Leib Christi verlorengegangen.

Der Pietismus hat ein Gefühl für die Auflösung der kirchlichen Lehren und Lebensformen durch die Aufklärung gehabt. Deshalb hat er sich dem Verstandes- und Vernunftchristentum der Aufklärung mit dem Drängen auf Erweckung, Erfahrung und Erlebnis widersetzt. Indem er sich aber an den Erfahrungen des einzelnen orientiert, hat er ebenfalls zu der entscheidenden Umformung des theologischen Denkens beigetragen.

Der Pietismus ist keine Einheit; er stellt sich uns *in verschiedenen Typen* dar.

a) Ein erster Typ ist durch *Philipp Jacob Spener* (1635 bis 1705) gegeben. Nach kurzer Tätigkeit in Straßburg wurde Spener 1666 Senior der Frankfurter Geistlichkeit. Aus dieser Zeit stammen seine „Pia esideria“, die das Reformprogramm des Pietismus enthalten. Spener fordert die Vertiefung in die Bibel, die Ausübung des allgemeinen

Priestertums unter Heranziehung der Laien, die „praxis pietatis", d.h. das praktisch betätigte Christentum der Liebe als Einlösung des Glaubens, das Verschwinden der konfessionellen Polemik, die Reform des akademischen Lebens und die Erneuerung der Predigt, die sich auf die Erbauung der Gemeinde einzustellen hat.

1686 ging Spener von Frankfurt als Oberhofprediger nach Dresden, wo er aber wegen der Gegensätze zum sächsischen Kurfürsten nicht lange blieb. 1691 kam er als Propst von St. Nicolai, Konsistorialrat und Geistlicher Inspektor nach Berlin. Jetzt führte er die literarische Auseinandersetzung mit den Gegnern des Pietismus, vor allem mit der durch ihn beunruhigten lutherischen Orthodoxie.

Speners Bedeutung liegt auf dem Gebiet der praktisch-kirchlichen Reformen, die die Glaubenserfahrung zum Maßstab für die kirchliche und theologische Arbeit machen. Spener ist der Überzeugung, daß es wahre Christen in allen Konfessionen gibt. Deshalb hat er einer Union zwischen Lutheranern und Reformierten vorgearbeitet. Besonders umfangreich ist seine Korrespondenz. Der Brief ist ein Mittel der Seelsorge, des Kontaktes und der Beratung der Menschen. Seinen umfangreichen Briefwechsel hat Spener, der persönlichen Note entkleidet, in seinen mehrere Bände umfassenden „Theologischen Bedenken" veröffentlicht.

b) Ein weiterer Typ des Pietismus stellt sich in *August Hermann Francke* (1663 bis 1727) dar. Der Pietismus hat durch ihn seinen Einzug in die Theologie und auf den Universitäten gehalten.

Entscheidend ist für ihn das Erlebnis seiner Bekehrung in Lüneburg (1687) bei der Vorbereitung auf eine Predigt über Joh 20,31 geworden. Er versteht die Bekehrung als den plötzlichen, einmaligen, zeitlich genau zu fixierenden Durchbruch der Gnade, der mit der Wiedergeburt gleichbedeutend ist, so daß von dem Zeitpunkt dieser Erfahrung an das ganze Leben in einem neuen Licht erscheint.

Nach kurzer pfarramtlicher Tätigkeit in Erfurt und Laucha bei Leipzig wurde Francke an die Universität Halle berufen, wo er bis zu seinem Tode an der theologischen Fakultät gelehrt hat.

In Halle ist Francke zu großer Wirksamkeit gekommen, vor allem durch den Ausbau der „Franckeschen Stiftungen", die außer dem Waisenhaus auch eine Armen- und Bürgerschule sowie das Pädagogium, eine Buchdruckerei, eine Buchhandlung, ja sogar eine Apotheke umfassen. Die „Cansteinsche Bibelanstalt" ist mit durch Francke begründet worden. Francke hat auch die Pädagogik für Theologie und Kirche fruchtbar gemacht. Die sogenannte Realia hat er zu Unterrichtsfächern erhoben; aus ihnen haben sich die späteren Realschulen entwickelt.

Der theologischen Fakultät hat Francke neue Anstöße durch seine Exegese gegeben: er begründete das „Collegium orientale", wie er überhaupt die Bibel von ihrer Umwelt aus verstanden wissen wollte. In Francke hat sich eine rigorose, strenge Sittlichkeit mit großer Weltklugheit verbunden. Sein praktischer Sinn hat ihn die Bedeutung der Mächtigen und Einflußreichen, der Könige und des Adels erkennen lassen. In dem Konflikt mit dem Philosophen Christian Wolff an der Halleschen Universität hat er seine Beziehungen zum preußischen Königtum eingesetzt.

Entscheidende Anregungen gab er auch der Äußeren Mission des Luthertums durch seine Verbindung mit König Friedrich IV. von Dänemark. Dieser berief Franckes

Schüler Ziegenbalg in die von ihm begründete Missionsstation Tranquebar, wo er mit großem Erfolg wirkte. Er übersetzte das Neue Testament in das Tamulische.

In seiner Theologie betont Francke den Bußkampf und die Stellung zu den Adiaphora, den „Mitteldingen", die an sich weder gut noch böse sind (z. B. Spiel, Tanz, Theater), denen gegenüber sich aber die wiedergeborenen Christen nicht neutral verhalten. Francke selbst hat den Theologen als den Musterchristen angesehen, der ohne die Erfahrung der Wiedergeburt für sein Amt nicht ausgerüstet ist.

Außer den Anregungen für die Bibelarbeit dankt ihm die Theologie die Erkenntnis von der Bedeutung der Homiletik und der Katechetik für den pastoralen Dienst. Wichtig ist die theologische Unterscheidung von heilsnotwendigen und nichtheilsnotwendigen Wahrheiten, die Francke getroffen hat. Zu letzteren werden alle lehrhaften und nicht erlebbaren Aussagen gerechnet.

c) Eine selbständige Ausprägung hat *der Pietismus in Württemberg* erfahren. Hier hat die Kirchenleitung die Reformforderungen Speners verwirklicht, z. B. durch die Einführung von Kinderlehre und Konfirmation, durch die praktische und erbauliche Ausrichtung der Predigt, durch die Besserung der Beichtpraxis und eine strengere Handhabung der Kirchenzucht, vor allem aber durch die Förderung der Seelsorge. Die privaten Erbauungsversammlungen, in Württemberg „Stunden" genannt, sind der Leitung der Pfarrer unterstellt und in die Kirche verlegt worden. Durch ein Reskript von 1743 werden sie zu einem Bestandteil des kirchlichen Lebens gemacht. So hat das Kirchenregiment dem Pietismus die separatistischen Tendenzen nehmen können. Im Unterschied zum Halleschen Pietismus, der hauptsächlich in den Kreisen des Adels seine Anhänger hat, gehören dem Pietismus in Württemberg vor allem das Bürgertum und das Volk an. Durch die Tübinger Universität wird er frühzeitig in die Geistlichkeit gebracht. Der Pietismus in Württemberg ist eine volkstümliche, die kirchliche Richtung bewahrende Bewegung.

Darüber hinaus kommt dem württembergischen Pietismus eine besondere geistesgeschichtliche Bedeutung zu. Von ihm sind die tiefsten Einwirkungen auf die Philosophie des deutschen Idealismus, insbesondere auf die von ihm entwickelte Geschichts- und Sozialphilosophie, ausgegangen. Die Erkenntnis dieser Zusammenhänge ist für ein neues Verständnis der idealistischen Philosophie, aber auch der aus ihr herausgewachsenen deutschen Sozialphilosophie des 19. Jahrhunderts charakteristisch.

Zu den hervorragenden Vertretern des württembergischen Pietismus gehören *Johann Albrecht Bengel* (1687 bis 1752), zunächst Präzeptor an der Klosterschule zu Denkendorf, dann zuletzt Prälat in Stuttgart. Die Bekehrung besteht für ihn in der Abwendung von der Selbst- und Kreaturliebe und in der Hinwendung zu Gott und in der Unterwerfung unter seinen Willen. Sie wird als eine allmähliche Entwicklung verstanden, deren Fortschritte sich in der Erfüllung der göttlichen Ordnungen, auch in der Berufstreue, zeigen.

Bengels Bedeutung liegt in seinen textkritischen und hermeneutischen Arbeiten. Er hat eine Auffassung der Schrift vertreten, die sie als ein organisch gegliedertes Ganzes, das von einem Geist beherrscht ist, versteht, als ein in sich zusammenhängendes Zeugnis von der Offenbarung Gottes, die in der schrittweisen Verwirklichung des göttlichen Heilsplans besteht.

Ein anderer genialer Vertreter des württembergischen Pietismus ist *Friedrich Christoph Oetinger* (gest. 1782). Vom Biblizismus Bengels berührt, aber auch von Zinzendorf und anderen beeinflußt, hat er den Gedanken der Geistleiblichkeit vertreten, für den das Wesen aller Dinge nicht nur Geist, sondern immer Geist und Materie, Licht und Finsternis zugleich ist. Auch Gottes Leben ist als ein in sich in der Natur manifestierender Geist zu verstehen. Die Menschwerdung Gottes, in der die Verbindung von Geist und Fleisch anschaulich wird, steht deshalb im Mittelpunkt der Theologie Oetingers. An Christus erkennen wir die Art des göttlichen Lebens, das stets in Leiblichkeit endet. Oetinger hat die assoziationsreiche Formel geprägt, in der sich das Prinzip seiner Theologie zusammenfaßt: „Leiblichkeit ist das Ende aller Wege Gottes."

Die Endzeiterwartung Bengels hat Oetinger in ein konkretes kritisches und soziales Reformprogramm umgesetzt. Zweck desselben ist, die weltlichen Staaten und ihre Regierungen auf die kommende große Veränderung, auf den Anbruch einer neuen Zeit vorzubereiten, um sie zur Herbeiführung derjenigen Gesellschaftsordnung zu veranlassen, welche der letzten Zeit entspricht, in der Christus die Herrschaft antreten wird.

Bestimmte Grundgedanken der deutschen Sozialphilosophie, wie sie im Marxismus in ihrer radikalsten Ausprägung erschienen sind, sind zuerst von Oetinger ausgesprochen worden, so die Idee, daß die Gesellschaftsordnung der letzten Zeit eine demokratische sein werde, die die Gleichheit aller Menschen und die Gemeinschaft allen Besitzes bringen wird. Auch der Gedanke findet sich bei Oetinger, daß es die Aufgabe einer bestimmten Generation ist, die bestehende Gesellschaftsform in diejenige der Endzeit zu überführen.

Die endzeitliche Ausdeutung der Gestalt Napoleons führte einerseits zur Auswanderung erheblicher schwäbischer Volksteile nach Rußland bzw. Nordamerika, andererseits zur Begründung der Heiligen Allianz, welche die Kräfte der christlichen Staaten Europas gegen den aus dem Westen aufgestiegenen Antichristen zusammenfassen sollte.

d) Neben dem württembergischen Pietismus kommt dem *radikalen Pietismus* ebenfalls eine große Bedeutung für die deutsche Geistesgeschichte zu. Er ist durch die Separation von der Kirche charakteristisch, die wie jede sichtbare Gemeinschaft den Abfall vom echten, rein innerlich aufzufassenden Christentum darstellt. Die sichtbare Kirche mit Verfassung und Ordnung, mit Liturgie, Dogma und Recht, mit Predigt und Sakrament dient dem radikalen Pietismus als „Babel", als die Stätte des Antichristen, wie man ihn zu fliehen hat.

Der radikale Pietismus fordert deshalb die Separation von der Kirche. Er verstärkt die Grundzüge seines spiritualistischen Denkens, die zeitlose Begegnung Gottes mit der Seele, in der das Wesen der christlichen Religion gesehen wird.

Der radikale Pietismus hat die „mystische Theologie" entwickelt, die die irrationalen Erlebnisse in theologische Aussagen kleidet, um wieder das Erlebnis anzuregen.

Die Verbreitung des radikalen Pietismus ist groß. Er ist in allen deutschen Landeskirchen und Ländern anzutreffen.

Der überragende Vertreter des radikalen Pietismus ist *Gottfried Arnold* (1666 bis 1714). Von ihm stammt die eindrucksvolle „Unparteiische Kirchen- und Ketzerhistorie" (1699ff). Diese schildert den Untergang des Christentums gleich nach den Zeiten der Apostel mit der Entstehung der organisierten Kirche, mit dem Aufkommen von

Bekenntnissen und äußeren Zeremonien, mit der Entwicklung der theologischen Lehren und der Ausbildung des kirchlichen Rechtes. Durch Konstantin d. Gr., der der Kirche den äußeren Frieden gegeben, sie damit aber um die innere Kraft gebracht hat, wird der Verfall noch gesteigert, um dann auch in der Gegenwart sich fortzusetzen.

Arnold hat in diesem Werk neue historische Prinzipien durchgeführt. Seine Voraussetzung ist, daß Glaube und Dogma, Geist und Form niemals in Übereinstimmung zu bringen sind. Sein Ziel ist die „unparteiische" Darstellung der Geschichte, eine Wurzel für den modernen Begriff der historischen Objektivität, die Arnold in dem Sinn versteht, daß er keiner Partei, Kirche oder Sekte angehören, sondern schlechthin überkonfessionell sein will.

Arnold hat ungeheure Wirkungen in der deutschen Geistesgeschichte ausgeübt. Man trifft auf seine Spuren bei den großen Theologen des 17. und 18. Jahrhunderts, bei Lessing und Goethe, Lagarde und Nietzsche. Selbst moderne Theologen wie Adolf von Harnack und Rudolf Sohen sind letztlich von den Konzeptionen Gottfried Arnolds berührt, wenn sie der Meinung sind, daß das Dogma ein Produkt der Hellenisierung des Christentums ist und daß das Recht und der Glaube schlechthin vereinbar sind.

e) Eine letzte Ausprägung hat *Nikolaus Ludwig Graf Zinzendorf* (1700 bis 1760) dem Pietismus in Deutschland gegeben. Er entdeckt die wahren Christen, die Freunde des Heilands, die zu sammeln die Aufgabe seines Lebens ist, in allen Kirchen. Er hat dem Pietismus die ökumenische Ausweitung verliehen.

Zinzendorf hat 1722 die Kolonie Herrnhut auf seinen Gütern begründet, indem er böhmische und mährische Emigranten, die der alten böhmischen Brüderkirche angehörten, ansiedelte. Die Ausweisung Zinzendorfs aus Sachsen veranlaßte ihn, sich dem Studium der Theologie zu widmen, damit er die Rechtmäßigkeit seines Glaubens nachweisen könne. Er legte 1733 vor der Theologischen Fakultät zu Tübingen ein Examen ab. Es führte ihn zum Ausbau von Herrnhut und der Ausgestaltung des gottesdienstlichen Lebens der Brüdergemeine.

Er wurde 1735 durch den Senior der Brüdergemeine, Jablonski, zum Bischof geweiht und von der englischen Kirche als bischöflicher Träger der apostolischen Sukzession anerkannt.

Zinzendorf hat durch seine Kirchenauffassung eine große Wirkung ausgeübt. Die Kirchen sind für ihn verschiedene „Tropen" der einen Kirche Jesu Christi, d. h. die geschichtlich konkreten Ausprägungen derselben, so daß in jeder Konfession sich echte Jünger des Kreuzes finden.

Ferner nimmt das Kreuz in der Theologie Zinzendorfs eine zentrale Stelle ein. Im Mittelpunkt seines Denkens steht der Gekreuzigte mit den Wundmalen. Zinzendorf hat seine „Blut- und Wundentheologie" vom Kreuze her entwickelt. Es ist seine Absicht, durch die Betonung des Leidens und des Todes Jesu den einzelnen Christen zur Erfahrung der von Christus bewirkten Versöhnung zu führen („Das tat ich für dich; was tust du für mich?").

Von großer Wirkung sind die von Zinzendorf geschaffenen Losungen, die zuerst 1731 herauskamen. Von Anfang an beherrscht sie die gleiche Form: das Bibelwort als Losungs- und Lehrtext ist stets mit einem Gesangbuchvers verbunden. Die Losungen wollen jeden willkürlichen Umgang mit der Bibel unterbinden und im Glauben an

Gottes Vorsehung den täglichen Umgang mit der Schrift als mit einem Lebensbuch fördern.

f) Der Pietismus ist keine typisch deutsche Angelegenheit. Als Erweckungsbewegung hat er in der anglikanischen Staatskirche weitreichende Wirkungen durch *die Brüder John Wesley (gest. 1791) und Charles Wesley (gest. 1788)* ausgeübt. John Wesley hat bei der Lektüre von Luthers Vorrede zum Römerbrief am 24. Mai 1738 seine Bekehrung erfahren. Von da an hat er die Gewißheit, daß der Sieg über die Sünde und die Freude über die Erlösung wesentlich zum Glauben gehören. Er bezeugte diese Erfahrung sofort öffentlich und gab damit dem Pietismus das neue Moment des öffentlichen Zeugnisses der von dem einzelnen erlebten Bekehrung.

Als Prediger wirkte Wesley zunächst in der englischen Staatskirche. Obwohl von ihr abgelehnt und angefeindet, konnte er große Erfolge in Massenerweckungen und -bekehrungen erzielen. Diese Einstellung auf die Masse, aus der heraus die einzelnen Bekehrten organisatorisch zusammengeschlossen werden, und die Betonung der plötzlichen, einmaligen Bekehrung, wie er sie selbst erfahren hat, gehören zu den Kennzeichen des englischen Pietismus. Hinzu kommt das Wanderpredigertum, das zwar durch das Fehlen der Kirchen gegeben ist, aber auch mit dem Zug in die Weite zusammenhängt, die dem englischen Pietismus eignet.

Weil sich ihm die Kirchen verschlossen haben, ist Wesley, der grundsätzlich in der anglikanischen Staatskirche hat bleiben wollen, zu einem eigenen kirchlichen Zusammenschluß gedrängt worden. Er bildete durch die Ordination von Geistlichen und Superintendenten für die sich bis nach Amerika ausbreitende Bewegung eine eigene Kirche. Diese nannte sich mit einem schon dem jungen Wesley und seinen Freunden beigelegten Spottnamen *die „Methodistische Kirche“*. Sie hat sich von der anglikanischen Staatskirche getrennt und dann die eigene kirchliche Organisation durch Wesley erhalten. In ihr hat der Pietismus seine größte kirchliche Auswirkung erreicht, die, wie das Luthertum, in den Vereinigten Staaten von Nordamerika das kirchliche Leben der Gegenwart entscheidend mitprägt.

Die kirchen-, sozial- und geistesgeschichtliche Bedeutung des Pietismus

Die Orthodoxie hat den Pietismus leidenschaftlich bekämpft und ihm Enthusiasmus, Subjektivismus, Werkgerechtigkeit und die Untergrabung der Autorität der Bibel vorgeworfen. So ist *Valentin Löscher* (gest. 1749) gegen den Pietismus vorgegangen, indem er ihm seine „Irrtümer“ vorgehalten hat. Aber der Pietismus hat die Orthodoxie überwunden, und nichts Lebenskräftiges wird dadurch besiegt, daß man ihm seine „Irrtümer“ nachweist. Was hat der Pietismus Bleibendes geschaffen? Welches sind seine Auswirkungen auf das kirchliche, soziale und kulturelle Leben?

Der Pietismus hat der Bibel eine neue Bedeutung für das kirchliche und religiöse Leben gegeben. Er hat die Erbarmungskraft der Bibel betont, die er auch zur Grundlage der Dogmatik gemacht hat. Man darf sie jedoch nicht nach dogmatischen Vorgegebenheiten erklären wollen. So hat er zu einer intensiven Beschäftigung mit der Bibel angeleitet und auch für ihre *Verbreitung im Volk durch die Herstellung billiger Ausgaben gesorgt.*

Neben der *von Cantsteinschen Bibelanstalt* in Halle ist die aus dem Methodismus hervorgegangene, 1804 begründete *British and Foreign Bible Society* zu erwähnen. Es wurden nach ihrem Vorbild in allen deutschen Ländern Bibelanstalten ins Leben gerufen. Die bekannteste ist die heute noch bestehende *Württembergische Bibelanstalt* von 1812. Durch den Pietismus ist die Bibel wirklich zu einem Volks- und Hausbuch geworden.

Die Hochschätzung der guten Werke im Pietismus geht nicht aus einer falschen Einschätzung derselben hervor. Die Verdienstlichkeit der Werke wird vielmehr konsequent abgelehnt. Aber *der Pietismus braucht die Tat als die Garantie für die Echtheit des von ihm betonten Erlebnisses.* Die Realität der Wiedergeburt erweist sich eben in den Werken, die man tut. Der Pietismus hat mit dem Wort Jesu „An ihren Früchten sollt ihr sie erkennen" ernst gemacht.

Aus diesem Drängen auf die guten Werke ist die *Sozialarbeit* hervorgegangen, die der Pietismus für seine Zeit in großem Stil betrieben hat. Er hat damit das Luthertum zu einer *aktiven Ethik* geführt.

Von Spener stammt die englischen Vorbildern abgewonnene Idee der *‚Arbeitshäuser'*, die Arbeitsmöglichkeiten vermitteln und auch zur Arbeit erziehen sollten. Sie wurden dann häufig wegen ihrer Verbindung mit Strafanstalten auch als Zwangs- oder Gefängnisanstalten angesehen, was sie aber nicht von vornherein gewesen sind. Franckes Stiftungen waren in sozialer Hinsicht (Waisenhaus, Armen- und Bürgerschule) und auch in pädagogischer (Pädagogium) ein großer Fortschritt. Sie sicherten die Menschen vor Ausbeutung und wollten sie zu selbständigen Persönlichkeiten heranbilden.

Auch *die soziale Ideenwelt des Pietismus* beruht auf der Wertung der konkreten Tat als Zeugnis für das innere Leben. Der Pietismus hat die Pflicht zur Arbeit, aber auch das Recht darauf betont. Er hat mit diesen Forderungen auch auf das Wirtschaftsleben eingewirkt und *eine wirtschaftliche Aktivität* entwickelt, gilt es doch, die gottgegebene Zeit auszukaufen und sie nicht nutzlos zu vergeuden. Von den Arbeitgebern forderte er Gerechtigkeit, von den Arbeitnehmern die Fügung in die gegebenen Verhältnisse. Durch den deutschen Pietismus geht also im Ganzen ein Zug zum Konservativismus; anders dagegen steht *der Methodismus, der viel radikaler in seinen sozialen Forderungen gewesen ist.*

Schon die Quäker hatten den *Kampf gegen den Sklavenhandel* eröffnet, in den sich Frei- und Hochkirchler zusammenfanden. Ihren Kreisen entstammte *William Wilberforce* (gest. 1833), der auch dem Methodismus nahestand. Er konnte nach harten Kämpfen mit dem englischen Parlament im Jahre 1807 die Beseitigung des Sklavenhandels für England erreichen, die für die englischen Kolonien erst 1834, für Nordamerika aber erst 1865 erreicht wurde. Aber schon 1784 hatte die *Methodistische Bischofskirche* (Methodist Episcopal-Church) die Sklaverei abgelehnt und solche Kirchenmitglieder ausgeschlossen, die Sklaven hielten; das gleiche gilt von den Baptisten. Die beiden Kirchen setzten sich auch schon über die Rassengesetze hinweg, indem sie Mission unter den Negern trieben.

Auch die äußere Mission hat durch den Pietismus erst ihre eigentliche Begründung erfahren. Es galt, in der Mission nicht nur Zeugnis von dem durch Gott erweckten neuen Leben abzulegen, sondern auch Heiden und Juden, ferner Völker in das Heil, das Jesus Christus der Menschheit gebracht hat, einzubeziehen. Der erste methodistische Bischof

Coke und Zinzendorf missionierten in Westindien; Francke entsandte seine Missionare nach Ostindien. Von Herrnhut aus ist in Grönland, in Nord- und Südamerika, in Kapland und Labrador missioniert worden.

Die englischen und deutschen *Missionsgesellschaften* sind aus dem Methodismus bzw. Pietismus hervorgegangen. Der Baptist *William Carey* gründete 1792 die „Baptistische Missionsgesellschaft" (Baptist Missionary Society). Von Vertretern aller Kirchen wurde in London 1785 die „Missions-Societät" begründet, die dann in „Londoner Missionsgesellschaft" umbenannt wurde. Auf dem Boden der englischen Staatskirche entstand 1799 die *„Church Missionary Society"* („Kirchliche Missionsgesellschaft"). Francke hatte eine eigene Missionsgemeinde gehabt.

Durch die Mission hat der Pietismus das ökumenische Bewußtsein verstärkt. Die Erfahrung der Gnade, die Wiedergeburt, das einmalige religiöse Erlebnis verband die Christen und ließ die Unterschiede der Konfessionen gleichgültig werden.

Außerordentlich fruchtbar hat sich der Pietismus für das geistige Leben durch die Pflege der Persönlichkeit erwiesen. Die Anwendung der pietistischen Grundsätze in der Pädagogik hatte ja das Ziel, persönliches Leben in der Jugend zu wecken und sie zu selbständigen, ihrer selbst bewußten Persönlichkeiten heranzubilden. Die Hereinnahme der Realfächer wie Physik, Geographie, Biologie und Mathematik in den Unterricht entsprach dem pietistischen Drängen auf Beherrschung der Wirklichkeit.

Die Erkenntnis vom Wert der Persönlichkeit hat sich anregend, ja bahnbrechend auch auf die Psychologie ausgewirkt. Man kommt zu schärferer Beobachtung des einzelnen Menschen, wie er ist und wie er sich gibt und wie er den Einflüssen seiner Umgebung unterliegt. Man bekommt einen Blick für die Bedeutung der Welt, die den Menschen umgibt. Man lernt, die inneren Wandlungen eines Menschen zu begreifen.

Der Pietismus hat die Autobiographie – man gibt sich selbst Rechenschaft über seinen Werdegang –, den Brief – er soll Aussprache und Verarbeitung des täglichen Erlebens sein – und das Tagebuch – es ist der Niederschlag einer kritischen Selbstbeobachtung – entwickelt. Mit seiner Persönlichkeitskultur aber hat der Pietismus auch auf die Literatur formal und inhaltlich eingewirkt; die Entwicklung von Roman, Drama und Lyrik sind ohne den Pietismus nicht zu denken. Er hat gerade der deutschen Literatur den religiösen Zug verliehen.

Der Pietismus ist aber auch von großer Bedeutung für die Entwicklung der Geschichtswissenschaft, nicht nur durch den Gedanken, daß die lebendige Persönlichkeit den Fortgang der Geschichte bestimmt, sondern auch die Entwicklung der Prinzipien des Verstehens, durch die man fremdes Leben kongenial erfassen kann. Nacherleben, Einfühlen, Verstehen, Reproduzieren der erlebten äußeren Welt durch die eigene innere Welt – das sind die vom Pietismus angeregten Auswirkungen auf die Geschichtswissenschaft. Die Beschäftigung mit den geschichtlichen Urkunden setzt sich dann von selbst in die nachschaffende Neugestaltung um, wie man bei Klopstock, Herder, Lavater, Hamann, Novalis, aber auch bei Schiller und Goethe beobachten kann.

Nicht zuletzt kommt also durch die Auswirkungen auf das soziale und auf das kulturelle Leben dem Pietismus eine hohe kirchengeschichtliche Bedeutung zu, die in vielem erst die Entwicklung des 19. Jahrhunderts mit ihren Licht- und Schattenseiten verständlich macht.

FÜNFUNDZWANZIGSTER SCHWERPUNKT:

Neue Ansätze in der Theologie und in den Kirchen zu Beginn des neunzehnten Jahrhunderts

Die Entwicklung in der protestantischen Theologie des neunzehnten Jahrhunderts ist durch *Friedrich Daniel Ernst Schleiermacher* (1768 bis 1834) bestimmt, dessen Einfluß auch dort zu spüren ist, wo man verneint, von ihm abhängig zu sein.

Schleiermachers Bedeutung für die Geschichte der protestantischen Theologie besteht darin, daß er der Theologie die kirchliche Aufgabe und Zielsetzung gegeben und gleichzeitig mit der Einbeziehung der Dogmatik in die historische Theologie die Historisierung des theologischen Denkens in der Neuzeit eingeleitet hat.

Schleiermacher entstammt einer reformierten Familie. Für seine geistige Entwicklung ist aber nicht die reformierte Glaubenshaltung, sondern der Geist Herrnhuts, auf dessen Anstalten er bis zum Beginn des Studiums in Halle erzogen worden ist, bedeutsam gewesen.

Während er in Berlin als Prediger an der Charité tätig war, öffnete er sich dem Einfluß der Romantik. Dieser Zeit gehören seine *Reden über die Religion an die Gebildeten unter ihren Verächtern* an, die im Jahr 1799 erschienen sind. In ihnen hat Schleiermacher mit den Prinzipien der Aufklärung gebrochen und die vermeintliche „natürliche Religion", die die „wahre Religion" sein sollte, als eine Fiktion der Aufklärung erwiesen, denn sie stellt eine Negierung des Individuellen und Konkreten dar, in denen und durch die sich gerade echte Religion allein aussprechen kann. Religion ist weder Metaphysik noch Moral. Sie hat ihren Ort im Gefühl.

Mit dieser Bestimmung hat Schleiermacher *der Religion wieder einen eigenen Ort und einen neuen Platz gegeben.* Ihr eigentliches Leben manifestiert sich als „Sinn und Geschmack für das Unendliche", wobei aber nicht nur an die Natur, sondern auch an die Geschichte der Menschheit gedacht ist, in der sich der Weltgeist offenbart: „Alle Begebenheiten in der Welt als Handlungen eines Gottes vorzustellen – das ist Religion." So ist also das Wesentliche an der Religion die eigene Erfahrung, das subjektive Empfinden und Erleben, wie es in der Anschauung des Universums ausgedrückt wird.

Ferner hat Schleiermacher *den Gemeinschaftscharakter der Religion* hervorgehoben. Sie will nicht in der Vereinzelung beharren, sie drängt zur Mitteilung, zur „Geselligkeit". Von daher hat er auch dem Christentum einen neuen, im Zentralen ansetzenden Sinn abgewonnen. Die christliche Religion ist ihm die ursprüngliche Anschauung von der Überwindung der Endlichkeit und der Sünde durch das Unendliche. Das Zentrale im Christentum ist also die Erlösung aus der sündlichen Endlichkeit. Christus erscheint, wiewohl die Aussagen des jungen Schleiermacher über ihn noch von vielen Unklarheiten umgeben sind, als der „Mittler“ zwischen dem Unendlichen und dem Endlichen, der deshalb zugleich göttlicher und menschlicher Natur ist.

Der Entwicklung des Christentums hat Schleiermacher gegenüber der Skepsis der Aufklärung, für die es ans Ende gekommen war, eine neue Zukunft vorausgesagt, die sich aus seinem Wesen ergibt. Es macht die Eigenart der christlichen Religion aus, daß sie sich immer wieder von neuem in den Zeiten ihrer größten Erniedrigung erhebt, denn es ist das Wesen Gottes, aus dem Nichts heraus schöpferisch zu handeln, „und fast nichts ist die Religion in der Gegenwart“.

Schleiermachers „Reden über die Religion“ haben ihre Ergänzung durch die „Monologe“ vor allem nach der Seite der Ethik hin gefunden. Hier wird in bewußtem Gegensatz zu Kant betont, daß das sittliche Handeln nicht durch einen kategorischen Imperativ bestimmt und nicht aus der praktischen Vernunft abzuleiten ist, sondern daß es immer aus dem freien Innern des Menschen hervorgehen, sich in voller Freiheit verwirklichen und auf die Menschheit als ganze ausgerichtet sein muß. Damit ist eine neue Begründung der Sittlichkeit gegeben, aus der klar wird, daß das willentliche Handeln des Menschen und seine Orientierung an der Liebe letzte, über den Wert des Menschen entscheidende Realitäten sind.

Im Jahre 1802 ist Schleiermacher nach Stolp in Pommern als reformierter Geistlicher mit dem Titel „Hofprediger“ versetzt worden. In den beiden folgenden Jahren hat er sich, gelöst aus der Verbindung mit den Kreisen der Romantik in Berlin, den kirchlichen und theologischen Fragen der Zeit zugewandt. In diesen Jahren der Stille, des „Exils“, wie er sie nannte, ist die große, noch heute vorbildliche Platon-Übersetzung und eine Kritik der bisherigen Sittenlehre erschienen, in der er die Auseinandersetzung mit Kant fortführt.

Die Berufung Schleiermachers durch die bayerische Regierung an die neu eingerichtete evangelisch-theologische Fakultät zu Würzburg veranlaßte die preußische Regierung, ihn 1804 an die theologische Fakultät nach Halle zu berufen. Nun begann für ihn die akademische Lehrtätigkeit und eine sich immer stärker ausbreitende theologisch-wissenschaftliche Arbeit, zu der er sich in Stolp herangebildet hatte.

Die erste Frucht der neuen Wirksamkeit war die *Weihnachtsfeier,* eine Auseinandersetzung mit den Problemen um Person und Werk Jesu Christi, die in den „Reden“ nur von ferne und in den „Monologen“ überhaupt nicht geführt worden war. Der Weihnachtsabend wird von Schleiermacher zum Anlaß genommen, um in der Form des Dialogs die verschiedenen zeitgenössischen Ansichten über Jesus vorzutragen. Das Ergebnis ist, daß es keine wissenschaftliche und theologische Erfassung der Gestalt Jesu gibt, die ihm voll gerecht wird. Nur das durch Jesus selbst angeregte Gefühl vermag ihn aufzunehmen und sein Werk nach der überzeitlichen Bedeutung auszudrücken. Schleiermacher hat in diesem theologischen Werk höchst eindrucksvoll den Dialog als eine Form der kritischen Entwicklung der Wahrheit durch das Gespräch in die Theologie eingeführt.

Schleiermachers Wirksamkeit in Halle war nur von kurzer Dauer. Nach dem Zusammenbruch Preußens in den napoleonischen Kriegen wurde er *im Jahre 1809 zum Prediger an der Dreifaltigkeitskirche und 1810 an die neugegründete Universität nach Berlin berufen.* Er war schon an den Vorbereitungen zu ihrer Gründung beteiligt. Es ist sein Verdienst, daß sie gegen manche Widerstände, vor allem Fichtes, eine theologische Fakultät erhalten hat.

In Berlin hat sich für Schleiermacher eine neue, vielseitige Tätigkeit ergeben, sei es als Gelehrter und Prediger oder in der Preußischen Akademie der Wissenschaften und im Kultusministerium.

Der Berliner Zeit entstammen zwei Werke von grundsätzlicher Bedeutung, zunächst die *Kurze Darstellung des theologischen Studiums zum Behuf einleitender Vorlesungen*. Hier wird die Theologie als eine kirchliche Wissenschaft bestimmt, die immer im Zusammenhang mit der „Kirchenleitung“ steht und durch diesen Bezug ihre Einheit gewinnt. Sie ist also zur Lösung einer praktischen Aufgabe da, so daß jede einzelne Disziplin dem gemeinsamen Zweck dienen muß. Die historische Theologie erscheint dann als der eigentliche „Körper“ dieser Wissenschaft, dem auch die exegetisch-biblischen Disziplinen und die Dogmatik zugeordnet werden, weil es keine absolute, sondern stets nur die zeitgebundene Darstellung des Wesens der christlichen Religion gibt. Die „praktische Theologie“ erlangt dann freilich einen besonderen Vorrang unter den theologischen Disziplinen; sie gilt als die „Krone“ der Theologie, weil sie in die Praxis umsetzt, was die anderen reflexiv lehren.

Die Ausführung des in der „Kurzen Darstellung“ entworfenen Programms hat Schleiermacher in seiner *„Glaubenslehre“ vom Jahre 1821/22* vorgetragen. Genau dreihundert Jahre nach dem „Loci communes“ von Melanchthon, der ersten evangelischen Dogmatik, erschienen, sind sie ein den christlichen Glauben nach seinem inneren Zusammenhang von einem Punkt, der Erlösung, aus systematisch entfaltendes Werk.

Die Voraussetzung der Dogmatik ist die „Frömmigkeit“, die immer etwas Vorgegebenes ist, das religiöse Leben, wie es sich in der Gegenwart darstellt. Von diesem Ansatz aus wird der Dogmatik die produktiv-religiöse, die lehrhaft-kirchliche und die reflektierend-wissenschaftliche Aufgabe gegeben, so daß sie eine Verständigung der glaubenden Menschen selbst über den Inhalt ihres Glaubens darstellt: „Die christliche Glaubenslehre ist nicht für diejenigen, welche den Glauben nicht haben, um ihn ihnen annehmlich zu machen, sondern nur für diejenigen, welche ihn haben, um sich über seinen Inhalt, nicht über seine Gründe zu verständigen.“

Von diesem Ansatz aus hat Schleiermacher die Entwicklung der protestantischen Theologie für das kommende Jahrhundert bestimmt. Es hat lange gedauert, ehe man über diesen Ausgang von der subjektiven Erfahrung des Glaubens als der der Theologie immer vorgegebenen Wirklichkeit, die doch keineswegs mit Subjektivismus und Individualismus gleichgesetzt werden darf, hinausgekommen ist. Von diesem Ansatz Schleiermachers her ist einerseits die Betonung der historischen Theologie, aber andererseits auch die Entwicklung der Religionswissenschaft verständlich, die dem allgemeinen Phänomen „Religion“ unabhängig von seinem Ausdruck innerhalb des Christentums nachzugehen hat.

Zu den drei grundsätzlichen Fragen, die seine Zeit bewegen, hat Schleiermacher Stellung genommen: *zur Frage der Union* zwischen Lutheranern und Reformierten, die er befürwortet hat, weil beide Kirchen durch das ihnen gemeinsame „evangelische Bewußtsein“ verbunden sind. Sie kann aber nicht mit staatlicher Gewalt erzwungen, sondern kann nur als Abendmahlsgemeinschaft durchgeführt und erreicht werden.

Ferner hat Schleiermacher zur *Frage einer neuen Agende* sich geäußert, die als Mittel zur Herbeiführung der Union gedacht war. Schleiermacher hat in dieser Frage einen kritischen und ablehnenden Standpunkt vertreten, denn der Landesfürst ist weder „Bischof" noch hat er ein liturgisches Recht, so daß energisch die Freiheit betont werden muß, mit der die Kirche ihre inneren Angelegenheiten selbst zu regeln hat.

Hinsichtlich *der kirchlichen Verfassung* hat Schleiermacher ihren Vorrang vor der kirchlichen Union betont, auch hier die Freiheit der Kirche gegenüber dem Staat fordernd, die einen selbständigen Aufbau mit Presbyterien und Synoden notwendig macht. Mit dieser Bestimmung der Aufgabe ist von selbst der Summepiskopat des Landesherrn, sind aber auch die staatlichen Behörden und Ämter, die Konsistorien und Generalsuperintendenten, hinfällig geworden. Schleiermacher hat die grundsätzliche Trennung von Kirche und Staat verfochten. Er ist mit dieser Forderung seiner Zeit weit vorausgeeilt. Erst im zwanzigsten Jahrhundert ist dieses Programm einer allgemeinen Entflechtung von Staat und Kirche wieder aufgegriffen, dann allerdings auch unter anderen Vorzeichen durchgeführt worden – eine Entwicklung, die Schleiermacher zwar geahnt hat, der er aber von der Idee der Freiheit der Kirche aus zuvorkommen wollte.

In der sich an Schleiermacher anschließenden Entwicklung lassen sich drei Richtungen unterscheiden, die das Programm Schleiermachers aufnehmen, indem sie entweder von dem Glauben der Gemeinde ausgehen und diesen mit der bekenntnismäßig fixierten Kirchenlehre gleichsetzen oder aber diese Verbindung negieren und zu einer Kritik der überlieferten Kirchenlehre kommen oder aber diese mit dem religiösen Bewußtsein der Zeit auszugleichen suchen bzw. an ihm messen und sie dann entsprechend werten.

So hat sich einerseits eine vorwiegend biblisch orientierte und bekenntnismäßig festgelegte Richtung in der Theologie ergeben, andererseits eine „liberale" Theologie, die gewisse Grundgedanken der idealistischen Philosophie in sich aufgenommen hat und im Hinblick auf sie den Glauben zu bestimmen sucht. Schließlich hat sich eine als „Vermittlungstheologie" bezeichnete Gruppe gebildet, die zwischen den beiden Richtungen die Mitte zu halten sucht, indem sie beiden gerecht werden will.

So bedeutsam jede Richtung an und für sich auch sein mag, so müssen wir es uns doch versagen, sie im einzelnen darzustellen, da sie im Grundsätzlichen nicht über das Programm Schleiermachers hinausgekommen sind. Sie haben sich aber stark kirchlich betätigt, so daß die akademischen Schulrichtungen mit den kirchlichen Parteibildungen identisch geworden sind.

Während so durch das Wirken Schleiermachers die protestantischen Kirchen im 19. Jahrhundert zur Ausbildung ihrer Eigenarten gekommen sind, *haben sich auch in der katholischen Christenheit verschiedenartige Ansätze zu einer dem Wesen der katholischen Kirche entsprechenden Regeneration gebildet.*

Die *Wiederherstellung des Kirchenstaates* durch den Wiener Kongreß ist dem Wirken des Kardinalstaatssekretärs *Ercole Consalvi* zu danken. Er hat sich damit gegen die meist noch josephinisch denkenden Vertreter der europäischen Staaten gewandt, um auf dieser politischen Basis die Neuordnung der kirchlichen Verhältnisse in Europa vornehmen zu können.

Im Verfolg dieser Politik dachte Consalvi für *Deutschland* an ein allgemeines, die deutschen Länder einbeziehendes Konkordat. Es sollte nach dem Grundsatz einer

„perfecta libertas ecclesiae“, einer „vollkommenen Freiheit der Kirche“, abgeschlossen werden. Aber gerade in Deutschland waren die einem Reichskonkordat widerstrebenden Kräfte groß. Sie beruhten auf dem teils nationalkirchlichen, teils eigenstaatlichen Denken, das die deutschen Verhältnisse bestimmte. Deshalb mußte zur Regelung der kirchlichen Fragen in Deutschland der Weg über die einzelnen Länder genommen werden.

So ist es schon im Jahr 1817 zum Abschluß eines Konkordates mit *Bayern* gekommen. Es wurde zusammen mit einer neuen Verfassung, die die Gewissens- und Religionsfreiheit garantierte, auch mit einem Religionsedikt, das die Parität der Konfessionen sicherstellte, veröffentlicht. Auch in *Preußen, Hannover und Württemberg* ist es zum Abschluß von Verträgen gekommen, die die Positionen der katholischen Kirche in diesen Ländern sicherten.

Nur für Süddeutschland kamen die Verhandlungen mit den beteiligten Ländern nicht voran. Deshalb nahm hier Consalvi *die Errichtung der „Oberrheinischen Kirchenprovinz“* mit dem Erzbistum Freiburg und fünf ihm unterstellten Bistümern selbst vor. Aber gleichzeitig machten sich gerade in Deutschland und Frankreich schon neue geistige Kräfte bemerkbar, die eine Regeneration des Katholizismus von innen heraus erstrebten, andererseits Staat und Kirche jeweils an die Grenzen ihrer Macht erinnerten, damit aber auch schon die Konflikte der Zukunft zwischen den beiden Größen andeuteten.

Ähnliche Erfolge wie in den deutschen Ländern hatte die Kurie mit der Sicherung der katholischen Kirche in *England* zu verzeichnen, wo die *Emanzipationsbill* von 1829 den Katholiken den Zugang zu den staatlichen Ämtern, dem Parlament und den militärischen Stellen gab, oder bei der *Trennung Belgiens von den Niederlanden* im Revolutionsjahr 1830. Obwohl die belgische Verfassung von 1831 die grundsätzliche Trennung von Staat und Kirche aussprach, übernahm doch der Staat die Kosten für den Kultus und übertrug dem Klerus die Aufsicht über das Schulwesen.

Wechselvolle Verhältnisse entwickelten sich in *Frankreich*. Das neu eingesetzte Königtum der Bourbonen suchte seinen Rückhalt unter Ludwig XVIII. und Karl X. an der Kirche, während im Volk die Ablehnung der Kirche zunahm, bis das Revolutionsjahr von 1830 dem Bündnis von Thron und Altar ein Ende bereitete. Aber Napoleon III., seit 1848 Präsident, seit 1852 Kaiser der Franzosen, suchte seine Herrschaft wieder durch ein neues Bündnis mit der Kirche und der Geistlichkeit, die den Schulunterricht übertragen erhielt, zu sichern.

In *Frankreich* sind in der ersten Hälfte des 19. Jahrhunderts aber auch zuerst *die neuen geistigen Kräfte* hervorgetreten, die im Gegensatz zu allen gallikanischen und nationalkirchlichen Tendenzen für einen erstarkenden Katholizismus von stark romantischer Prägung bestimmt waren. Schon *Joseph de Maistre (1754 bis 1821)* hatte in seinem Buch über den Papst von 1819 das Papsttum als den letzten Grund aller Souveränität und Einheit aufgezeigt und zum ersten Mal den Gedanken einer Unfehlbarkeit des Papstes vertreten, während sein Schüler *Felix Robert de Lamenais (1782 bis 1854)* die katholische Kirche als die geistige Ordnungsmacht der zerfallenden französischen Gesellschaft gegenüberstellte. Nach der Juli-Revolution von 1830 forderte er, zum politischen Liberalismus übergegangen, die unmittelbare Verbindung von

Papst und Volk. Er machte die liberalen Forderungen nach Glaubens-, Presse- und Gewissensfreiheit jetzt zugunsten der Kirche geltend.

Der eigentliche Wortführer dieses neuen Katholizismus wurde *Louis Veuillot (1813 bis 1883),* ein Konvertit, der mit der Zeitschrift „L'Univers religieux" ein Weltblatt geschaffen hatte, das dieser neuen Richtung eines katholischen Liberalismus den Hof, die Gesellschaft und weithin auch das Volk aufschloß, ohne jedoch die gerade im französischen Volk sehr starken antikirchlichen Tendenzen ganz brechen zu können.

Auch in *Deutschland* hatten sich die Kreise eines wieder erstarkenden, für die Freiheit und Unabhängigkeit der Kirche eintretenden Katholizismus gebildet, in denen freilich sehr unterschiedliche Tendenzen lebendig waren.

Die geistige Führung des sich erneuernden Katholizismus übernahmen die sich in München an der Universität und im Parlament bildenden Kreise. Sie fanden an *Joseph von Görres* (1776 bis 1848) einen einflußreichen, vielseitigen Vertreter. Seine Entwicklung hatte ihn von der Französischen Revolution über die Romantik zur katholischen Kirche geführt. Zunächst die Ideen der Revolution vertretend, kam er durch einen Aufenthalt in Paris zur Ernüchterung. Dann führte ihn der Einfluß der Romantiker Brentano und Arnim in Heidelberg zur Entdeckung des Volkstums, der Geschichte, insbesondere des deutschen Mittelalters. Schließlich vollzog er unter den Einwirkungen der deutschen Anhänger der Franzosen de Maistre und Lamenais die Wendung zu einem seiner selbst bewußten Katholizismus, den er nun, Mittelpunkt eines Kreises gebildeter Katholiken an der Universität München, als Publizist und Wissenschaftler höchst eindrucksvoll vertrat. Grundlegend ist sein Werk über „die christliche Mystik". In der Zeitschrift „Eos" und in den „Historisch-politischen Blättern" hatte er zur Vertretung der katholischen Interessen glänzend informierte, inhaltlich wertvolle Publikationsorgane geschaffen.

Einen hervorragenden Vertreter hatte sodann der wiedererstarkte Katholizismus an *Johann Adam Möhler (1796 bis 1838),* der von der Theologie Schleiermachers und Neanders sowie dem protestantischen Kirchenhistoriker Gottlieb Jacob Planck berührt worden war. Zu dem Einfluß der Romantik kam noch die Einwirkung der idealistischen Philosophie. Sein Werk über „Die Einheit der Kirche oder Das Prinzip des Katholizismus" von 1825, das noch nach 100 Jahren eine Neuausgabe erlebte, verstand die Kirche als die gegenwärtige, konkret-geschichtliche Erscheinung des Gottmenschen, die als solche von höchster Autorität für die Welt ist.

Die kirchliche Gesinnung Möhlers kommt am deutlichsten in seinem Hauptwerk „Symbolik" von 1832, das ebenfalls noch nach 90 Jahren neu aufgelegt wurde, zum Ausdruck. Die ideale Darstellung der katholischen Kirche und das vom Protestantismus gegebene, ihn allerdings entsprechend den Zeitvorstellungen verzeichnende Bild machten starken Eindruck, riefen aber auch den Widerspruch der evangelischen Theologie hervor. Aber bis in die jüngste Zeit hat Möhlers Buch vielfach die Vorstellungen vom Protestantismus bestimmt, die erst durch das Zweite Vatikanische Konzil eine grundsätzliche Änderung erfahren haben.

Neben Möhler darf *Johann Ignaz von Döllinger* (1799 bis 1890) in seiner frühen Zeit als ein Vertreter der neuen Tendenzen in der Theologie gelten. Er vertrat zunächst literarisch einen idealistisch gedeuteten Katholizismus auch noch in der Frankfurter

Paulskirche. Sein Hauptwerk aus dieser Zeit über „Die Reformation, ihre innere Entwicklung und ihre Wirkungen" zeichnete zwar ein einseitiges Bild vom Werden des Protestantismus, hat aber auf lange hinaus die Vorstellungen von der Reformation in katholischen Kreisen bestimmt. Döllinger geriet dann bald in den Gegensatz zu dem erstarkenden Ultramontanismus und den abstrakten Lehrformen einer neuen Scholastik. Er bekämpfte die auf die Erklärung der päpstlichen Unfehlbarkeit hinlaufende Entwicklung.

In der Mitte der dreißiger Jahre setzte in Deutschland der kirchliche Widerstand gegen die freieren Richtungen in der katholischen Theologie ein, wie an der päpstlichen Verurteilung einer 1830 in Marburg errichteten katholisch-theologischen Fakultät und in dem Kampf gegen den sogenannten Hermesianismus deutlich wurde. *Georg Hermes* (1775 bis 1831), seit 1818 Professor für Dogmatik in Bonn, gab der Vernunft die Aufgabe, den Gehalt der übernatürlichen Wahrheiten des Christentums, wie sie in der Bibel, der kirchlichen Tradition und den Äußerungen des unfehlbaren kirchlichen Lehramtes vorliegen, historisch und rational zu begründen und so die übernatürlichen Wahrheiten mit der Idee der unbedingten Pflichterfüllung zu verbinden.

Von dem Erzbischof Graf Spiegel von Köln begünstigt, übte Hermes einen großen Einfluß auf den deutschen Klerus aus. Aber der *Hermesianismus* wurde energisch von Rom bekämpft. Ein päpstliches Breve von 1835 verurteilte die Theologie von Hermes; seine Schriften kamen auf den Index. Der Nachfolger des Grafen Spiegel, der Erzbischof Clemens von Droste-Vischering, verbot den Besuch von Vorlesungen der „Hermesianer", wobei er seinen verschiedenen Kundgebungen auch eine gegen den Staat gerichtete Spitze gab. Dieser habe nicht das Recht der Aufsicht, sondern höchstens das der „Einsicht" in die Vorbildung der katholischen Kleriker. Aber in diesen Kampf gegen den „Hermesianismus" spielte eine andere kirchenpolitische Auseinandersetzung von weit grundsätzlicherer Bedeutung hinein.

Im *Kölner Kirchenstreit* stießen Staat und Kirche in der *Mischehenfrage* zusammen. Es hatte sich in den seit 1815 in Preußen gehörenden Gebieten des Rheinlandes die Gewohnheit herausgebildet, bei Mischehen nur dann die kirchliche Trauung vorzunehmen, wenn die katholische Erziehung der Kinder gewährleistet war. Diese Praxis aber hatte viele Schwierigkeiten im preußischen Heer verursacht. Deshalb dehnte König Friedrich Wilhelm III. eine Erklärung von 1803 auch auf die 1815 preußisch gewordenen Provinzen aus, nach der die kirchliche Trauung auch dann stattfinden sollte, wenn die katholische Erziehung der Kinder nicht versprochen werden kann.

Gegen diese Verordnung setzte nun der Widerstand der katholischen Kreise ein. Direkte Verhandlungen der preußischen Regierung mit dem Papst führten zu keinem Erfolg. Die Kurie war zu einem Entgegenkommen nicht bereit.

Eine Verschärfung der angespannten Lage trat aber durch den neuernannten Kölner *Erzbischof Clemens von Droste-Vischering* ein, der jedes Entgegenkommen ablehnte und schroff den römischen Standpunkt vertrat, wobei er in der antipreußischen Haltung der Bevölkerung des Rheinlandes einen starken Rückhalt fand. Da ging der preußische Staat zur Gewalt über. Erzbischof Droste wurde auf der Festung Minden interniert. Mit dieser Maßnahme aber hatte die preußische Regierung nicht nur den Papst, sondern auch die katholischen Kreise in Deutschland gegen sich. Görres schrieb seine leidenschaftliche Broschüre „Athanasius". Die Kurie appellierte an die kirchentreue Haltung der katholischen Bevölkerung. Das gewaltsame Vorgehen des preußischen Staates gegen den Kölner Erzbischof hatte alle Gegner Preußens auf den Plan gerufen.

Bald griff der Streit auch auf den Osten über. *Erzbischof Martin von Dunin von Posen-Gnesen* erstrebte die Abschaffung der milden Handhabung der Mischehenfrage in der Praxis, zunächst in friedlichem Einvernehmen mit der preußischen Regierung. Als er aber nach den Kölner Wirren auf den Widerstand des Staates stieß, führte er eigenmächtig die kirchliche Auffassung durch. Ihm wurde daraufhin vom Staat der Prozeß gemacht, der 1839 zu seiner Verhaftung führte.

Die Beilegung der Konflikte kam erst unter der Regierung Friedrich Wilhelms IV. von Preußen (1840 bis 1861) zustande. Dieser war von der Idee der Freiheit der Kirche gegenüber dem Staat so erfüllt, daß er sogar an die Rückgabe des landesherrlichen Summepiskopates an die evangelische Kirche dachte und ihm zu diesem Zwecke die Wiederaufrichtung des Bischofsamtes apostolischer Sukzession in der evangelischen Kirche vorschwebte. Er unterstützte die evangelischen kirchlichen Einigungsbestrebungen, die in der 1846 zu London begründeten „Evangelischen Allianz" hervortraten. Ebenso dachte er an eine Verständigung zwischen der Kirche von England und der preußischen Landeskirche, namentlich hinsichtlich des wiedereinzuführenden evangelischen Bischofsamtes. Vor allem förderte er die praktische kirchliche Arbeit, wie sie Johann Hinrich Wichern mit der Begründung der Inneren Mission großen Stils eingeleitet hatte. Diese Ideen führten den König dazu, im Jahr 1850 der *Begründung des Evangelischen Oberkirchenrates* als einer dem Ministerium und dem Parlament gegenüber selbständigen kirchlichen Behörde zuzustimmen.

Auch die Wende im Kölner Kirchenstreit ist aufgrund dieser Anschauungen des Königs möglich geworden. Sie bedeutete in sachlicher Hinsicht ein Nachgeben des Staates. Erzbischof von Dunin konnte in sein Amt zurückkehren. Erzbischof Droste zog sich von den Geschäften zurück, behielt jedoch nominell das Erzbistum; der König gab eine öffentliche Ehrenerklärung für ihn ab. Droste konnte seinen Nachfolger, Johannes von Geissel, noch selbst nominieren.

Hinsichtlich der Mischehen sagte der Staat seine Nichteinmischung zu. Die Behandlung dieser Frage sollte allein von den Bischöfen abhängen. Ebenso erklärte der Staat, daß er nicht mehr den „Hermesianismus" unterstützen werde, wie er generell die kanonische Wahl der Bischöfe zugestand. Darüber hinaus wurde die Missio canonica für die katholischen Professoren der Theologie in Preußen eingeführt und zur Wahrnehmung der Rechte der katholischen Kirche eine besondere Abteilung im preußischen Kultusministerium errichtet. Der größte und mächtigste deutsche, dazu noch protestantische Staat war also in seinen Auseinandersetzungen mit der katholischen Kirche zur Aufgabe seiner Forderungen, zum Abbau der Gewalt und zum Einschlagen einer neuen Politik genötigt worden.

Das Erstarken der katholischen Kirche bewirkte auch *eine Restauration urtümlicher Elemente der katholischen Frömmigkeit,* die von den Bischöfen und den Jesuiten in besonderer Weise gefördert wurde. Wallfahrtsstätten, wie z. B. die von Lourdes in den Pyrenäen, hatten auch von Deutschland einen starken Zulauf. Dem Hirtenmädchen

Bernadette Soubirou war die Mutter Gottes in einer Grotte erschienen, in der ein Heilquell entsprang und nun eine Kapelle zu Ehren Marias errichtet werden sollte.

Ein Mittelpunkt der Reliquienverehrung in Deutschland war Trier, wo 1844 „der ungenähte heilige Rock" zur Ausstellung kam. In knapp zwei Monaten pilgerte mehr als eine Million Gläubige nach Trier, um Heilung und andere Wunder durch die Reliquie zu erfahren. Den protestantischen und katholischen Gegnern trat Görres als wirkungsvoller Verteidiger der Reliquienverehrung entgegen. Das Ergebnis der von kirchlicher Seite geführten Nachforschungen wurde sehr vorsichtig dahin formuliert, daß die Untersuchungen keinen Widerspruch zu den Überlieferungen der Trierer Kirche ergeben hätten.

Die Frömmigkeit im Katholizismus in der Mitte des 19. Jahrhunderts ist ferner durch die in zahlreichen Laienbruderschaften gepflegte *Verehrung Mariens und des „Herzens Jesu"* gekennzeichnet. Der Papst selbst hat die *„Katholisierung der Massen"* dabei als das Ziel bezeichnet, das auch auf karitativem Gebiet erreicht werden sollte und dann tatsächlich auch zum Aufbau eines modernen kirchlichen Pressewesens geführt hat.

Gegenüber dieser Aktivierung der religiösen Kräfte blieben einzelne Absplitterungen von der katholischen Kirche bedeutungslos. In Württemberg, Sachsen und Schlesien hatte sich ein *Reformkatholizismus* gebildet, der die Verbindung der Kirche mit dem nationalen Leben des Volkes, die Reform des lateinischen Gottesdienstes und die Zurückdrängung der Frömmigkeit erstrebte, wie sie sich im neubelebten Reliquiendienst äußerte. Aber eine größere Bedeutung hatten diese Reformbewegungen nicht erlangt, mag es auch zur Bildung von deutsch-katholischen Gemeinden gekommen sein, in denen sich liberale und nationale Gedanken verbanden. Schließlich nahmen die liberalen Elemente derart die Oberhand, daß die Bewegung sich 1859 mit den vom Protestantismus ausgeschiedenen ultra-liberalen „Lichtfreunden" vereinigte.

Zahlreich waren dagegen die *Übertritte zur katholischen Kirche,* die hauptsächlich von den Gebildeten und vom Adel aus Ablehnung der liberalen und der revolutionären Tendenzen erfolgten, teils aber auch unter dem Einfluß einer romantisierenden Geschichtsschau geschahen, die die katholische Kirche als den sicheren Hort erscheinen ließ, der den Fortbestand der gesellschaftlichen und kirchlichen Ordnungen verbürgen würde.

SECHSUNDZWANZIGSTER SCHWERPUNKT:

Kirche und gesellschaftliche Erneuerung im neunzehnten Jahrhundert

Das eigentlich kirchliche Leben innerhalb des Protestantismus hat sich nicht in der verfaßten Kirche, sondern an ihrem Rande, ja, recht eigentlich außerhalb ihrer entwickelt. Diese Tatsache ist nicht zuletzt in der Unfähigkeit und Schwerfälligkeit der Kirchenregierungen begründet, zu den durch die Zeit neu aufgeworfenen soziologischen, politischen und ideologischen Problemen Stellung zu nehmen.

Die Kirchen lebten vielmehr in völliger Zurückgezogenheit und einer fast ausschließlichen Gebundenheit an die bürgerliche Welt, so daß ihnen jede Beziehung zu der sich wandelnden Gesellschaft und der ideologischen Begründung der sozialen Veränderungen abhanden gekommen war. Sie konnten sich weder mit dem Problem der immer auffälliger hervortretenden Entchristlichung weiter Bevölkerungsteile noch mit den eigentlichen sozialen Problemen auseinandersetzen, die durch das Aufkommen der Industrialisierung, die Vermehrung der Bevölkerung und der Umstellung derselben von einer vorwiegend agrarbestimmten Lebenshaltung zu einer durch Industrie und Technik und einem dadurch bedingten neuen Arbeiterstand veranlaßt waren.

Es ist letztlich den aus der Erweckungsbewegung hervorgegangenen Kräften zu danken, daß es zu neuen kirchlichen Aktivitäten gekommen ist, die sich mit den angedeuteten Problemen auseinandergesetzt haben, ja, aus der Einsicht hervorgegangen sind, daß der sich abzeichnende gesellschaftliche Wandel auch ein neues Handeln der Kirche erforderlich mache, das nicht mehr individualethisch bestimmt sein konnte, sondern ein korporatives sein mußte. Immerhin war auch das Bewußtsein einer Verpflichtung des einzelnen Christen zu ethischer Aktivität angesichts der neu auftauchenden Probleme so stark, daß es sich zunächst in der freien Assoziation zu Vereinen aller Art äußerte, die freilich kein anderes Ziel als den Zusammenschluß von einzelnen Christen zu gemeinsamem Handeln hatten.

Aus diesen Anfängen und aus diesem Geist ist auch *die Innere Mission* hervorgegangen, die eine Fülle von kirchlichen Aktivitäten entwickelt hat, wobei freilich auch hier der Einfluß einzelner Gestalten von geradezu charismatischer Begabung besonders wichtig ist.

Als der Begründer der Inneren Mission, zugleich als ihr Organisator und Anreger zu immer neuen Tätigkeiten auf den verschiedensten Gebieten des sozialen und ethischen Lebens, darf *Johann Hinrich Wichern (1808 bis 1881)* gelten. Er ist darüber hinaus zu einem Mahner und Erwecker der evangelischen Christenheit geworden, der ihr in einem umfangreichen Lebenswerk zahlreiche neue, auf lange Zeit hinaus noch nicht ausgeschöpfte Antriebe vermittelt hat.

Wichern ist derjenige Theologe aus der Mitte des 19. Jahrhunderts, der als erster die Notwendigkeit einer Auseinandersetzung der evangelischen Kirchen mit den herandrängenden sozialen und gesellschaftlichen Problemen erkannt hat. Er hat selbst diese Arbeit durch eine im Konkreten ansetzende praktische Tätigkeit und durch seine das praktische Verhalten begründenden zahlreichen Schriften begonnen.

Es kam ihm darauf an, in der bürgerlichen Welt des 19. Jahrhunderts eine gesellschaftliche Erneuerung vorzunehmen, die alle Schichten des Volkes erreichen und sie mit einem neuen Geist erfüllen sollte. Er hat ferner erkannt, daß die Gesellschaft der Neuzeit eine Massengesellschaft ist, in der nur noch das korporative Handeln, aber nicht mehr die Tat des einzelnen von soziologischen Auswirkungen begleitet sein konnte. Die von ihm ins Leben gerufene „Innere Mission" – auch der Ausdruck stammt entgegen anderen Behauptungen von ihm und datiert bereits aus dem Jahr 1841, als er eine „Zeitschrift für innere Mission" begründen wollte – sollte *eine gesellschaftliche Erneuerung* vor allem in geistiger Hinsicht bewirken, dann aber auch *das korporative Handeln* der Christenheit angesichts der Nöte der Zeit inaugurieren und auf allen einschlägigen Gebieten koordinieren.

So ist Wichern schnell zu der beherrschenden Gestalt des *Ersten deutschen evangelischen Kirchentages von 1848* geworden, der die evangelischen Kirchen zu der Verpflichtung einer Einlösung ihres Glaubens durch die Taten der Liebe aufgerufen hat. Die Kirchen sollten bekennen, wie Wichern forderte, daß ihnen die Liebe ebenso gehöre wie der Glaube. Wichern erhebt zugleich in der evangelischen Christenheit das Wort für eine bewußte Auseinandersetzung mit dem sich schon jetzt politisch einkleidenden Atheismus und mit einer gerade die Kreise der Arbeiter und die Welt der wandernden Handwerksburschen ergreifenden Religionskritik, deren Schrifttum Wichern ausführlich studiert und mit der er sich in zahlreichen Aufsätzen nach der grundsätzlichen Seite hin auseinandergesetzt hat.

Der Kirchentag von Wittenberg 1848 hat zwar das Werk der Verfassung und der Union für die evangelischen Kirchen nicht weiterbringen können, weil er einerseits unter der Opposition der Liberalen, andererseits unter dem Widerstand der Konfessionellen zu größerer Einheit nicht gelangen konnte. Um so wichtiger war es, daß er neben den Fragen der Einheit des Bekenntnisses und der Verfassung die Probleme der Inneren Mission behandelte, die dann von 1849 ab auf einem vom Kirchentag ausgegliederten, aber personell mit ihm verbundenen *Kongreß für Innere Mission* verhandelt wurden. Auch diese Arbeit steht fast ganz unter dem beherrschenden Einfluß Wicherns, der dafür auch andere Männer zur Mitarbeit gewonnen hat.

Das Lebenswerk Wicherns läßt sich nach vier Seiten hin verdeutlichen, wobei er jedesmal ihm konkret entgegentretende Nöte erfahren und sofort für ihre Abhilfe durch die praktische Tat gesorgt hat. Er beginnt mit seiner Arbeit in der durch den Pastor Rautenberg in Hamburg bestimmten Erweckungsbewegung, wobei er als Sonntagsschullehrer das Elend in den Hamburger Slums und in den berüchtigten Gängevierteln der Großstadt kennenlernt. Besonders beeindruckt ist er von der Verwahrlosung der Jugend, die nicht nur für Hamburg, sondern für ganz Deutschland zu jener Zeit charakteristisch ist. Zu Tausenden zogen jugendliche, meist noch schulpflichtige Menschen ohne Bleibe und Arbeit durch Stadt und Land, von der Gesellschaft und allen ihren geistigen und moralischen Hilfen ausgeschlossen. In diese Lage hat der junge Wichern eingegriffen durch *die Begründung des „Rauhen Hauses" in Hamburg,* in dem er die am meisten verkommenen Jugendlichen sammelte, sie nach dem Familiensystem gliederte und erzog und ihnen Unterricht und Arbeit zuteil werden ließ.

Die Idee des Rauhen Hauses als eines „Rettungshauses" wurde sehr schnell in fast allen Städten Deutschlands aufgegriffen und realisiert. Aber dieses Problem ließ sich nicht organisatorisch, sondern nur menschlich bewältigen. So hat Wichern einen Kreis von Helfern herangebildet, die „Brüder" des Rauhen Hauses, die er zugleich als Diakone bezeichnet hat, weil durch sie das alte kirchliche Amt des sozialen Dienstes aufs neue belebt worden war.

Die Entwicklung des diakonischen Gedankens wurde neben der Idee des Rettungshauses zu einem zweiten Merkmal der weit ausgreifenden Tätigkeit Wicherns. Er schuf in der als „Brüderschaft" organisierten männlichen Diakonie im Laufe weniger Jahre eine immer einsatzbereite kirchliche Mannschaft, die ebensosehr durch einen lebendigen, auf die zentralen Gehalte bezogenen Glauben wie durch die äußere korporative Regulierung ihres ganzen Lebens verbunden war.

Zu den höchst einflußreichen Werken Wicherns gehört drittens *die Gefängnisreform,* die er vom Ende der fünfziger Jahre des 19. Jahrhunderts ab für Preußen betrieben hat, nachdem er zum Mitglied des evangelischen Oberkirchenrates und gleichzeitig zum Vortragenden Rat im preußischen Ministerium des Innern ernannt worden war. Man kann auch dieses umfassende Werk nicht hoch genug veranschlagen, denn es hat seine Auswirkungen auf ganz Deutschland gehabt, wie es andererseits unter den Einflüssen konzipiert worden ist, die Wichern von englischer und amerikanischer Seite erfahren hat.

Die Gefängnisreform Wicherns verfolgt ein dreifaches Ziel, bei dem es sich erstens um die Umstellung des Strafvollzugssystems von der Massenhaft auf die Einzelhaft handelt. Wichern selbst hat unter bestimmten Anregungen aus der Erweckungsbewegung im angelsächsischen Raum diese grundsätzliche Änderung im deutschen Strafwesen auch gedanklich immer wieder begründet. Es ist sein bleibendes Verdienst, daß er die preußische Regierung von der notwendigen Umstellung im Strafvollzugssystem überzeugen konnte, die ja auch die Neuanlage der Gefängnisse in baulicher Hinsicht erforderlich gemacht hat.

Eine weitere Aufgabe der Gefängnisreform besteht für Wichern in der Erneuerung des Gefängnispersonals, das zumeist aus ausgedienten Soldaten oder Polizisten bestand. Wichern hat es dagegen den in sachlicher Hinsicht entsprechend vorgebildeten Brüdern des Rauhen Hauses und des Evangelischen Johannesstiftes in Berlin entnommen. Gegen zahlreiche Widerstände in seiner Zeit hat er diesen Dienst der Brüder verteidigen müssen und schließlich durchsetzen können, daß sie ein nicht vorgebildetes Gefängnispersonal ersetzten.

Die dritte Aufgabe, die Wichern mit der Gefängnisreform gelöst hat, betrifft die Resozialisierung der Gefangenen, die Fürsorge für ihre Familien in der Zeit ihrer Inhaftierung und ihre sog. Wiedereingliederung in Beruf und Arbeit nach ihrer Entlassung aus dem Gefängnis. Gerade die nach diesen verschiedenen Seiten hin betriebene Gefängnisreform macht deutlich, daß Wichern der erste soziale Reformer und der erste weitblickende Sozialpädagoge gewesen ist, den die evangelische Kirche des

19. Jahrhunderts hervorgebracht hat und dessen Werk weltgeschichtlich bedeutsame Auswirkungen gehabt hat.

Ganz bewußt hat Wichern auch *die Auseinandersetzung mit dem sich immer stärker erhebenden Materialismus und Atheismus* geführt, indem er nicht nur die Arbeitsmethoden entwickelte, die denjenigen des Atheismus konform waren und die deshalb auch allein in der Lage waren, ihm entgegenzutreten, sondern auch indem er bemüht gewesen ist, ihm die seiner Propaganda besonders ausgesetzten Kreise des Volkes durch ihre Erfüllung mit einem neuen Geist und durch ihre Integration in die von innen her erneuerte Gesellschaft zu entziehen.

Die Kirche seiner Zeit ist freilich für diese weitschauenden Pläne nicht zu gewinnen gewesen. Sie war in einem engen Konfessionalismus befangen, so daß die Innere Mission sich schließlich der freien Assoziation für ihre Arbeiten bedienen mußte und in der Form der kirchlichen Vereine und Genossenschaften tätig wurde. Damit aber ist sie in eine Enge geraten und zu einer Begrenzung ihres Blickfeldes gekommen, die ihr von Haus aus nicht anhafteten und die auch nicht im Sinn ihres Begründers waren. Es ist nun aber ebenfalls Wicherns Verdienst, wenn er das Gewissen von Staat und Gesellschaft geschärft und deren Verantwortung für die Abstellung der dringendsten sozialen Nöte und der menschlichen und sozialen Sicherstellung der arbeitenden Bevölkerung unablässig betont hat. Die Sozialgesetzgebung des Deutschen Reiches, die dann zuerst unter Bismarck durchgeführt worden ist, ist nicht zuletzt eine Auswirkung dieser Forderungen des Begründers der Inneren Mission.

Wenn Wichern den Gedanken der männlichen Diakonie betont hat, so hat er in dem bayerischen Pfarrer *Theodor Fliedner (1800 bis 1864)* den ihm in vielem verbundenen und doch sich von ihm in grundsätzlichen Fragen unterscheidenden Antipoden gehabt, der mit der *Begründung des ersten Diakonissenhauses in Kaiserswerth (1836)* das Amt der weiblichen Diakonie im Sinne einer geradezu ordensmäßig verbundenen Schwesternschaft ins Leben gerufen hat.

Bei Fliedner hat sich *der Gedanke des Dienstes der Frau* durchgesetzt, die vom Glauben her zur Erfüllung ihrer besonderen Aufgaben in der Krankenpflege, der Kleinkinderversorgung und der Lehrerin für Kleinkinderhorte und Elementarschulen geführt wird. Fliedner hat damit der Frau zahlreiche neue Gebiete ihrer kirchlichen Betätigung im pflegerischen, erziehenden und sozialen Dienst erschlossen.

Ebenso ist in diesem Zusammenhang *Wilhelm Löhe (1808 bis 1872)* zu nennen, der einige Jahre nach den Schöpfungen Wicherns und Fliedners auf dem Boden der bayerischen Landeskirche eine *„Gesellschaft für Innere Mission"* im Sinne der lutherischen Kirche und einen „Verein für weibliche Diakonie" gegründet hat. Erscheint bei Wichern und bei Fliedner der männliche und weibliche Diakonische Dienst als die Einlösung einer besonderen Berufung, zu der sich ihre Träger bestimmt wissen, so steht bei Löhe der kirchliche Gedanke im Vordergrund, der sich in der Tätigkeit der Glieder der Kirche realisiert und so im Bruder- und Schwesterndienst die zeitgemäße Gestalt annimmt.

Das Werk der Inneren Mission ist also an verschiedenen Stellen in den deutschen evangelischen Kirchen aufgebrochen. Es hat auch weit über die Grenzen Deutschlands hinaus eine Beispiel und Schule machende Bedeutung erlangt. Namentlich das amerikanische Luthertum, aber auch die evangelischen Kirchen in den skandinavischen und fast allen europäischen Ländern haben durch die Arbeiten der Inneren Mission in Deutschland zahlreiche Anregungen empfangen, die als Bestätigung dafür anzusehen sind, daß das aus dem Glauben hervorgehende Werk der Inneren Mission die kräftigste Lebensäußerung der Kirche des 19. Jahrhunderts ist, die auch noch in der Neuzeit mit den sozialen und internationalen Hilfswerken sich immer wieder neue Arbeitsgebiete erschlossen hat.

Auch in der katholischen Kirche ist es zu ähnlichen Erscheinungen gekommen, wenn diese auch nicht einen solchen Umfang und eine solche Selbständigkeit gegenüber der Kirche erlangt haben wie im evangelischen Raum.

An erster Stelle ist hier für die katholische Seite der Bischof von Mainz, *Wilhelm Emanuel Freiherr von Ketteler,* zu nennen (1811 bis 1877). Er ist der bedeutsamste Repräsentant eines neuen katholischen Sozialdenkens und kirchlichen Sozialhandelns, bevor dieses durch die Enzyklika Papst Leos XIII. *Rerum novarum* die entscheidende Prägung empfangen hat, die die katholische Kirche befähigt hat, sich mit den immer mächtiger herandrängenden sozialen Problemen der Notzeit auseinanderzusetzen.

Als junger Pfarrvikar von Hopsten (1846) hat Ketteler zuerst die sozialen Nöte der Landbevölkerung, Armut, Hunger und Epidemien, kennengelernt, denen er mit tätiger Hilfe im Einzelfall begegnete. Aus dieser Zurückgezogenheit des ländlichen, pastoralen Dienstes wird er durch die Wahlen zum Frankfurter Parlament von 1848 herausgerissen. Er schließt sich in Frankfurt der von Melchior von Diepenbrock, späteren Fürsterzbischof von Breslau, begründeten „Katholischen Vereinigung“, einer Vorläuferin der „Katholischen Fraktion“ und der späteren Zentrumspartei, an.

Insbesondere ist er in dieser Zeit mit einer Rede „Über die Schulfrage“ hervorgetreten. In ihr forderte er volle Lehr- und Lernfreiheit, die der Staat zu garantieren habe, der nur „eine bestimmte Stufe formaler Geistesbildung“ festsetzen könne. Die Volksschule ist der politischen Gemeinde zu überlassen, die ihrerseits je nach der örtlichen Gelegenheit das nähere Verhältnis zur Kirche bestimmen könne. Er fordert bei anderen Gelegenheiten die Anerkennung der unbedingten Religionsfreiheit, zu deren Wertschätzung und Durchführung allein die Kirche und das Christentum den modernen Menschen befähigen.

Diese Bemerkungen waren der Anlaß, Ketteler um die Übernahme der Adventpredigten für das Jahr 1848 zu bitten. Er veröffentlichte sie schon 1849 unter dem Titel „Die großen sozialen Fragen der Gegenwart“. Sie betonen immer wieder den Zusammenhang von Glaube und Tat und sind für die katholische Welt ein einzigartiger Weckruf zu kirchlichem Handeln gewesen. In theologischer Hinsicht ist Ketteler in diesen Predigten über die Lehren des Thomas von Aquino vom Eigentum erst nicht hinausgekommen.

Erst in der Schrift des Jahres 1864 über „Die Arbeiterfrage und das Christentum“ entwickelt er neue Positionen. Nur das Christentum, so wird jetzt gesagt, verfügt über die Mittel zur Lösung der Arbeiterfrage, die allein den Rückfall der modernen Menschheit in vorchristliche Zustände verhindern können. Wieder wird der Begriff „Freiheit“ als ein christlicher Grundwert interpretiert, der sowohl das moderne Staatsverständnis wie das moderne Menschenbild bestimmen müsse und immer den Raum fordere, in dem die Freiheit gelebt und praktiziert werden kann.

An das siegreiche Preußen von 1864 und 1866 ergeht die Mahnung, gerade jetzt auf den deutschen Einheitsstaat zu verzichten und den deutschen Ländern, einschließlich Österreichs, möglichst eine Selbständigkeit zu geben und eine die katholischen und protestantischen Teile des deutschen Volkes in gleicher Weise umschließende Freiheit zu sichern.

In einer dritten Phase seines Wirkens, in der er zugleich Mitglied des Ersten Vatikanischen Konzils ist, hat Ketteler den entscheidenden Schritt von der Lösung der sozialen Frage der Gegenwart durch die Betätigung der christlichen Caritas zu der von einer politischen und gesellschaftlichen Konzeption getragenen Lösung dieses aktuellen Problems getan. Er kann sie nur im vollen Gegensatz zu dem politischen Liberalismus seiner Zeit und modernen, sich gerade in den politischen Bildungen des 19. Jahrhunderts einer ankündigenden Staatsomnipotenz sehen. Für ihn stellt sich die Gesellschaft als ein geradezu hierarchisch gegliederter Organismus dar, in den Arbeiter und Handwerker eingefügt sind, beide zur Sicherung ihrer Rechte organisiert und von dem auch das wirtschaftliche Leben vergiftenden Gesetz der Profitmacherei befreit.

Wie Wichern ist Ketteler durchdrungen von der Erkenntnis des Wandels der Gesellschaft. Er stellte sich ihm als ein Wandel der Lebens- und Arbeitsformen dar, der mit einer unausweichlichen Gesetzlichkeit auch die moderne „soziale Frage" hat entstehen lassen. Diese ruft ihrerseits die Kirche heute zu neuen Aktivitäten, die nicht mehr durch die individuelle Tat des einzelnen, sondern nur noch durch ein „korporatives Handeln", durch – um mit Wichern zu sprechen – „Korporationen, feste Verbrüderungen, geschlossene Körperschaften..., in welchen Gleichgesinnte sich in gliedlicher Ordnung verbunden finden ... die ... diesen Dienst barmherziger helfender Liebe als ausschließlichen Beruf des Lebens übernehmen". So sind beide Sozialreformer der Überzeugung, daß allein der christliche Glaube die Kräfte in sich trägt, auch die Fülle der neuzeitlichen Probleme wie die Einschränkung bzw. Aufhebung der Jugend-, der Frauen- und der Sonntagsarbeit, die Behebung des Wohnungselends und die wirtschaftliche Sicherung der arbeitenden Volksklassen vorzunehmen.

Den Anregungen Kettelers ist der ehemalige Kölner Handwerksbursche *Adolf Kolping (1813 bis 1865)* gefolgt. Er ist zur Theologie übergegangen und schließlich Priester geworden. Er kehrte sich wie Wichern der wandernden Gesellschaft zu, begründete die katholischen „Gesellenvereine", die den von ihrer Familie gelösten Handwerksburschen ein neues Heim bieten sollten. Diese wurden die „Kolpingbrüder" genannt. Gerade Kolping hat der katholischen Geistlichkeit die Pflicht zu sozialer Hilfe und Arbeit auf das Gewissen gelegt, indem er sie daran gemahnt hat, „daß der Geistliche sich bis zur Erde bücken soll, um aufzuheben, was nur die Hand nach Hilfe ausstreckt".

So ist auch auf katholischer Seite eine Betätigung des Glaubens zur Erneuerung der Gesellschaft in zahlreichen einzelnen Ansätzen praktiziert worden, die der in der Inneren Mission auf evangelischer Seite sich zeigenden entspricht.

In diesem Zusammenhang sei noch auf die Bildung der zahlreichen *Bibel- und Traktatsgesellschaften* verwiesen, die nicht nur die Verbreitung von Bibeln, sondern auch von guter, in einfacher Aufmachung erscheinender und den Mann auf der Straße ansprechender christlicher Literatur besorgt haben. Wichern selbst hat für die Verbreitung dieser Literatur eine eigene Druckerei und einen eigenen Verlag, die Agentur des Rauhen Hauses, ins Leben gerufen und sich damit überhaupt dem Gedanken der *Errichtung von Volksbibliotheken* zugewandt, deren Bedeutung gerade für die Bildung der modernen Massengesellschaft ihm deutlich war und die er darin zum Ausdruck brachte, daß er dem Entwurf eines nach dem großen Brand von Hamburg von 1842 neu zu besiedelnden Stadtgebietes auch eine Volksbibliothek an zentraler Stelle eingefügt hat. Die speziellen Aufgaben eines solchen Unternehmens hat er auch später immer wieder verfolgt und für den Ausbau mit den entsprechenden Werken gesorgt.

Auch in der katholischen Kirche ist es zu bedeutsamen inneren und äußeren Wandlungen gekommen. Sie sind vor allem durch die Person und Politik des Papstes *Pius' IX. (1846 bis 1878)* bestimmt.

Pius IX. ist auf die cathedra Petri erhoben worden, weil man in ihm einen für die nationale Bewegung Italiens aufgeschlossenen Mann zu haben glaubte. Auch eine Aussöhnung mit dem politischen Liberalismus erhoffte man von ihm. Pius hat auch als „liberaler Papst", d. h. mit dem Willen zur Verwaltungsreform und zur Einführung einer Verfassung im Kirchenstaat, sein Pontifikat begonnen. Aber Papsttum und nationale Bewegung in Italien konnten nicht zusammengehen, weil dies letztlich in der internationalen Stellung des Papsttums begründet ist. So ist es bald zum Bruch zwischen den beiden Größen gekommen.

Nach seiner Flucht aus dem Kirchenstaat im Jahr 1848 hat sich Pius IX. vom politischen Liberalismus abgewendet und eine allen liberalen Forderungen entgegengesetzte Politik begonnen, ohne damit jedoch die Kraft der nationalen Bewegung brechen und die Existenz des Kirchenstaates retten zu können. Dieser hatte sich ja überhaupt nur durch den Schutz Frankreichs und Österreichs halten können, und als dieser fortfiel, war er für immer verloren.

Sosehr nun auch der Pontifikat Pius' IX. durch die unaufhaltsame Auflösung des Kirchenstaates und seinen schließlichen Verlust charakterisiert ist, so hat er auf der anderen Seite doch vor allem darin seine Bedeutung, *daß schon unter Pius IX. der Aufstieg des Papsttums zu einer internationalen geistigen und moralischen Autorität einsetzt.* Wie schwer auch die politischen Kämpfe gewesen sein mögen, die der Katholizismus in den verschiedenen Staaten Europas zu bestehen hatte, so haben sie doch sein moralisches Ansehen in der Welt gesteigert. Obwohl äußerlich nicht immer siegreich, ist doch die Kirche niemals als unterlegene, sondern stets als die moralische Siegerin aus diesen Kämpfen hervorgegangen.

Der Pontifikat Pius' IX. zeichnet sich zunächst durch *die kirchliche Aufbauarbeit* aus. Unterstützt von den Jesuiten hat Pius das Ziel, die gesamte römische Kirche fest an den Papst zu binden und so die Katholiken in aller Welt mit einem streng kirchlichen und papsttreuen Geiste zu erfüllen, weithin erreicht, vor allem durch seine *Konkordatspolitik.*

In Deutschland knüpften die politischen Bemühungen der Kirche an die *Erklärung der „Grundrechte" durch das Frankfurter Parlament von 1848* an. Dieses hatte nicht nur die Religionsfreiheit für das Gebiet des Deutschen Bundes verkündet, sondern auch die grundsätzliche Freiheit der Kirche vom Staat und die Selbständigkeit in der Verwaltung und Ordnung ihrer Angelegenheiten erklärt.

Zum ersten Mal ist 1848 eine deutsche Bischofskonferenz in Würzburg zusammengetreten. Unter der Idee der Freiheit und der Selbständigkeit der Kirche hat sie eine

Denkschrift an alle deutschen Regierungen ausgegeben. Auf der Nationalversammlung zu Frankfurt ist es ebenfalls 1848 zum *Zusammenschluß katholischer Abgeordneter,* wenig später im preußischen Landtag zur Bildung einer *Katholischen Fraktion* gekommen. Diese hat entschlossen den katholischen Standpunkt in allen Fragen der Kirchen-, Schul- und Sozialpolitik vertreten.

Die preußische Verfassung vom 31. Jänner 1850 hat dem katholischen Verlangen nach Freiheit der Kirche fast gänzlich entsprochen. Hier ist der römischen Kirche – übrigens auch der evangelischen – die volle Freiheit und Selbständigkeit in der Ordnung ihrer Angelegenheiten zugestanden worden. Auch in der Nutzung ihres Vermögens und Grundbesitzes für die Zwecke des Kultus, des Unterrichts und der Wohltätigkeit waren die Kirchen frei. Jeder staatliche Einfluß auf die Ämterbesetzung hörte auf. Der Kirche wurde der Religionsunterricht in der Volksschule überlassen.

Den größten Erfolg hat die Kurie mit dem *Abschluß des Konkordates mit Österreich von 1855,* das den Josephinismus gänzlich beseitigt hat. Die katholisch-apostolisch-römische Religion soll in Österreich stets mit allen ihren Rechten und Vorrechten geschützt und erhalten werden. Die Bischöfe sind in dem Verkehr mit der Kurie völlig frei. Es gibt kein staatliches Plazet mehr für die Veröffentlichung bischöflicher oder päpstlicher Erlasse. Die Sorge für den Religionsunterricht an allen Schulen wird den Bischöfen übertragen, ebenso die Ehegerichtsbarkeit. Hinsichtlich der Ernennung der Bischöfe hatte der Kaiser zwar das Vorschlagsrecht, die Bischöfe aber wurden nicht auf die Verfassung, sondern nur dem Kaiser persönlich zur Treue verpflichtet. Schließlich wurde den Bischöfen auch die Zensur über das Buchwesen übertragen. Der Papst konnte dieses Konkordat zuerst als Kirchengesetz veröffentlichen, erst dann folgte seine Promulgation als Staatsgesetz.

Dieses der katholischen Kirche eine weitgehende Selbständigkeit einräumende Konkordat hat sofort *den Widerstand des politischen Liberalismus* hervorgerufen. In Österreich äußerte sich dieser nicht zuletzt in dem *Erlaß des „Protestantenpatentes" von 1861.* Es gab nun auch den Protestanten in Österreich das Recht des öffentlichen Gottesdienstes und sprach ihnen die politische Gleichberechtigung zu.

Vor allem aber hat das Konkordat auch in der katholischen Bevölkerung selbst den Widerstand geweckt. Sie war vielfach nur mehr äußerlich katholisch geblieben, innerlich aber mit der Kirche zerfallen. Auch der niedere Klerus stand zur unumschränkten Herrschaft der Bischöfe sofort in Opposition. So hat dieses Konkordat dem Staat derart viele Schwierigkeiten bereitet, daß er die Erklärung der päpstlichen Unfehlbarkeit von 1870 zum Anlaß nahm, das Konkordat überhaupt zu kündigen.

Die päpstliche Politik unter Pius IX. bezog auch planmäßig *die neuen Staaten Nord- und Südamerikas* in ihre Ziele mit ein. Diese Ausdehnung der päpstlichen Politik auf die Welt der beiden Amerika stellt ein Novum in der Geschichte dar. Es bezeugt den Weitblick, den die Kurie zur Verankerung der katholischen Kirche in der sich politisch neu formierenden Neuen Welt an den Tag gelegt hat.

In *Nordamerika* hielt man möglichst mit der wachsenden Besiedelung des Kontinentes Schritt, so sehr man auch lange mit Mißtrauen die amerikanische Entwicklung betrachtet hatte. Hier sind in wenigen Jahren (1846 bis 1853) sechs neue Erzbistümer errichtet worden.

Auch in *Mittel- und Südamerika* suchte die Kirche ihre Herrschaft zu festigen, hier freilich trotz der Unabhängigkeitserklärung der meisten Staaten (1810 bis 1825) noch schwer durch ihre Verbindung mit der spanischen und portugiesischen Herrschaft belastet. Doch in fast allen süd- und mittelamerikanischen Staaten bleibt die katholische Kirche Staatskirche. Das Konkordat von Ekuador von 1862 schloß z. B. jeden von der römischen Kirche nicht anerkannten Kultus aus.

In diesen Staaten setzt nun aber auch die Entwicklung zu einem Kampf ihrer noch jungen Verfassungen und Ordnungen gegen die katholische Kirche ein, um ihr allmählich den Unterricht zu entwinden, die weltliche Gerichtsbarkeit auch über den Klerus auszudehnen, den Grundbesitz und die Abgabe des Zehnten einzuschränken bzw. aufzuheben, ohne daß die Staaten damit trotz der später teilweise erfolgten Trennung von Staat und Kirche auf die Dauer Erfolg gehabt hätten.

Wie die Stellung der katholischen Kirche in allen Teilen der Welt mittels der Konkordatspolitik gefestigt werden sollte, so ist Pius IX. andererseits bestrebt gewesen, *den Episkopat und den Klerus der Welt fest an den Papst zu schließen,* um die päpstliche Autorität in der ganzen Kirche zur Anerkennung zu bringen. Beide sollten dem Papsttum eine neue Stütze angesichts des unsicheren Schicksals des Kirchenstaates geben. Dessen Zukunft war ja ganz von der politischen Stellung seiner Schutzmächte abhängig geworden.

Vier gesamtkirchliche Kundgebungen lassen diese Tendenzen in der Politik Pius' IX. deutlich werden. *Der erste Schritt war die Verkündigung des neuen Dogmas von der „Unbefleckten Empfängnis" der Gottesmutter,* der immaculata conceptio Mariens, in der Bulle „Ineffabilis Deus" vom 8. Dezember 1854. Pius, seit seiner Jugend ein Verehrer Mariens, glaubte der Mutter Gottes seine Errettung im Revolutionsjahr 1848 bei seiner Flucht aus Rom zu verdanken zu haben, d. h. eigentlich der Gottesmutter die Erhaltung des Papsttums zuschreiben zu müssen. Schon 1849, noch vor seiner Rückkehr nach Rom, forderte er von allen Bischöfen die Gutachten zur Frage der Definition der Unbefleckten Empfängnis Mariens ein. Zunächst sprachen sich nur 75 Prozent der Befragten dafür aus. Aber 1853 erklärte eine päpstliche Untersuchungskommission, daß die Berufung auf Schrift und Tradition in diesem Falle überflüssig sei, weil es sich nur darum handle, eine mit der katholischen Marienverehrung so eng verbundene Lehre zu dogmatisieren.

Eine Prälatenversammlung in Rom, bei der etwa zwei Drittel der Kardinäle und über 100 Bischöfe anwesend waren, gab ihre Zustimmung, und der Papst entsprach mit der Definition des neuen Dogmas allen bei dieser Gelegenheit geäußerten Bitten. So ist die Lehre, daß Maria, die Mutter Jesu, schon bei ihrer Empfängnis von aller Erbsünde frei gewesen sei und durch diese ihre Sündlosigkeit sich von der übrigen Menschheit unterscheide, zum Dogma erhoben worden. Eine alte theologische Streitfrage, die im ausgehenden Mittelalter zwischen Dominikanern und Franziskanern lebhaft erörtert worden war, ist jetzt auf Grund der päpstlichen Lehrautorität ohne ein Konzil entschieden worden.

Die Enzyklika „Quanto conficiamur" vom August 1863 als zweite gesamtkirchliche Maßnahme spricht die Pflicht der katholischen Geistlichen zu Bemühungen um die Bekehrung der Häretiker aus. Außerhalb der katholischen Kirche gibt es kein Heil, so daß man mit ihren Glaubensdefinitionen und mit dem Papst in Übereinstimmung sein muß. Diese Begründung zeigt die Richtung an, in welche die weitere Entwicklung drängte.

Im Zusammenhang mit der Auflösung des Kirchenstaates infolge des Abfalls seiner nördlichen Provinzen an Sardinien steht *die dritte gesamtkirchliche Kundgebung der „Syllabus", d.h. das „Verzeichnis der Hauptirrtümer unserer Zeit"*. Schon in den fünfziger Jahren vorbereitet, ist diese Liste doch erst mit der Enzyklika „Quanta cura" vom 8. Dezember 1864 veröffentlicht worden.

In zehn Gruppen werden achtzig Irrtümer genannt, so etwa der Pantheismus, Rationalismus, Protestantismus, Sozialismus und Kommunismus, ferner die Annahme, daß der Kirchenstaat entbehrlich sei. Auch die Idee einer Freiheit von Philosophie und Wissenschaft fällt unter das Verdikt.

Umstritten ist die Geltung des Syllabus. Die katholische Theologie sucht dieses komplizierte Problem mit dem Hinweis darauf zu lösen, daß es sich im Syllabus um eine päpstliche Lehrentscheidung handle, die als solche zwar Zustimmung, aber keine unabänderliche, erfordere, weil sie selbst ihrem Ausdruck nach veränderlich sei.

Einen letzten und unüberbietbaren Ausdruck fand das Bestreben Pius' IX. nach Steigerung der Autorität des Papstes in dem *Ersten Vatikanischen Konzil (1869 bis 1870), der vierten gesamtkirchlichen Unternehmung Pius' IX.*

Zunächst wurde der Synode eine päpstliche Vorlage „De doctrina catholica" unterbreitet. Sie rief auf allen Seiten lebhaften Widerspruch hervor und verfiel einer allgemeinen Ablehnung; eine Neubearbeitung wurde notwendig. Die dadurch eingetretene Verzögerung war nicht nach dem Wunsch des Papstes, gestattete aber die Behandlung anderer Gegenstände, wie die Besserung der päpstlichen Verwaltung, die Ausbildung des Klerus, die Beschränkung der Ablässe und der Feiertage, ohne daß man zu auch nur einem dieser Punkte zu einem definitiven Abschluß gekommen wäre.

Am 24. April 1870 ist es endlich zur Verabschiedung der umgearbeiteten Konstitution *De fide catholica* gekommen. Diese umfaßt allerdings nur vier Kapitel und ist also ein Torso geblieben. Die beiden beherrschenden Gedanken sind, daß der katholische Glaube auf Schrift und Tradition beruhe, welche allein die katholische Kirche recht auslegen kann, und daß natürliche und übernatürliche Gotteserkenntnis zusammenzuschließen seien, weil die durch die Vernunft gewonnene Erkenntnis der Ergänzung und Vervollkommnung der durch die von der Offenbarung vermittelten bedürfe.

Die Konstitution „De ecclesia Christi" ist ebenfalls fragmentarisch. Sie behandelt keinesfalls alle Fragen, die den Kirchenbegriff berühren. Sie greift nur die des päpstlichen Primates heraus. In seinem vierten Kapitel wird über „Das unfehlbare Lehramt des römischen Bischofs" gehandelt.

Die Bestimmung über die Unfehlbarkeit besagt in ihrer (unter vielen Mühen erarbeiteten) *definitiven Fassung,* daß die päpstlichen Lehrentscheidungen der Ausdruck der in der Gesamtkirche ruhenden Wahrheitserkenntnis sind und daß deshalb die päpstliche Unfehlbarkeit als diejenige zu bezeichnen sei, mit der Christus seine Kirche ausgestattet haben wollte. Allerdings muß es sich um Entscheidungen handeln, die der Papst in Ausübung seines obersten Lehramtes abgibt und die die für die Gesamtkirche gültigen Fragen des Glaubens und der Sitten behandeln. *Nur wenn der Papst „ex cathedra" fungiert, tragen seine Lehraussagen das Merkmal der Unfehlbarkeit.*

An der letzten Abstimmung vom 18. Juli 1870 nahmen freilich schon viele Bischöfe nicht mehr teil. Sie hatten das Konzil vorzeitig verlassen. Nur zwei Bischöfe sprachen sich gegen das neue Dogma aus, erklärten aber später ihre Zustimmung.

Die Aufnahme des neuen Dogmas war geteilt. Die meisten Staaten standen ihm ablehnend gegenüber. Österreich kündigte das Konkordat von 1855 mit der Begründung, daß der Vertragspartner durch diese Lehre ein anderer geworden sei (clausula rebus sic stantibus). Bayern und Sachsen verweigerten zunächst das Plazet für die Veröffentlichung der neuen Lehre als kirchliches Gesetz. Im ganzen blieb der politische Widerstand aber wirkungslos.

Am stärksten war die Opposition bei den deutschen Bischöfen und Theologen. Erstere unterwarfen sich mit der Zeit, nur letztere führten ihren Widerstand konsequent fort. So brachte *Döllinger* im August 1870 eine große Protestversammlung katholischer Laien zustande, die eine an den bayerischen König gerichtete Adresse mit 18.000 Unterschriften versah. Alle Unterzeichner aber wurden von Rom exkommuniziert. Die Professoren *von Schulte (Prag)* und *Reinkens (Breslau)* schritten nun gegen die Meinung Döllingers zur kirchlichen Organisation. Diese hatte *die Entstehung des Altkatholizismus* zur Folge, der die Lehre von der päpstlichen Unfehlbarkeit als Neuerung und als Abfall vom altkatholischen Glauben bezeichnete.

Der Kongreß der Altkatholiken in München vom September 1871 beschloß die Errichtung einer besonderen bischöflichen Jurisdiktion und die Einrichtung eines eigenen Gottesdienstes. In Preußen, Baden und Hessen fand die Bewegung Anerkennung, in Bayern verfiel sie der Ablehnung. Verwandte Bewegungen führten zur Bildung einer altkatholischen Kirche in Österreich oder der „Christkatholischen Kirche der Schweiz", während sich in den Niederlanden die Bewegung mit der dort seit dem 18. Jahrhundert bestehenden „Altbischöflichen Kirche von Utrecht" vereinigte. Diese hat später der altkatholischen Kirchengemeinschaft den Namen *(Utrechter Union)* gegeben, den sie noch heute führt. Auf das Ganze gesehen, hat der Altkatholizismus der römischen Kirche keinen Abbruch zugefügt. Somit hat auch das Erste Vatikanische Konzil trotz des Verlustes des Kirchenstaates und der anfänglich starken Opposition in fast allen europäischen Ländern zu einer Kräftigung des Katholizismus und zu einer Steigerung des päpstlichen Ansehens in der Welt geführt.

Die letzten Jahre des Pontifikates Pius' IX. sind durch den sog. „Kulturkampf" – der Ausdruck stammt von Virchow und sollte den Kampf um die Freiheit der „Kultur" gegenüber den Machtansprüchen der Kirche bezeichnen – *in Preußen und anderen deutschen Ländern ausgefüllt.* Es handelt sich bei diesen Auseinandersetzungen um das Ringen der ihre Freiheit gegenüber den politischen Gewalten wahrnehmenden und in neuer Weise begründenden Kirche mit der immer stärker die omnipotenten Züge hervorkehrenden Staatsidee des politischen Liberalismus.

Verschiedene innen- und außenpolitische Gründe haben so sicher zum Ausbruch des Kampfes in Deutschland beigetragen. In der Sicht des Politikers Otto von Bismarck aber stand die Bildung der Zentrumsfraktion voran. Da sie mit der Gründung des Deutschen Reiches zusammenfiel, erblickte er in ihr eine Kampfansage, die Kriegserklärung einer von konfessionellen Gesichtspunkten beherrschten Partei, die sich praktisch von der Kirche abhängig gemacht hatte.

Die *Zentrumspartei* ist aus der im Preußischen Landtag bestehenden „Katholischen Fraktion“ hervorgegangen, die sich anläßlich der Landtagswahlen von 1870 und der Wahlen zum Ersten Deutschen Reichstag von 1871 zum „Zentrum“ umbildete. *In diesem Namen lag ein Programm.* Man wollte nicht eine konfessionelle, sondern eine im Grunde konservative, für Recht und Freiheit der Kirche und des einzelnen gegenüber der Staatsomnipotenz eintretende Partei sein, eine „christliche Verfassungspartei“.

Bismarck selbst war in seiner Auffassung des Verhältnisses von Kirche und Staat bzw. von Glaube und Politik durchaus von den Gedanken des konservativen Luthertums bestimmt. Er wollte die grundsätzliche Trennung der beiden nicht miteinander zu verbindenden Bereiche.

Bei den staatlichen Maßnahmen zu den Auseinandersetzungen der folgenden Jahre muß man zwischen den für das Reich und den nur für Preußen geltenden unterscheiden. Auf Veranlassung der bayerischen Regierung wurde zuerst der sog. *Kanzelparagraph* erlassen, der dann auch in das Strafgesetzbuch des Deutschen Reiches eingefügt worden ist. Er setzte für den Mißbrauch der Kanzel zu politischen Zwecken als Strafe Festungshaft oder Gefängnis bis zu zwei Jahren für Religionsdiener fest. Später (1876) wurde darunter auch die Verbreitung gedruckter Kundgebungen politischen Inhalts gefaßt.

Eine Verschärfung brachte das für das Reich erlassene *Jesuitengesetz* vom 19. Juni 1872. Es schloß die Gesellschaft Jesu wie die ihr verwandten Orden der Redemptoristen und Lazaristen vom Reichsgebiet aus. Das *Expatriierungsgesetz* vom 4. Mai 1874 ermächtigte die Landesregierungen zur Internierung oder der Landesverweisung solcher Kleriker, die als vom Staat Bestrafte oder Entlassene kirchliche Amtshandlungen vornehmen.

Von der größten Bedeutung aber war die *Einführung der Zivilstandsgesetzgebung* vom 6. Februar 1875. Preußen hatte sie schon ein Jahr zuvor vorgenommen. Sie übertrug die Beurkundung des Personenstandes bei Geburt, Ehe und Tod von der Kirche auf den Staat. Sie hob den Taufzwang auf und führte die Zivilehe ein, die für alle Reichsangehörigen obligatorisch wurde. Die kirchliche Trauung durfte erst nach der bürgerlichen Eheschließung und der Beurkundung derselben durch staatliche Beamte erfolgen.

Von den preußischen Gesetzen ist das schon erwähnte *Schulaufsichtsgesetz von 1872* hervorzuheben, das die Säkularisierung der Schule einleitete. *Die preußischen Maigesetze von 1873* regelten zunächst die Vorbildung des Klerus, für den die deutsche Reichsangehörigkeit gefordert wird. Freie geistliche Stellen sollten binnen Jahresfrist besetzt sein, andernfalls sollte die Pfarrwahl durch die Gemeinde und Vermögensverwaltung durch einen staatlichen Kommissar eintreten. *Der Homagialeid für die Bischöfe* wurde im Dezember 1873 dahin verschärft, daß auch die Verpflichtung auf die staatlichen Gesetze der letzten zwei Jahre in ihn aufgenommen wurde.

Die Verständigung zwischen den beiden Parteien ging allmählich vor sich. Jede Seite mußte Zugeständnisse machen. Zunächst wurde der preußische Kultusminister Falk durch Robert von Puttkammer ersetzt. Dagegen ist die von Bismarck geforderte Anzeigepflicht bei der Besetzung kirchlicher Stellen von der katholischen Kirche nicht zugestanden worden. Trotzdem kam es 1880 zu der ersten „Novelle betr. Abänderung der kirchenpolitischen Gesetzgebung". Sie gestattete in vakanten Pfarreien Aushilfeamtshandlungen; sie ließ die in der Krankenpflege tätigen Orden wieder zu und gab die Besetzung der Bistümer und der über tausend ganz oder teilweise erledigten Pfarreien frei.

Aber erst nach einem zweiten und dritten Abänderungsgesetz kam die Versöhnung wirklich zustande. Die Verpflichtung zum sog. „Kulturexamen" wurde fallengelassen; die begnadigten Bischöfe konnten in ihre Sprengel zurückkehren; die in Stellvertretung vorgenommenen Amtshandlungen brauchten nicht mehr angezeigt zu werden. Für Posen-Gnesen und Köln wurden zwei neue Erzbischöfe von der Kurie ernannt, die der Staat anerkannte, während die beiden bisherigen als Kurienkardinäle in Rom blieben.

Die Aussöhnung zwischen Staat und Kirche fand schließlich ihren sichtbaren Ausdruck in der Übertragung des Schiedsgerichts im Streit zwischen Deutschland und Spanien um die Karolinen (1885) an den Papst. Bald darauf konnten in dem vierten und fünften Abänderungsgesetz fast alle noch bestehenden Gesetze wieder aufgehoben werden, so die Aufsicht über Priesterseminare, die staatlichen Gerichtshöfe für die Kirchen und die Landesverweisung der Orden mit Ausnahme der Jesuiten.

Das Ergebnis des „Kulturkampfes" ist für den Staat ein recht geringes. Die Reichsgesetze, wie der Kanzelparagraph, das Jesuitengesetz, das Expatriierungs- und das Zivilstandsgesetz waren in Kraft geblieben. Diese Tatsache machte deutlich, daß auch die Kirche nicht in der Lage war, die Geltung des kanonischen Rechtes durch Verordnungen und Erlässe zu erzwingen. Der Staat wiederum mußte einsehen, daß er mit Gewaltmaßnahmen die Kirche nicht zum Erliegen bringen konnte. Er fand die Grenze seiner Macht am Glauben des Volkes und am kirchlichen Sinn des Klerus.

Die katholische Kirche ist als die moralische Siegerin aus dem „Kulturkampf" hervorgegangen. Das Selbstbewußtsein des katholischen Bevölkerungsteiles war gewaltig gestiegen. Man hatte erkannt, wie wichtig man dem Staat im Kampf gegen die staatsfeindlichen Mächte werden konnte. So hat der „Kulturkampf" auf der einen Seite die Erschütterung der staatlichen Autorität, auf der anderen Seite die Festigung der Verbindung der katholischen Kirche mit dem Papsttum zur Folge gehabt, bei vielen Katholiken aber die Bildung eines echten Nationalgefühls auf lange hinaus verhindert.

Wenn man das Zeitalter überblickt, das dem „Kulturkampf" folgte und eine fast dreißigjährige friedliche Entwicklung den europäischen Ländern ermöglichte, *so hat in diesem Zeitraum die katholische Kirche einen weiteren inneren und äußeren Aufschwung genommen. Namentlich das Papsttum entwickelte sich zu einer in der Geschichte so noch nicht dagewesenen innerkirchlichen und internationalen geistigen Größe.*

Papst Leo XIII. (1878 bis 1903), eine der glänzenden Erscheinungen der neueren Papstgeschichte, hat eine auf große Ziele ausgerichtete Kirchenpolitik betrieben, die von dem Geist der Versöhnung und dem Bemühen bestimmt war, die bestehenden Gegensätze zu beseitigen und geordnete Verhältnisse für das Leben der Kirche wiederherzustellen. Andererseits war dieser Papst dem Protestantismus, der modernen Weltanschauung und der sich entwickelnden Naturwissenschaft gegenüber alles andere als versöhnlich, vielmehr auf die klare Herausstellung der Gegensätze zur Abgrenzung nach diesen Seiten hin bedacht. Sein Hauptverdienst aber um den neueren Katholizismus liegt in der Betonung der Kulturbedeutung der katholischen Kirche, die allein in der

Lage ist, den Zerfall der modernen Gesellschaft aufzuhalten und ihre inneren Schäden zu heilen.

Alsbald nach dem Antritt seines Pontifikates hat Leo XIII. dieses Programm in grundsätzlichen Äußerungen verkündet. Fußend auf der im Geist des Thomas von Aquino entwickelten katholischen Staatslehre, hat er zu den sozialen und gesellschaftspolitischen Fragen der Zeit Stellung genommen. In der *Enzyklika „Immortale Dei" von 1885* wird zwischen den Ordnungen des natürlichen und des übernatürlichen Lebens unterschieden. Jene sind im Staat, diese in der Kirche gegeben, und Gott hat die Fürsorge für die Menschheit zwischen den beiden Gewalten geteilt. Deshalb haben Staat und Kirche nicht in Trennung oder Gegensatz zueinander zu stehen, sondern in Eintracht (concordia) zusammenzuwirken.

Neu ist die Feststellung, daß die konkreten Staatsformen für den katholischen Glauben nicht wesentlich sind. Diese Aussage legte die Folgerung nahe, neben den Monarchien alter Gestalt auch die modernen Republiken als die mit den Grundsätzen des katholischen Glaubens zu vereinbarenden Staatsformen anzuerkennen, wenn sie nur, wie mit den alten aristotelisch-thomistischen Definitionen gesagt wird, in ihrer Staatsführung „gerecht" und auf den „gemeinsamen Nutzen" ausgerichtet sind.

Durch diese neue Einstellung hat Leo die Katholiken in den verschiedenen Völkern, bei denen jetzt beide Staatsformen die politische Wirklichkeit bestimmten, zu politischer Verantwortung und Mitarbeit aufrufen können, wenn nicht, wie etwa in Italien, die Verurteilung des Staates als solchen die Teilnahme am politischen Leben ausschloß.

Von wegweisender Bedeutung für die Haltung der katholischen Kirche war auch die Stellung Leos zur Arbeiterfrage in dem berühmten Rundschreiben „Rerum novarum" vom 15. Mai 1891. Schon vorher hatte der Papst gegen den Sozialismus Stellung genommen und die Ungleichheit der Menschen in bezug auf Gewaltausübung und Besitz verteidigt. Jetzt trat er deutlich für das Recht des Privateigentums ein, das aus der Natur abgeleitet wird, aber ebenso verwendete er sich jetzt für den gerechten Arbeitslohn, für den Schutz des Sonntags und für die Bildung von katholischen Arbeitergenossenschaften oder Gewerkschaften. Mit ihrer Berufung auf das Naturrecht, ja selbst mit der Betonung, daß jede Erneuerung der Gesellschaft von der Kirche ausgehe, hat diese Enzyklika Wesentliches für die katholische Einstellung zu den sozialpolitischen Problemen für die nächsten Jahrzehnte gesagt.

Wie er die Katholiken zur Mitarbeit an den politischen und sozialen Problemen der Zeit aufgerufen hat, *so hat Leo insbesondere auch die Laien für die Teilnahme am kirchlichen Leben gewonnen, indem er ihnen ein besonderes, sich gerade darin bewährendes „Apostolat"* zusprach. Ebenso hat er sich die Pflege der katholischen Frömmigkeit angelegen sein lassen, besonders die Verehrung der Gottesmutter Maria als der Gnadenmittlerin, die der Menschheit den ungeheuren Gnadenschatz zugeleitet hat, den Christus erworben hat. Dazu kommen die Hervorhebung des Rosenkranzes und der Herz-Jesu-Verehrung und die Betonung der Bedeutung des Altarsakramentes für das katholische Glaubensleben.

Die sog. *Dritten Orden* finden als die für die Laien wichtigen Lebensformen die päpstliche Förderung. Auch das vermehrte Bibelstudium, allerdings anhand approbierter Übersetzungen und Kommentare, hat Leo den Laien und dem Klerus empfohlen.

Philosophie und Theologie werden unter die Autorität des Thomas von Aquino gestellt, der zum eigentlichen katholischen Kirchenlehrer erhoben wird. Leo ist der Anreger der großen kritischen, nach ihm als „Leonina" bezeichneten Thomas-Ausgabe, die nicht nur ein Zeichen für den historischen Sinn und die Wiederbelebung des Thomismus in der Gestalt des „Neuthomismus" ist, sondern auch zu einer Bereicherung, Vertiefung und Ausweitung des katholischen Denkens geführt hat. Unter Leo wurden auch die päpstlichen Archive für die Wissenschaft geöffnet als Beweis dafür, daß eine Erschütterung des katholischen Glaubenslebens niemals von der Wissenschaft her erfolgen könne.

In allen Teilen der Welt hat Leo den *Ausbau der kirchlichen Organisation* betrieben. Unter seinem Pontifikat erfolgten 248 neue Bistumsgründungen in Amerika, Asien und Australien.

Über die Reformation hat Leo XIII. scharfe, sie ablehnende und völlig mißverstehende Worte gebraucht. Sie gilt ihm als der Ursprung unzähliger Erhebungen gegen die staatliche und die kirchliche Ordnung, als Wurzel der säkularen Philosophie, des Rechts und der Ideen der Volksherrschaft des 18. Jahrhunderts, aus denen wiederum die Pest von Kommunismus, Nihilismus und Sozialismus, wie in der Enzyklika „Diuturnum illud" vom 29. Juni 1881 gesagt wird, entsprungen ist. Anläßlich des Canisius-Jubiläums von 1897 hat Leo die „lutherische Rebellion" und ihren „Irrtum" für den völligen Zusammenbruch der Sitten im 16. Jahrhundert verantwortlich gemacht, was doch wiederum auch die historische Verkennung des säkularisierten Zustandes des Papsttums in diesem Zeitalter bezeugt.

Sosehr Leo nun aber auch das Papsttum zu einer geistigen Weltmacht erhoben, soviel er auch für die Festigung der kirchlichen Hierarchie und ihrer Verbindung mit dem Papst getan hat, so ist es ihm doch nicht in dem gleichen Maße vergönnt gewesen, *die politische Stellung der katholischen Kirche in den verschiedenen europäischen Ländern* zu sichern. Im Gegenteil, auf diesem Gebiet bahnten sich unter seinem Pontifikat schwere Konflikte an. In Deutschland gelang zwar der Abbau des „Kulturkampfes", aber dafür folgten fast zur gleichen Zeit schwere Auseinandersetzungen in anderen Ländern.

Das Land der besonderen Sorge der Kurie blieb *Frankreich.* Auch in diesem Land entbrannte ein „Kulturkampf", in dem die Parolen der Französischen Revolution auflebten. Die Ablehnung der katholischen Kirche, der Haß gegen den „Klerikalismus" und der Atheismus waren tief in das französische Volk gedrungen. Mit dem Sieg der republikanischen Linken und dem von freimaurerischen Kreisen unterstützten Radikalismus gewannen diese Strömungen die Oberhand. Gambetta verkündete schon 1871 in der französischen Kammer, daß der eigentliche Feind Frankreichs der „Klerikalismus" sei. Es folgten schwere, tief in das Leben der katholischen Kirche einschneidende Maßnahmen, die den französischen „Kulturkampf" bezeichnen.

Die März-Dekrete von 1880 eröffneten den Kampf gegen das Ordenswesen. Niederlassungen und Schulen der Jesuiten wurden aufgelöst; zahlreiche Nonnenklöster geschlossen, der Fortbestand der übrigen, nicht anerkannten Orden von einer staatlichen Genehmigung abhängig gemacht. Weitere Verordnungen verpflichteten die katholische Geistlichkeit zum Militärdienst, hoben die Militär- und Krankenhausseelsorge auf, beseitigten an den Staatsschulen den Religionsunterricht und schlossen alle Geistlichen und Ordensangehörigen von der Erteilung des Unterrichts überhaupt aus.

Das Ziel war die völlige „Laisierung" Frankreichs. Das Vereinsgesetz von 1901 verbot den vom Staat nicht zugelassenen Orden den öffentlichen Unterricht. Alle nicht staatlichen Lehranstalten sollten innerhalb von zehn Jahren aufgelöst werden. Es folgte 1903 die Einziehung der Klostergüter und die Schließung der Klöster. Dazu kam gegen Ende des Pontifikates Leos XIII. ein Konflikt mit der französischen Regierung über die im Konkordat von 1801 festgelegte Nomination der Bischöfe durch das Staatsoberhaupt.

Die französische Regierung beschloß nach der Aufhebung des diplomatischen Verkehrs mit Rom und nach der Zustimmung durch Kammer und Senat *im Jahre 1905 die totale Trennung von Staat und Kirche.* Das Trennungsgesetz entzog der katholischen Kirche in Frankreich das Recht der öffentlich anerkannten Körperschaft. Sie sollte als Kirche, d. h. als Gesamtverband, für den Staat nicht mehr existieren. Sie sollte sich in sog. „Kulturvereinigungen" (Associations culturelles) auflösen, die die Verwaltung des vom Staat eingezogenen kirchlichen Vermögens und der zum Staatseigentum erklärten Gebäude wahrnehmen sollten. Jede finanzielle Unterstützung seitens des Staates für den Kult, die Kirchen oder die Geistlichen wurde aufgehoben.

Die Kurie trat diesem Gesetz, insbesondere der Bildung der Kulturvereine, mit heftigem Widerstand entgegen. Auch in einem Teil des französischen Volkes kam es zu einer leidenschaftlichen Ablehnung der neuen Gesetze, so daß diese nur in abgemilderter Form durchgeführt werden konnten.

Wie bedrückend diese Lage der Kirche auch war, so wurde doch gerade durch sie der Katholizismus Frankreichs geläutert und die Opferwilligkeit des katholischen Volkes für die Schule und die karitative Arbeit neu geweckt. Seit der Trennung von Staat und Kirche konnten die französischen Bischöfe allein vom Papst in voller Unabhängigkeit vom Staat ernannt werden, was wiederum eine neue Verbindung mit der Kurie unter dem französischen Episkopat aufkommen ließ.

Auch in *Belgien* kam es zu einem heftigen „Kulturkampf" (1878 bis 1884), in dessen Verlauf die religionslose Volksschule errichtet wurde. Doch hier war der Widerstand des katholischen Volkes so stark, daß der Staat sich mit seinen Prinzipien nicht behaupten, sondern die Schulfrage unter Rücksichtnahme auf die Kirche lösen mußte.

Am stärksten traten kirchen- und papstfeindliche Kundgebungen in *Italien* hervor. Sie zeigten einerseits den Fortbestand der Spannung zwischen dem Staat und der katholischen Kirche, andererseits die Zurückhaltung der Katholiken vom politischen Leben. Zur Einführung der Zivilehe kam es 1879. Nachdem 1873 die katholischen Fakultäten aufgehoben worden waren, hat die Kurie selbst die Unterhaltung einer eigenen päpstlichen Universität in Rom und der ihr angeschlossenen theologischen Fakultät übernommen.

So wirkungsvoll also Leo XIII. den päpstlichen Primat nach dem Fortfall des Kirchenstaates auch geltend gemacht hatte, so hatte doch die römische Kirche gerade in den katholischen Ländern schwere Kämpfe zu bestehen. Wie sehr aber dadurch auch das Ansehen des Papstes und die Achtung vor seinem politischen Einfluß gestiegen waren, zeigten die Vorgänge bei der Wahl seines Nachfolgers.

SIEBENUNDZWANZIGSTER SCHWERPUNKT:

Das Ringen um die Gestalt der evangelischen Kirche im zwanzigsten Jahrhundert

Das einschneidendste Ereignis für die Geschichte des deutschen Protestantismus in der Neuzeit ist der Zusammenbruch des deutschen Landesfürstentums anläßlich der Niederlage Deutschlands im Ersten Weltkrieg. Die deutschen evangelischen Kirchen wurden davon schwer betroffen, denn es fiel damit der ihre Strukturen als Landeskirche bestimmende landesherrliche Summepiskopat fort. So war es für sie eine unabweisbare Notwendigkeit, zu einer neuen Ordnung und Verfassung zu kommen. Diese Notwendigkeit trat sofort als eine existentielle Frage in Erscheinung, als von den radikalen politischen Parteien die Forderung nach einer vollkommenen Trennung von Staat und Kirche in Deutschland erhoben wurde.

Die *deutsche Reichsverfassung von 1919* sprach diese Trennung zwar grundsätzlich aus, doch blieb eine ganze Reihe von Bindungen zwischen Staat und Kirche bestehen. So wurden die theologischen Fakultäten an den staatlichen Universitäten erhalten, der Religionsunterricht blieb weiterhin ordentliches Lehrfach in den Schulen, wenn auch jede Art von geistlicher Schulaufsicht dahinfiel und hinsichtlich der Teilnahme der Schüler selbst eine gewisse Freizügigkeit durch Festsetzung des Alters für die religiöse Mündigkeit eingeführt wurde. Auch die Dotation für die Kirchen setzte die Weimarer Republik fort, die sich als der Rechtsnachfolger des zusammengebrochenen Deutschen Reiches betrachtete und in gewisse Verpflichtungen des Staates gegenüber der Kirche damit eingetreten war.

Das innere Problem, vor dem die deutschen evangelischen Kirchen standen, war die Ordnung ihrer Verfassung, die infolge der gegebenen territorialen Aufteilung des deutschen Protestantismus und der konfessionellen Differenzen sich sehr viel langsamer als der Neubau auf dem politischen Sektor vollziehen konnte.

Die Rechte des Summepiskopates der Landesherren waren nach dem Zusammenbruch von 1918 teils auf die staatlichen Ministerien übergegangen, teils wurden sie von den Konsistoren, die selbständige kirchliche Behörden geworden waren, oder von den Synodalausschüssen wahrgenommen.

Die Ordnung der Verfassung wurde für die einzelnen Landeskirchen nicht gleichmäßig und einheitlich vollzogen. Sie geschah im allgemeinen durch die von den Landeskirchen gebildeten Generalsynoden. Einzelne evangelische Landeskirchen hatten den Bischofstitel übernommen, ohne allerdings schon in theologischer Klarheit die besonderen Funktionen des bischöflichen Amtes definieren oder gar die Frage nach der apostolischen Sukzession der Bischöfe beantworten zu können. Diese galt in den verwandten lutherischen Kirchen Dänemarks, Schwedens, Norwegens und Finnlands doch mindestens in deren Sicht als eine legitime Note des bischöflichen Amtes.

Die große evangelische Kirche in Preußen verzichtete dagegen wegen des starken reformierten Anteils in diesem Land auf die Einführung des Bischofstitels. Sie nannte sich selbst die „Evangelische Kirche der altpreußischen Union", wobei dann im Jahr 1954 die territoriale Bezeichnung „altpreußisch" im Titel dieser Landeskirche fortgefallen ist und sie sich seitdem selbst als *Evangelische Kirche der Union* versteht, damit die konfessionellen Verhältnisse in Deutschland in gewisser Weise präzisierend, zugleich aber auch komplizierend.

Bis in die Gegenwart hinein gibt es deshalb das Nebeneinander von lutherischen, reformierten und unierten Kirchen, wobei letztere die seinerzeit in Preußen eingeführte Union von Lutheranern und Reformierten fortsetzen. Das Kirchenvolk freilich ist sehr stark schon in der Zeit nach 1918 von dem evangelischen Gesamtbewußtsein, von dem einst Schleiermacher als dem tragenden Grund für die Union gesprochen hatte, in seiner Glaubenshaltung bestimmt. Diese Tatsache erleichterte wiederum auch den kirchlichen Zusammenschluß in Deutschland selbst.

Im ganzen war die Bedeutung der Generalsynoden gestiegen, weil auf sie die Funktionen des einstigen landesherrlichen Summepiskopates übergegangen waren. Sie erschienen jetzt als die Träger und Vollzieher der Kirchengewalt. Diese Gremien setzten aus sich heraus den Kirchensenat ein, dessen Vorsitzender zugleich der Präsident der Generalsynode war und dessen Befugnisse vor allen Dingen die Besetzung der maßgebenden Stellen in den Konsistorien, im Evangelischen Oberkirchenrat und in den Generalsuperintendenturen umfaßten.

Die Frage des Bekenntnisses konnte freilich zu dieser Zeit ebensowenig wie im 19. Jahrhundert und nach dem Revolutionsjahr von 1848 gelöst werden. Noch waren die konfessionellen Abgrenzungen so stark, daß man darüber bestimmte Gemeinsamkeiten, die das Bekenntnis hätte ausdrücken können, nicht erkannte. So gelang nicht die Aufstellung eines neuen Bekenntnisses. Immerhin bekannten sich die Landeskirchen zu einer gemeinsamen „Präambel" in ihrer Verfassung, in der sie zum Ausdruck brachten, daß sie auf dem Grund des in der Heiligen Schrift enthaltenen Evangeliums von Jesus Christus sich gründen, wie es durch das Werk der Reformatoren neu ans Licht getreten und durch die Bekenntnisse des 16. Jahrhunderts neu bezeugt worden ist.

Die Frage des Bekenntnisses stellt aber bis in die Gegenwart das ungelöste Problem der deutschen evangelischen Kirchen dar. Es erfuhr dann freilich durch den nach dem Jahr 1933 einsetzenden Kirchenkampf und durch die „Bekennende Kirche" eine besondere Zuspitzung und Verschärfung. Durch die Auseinandersetzungen mit dem Dritten Reich war klargeworden, daß neben dem sachlichen Gehalt des Bekenntnisses der Akt des Bekennens, d. h. das bedingungslose Eintreten für alle Folgerungen, die sich aus dem Bekenntnis auch für die Haltung des evangelischen Christen dem Staat gegenüber ergeben, eine ebenso wichtige Rolle wie der Inhalt selbst spielt.

So sind die deutschen evangelischen Landeskirchen bekenntnismäßig selbständig geblieben, doch haben sie sich 1922 zum *Deutschen Evangelischen Kirchenbund* vereinigt, der nicht nur die gemeinsamen Interessen der Landeskirchen vertreten sollte, sondern vor allem auch die evangelischen Gemeinden des Auslandes und in den abgetrennten

Gebieten zu versorgen hatte. Die im Kirchenbund föderativ zusammengeschlossenen 28 evangelischen Landeskirchen konnten immerhin eine gemeinsame Vertretung institutieren, den *Deutschen Evangelischen Kirchentag,* der im Abstand von drei Jahren in Bethel (1924), in Königsberg (1927) und in Nürnberg (1930) drei auch für die Öffentlichkeitsarbeit der Kirchen wichtige und überhaupt für ihre Repräsentation maßgebliche Versammlungen abgehalten hat.

Es war nur ein sehr kurzer Zeitraum von 15 Jahren für die kirchliche Neuordnung vergangen, als mit der Herrschaft des Nationalsozialismus in Deutschland gerade die evangelischen Kirchen einer schweren Belastungsprobe hinsichtlich ihres inneren Ordnungsgefüges sowie in bezug auf die Geltung des Bekenntnisses und überhaupt für ihr Verhältnis zum Staat ausgesetzt wurden.

Die Zeit von 1933 bis 1945 zeigt die evangelische Kirche ebenso wie die katholische als die „Kirche im Widerstand", deren Glieder und Gremien sich der Einführung der politisch und ideologisch begründeten Gesetzgebung des Dritten Reiches in die Kirche widersetzten und die den Machtansprüchen des Staates, vor allem aber auch der Mißachtung der Rechte und Freiheiten der Menschen, entgegengetreten waren. Allerdings bildeten sich auch auf dem Boden der evangelischen Kirchen politisch bestimmte Gruppierungen, die ihren stärksten Ausdruck in den „Deutschen Christen" fanden. Aus diesem Grund löste sich die „Bekennende Kirche" im offenen Gegensatz zu dieser Politisierung der Kirche organisatorisch von den Landeskirchen und wehrte damit die Überfremdung der Gemeinden und die Anerkennung des Totalitätsanspruches des Nationalsozialismus in entscheidender Weise ab.

Auf das Ganze gesehen erzeugte der durch evangelische und katholische Bischöfe, Pfarrer und Priester, Professoren und Lehrer vertretene Widerstand eine neue ökumenische Verbundenheit zwischen den Kirchen in Deutschland. Man wurde durch die lebendige Erfahrung gelehrt, daß man im Glauben, in den Grundstrukturen des kirchlichen Lebens und in den geistlichen Gaben trotz aller konfessionellen Verschiedenheit eins ist, so daß sich unter den Bedrängnissen der Kirchen und in den Konzentrationslagern eine neue geistliche Gemeinschaft nicht nur der Protestanten untereinander, sondern auch zwischen evangelischen und katholischen Christen herausbildete.

Sie wirkte sich in der ökumenischen Haltung der deutschen Kirchen in der Nachkriegszeit in besonderer Weise aus und kam dadurch auch der ganzen Christenheit zugute. Der Kirchenkampf führte aber nicht nur zu einer Auseinandersetzung mit dem sich politisch verstehenden Atheismus, sondern auch zu einer Stärkung des kirchlichen Bewußtseins im Kirchenvolk selbst. Nach dem Zusammenbruch des deutschen Volkes nach dem Zweiten Weltkrieg mußte es deshalb zu einem grundlegenden Neubau der Kirche nach Verfassung und Ordnung und in Hinsicht auf ihr Verhältnis zum Staat kommen.

Dieser kirchliche Neubau wurde auf der Konferenz der Vertreter der evangelischen Landeskirchen und der „Bekennenden Kirche" in Treysa 1945 vollzogen. An die Stelle der bisherigen „Deutschen Evangelischen Kirche" trat jetzt die aus den Landeskirchen gebildete *„Evangelische Kirche in Deutschland",* die nun ihrerseits sich eine *„Grundordnung"* gegeben hat, die aber wiederum die Selbständigkeit der 13 lutherischen,

13 unierten und 2 reformierten Kirchen bestehen ließ. So ist auch diese Kirche eine Einheit nur im Sinne eines Kirchenbundes, dem kein eigenes Bekenntnis zugrunde liegt, der aber die Landeskirchen nach außen hin gegenüber dem Staat, der Öffentlichkeit und der gesamten Christenheit vertreten soll.

Die konfessionellen Verhältnisse in Deutschland wurden freilich auch noch dadurch kompliziert, daß die lutherischen Kirchen innerhalb der „Evangelischen Kirche in Deutschland" sich zu der *Vereinigten evangelisch-lutherischen Kirche in Deutschland* zusammenschlossen, wobei allerdings nicht alle lutherischen Kirchen diesen Schritt in Richtung auf eine Konfessionalisierung des deutschen Lebens mitgemacht haben. Immerhin bezeichnet diese Entwicklung die Differenziertheit des deutschen kirchlichen Lebens in der Gegenwart. Wenn es auch gelungen ist, in der Zeit nach dem Ersten Weltkrieg, in der Zeit des Nationalsozialismus und zunächst auch noch nach 1945 gewisse Austrittsbewegungen abzufangen und im ganzen die kirchliche Gesinnung der evangelischen Christen in Deutschland zu erhalten, so ist doch für die Gegenwart ein neues Anwachsen dieser kirchenfeindlichen Bewegungen festzustellen, die teils ideologisch-politisch, teils religiös, teils allgemein kirchenkritisch verwurzelt sind. Sie erschweren die Stellung der evangelischen Kirchen in Deutschland ungemein, damit aber auch ihre Rolle innerhalb des gesamten Protestantismus.

Während die evangelischen Kirchen in Deutschland um die Neuordnung ihrer äußeren Gestalt zu ringen hatten, nahm *die evangelische Theologie* einen Aufschwung, der diesen Prozeß begleitet, zugleich aber auch kritisch gefördert und dadurch in seiner Lebendigkeit erhalten hat.

Vorherrschend für die theologische Entwicklung in der jüngsten Zeit ist die *Dialektische Theologie* geworden, in der sich die Vertreter der verschiedensten kirchlichen Richtungen vereinigten. Sie bedeutete die entschiedene Abkehr von der weltoffenen und kulturfreudigen Theologie, wie sie in der Zeit vor dem Ersten Weltkrieg zur Ausbildung gekommen war. Diese Entwicklung stand zunächst unter dem Einfluß der kirchen- und kulturkritischen Haltung des Dänen *Sören Kierkegaard,* zugleich aber auch unter den Einwirkungen des Religiösen Sozialismus und seiner Kritik an Kirche und Gesellschaft.

Der stärkste Repräsentant der Dialektischen Theologie ist der Schweizer Theologe *Karl Barth,* der in seiner Frühzeit mit *Emil Brunner* und *Eduard Thurneysen* zusammengearbeitet und die Entwicklung der Dialektischen Theologie maßgebend bestimmt hat. Von deutscher Seite verbanden sich mit diesem Kreis *Rudolf Bultmann* und *Friedrich Gogarten,* die aber ihrerseits von ganz verschiedenen Ausgangspositionen zu den Schweizer Theologen gestoßen waren.

Bultmann war von der religionsgeschichtlichen Fragestellung her und in philosophischer Hinsicht von Martin Heidegger angeregt worden, um die Frage nach der Existenz des Menschen und seiner sie bestimmenden Entscheidungen zu stellen.

Friedrich Gogarten kam von Ernst Troeltsch und Wilhelm Herrmann her, um die Frage nach der Realität und der sozialen Auswirkung des religiösen Lebens neu zu erheben.

Die Dialektische Theologie wurde über alle konfessionellen Grenzen hinweg nicht zuletzt durch ihre konsequente Ablehnung des Nationalsozialismus zu einer die Kirche und Theologie in der Zeit vor und nach dem Zweiten Weltkrieg beherrschenden Macht. Sie ist – daher ihr Name – von der Dialektik des Ja und Nein Gottes zum Menschen getragen. Gottes „Ja" zum neuen Menschen bedeutet immer auch sein „Nein" zum alten Menschen. Im Gericht Gottes über den Menschen ist also zugleich seine Gnade verborgen, denn das Gericht über den Menschen bedeutet stets auch sein „Heil" und seine „Rettung", die ohne das göttliche Gericht nicht zu denken sind.

Viele brennende Fragen der Zeit hat die Dialektische Theologie unbeantwortet gelassen, so insbesondere die Probleme der Religionsgeschichte, weil sie das Christentum selbst nicht als „Religion", sondern als „die Krisis aller Religion" angesprochen hat. Der Begriff „Religion" wird im Verständnis der Dialektischen Theologie im Sinne von persönlicher Religiosität verstanden, über die dann freilich von der Offenbarung und vom Worte Gottes her das sie vernichtende Gericht ergehen soll. Damit ist deutlich, daß man bei den Vertretern der Dialektischen Theologie wohl die Ablehnung aller subjektiven Momente des Glaubens, die als „mystisch" abgetan werden, finden kann und daß demgegenüber gerade die objektive Seite, der Grund des Glaubens, der jenseits und außerhalb des Menschen liegt, unterstrichen wird. Dieser Grund liegt für die Dialektische Theologie einzig und allein in der göttlichen Offenbarung, die wiederum durch die Bibel als das an uns ergehende Wort Gottes bezeugt ist. Auch in bezug auf die Exegese ist die Dialektische Theologie zu neuen Stellungnahmen gekommen. Sie ist zunächst durch die scharfe Verurteilung der „historisch-kritischen" Theologie und ihrer keineswegs erledigten Fragestellungen gekennzeichnet, sofern man in einer Art von pneumatischer Exegese den „eigentlichen" Gehalt der Bibel, das Wort hinter dem Wort, zu erfassen sucht.

Mit dieser Einstellung zum Alten und Neuen Testament ist allerdings auch die kritische Haltung der Geschichte gegenüber und aller ihrer ja nur durch den Menschen bestimmten Hervorbringungen verbunden. Der Sinn der Geschichte ist vielmehr das immer wieder neue Ereigniswerden des göttlichen Wortes, das je und je dort geschieht, wo es der einzelne im Glauben aufnimmt und somit realisiert. Es ist unmöglich, eine zusammenhängende und in sich sinnvolle Kontinuität in der Geschichte aufzudecken.

Von dieser Grundhaltung aus hat sich auch *die ablehnende Einstellung zur Religionsgeschichtlichen Arbeit* ergeben. Allerdings ist Rudolf Bultmann in dieser Frage die eigenen Wege gegangen. Nachdem er zunächst von der Problematik des historischen Jesus und von dem Charakter seiner den Menschen immer treffenden und ihn in die Entscheidung zwingenden Verkündigung bestimmt gewesen ist, hat er mehr und mehr die Bedeutung der Frage nach der religionsgeschichtlichen Besonderheit des Christentums aufgenommen. Auch sein Programm einer „Entmythologisierung" der urchristlichen Botschaft soll dazu dienen, den Menschen unmittelbar mit der radikalen Forderung Jesu zu konfrontieren, um ihn zum Ja des Glaubens oder zum Nein des Unglaubens aufzurufen, worin Bultmann die Besonderheit des Christentums gegenüber zeitgenössischen Religionen gesehen hat. Dieser Glaube geht in einzigartiger Weise die Existenz des Menschen an, die keine der anderen Religionen überhaupt zu erreichen vermag.

Karl Barth und Rudolf Bultmann haben mit ihren theologischen Arbeiten weit über die deutschen Grenzen hinaus gewirkt und jedenfalls zu einer starken Aktivierung des

Protestantismus, darüber hinaus aber auch der theologischen Arbeiten im Katholizismus, in positiver und in negativer Hinsicht, beigetragen. Mit neuer Vehemenz tritt jedenfalls die von der Dialektischen Theologie nicht behandelte religionsgeschichtliche Frage wieder auf, ebenso wie die lange vernachlässigten ethischen Probleme sich mit neuer Intensität zu melden beginnen, wobei gewisse Anregungen aus der amerikanischen Theologie sowie von der Soziologie und der Psychologie her erst jetzt gerade im deutschen Protestantismus wirksam werden.

Die „Evangelische Kirche in Deutschland“ hat an dieser Entwicklung teilgenommen und die Stellungnahme zu den wichtigsten Zeitproblemen in einer Reihe von *„Denkschriften“* niedergelegt, die die von speziellen Kommissionen erarbeiteten Äußerungen der Kirche darstellen, z. B. zur Frage des Eigentums, zur Neuordnung der Landwirtschaft, zur Ehereform, zu allgemeinen gesellschaftlichen Fragen, dem Vertriebenenproblem, über das Gesetz des Staates und die sittliche Ordnung, zur christlichen Friedensarbeit oder zu dem weiteren Themenkreis über Ehe, Familie, Sexualität und Jugend.

Die Denkschriften sollen im Sinne von Empfehlungen und Ratschlägen für das menschliche Handeln und das christliche Zeugnis aufgenommen werden. Sie sind aber tatsächlich Wegweisungen für den Christen, der als einzelner die Gesamtentwicklung kaum noch zu überblicken vermag und dem darum das seine Entscheidungen leitende Wort der Kirche dargeboten wird. Diese Denkschriften der Evangelischen Kirche in Deutschland haben in weiten Kreisen Beachtung gefunden und sind zugleich wichtige Dokumente für die Gegenwartsnähe der Kirche, die nicht mehr schweigend der gesellschaftlichen und politischen Entwicklung zusehen, sondern diese durch ihre kritischen Äußerungen mitbestimmen und darin ihre Mitverantwortung einlösen will.

ACHTUNDZWANZIGSTER SCHWERPUNKT:

Die römisch-katholische Kirche in der Neuzeit

Die römisch-katholische Kirche hat in der Neuzeit eine Reihe von bedeutenden, charakteristisch profilierten Päpsten hervorgebracht, die die Kirche schon vor und während der Zeiten des Ersten und Zweiten Weltkrieges (1914 bis 1918 und 1939 bis 1945) und dann in den konfliktreichen Nachkriegsepochen, die jeweils den Auseinandersetzungen der europäischen Völker gefolgt sind, mit einem verborgenen, oft erst nach Jahrzehnten sichtbar werdenden Erfolg geleitet haben. Sie haben den Weg der Kirche fast das ganze 20. Jahrhundert hindurch, oft bis in die politisch relevanten Einzelheiten hinein, bestimmt.

Am Anfang dieser die Päpste des 20. Jahrhunderts eröffnenden Reihe steht die einmalige Gestalt *Papst Pius' X. (1903 bis 1914)*. Im Gegensatz zu einer sich nach Frankreich orientierenden Richtung innerhalb des Kardinalskollegiums ist er gewählt worden. Wir sind über die erregenden Vorgänge im Konklave bei seiner Wahl durch die Mitteilungen deutscher und französischer Kardinäle unterrichtet. Danach hatte der österreichische Thronkardinal (Erzbischof von Krakau) vom Kaiser als der „Apostolischen Majestät", dem ein gewisses Vetorecht bei der Papstwahl seit dem Mittelalter zustand, den Auftrag erhalten, die kaiserliche „Exklusive" geltend zu machen, d. h. die Wahl eines Kandidaten abzulehnen, der der österreichischen Regierung nicht genehm war. Als daher die Wahl des Kardinalstaatssekretärs Rampolla, der der Kandidat der italienischen und französischen Kardinäle war, bevorstand, legte der österreichische Thronkardinal das kaiserliche Veto gegen ihn ein. Unter der Führung der deutschen und der österreichischen Kardinäle einigte man sich nun auf den Kardinal Sarto, der nach mehreren Wahlgängen die erforderliche Zweidrittelmehrheit erhielt. Er nahm den Namen Pius X. an. Dieser war nicht wie Leo XIII. ein vor allem politisch eingestellter, sondern ein ausschließlich religiös denkender Papst. „Instaurare omnia in Christo" lautete sein Programm. Pius X. ist aber auch der Papst der Reformen, die er in stiller, stetiger Arbeit vorangetrieben hat. Gleichzeitig hat er den Kampf gegen den „Modernismus" und einen neuen „Reformkatholizismus" zur Reinerhaltung der katholischen Lehren geführt.

Eine erste Reformmaßnahme betraf *die Neuordnung der Papstwahl von 1904*. Sie hob bei Strafe der Exkommunikation das kaiserliche Vetorecht seitens eines Kardinals auf und verbot die Annahme auch nur des Wunsches irgendeiner Regierung oder weltlichen Macht in bezug auf die Papstwahl und die Weiterleitung an das Konklave.

Sehr bedeutsam ist die von Pius X. angeordnete *Revision des Kirchenrechts, dessen*

Vereinheitlichung und neue Kodifizierung. Diese wurde im Jahr 1917 mit dem Erscheinen des Codex iuris canonici abgeschlossen, der das seitdem geltende Rechtsbuch der katholischen Kirche darstellt, soweit nicht weitere Neuerungen nachträglich beschlossen wurden, wie sie zu ganzen Abschnitten dieses umfassenden Rechtsbuches das Zweite Vatikanische Konzil vorgenommen hat.

Die Reform der Kurie von 1909 führte zur Trennung von Justiz und Verwaltung. Für alle päpstlichen und kurialen Veröffentlichungen wurde im Jahr 1909 ein neues Amtsblatt, die *Acta Apostolicae Sedis*, geschaffen. Die Gründung eines päpstlichen Bibelinstitutes im gleichen Jahr sollte zur Vertiefung der biblischen Studien und zur Neuordnung des biblischen Unterrichts in Abgrenzung von der liberalen Bibelwissenschaft führen. Die Reform des Breviergebetes, die Reduzierung der kirchlichen Feiertage, die Pflege der Kirchenmusik, die Ausdehnung der Kommunion auch auf Kinder, überhaupt die Steigerung in der Verehrung des Altarsakramentes und schließlich die Abhaltung von Eucharistischen Weltkongressen sollten der Erneuerung des katholischen Glaubenslebens im Volk und unter der Geistlichkeit dienen. Zu der Fülle dieser Maßnahmen kommen noch zahlreiche Reformordnungen für den Klerus, besonders für den italienischen, die die theologische Vorbildung, die seelsorgerlichen Aufgaben und die Bedeutung des Religionsunterrichts betonen.

Pius X. hat schließlich den *Kampf gegen den „Modernismus" geführt,* der in Deutschland und Frankreich als theologisch-wissenschaftliche, in Italien und England mehr als religiöse und kirchliche Bewegung aufgetreten war. Er ging von den historisch-kritischen und den religionsgeschichtlichen Einsichten der protestantischen Theologie aus und wollte diese auch auf den Katholizismus und die Bibel angewandt sehen. In Deutschland haben das Programm der Würzburger Dogmatiker *Hermann Schell,* der Münchener Historiker *Josef Schnitzer* und der Braunsberger Professor *Hugo Koch* vertreten. Die kirchlichen Dogmen galten als die in ihrem Ausdruck wandelbaren Symbole für die letzten, von den Menschen nicht voll zu erkennenden und auszudrückenden Wahrheiten.

In Frankreich übten *Alfred Loisy,* Professor der Religionsgeschichte in Paris, und der Priester *Albert Houtin* die kritische Betrachtung des Alten und Neuen Testamentes. Unter den englischen Reformkatholiken ragte *George Tyrell* hervor, der sich der katholischen Kirche und der Gesellschaft Jesu angeschlossen hatte, dann aber aus dem Orden wieder ausgetreten und dem päpstlichen Bannspruch über seine modernisierte Theologie verfallen war.

Eine gewisse Zeit gaben sich die reformerischen Kreise der Hoffnung hin, daß sie die Kurie für eine „Modernisierung" des Katholizismus gewinnen könnten. Aber nachdem schon die Schriften Schells und Loisys 1898 und 1903 verurteilt worden waren, verdammte Pius X. den Modernismus mit dem Syllabus von 1907 und in der Enzyklika „Pascendi dominici gregis" als den Zusammenfluß aller Häresien und Irrtümer. Seine Unterdrückung in der Kirche wurde angeordnet, die Exkommunikation aller seiner Vertreter, soweit diese nicht widerriefen, folgte. Zur Beseitigung des Einflusses des Modernismus auf den Klerus wurde 1910 der *Antimodernisteneid* eingeführt, den jeder katholische Kleriker zu beschwören hatte.

Sehr scharfe Worte hat Pius X. gegen die Reformation gefunden. Die Reformatoren sind, wie in der Borromäus-Enzyklika von 1910 gesagt wird, „Hochmütige" und „Rebellen", die um der äußeren Freiheit willen die kirchliche Ordnung zerstört hatten, wahre Verderber, die sich selbst als Wiederhersteller der alten Disziplin bezeichnen, in Wirklichkeit aber Europa in ein unendliches Blutvergießen stürzten. Die sofort einsetzenden Proteste der evangelischen Kirchen und der preußischen Regierung veranlaßten die Kurie zu der Feststellung, daß die beanstandeten Sätze von den Kirchen und den Fürsten mißverstanden seien; die deutschen Bischöfe sollten diese Sätze weder in den Amtsblättern veröffentlichen noch von den Kanzeln verkünden.

Die umfangreiche Reform- und Lehrtätigkeit, die Pius X. geübt hat, wurde von der Kirche durch seine 1954 erfolgte Heiligsprechung anerkannt.

Mit *Benedikt XV. (1914 bis 1922)* kam wieder ein Papst aus der Schule der Diplomaten – er war langjähriger Mitarbeiter Rampollas und erst kurz vor seiner Wahl Kardinal geworden – auf den Stuhl Petri. Benedikt hat die Kirche in der schwierigen Zeit des Ersten Weltkrieges und in den konfliktreichen ersten Nachkriegsjahren mit großem Geschick geleitet. Im Krieg verfolgte er drei Ziele: die vollkommene Neutralität der Kirche, die karitativen Hilfen ohne Ansehen der Person, der Nationalität oder Religion und die Bemühungen um die Herstellung eines die kriegführenden Partner verbindenden gerechten Friedens. Bei diesen Unternehmungen ist er den Völkern gegenüber mit hohen Ansprüchen aufgetreten. Er hat sich als ihren „gemeinsamen Vater" bezeichnet, der alle in der gleichen Weise mit seiner Liebe umfängt und für sie das höchste geistliche Amt durch die katholische Kirche ausübt.

In diesem Geiste hat er *schon nach dem ersten Kriegsjahr einen Aufruf an die kriegführenden Völker erlassen* und einen dauerhaften, für alle ehrenvollen Frieden vorgeschlagen. Aber sein Ruf verhallte ungehört. Seine „Friedensbotschaft an die Oberhäupter der kriegführenden Staaten" vom 1. August 1917 hat sich dann erneut für *einen „gerechten und dauerhaften Frieden"* eingesetzt und konkrete Friedensvorschläge wie die allgemeine Anerkennung des internationalen Rechts, die Beschränkung der Rüstungen, die Einrichtung eines internationalen Schiedsgerichts, ebenso das allgemeine Zugeständnis der Freiheit und der Gemeinsamkeit der Meere damit verbunden. Auch hinsichtlich der Kriegskosten, der gegenseitigen Freigabe der besetzten Gebiete und der territorialen Fragen zwischen den europäischen Staaten machte Benedikt konkrete Vorschläge. Aber sein Appell wurde nur von Deutschland, nicht von den Westmächten, beantwortet, so daß er wieder ohne direkte Auswirkungen blieb. Das Ansehen des Papstes wuchs aber nicht nur durch seine Bemühungen um den Frieden, sondern auch durch sein Eintreten für eine menschliche Art der Kriegführung und für die humane Behandlung der Kriegsgefangenen.

Nach dem Krieg organisierte Benedikt die Versorgung der hungernden Volksmassen in Deutschland, Österreich und Rußland durch die Vermittlung von Spenden für diese Länder. Insbesondere benutzte er jede Gelegenheit in der Kriegs- und Nachkriegszeit, *die Beziehungen zu Frankreich wiederaufzunehmen.* Er unterstützte die französische Orientpolitik; er trat für die französischen Kriegsgefangenen ein; die Heiligsprechung der Jeanne d'Arc kam dem Nationalgefühl der Franzosen entgegen. Auch das Verhältnis zu Italien besserte sich. *Benedikt gab die Zurückhaltung gegenüber dem Königreich auf,* und die katholische Partei der Popolari (= „Italienische Volkspartei") bildete bald eine staatserhaltende Macht in der innerlich zerrissenen Nation. Die internationale Bedeutung des Papsttums trat in der Vermehrung der Gesandtschaften zutage, die der Heilige Stuhl in zahlreichen Ländern vornahm, während gleichzeitig viele Staaten eine Vertretung beim Vatikan errichteten, vorwiegend protestantische Länder wie England und Holland, denen Frankreich im Jahr 1921 folgte.

Die innerkirchliche Tätigkeit Benedikts bestand vor allem in der Festigung der kirchlichen Hierarchie und in dem Wiederaufbau der durch den Krieg schwer gestörten katholischen Missionsarbeit. Der Versailler Vertrag hatte den deutschen Missionen, evangelischen wie katholischen, die Arbeit in den ehemaligen deutschen Kolonien und Schutzgebieten, überhaupt in Übersee, verboten. Benedikt hat die katholische Christenheit zur Fortsetzung dieser Missionsarbeiten aufgerufen, wobei er sich besonders gegen die Übertragung des europäischen Nationalismus auf das Missionsfeld wandte. Er hat *die Heranbildung eines einheimischen Klerus für die Missionsländer betrieben* und damit der katholischen Mission die Richtung auf die Verselbständigung der Missionskirchen gewiesen, die seine Nachfolger fortgesetzt haben.

Benedikt XV. hat schließlich die schon von seinen Vorgängern eingeleiteten *Bemühungen um die Gewinnung der morgenländischen Kirchen für Rom* weitergeführt. Er bildete eine eigene Kardinalskongregation für die Angelegenheiten der Ostkirche und gründete das Institut für die orientalischen Kirchen, von dem auch die Fragen der mit Rom unierten morgenländischen Kirchen, dann aber auch die der orthodoxen Christenheit überhaupt bearbeitet wurden.

Die eigentliche Schwere der Nachkriegszeit bekam erst sein Nachfolger, *Papst Pius XI. (1922 bis 1939)*, zu spüren. Er hat die katholische Kirche in der schwierigen Zeit zwischen den beiden Weltkriegen wirkungsvoll vertreten. Er mußte sich insbesondere mit den politischen Konflikten dieser Epoche, vor allem auch mit ihren geistigen Hintergründen, auseinandersetzen. Er hat es mit dem Aufkommen der totalitären Staatssysteme in Rußland, Italien und Deutschland zu tun gehabt.

Es ist ihm gelungen, in einer Welt voller Unruhe die katholische Laienwelt zu aktivieren und damit Kräfte zu entbinden, die sich in weltanschaulicher und politischer Hinsicht auswirken mußten. Die Arbeit der katholischen Laienwelt unter Pius XI. ist der Ausdruck der sich der Welt zukehrenden Seite der Kirche, die viel stärker als bisher alle Lebensgebiete zu erfassen und sie mit einer überlegt aufgebauten Kulturarbeit zu durchdringen sucht. Ihr letztes Ziel ist *die „Verchristlichung der Gesellschaft"*, die durch die Arbeit der Laien verwirklicht werden sollte.

Pius XI. hat ferner das große Verdienst, auf den *Ausbau der kirchlichen Organisation*, besonders planmäßig in Nord- und Südamerika, hingewirkt zu haben. Er hat die katholische Weltmission neu aufgebaut und organisiert. Er hat ein neues Interesse für die orthodox-morgenländische Kirche bekundet und die ersten Zeichen einer Wiederannäherung zwischen abendländischer und morgenländischer Christenheit gesetzt.

Die Konkordatspolitik, die Pius XI. betrieben hat, hat der katholischen Kirche in den baltischen Ländern einen festen Rückhalt gegeben. Auch mit einer Reihe von deutschen Ländern wie Bayern, Baden, Preußen und Österreich ist Pius XI. zum Abschluß von Konkordaten gekommen. In einem *Konkordat mit dem Deutschen Reich von 1933* haben diese eine gewisse Krönung gefunden, hat doch dieser Vertragsabschluß auf lange Sicht die äußere Sicherung der katholischen Kirche gegenüber den bald deutlich hervortretenden Feindseligkeiten des Dritten Reiches festlegen können.

Das bedeutendste Werk Pius' XI. in diesem Zusammenhang ist zweifellos *die Beilegung der „Römischen Frage" durch die Lateranverträge des Jahres 1929.* Diese haben zur Errichtung der Vatikanstadt als eines souveränen und unabhängigen Staatsgebietes geführt. Sie erkennen die weltliche Hoheit des Papstes an, der damit nicht nur für seine Person exterritorial und inviolabel ist, sondern auch das aktive und passive Gesandtschaftsrecht ausüben kann. Das Papsttum seinerseits verzichtet endgültig auf das alte Gebiet des Kirchenstaates (einschließlich aller Ansprüche auf Rom), das ihm ja mit der Annexion Roms im Jahr 1870 durch das Königreich Italien verlorengegangen war. Es verpflichtet sich, von allen Konflikten der internationalen Politik sich fernzuhalten. Aber gerade durch die politisch neutrale Haltung hat es seine geistige und moralische Autorität in der Welt ungeheuer steigern können. Erst die Päpste Johannes XXIII. und Paul VI. haben die neue Position, die ihnen die Lateranverträge gegeben haben, in vollem Umfang nutzen und die internationale Stellung des Papsttums neu aufbauen können.

Die Regierung Pius' XI. ist schließlich durch *eine Reihe grundsätzlicher Lehraussagen* gekennzeichnet. Sie betreffen die christliche Erziehung, die Probleme von Ehe und Familie und die katholische Gesellschaftsordnung. Gerade in bezug auf letztere hat Pius XI. die Grundsätze der katholischen Kirche einer haltlos gewordenen Welt gegenüber vertreten. Er hat damit nicht nur eine Festigung der Überzeugung der Laien für ihre Sozialarbeit erreicht, sondern auch den mehr und mehr sich in einzelnen Staaten und in der europäischen Gesellschaft durchsetzenden Ideen des Totalitarismus eine Schranke entgegengestellt, von der aus freilich auch die Konflikte der Zukunft unvermeidbar geworden sind.

So hat er sich im Jahr 1931 mit der Enzyklika „Quadragesimo anno" (= „Im vierzigsten Jahr"), d. h. zur Erinnerung an die Soziallehren Leos XIII., die dieser 1891 in der Enzyklika „Rerum novarum" (= „Der neuen Probleme") entwickelt hatte gegen den Sozialismus, mit der Enzyklika „Divini redemptoris" (= „Des göttlichen Erlösers") von 1937 gegen den Kommunismus und durch die Enzyklika von 1937 „Ardenti cura" (= „Mit brennender Sorge") gegen den Nationalsozialismus deutlich ausgesprochen und die kirchliche Haltung von diesen politischen Richtungen klar abgegrenzt. Die Ökumenische Bewegung und ihre Einigungsbestrebungen hat er schon 1928 als einen falschen „Panchristianismus" in der Enzyklika „Mortalium animos" (= „Die Geister der Sterblichen") verurteilt.

Die mit den totalitären Staaten heraufziehenden Konflikte hat Pius XI., der am Vorabend des Zweiten Weltkrieges gestorben ist, nicht mehr erlebt. Sein Nachfolger, *Papst Pius XII. (1939 bis 1958),* hat sich mit ihnen auseinanderzusetzen gehabt.

Wenn es vielleicht auch noch nicht möglich ist, ein abschließendes Urteil über diesen bedeutenden Papst abzugeben, weil wir ihm zeitlich zu nahe sind, so muß man doch zugeben, daß sein Pontifikat zu den wichtigsten in der katholischen Kirche der Neuzeit gehört. Kaum ein Papst der neueren Zeit hat zu den politischen, wirtschaftlichen, sozialen und kulturellen Fragen seiner Zeit in jeder Hinsicht so entscheidende und grundsätzliche Stellungnahmen abgegeben wie Pius XII. Er hat außerdem in einzigartiger Weise *das katholische Selbstverständnis neu ausgedrückt* und programmatische Äußerungen zu fast allen Fragen der kirchlichen Lehre getan. Diese haben dann ihrerseits die Arbeiten des Zweiten Vatikanischen Konzils mit vorbereitet, weil sie den Hintergrund abgegeben haben, auf dem dieses Konzil sich entwickelt hat, das nicht neue Lehren und Dogmen setzen, sondern die vorhandenen den Christen neu zu Bewußtsein bringen wollte, indem es sie neu interpretiert.

a) Das erste Problem, mit dem Pius XII. sich auseinandergesetzt hat, ist das *des Friedens*. Er hat es unter der Formel „Krieg dem Kriege" und unter dem Leitmotiv seines Handelns *„Der Friede ist das Werk der Gerechtigkeit"* zu lösen versucht. Pius XII. hat erkannt, daß der Friede zwischen den Staaten die Anerkennung ihrer Koexistenz einschließt, so daß diese nur zwischen Staaten bestehen kann, die sich an ein sie verpflichtendes Sittengesetz gebunden wissen. Pius XII. ist also von der Einsicht geleitet, daß der zwischenstaatliche Friede den innerstaatlichen voraussetzt, weil Friedens- und Sozialordnung eng zusammenhängen.

b) Auch hinsichtlich *der internationalen Sozialordnung* – und diese bezeichnet den zweiten Problemkreis, zu dem Pius XII. mit grundsätzlichen Äußerungen Stellung genommen hat – hat dieser Papst wegweisende Einsichten ausgesprochen. Die soziale Ordnung darf weder den Interessen des Kapitals noch denen anderer Klassen dienen. Sie hat außer der soziologischen und politischen Seite immer eine geistig-kulturelle, gerade diese muß gegenüber der sich mit den materiellen Vorteilen begnügenden modernen Wohlstandsgesellschaft heute verstärkt geltend gemacht werden. Wenn sie aber dem Menschen der modernen Gesellschaft erschlossen werden soll, so kann dies nicht ohne die Mitarbeit der Kirche geschehen.

Allein die Kirche ist in der Lage, für die wahre Bildung des Menschen einzutreten, denn sie arbeitet mit den religiösen Kräften, die die Wurzel aller Kultur bilden. Auch die Probleme der Rüstung hat Pius XII. durchdenken müssen, ohne dabei wirklich immer von den Zeitgenossen verstanden zu werden, wenn er einer einseitigen Lösung der Ab- oder Aufrüstungspolitik nicht einfach hat zustimmen können.

c) In einer Reihe von *grundsätzlichen theologischen Enzykliken* hat Pius XII. zum dritten eine Zusammenfassung des Lehrgutes und des Lehrverständnisses der katholischen Kirche seiner Zeit gegeben. Dieser ist es dadurch möglich geworden, im Zweiten Vatikanischen Konzil in der kritischen Verarbeitung dieser Zusammenfassungen zu neuen Positionen vorzudringen.

Von überzeitlicher Bedeutung ist *die Enzyklika „Mystici Corporis Christi" (= „Des mystischen Leibes Christi") vom 29. Juni 1943*. Sie bietet eine Lehre von der Kirche dar, wie es sie in der katholischen Literatur bis dahin nicht gegeben hat. Sie versteht die Kirche als den „mystischen Leib Christi", der als geistig-geistliche Gemeinschaft jede menschliche Institution übertrifft und eine einzigartige Stellung in der Welt einnimmt. Dem Papst wird eine einmalige Position in und über der Kirche gegeben. Die Kirche als die sichtbare Darstellung des Gottesreiches auf Erden unter päpstlicher Leitung muß im Mittelpunkt des katholischen Denkens stehen.

Eine grundlegende Frage hat Pius XII. in der *Enzyklika „Divinio afflante Spiritu" (= „Durch das Wehen des göttlichen Geistes") vom 30. September 1943* behandelt. Hier wird die katholische Theologie zu einem gründlichen Studium der Hl. Schrift aufgerufen. Aber es werden auch alte Positionen neu ausgesagt bzw. zusammengefaßt. Schrift und Tradition bilden danach die beiden Quellen der Theologie, denn auch die Tradition enthält göttliche Offenbarung, die zur Ergänzung der in der Schrift enthaltenen nötig ist. Das kirchliche Lehramt sorgt für die Auslegung der beiden Größen und leitet die in ihnen enthaltene göttliche Selbsterschließung der Menschheit heute zu.

Eine wichtige Zusammenfassung geltender Überzeugungen stellt die Enzyklika *„Mediator Dei et hominum" (= „Der Mittler zwischen Gott und den Menschen") vom 20. November 1947* dar. Sie ist eine Aussage über die Liturgie, die die überlieferten Gedanken in eine neue Beleuchtung rücken und ihnen einen neuen Sinn abgewinnen kann, ohne jedoch zu prinzipiell neuen Aussagen über das Wesen des katholischen Gottesdienstes zu kommen. Auch diese Enzyklika zielt auf die Stärkung der kirchlichen und der päpstlichen Autorität ab, durch die allein eine Vertiefung des frommen Lebens der katholischen Christen erreicht werden kann.

An dieser Stelle muß nun auch ein Wort über *die reservierte Haltung* gesagt werden, *die Pius XII. gegenüber der Ökumenischen Bewegung eingenommen hat.* Sie spricht sich deutlich in der *Instruktion „Über die Ökumenische Bewegung"* aus, die das unter dem Vorsitz des Papstes stehende Hl. Offizium am 20. Dezember 1949 hat ausgehen lassen.

In dieser Erklärung wird die katholische Kirche als „die einzige, wahre Kirche Christi" und die Rückkehr der von ihr Getrennten erwartet. Die Nichtkatholiken werden als *„dissidentes christiani"* angesprochen. Es kann für sie nur eine „Rückkehr" oder „Wiedervereinigung" (reunio) mit dem katholischen Glauben geben.

Die katholischen Bischöfe haben aufmerksam und klug die Einigungsbemühungen der Nichtkatholiken untereinander zu beobachten, da viele „Gefahren" aus der sog. Ökumenischen Bewegung hervorgehen. Nur im katholischen Glauben gefestigte Priester dürfen an Besprechungen mit Nichtkatholiken teilnehmen. Sie müssen bei den vom Hl. Stuhl festgelegten Normen bleiben. Wer schon zum katholischen Glauben bekehrt worden ist, muß darin unterrichtet werden und auch an Exerzitien usw. teilnehmen. Die Bischöfe sollen darauf achten, daß sich kein Indifferentismus verbreitet. Der sog. „irenische" Geist dürfe nicht dazu führen, die katholische Lehre irgendwie zu verdunkeln oder unklar werden zu lassen. Es dürfen keine Illusionen und keine falschen Hoffnungen in bezug auf eine mögliche Einigung der Christenheit erweckt werden.

Wichtig ist in diesem Zusammenhang *die Bemerkung über die Reformation.* Man darf, um die Lehren der Reformation und ihre Geschichte zu verstehen, nicht die Fehler der Katholiken übertreiben und die Schuld der Reformatoren verringern, so daß man das, was „akzidentiell" ist, zurücktreten läßt hinter dem, was „essentiell" ist, nämlich die „defectio a fide catholica ...". Die wahre katholische Lehre hat stets auch die wahre Lehre von der Rechtfertigung, von der Verfassung der Kirche und vom Jurisdiktionsprimat des Papstes zum Inhalt. Die wahre Einigung kann nur „durch die Rückkehr der Abweichenden zu der einen wahren Kirche Christi" *(= „per reditum dissendentium ad unam veram Christi Ecclesiam")* erfolgen. Es ist aber auch die Vorstellung aufzugeben, als könnten die Akatholiken „etwas Wesentliches" (= „aliquid substantiale") zur katholischen Kirche mit einbringen, das diese nicht schon vorher gehabt hätte.

Gläubige Katholiken dürfen an Unionsgesprächen nur mit bischöflicher Erlaubnis teilnehmen. Die Gespräche können nur als zwischen gleichberechtigten Partnern gehalten werden. Es soll jede „communicatio in sacris" vermieden werden. Die Bischöfe sollen regelmäßig nach Rom über die Treffen mit Nichtkatholiken berichten. Für derartige Zusammenkünfte ist unter Angabe der Gründe die Genehmigung des Heiligen Stuhles einzuholen (46), ohne die keine „Kollaboration" mit den Akatholiken begonnen werden kann. Nur das Vaterunser und die von der Kirche genehmigten Gebete sind gestattet.

Bei dieser unter Pius XII. so klar abgesteckten Haltung gegenüber der Ökumenischen Bewegung und bei der bei dieser Gelegenheit zum Ausdruck gebrachten Einstellung zur Reformation ist die katholische Kirche bis zum Zweiten Vatikanischen Konzil geblieben. Erst dieses hat die grundsätzlich neue Orientierung der katholischen Kirche in Richtung auf die Ökumenische Bewegung und den gesamten Protestantismus herbeigeführt.

Einen besonderen Ausdruck hat die lehramtliche Tätigkeit Pius' XII. in der Verkündigung eines neuen Dogmas gefunden. Am 1. November 1950 hat Pius XII. als ein göttlich geoffenbartes Dogma die Lehre von der Aufnahme der Gottesmutter mit Leib und Seele zur himmlischen Herrlichkeit proklamiert. Es ist bezeichnend, daß dieses Dogma weniger von der Schrift als von der Tradition her und aus der liturgischen Übung heraus begründet wird. Nichts belegt vielleicht deutlicher die souveräne Stellung, die Pius XII. in der Kirche seiner Zeit eingenommen hat, als die Verkündigung dieses Dogmas, das weniger von den biblischen Gegebenheiten als vielmehr von der kirchlichen Überlieferung und Praxis ausgeht. Pius XII. hat mit der Promulgation dieses Dogmas die höchste Lehrfunktion für die Kirche ausgeübt bzw. in Anspruch genommen, die ihm das 1870 erlassene Dogma von der päpstlichen Unfehlbarkeit zuerkennt.

Die hoheitsvolle Stellung, die Pius XII. in seiner Zeit als Repräsentant der geistigen Macht des Katholizismus eingenommen hat, erscheint also nicht zuletzt in seinen zahlreichen Lehraussagen, die Wiedergabe und Zusammenfassung der katholischen Glaubensüberzeugungen in wesentlichen Punkten sind. So steht dieser Papst am Abschluß eines Abschnittes in der neueren Geschichte des Papsttums, in dem der einzigartige Aufstieg der katholischen Kirche zu einer moralischen und geistigen Autorität in der Welt trotz aller äußeren Rückschläge und teilweise auch Unterdrückungen gelungen ist. Mit Pius XII. endet die Reihe der Päpste der Neuzeit, die sich um diesen Aufstieg bemüht haben.

Der Nachfolger der repräsentativen Erscheinung Pius' XII., *Papst Johannes XXIII. (1958–1963),* sollte nur ein „Übergangspapst" sein, bis die Kirche selbst die innere Sicherheit zur Vertretung einer neuen Linie nach außen und innen wiedergefunden haben würde. Aber dieser Papst, von dem man zunächst keine grundsätzlichen Entscheidungen erwartete, ist wirklich zu einem *„Papst des Übergangs"* geworden. In seinem nur fünf Jahre umfassenden Pontifikat hat er *die katholische Kirche in einen neuen Abschnitt ihres Lebens hinübergeleitet.* Johannes XXIII. hat durch eine Reihe von Kundgebungen, Botschaften und Maßnahmen zu internationalen und gesamtchristlichen Fragen eine Stellung eingenommen, die erkennen läßt, daß mit ihm *ein die Probleme der Zeit zutiefst verstehender und auf sie in ökumenischem Sinne einwirkender Mann* gekommen war.

Von den Kundgebungen, die Johannes XXIII. erlassen hat, muß *die große soziale Enzyklika „Mater et magistra“* (= „Die Mutter und Lehrmeisterin“) vom 15. Juni 1961 hervorgehoben werden. Sie geht von den sozialen Grundrechten des Menschen aus, die ihm neben den personalen eignen und die gerade in der modernen pluralistischen Gesellschaft geachtet und geschützt werden müssen.

Die zweite bedeutungsvolle Botschaft Johannes' XXIII. stellt seine letzte Enzyklika *„Pacem in terris“* (= „Friede auf Erden“) vom 11. April 1963 dar. Der Friede wird als ein politischer Gesamtzustand verstanden, der nur dann gesichert ist, wenn unter den Völkern Wahrheit und Gerechtigkeit, Liebe und Freiheit in ihren Beziehungen zueinander obwalten und wenn zuerst im menschlichen Herzen selbst Friede herrscht. Es werden von Johannes XXIII. in diesem Zusammenhang die Probleme der dritten Welt behandelt und Friede auch auf die internationalen wirtschaftlichen Gegebenheiten und Praktiken bezogen.

Vor allem ist diesem Papst die *Berufung des Zweiten Vatikanischen Konzils* zu danken, das eine neue Öffnung der katholischen Kirche gegenüber der nichtkatholischen Christenheit und den großen Weltreligionen gebracht hat. Allein schon die Berufung des Konzils (1960/61) und die Durchdringung desselben mit einem neuen Geist der Verstehensbereitschaft sind von so wahrhaft weltgeschichtlicher Bedeutung, daß sie Papst Johannes XXIII. als denjenigen Inhaber des Hl. Stuhles erscheinen lassen, *der die katholische Kirche in einen vielseitigen Dialog übergeleitet hat, den sie mit sich selbst, den anderen christlichen Gemeinschaften, den Weltreligionen und der Welt von heute führt.*

So kurz der Pontifikat Johannes' XXIII. auch gewesen sein mag, so wird er doch immer als der Anreger und Inspirator des Zweiten Vatikanischen Konzils sowie als der Wortführer in Sachen der heutigen Gesellschaftsordnung und eines die Völker auch in wirtschaftlicher Hinsicht umfassenden Friedens seinen geschichtlichen Platz einnehmen.

Sein Nachfolger, *Papst Paul VI.* (1963–1978), hat 1963 in besonders schwieriger Situation den päpstlichen Stuhl bestiegen. Ihm ist die Aufgabe zugefallen, das im Gang befindliche Zweite Vatikanische Konzil weiterzuführen und seine Resultate der gesamten Kirche zukommen zu lassen, so daß diese zu neuen Aktivitäten veranlaßt wird. Er hat sich mit den kritischen Problemen auseinandersetzen müssen, die zum Teil in der katholischen Kirche selbst aufgebrochen, zum Teil ihr aber auch von außen her gestellt waren. Er hat *das neue Verhältnis, in das die katholische Kirche auf dem Zweiten Vatikanischen Konzil zur nichtkatholischen Christenheit getreten ist,* mit allen seinen Konsequenzen realisieren müssen. Er hat den Dialog der katholischen Kirche mit sich selbst, mit der Welt und mit den großen Weltreligionen in ein Stadium der konkreten Zusammenarbeit an den akuten Problemen der heutigen Zeit übergehen lassen.

Das Zweite Vatikanische Konzil hat in vier Sitzungsfolgen vom 14. September 1962 bis zum 8. Dezember 1965 getagt. In einem überraschenden Ausmaß hat es die innere Lebendigkeit der katholischen Kirche offenbar gemacht. Die Anwesenheit von Beobachtern aus den nichtkatholischen Kirchen macht den Willen zum Gespräch mit diesen deutlich. Das Konzil hat ihn in der Überwindung der bisherigen ablehnenden Haltung gegenüber der Ökumenischen Bewegung wiederholt bekundet. Die etwa 2800 zur Anwesenheit berechtigten Bischöfe hatten ihre Pläne nach dem Datum ihrer Weihe erhalten, so daß von vornherein eine engere Kontaktnahme der Konzilsväter untereinander über den jeweiligen nationalen und sprachlichen Bereich hinaus möglich gewesen ist.

Das Konzil hat eine gewaltige Arbeit geleistet. Es hat insgesamt 16 Dokumente von allerdings unterschiedlichem Gewicht verabschiedet. Im Gegensatz zu früheren Konzilsverlautbarungen hat es auf jedes negative Wort und auf die Verurteilung anderer Meinungen verzichtet.

Die *„Konstitution über die heilige Liturgie“* weist das kirchliche Leben der katholischen Christenheit in neue Bahnen. Der reiche Inhalt dieser Konstitution und der sich an sie anschließenden Instruktionen zu ihrer praktischen Verwirklichung enthüllen sich in der zentralen Stellung, die dem Wort Gottes und seiner Bezeugung durch die Auslegung für den katholischen Gottesdienst gegeben wird.

Neue Aussagen werden zur Feier der Eucharistie gemacht. Die katholische Wandlungslehre wird in einem neuen Sinn ausgelegt. Man arbeitet nicht mehr mit den der Scholastik entstammenden Begriffen, sondern öffnet sich dem metabolischen Wandlungsverständnis der Ostkirchen, wie man überhaupt bestrebt ist, die liturgische und theologische Nähe zu diesen zu betonen. Die im Verfolg der Konstitution herausgegebenen eucharistischen Hochgebete sind von wahrhaft ökumenischem Charakter. In ihnen fehlt der Opferbegriff in dem bisher üblichen Sinn als einer Gabe des Menschen an Gott. Es wird vielmehr der Heilige Geist angerufen, der die Elemente von Brot und Wein für die feiernde Gemeinde zu Leib und Blut Christi werden lassen möge.

Die *Dogmatische Konstitution über „Die Kirche in der Welt von heute“* gibt eine neue Definition des Wesens der Kirche, vor allem nach ihrer geistlichen Seite hin und in bezug auf ihre Sendung in der Welt. Die Betonung der Kollegialität der Bischöfe und der speziellen kirchlichen Funktionen der Laien sowie die Aussage von einer Berufung aller Glieder des Volkes Gottes unter das Kreuz als den Anfang der von Gott gewirkten und im Glauben zu bejahenden Heiligung stellen neue Elemente im Selbstverständnis der katholischen Kirche dar.

Ein besonderes Problem bildet bei diesen Ausführungen die Stellung des Papstes. Als Bischof von Rom ist er Mitglied des Kollegiums der Bischöfe, obgleich ihm doch die unfehlbare Lehrentscheidung in den Fragen des Glaubens zusteht. Diese wird als unabhängig von den Aussagen des Bischofskollegiums und als ihnen gegenüber selbständig bezeichnet.

Es hat nicht an Kreisen im Konzil gefehlt, die diese Stellung des Papstes in besonderer Weise gewahrt und ausgedrückt und die im Ersten Vatikanum festgelegte Unfehlbarkeit des päpstlichen Lehramtes gerade gegenüber der sich im Zweiten Vatikanum manifestierenden Leitungsgewalt der Bischöfe näher umschrieben haben wollten. Tatsächlich ist in der nach der Annahme der Konstitution dem Konzil nachträglich mitgeteilten, vielfach umstrittenen „Nota explicativa praevia“ (= „Vorgehende erklärende Anmerkung“) diesen Wünschen Rechnung getragen worden.

Zu den wichtigsten Stücken, die das Konzil verabschiedet hat, gehört auch die *Dogmatische Konstitution über die Offenbarung*. Von ihrem ersten Entwurf bis zu ihrer Verabschiedung hat sie manche Neufassung erfahren und einen höchst aufschlußreichen Wandel in den sie jeweils tragenden Konzeptionen durchgemacht. Sie bezeichnet eindeutig die Schrift als die einzige Quelle für die Lehren der Kirche und vermeidet es, die Tradition als eine zweite Quelle neben dieser anzusprechen. Auf die frühere Differenzierung von einer geschriebenen und einer ungeschriebenen Tradition, die ihrerseits eine Quelle der Offenbarung neben der biblisch fixierten sein sollte, geht das Dokument nicht mehr ein. Es bemerkt lediglich, daß die Kirche ihre Gewißheit hinsichtlich der durch die Offenbarung vermittelten Lehren aus der Tradition schöpfe. Aber nach dieser Stellungnahme hat die bisherige Einschätzung der Tradition, namentlich der ungeschriebenen, als eine eigene Quelle der Offenbarung ihr ganzes Gewicht verloren.

Das *Dekret über den Ökumenismus* zeigt eine grundsätzlich neue Einstellung zu den nichtkatholischen Kirchen. Diese werden ausdrücklich als solche anerkannt. Es wird ihnen der Titel „Kirche" oder „kirchliche Gemeinschaft" nicht mehr verweigert. Ebenso liegt hier eine neue Wertung der Glaubensgüter der nichtkatholischen Christenheit vor. Sie läßt erkennen, wie sehr man sich auf dem Konzil bemüht hat, die früheren negativen Urteile über die nichtkatholischen Christen zu überwinden und dem echten geistlichen Leben in den anderen Teilen der Christenheit gerecht zu werden.

Das *Dekret über die sozialen Kommunikationsmittel,* d. h. über die modernen Massenmedien, enthält ebenso wie das *Dekret über den Laienapostolat* die Voraussetzungen für eine neue Öffentlichkeitsarbeit der katholischen Kirche.

In einer eigenen *ethischen Konstitution* wird diese dann noch genauer umschrieben. Sie beschäftigt sich insbesondere mit den schweren Fragen von Ehe und Familie, von Krieg und Frieden und den sog. unterentwickelten Ländern. Die zu diesen Problemen gegebenen Aussagen beweisen vielfach, daß sich die katholische Kirche als einen entscheidenden Faktor für den Neubau der Gesellschaft von heute versteht.

Die veränderte Stellung der katholischen Kirche in der Welt von heute machen auch die *Erklärung über die Religionsfreiheit* und die *Erklärung über die Stellung der katholischen Kirche zu den nichtchristlichen Religionen* deutlich.

Die Definition des Begriffes *Religionsfreiheit,* der nicht allein nach der individuellen Seite hin, sondern auch als Sicherung für das Recht von Gemeinschaften, nach ihrem Glauben zu leben und ihre Glieder entsprechend zu unterweisen, interpretiert wird, bietet eine wesentlich neue Aussage dar, die erst den Dialog mit den Weltreligionen ermöglicht hat, wie er in den letzten Jahren aufgenommen worden ist.

Als eine erste Konsequenz aus den Resultaten des Konzils ist *die Bildung einer Bischofssynode* anzusetzen, die schon in mehreren Tagungen ihre Arbeiten in bezug auf die Verwirklichung der vielen reformerischen Pläne des Konzils für die Gesamtkirche aufgenommen hat. Ebenso sind die Kommissionen zur Reform der Kurie und des Kirchenrechtes vom Papst berufen worden und an der Arbeit. Dem vor dem Konzil begründeten Sekretariat für die Einheit der Christen, das nach dem Konzil seine Arbeit mit verständnisvoller Aufgeschlossenheit für alle nichtkatholischen Kirchen fortgesetzt hat, ist ein anderes für das Gespräch mit nichtchristlichen Religionen und ein drittes für den Dialog mit dem Athesimus an die Seite getreten.

So hat das Konzil in den vier Sessionen, zwischen denen jeweils die Generalkongregationen und einzelnen Kommissionen tagten, ein gewaltiges Ausmaß an Arbeit geleistet, die durch den Willen zu einer inneren Erneuerung der katholischen Kirche bestimmt ist, andererseits aber auch die reiche Vielgestaltigkeit innerhalb der einen katholischen Kirche zum Ausdruck bringen will. Der alte Uniformismus und Zentralismus in der Leitung der katholischen Kirche scheinen für immer überwunden zu sein.

Das Zweite Vatikanische Konzil bezeugt jedenfalls in allen seinen Resultaten, daß die katholische Kirche in eine neue Epoche ihrer Geschichte getreten ist. Sie ist durch die ökumenische Weite gegenüber der Christenheit und den Dialog mit den großen Weltreligionen gekennzeichnet. Die Durchführung der wichtigsten Konzilsbeschlüsse hat freilich auch in der katholischen Kirche manche Krisen ausgelöst, z. B. die Frage nach dem Wesen der kirchlichen Autorität und der christlichen Freiheit, nach dem Recht des priesterlichen Zölibats, nach der Mündigkeit des einzelnen Christen und nach dem Umfang seiner Gewissensverantwortung. Sie beherrschen ihr inneres Leben, machen aber auch die Stärke deutlich, die die katholische Kirche in der Besinnung auf ihr Wesen und auf ihre Aufgaben in der Welt von heute bewiesen hat und nach unserer Meinung noch in Zukunft an den Tag legen wird.

Papst Paul VI. ist in seinem Pontifikat mit den schwierigen, die Welt zu seiner Zeit bedrängenden und bis heute fortgehenden internationalen, politischen, sozial- und kulturpolitischen Problemen konfrontiert worden. Er hat sie mit ebenso grundsätzlichen Überlegungen wie in persönlicher Repräsentanz zu bewältigen versucht. *Er ist der erste Papst, der von der Freiheit der Bewegung wieder hat Gebrauch machen können, wie sie ihm die Lateranverträge gegeben haben.* Er hat alle Erdteile bereist, der Welt das Papsttum in seiner Person wieder ansichtig gemacht und die katholische Kirche vertreten, dabei aber auch die Probleme des Katholizismus und der Welt an Ort und Stelle studieren können.

Nach dem Abschluß des Zweiten Vatikanischen Konzils, das sich in sehr eindrucksvoller Weise zum *Problem des Friedens* geäußert hat:

> „Der feste Wille, die anderen Menschen und Völker in ihrer Würde zu achten, und das bewußte Beispiel der Brüderlichkeit sind zur Erreichung des Friedens unerläßlich. So ist der Friede auch die Frucht der Liebe, die über das noch hinausgeht, was die Gerechtigkeit leistet“,

hat Paul VI. sich erneut diesem Problem in der *Enzyklika „Populorum progressio“* (= „Der Fortschritt der Völker“) vom 26. März 1967 zugewandt.

Als „Friede“ wird in diesem päpstlichen Rundschreiben ein politischer Zustand von Dauer in der Welt bezeichnet, der die Heranbildung auch der unterentwickelten Völker möglich macht und der den Industrienationen die Gelegenheit gibt, eine neue, in Gerechtigkeit aufgebaute Welt zu realisieren. Hier ist „Friede“ sogar zum Inbegriff für die Sache der Entwicklung geworden, und dieser Ausdruck wird in gleicher Bedeutung wie das Wort „Friede“ gebraucht. Die Äußerungen Pauls VI. haben in einer international verhärteten Situation einen tiefen Eindruck gemacht und neben *der Errichtung der apostolischen Studienkommission „Gerechtigkeit und Friede“* auch den Anstoß zur neueren katholischen Friedensforschung gegeben, ebenso neue ökumenische Unternehmungen auf dem Sektor der Entwicklungshilfe ausgelöst.

Ein unerwartetes Echo hat *die Ausrufung des 1. Januar eines jeden Jahres zum „Weltfriedenstag“* durch den Papst gefunden. Sie ist am 1. Januar 1968 zum ersten Mal erfolgt. Der Papst selbst hat in seinen Ansprachen zu diesem Tage seither wesentliche

Beiträge zu einer bewußten Erziehung der Völker zum Frieden und zu einer entsprechenden Betätigung der Menschen in den konkreten Bereichen ihres Lebens gegeben.

In der für ihn bezeichnenden Klarheit hat Paul VI. in seiner zu Beginn der zweiten Konzilssession gehaltenen Eröffnungsrede *das heutige ökumenische Problem* deutlich bezeichnet. Es werde darauf ankommen, so sagte er, daß die getrennten kirchlichen Gemeinschaften das sie mit der katholischen Kirche verbindende christliche Erbe erkennen, das die einzelnen Kirchen mehr oder weniger gut bewahrt, in jedem Fall aber in ihrer eigenen Entwicklung als getrennte Kirchen weiter fortgebildet haben.

Jede Kirche vertritt heute diese ihre Entwicklung in der Neuzeit, mit der sie das Erbe zwar bewahrt, es zugleich aber auch in bestimmter Richtung weiterentwickelt hat. Die Kirchen sind also nicht nur durch die gemeinsame Geschichte verbunden. Sie müssen vor allem bei ihrer ökumenischen Verständigung die auf ihr aufbauende Entwicklung und die Weiterbildung des Erbes in den Blick nehmen.

Mit diesen Gedanken hat der Papst das ökumenische Problem klar und eindeutig angesprochen. Seine Ausführungen lassen erkennen, daß er sich hinsichtlich der Schwere der ökumenischen Fragen keiner Täuschung hingegeben, vielmehr diese in ihrer ganzen Tiefe empfunden hat.

Darüber hinaus hat Papst Paul VI. *den persönlichen Kontakt mit den Beobachtern der nichtkatholischen Kirchen gesucht*. Er hat zu ihnen in einer neuen, bisher vom Oberhaupt der katholischen Kirche so nicht gewohnten, brüderlichen Weise gesprochen. Er hat sie ermutigt, ihre Stellungnahmen und Bedenken dem Konzil zuzuleiten. So hat Paul VI. selbst *den Dialog mit den Vertretern der fremden Kirchen begonnen,* indem er in das unmittelbare Gespräch mit ihnen eingetreten ist.

Nach drei Seiten hin hat sich dieser Dialog besonders zu entfalten. Zunächst hat ihn der Papst selbst mit großer Intensität *in Richtung auf die Orthodoxie* geführt. In dem ökumenischen Patriarchen Athenagoras I. hat der Papst die ihm kongeniale und innerlich entsprechende Persönlichkeit gefunden. Wie er ist der Repräsentant der orthodoxen Christenheit von einem starken und einem glühenden Eifer zu ökumenischer Verständigung beseelt gewesen. Papst Paul VI. hat seine Reise in das Heilige Land als eine Pilgerreise zu den heiligen Stätten der Christenheit verstanden. Er hat sie im Interesse des Friedens und der ökumenischen Begegnung der Christen unternommen. Auf dieser Reise ist es zu dem ersten denkwürdigen Zusammentreffen mit dem ökumenischen Patriarchen Athenagoras I. gekommen.

Papst Paul VI. ist in seinem Pontifikat in besonderer Weise um die Herstellung der Verbundenheit der beiden Kirchen und den Abbau aller historischen, dogmatischen und rituellen Hindernisse bemüht gewesen. Für das Verhältnis zur Orthodoxie hat diese Tatsache zunächst *die Aufhebung des Bannspruches vom Jahre 1054,* den die orthodoxe und die römisch-katholische Kirche übereinander verhängt haben, bedeutet. Papst Paul VI. hat sich nicht gescheut, mit einer kühnen Korrektur an der Geschichte diese vor vielen hundert Jahren ausgesprochene Trennung für die katholische Kirche zurückzunehmen. Er hat mit ihr sofort weitere Zeichen der Verständigung verbunden, z. B. die Rückgabe einer besonders kostbaren Reliquie an die orthodoxe Kirche, nämlich des Hauptes des Apostels Andreas, des Bruders des Apostelfürsten Petrus.

Ebenso hat Papst Paul VI. den ökumenischen Patriarchen zu einem Besuch in Rom eingeladen. Er selbst hat bei einer anderen Gelegenheit die Reise in die Türkei unternommen, um den ökumenischen Patriarchen in Konstantinopel und an seinem bescheidenen, aber traditionsbeladenen Amtssitz, dem Phanar, aufzusuchen.

Auch dem Anglikanismus gegenüber hat Paul VI. eine neue Haltung eingenommen. Zwar ist ihm auch auf anglikanischer Seite viel Bereitschaft zur Verständigung entgegengekommen, doch haben die früheren, negativ verlaufenen Verhandlungen über die Anerkennung der in der anglikanischen Kirche bewahrten apostolischen Sukzession der Bischöfe seitens der römischen Kirche im Widerspruch dazu gestanden. Da ist es wieder eine mutige Aktion von Papst Paul VI. gewesen, daß er zum ersten Mal einen anglikanischen Erzbischof empfangen hat. Diesem selbst hat er vorher schon seine Wahl zum Papst in der Aufnahme einer altkirchlichen Gepflogenheit angezeigt gehabt.

Es ist eine Folge dieser neuen Einstellung zum Anglikanismus gewesen, daß Papst Paul VI. zu dem damaligen Erzbischof von Canterbury, Arthur Michael Ramsey, anläßlich eines Gebetsgottesdienstes am 24. März 1966 in der römischen Basilika St. Paul vor den Mauern, vom Verhältnis der katholischen und der anglikanischen Kirche als von „Schwesterkirchen" gesprochen und damit einen Ausdruck von weitreichenden Folgen gebraucht hat. Es werden von ihm die bischöfliche Verfassung der anglikanischen Kirche und die Auffassung von Eucharistie hervorgehoben, wenn auch die von ihr behauptete apostolische Sukzession bis jetzt noch nicht die offizielle Anerkennung der katholischen Kirche gefunden hat.

Paul VI. hat auch im Verhältnis zum Protestantismus eine neue Situation heraufgeführt, indem er ihn, wenn auch unbewußt und vielleicht wider Willen, treffend charakterisiert hat. Aber wie im Verhältnis zum Anglikanismus, so hat er auch hier vor allem neue Zeichen durch sein persönliches Verhalten gesetzt. Dies läßt für die Zukunft eine weitere Verständigung und eine noch engere Annäherung erwarten, als sie schon zu seiner Zeit durch ihn herbeigeführt worden ist.

Ausdrücklich hat der Papst bei der Gelegenheit einer Begegnung mit dem Lutherischen Weltbund von der ökumenischen Bedeutung seines Namens Paulus, der ja den Protestanten so besonders teuer sei, damit auf die Zweipoligkeit von „Petrus" und „Paulus" verweisend, die schon in den Anfängen der römischen Kirche hervorgetreten sei, gesprochen.

Dieser Papst hat auch *durch Zeichen und Gesten seine Auffassung vom Papsttum kundgetan.* Er hat sein hohes Amt nicht im Sinne des Triumphalismus und der Herrschaft, sondern des Dienstes und der Demut verstanden, Paul VI. hat mit dem hohen ökumenischen Titel, den er traditionsgemäß führt, „servus servorum dei", Ernst gemacht. Er hat sich als der Diener aller Christen gewußt und sein Amt als ein solches des Dienstes, vor allem an der Erhaltung der Einheit der Christen, aufgefaßt.

In diesem Sinne hat er auch *alle Zeichen der weltlichen Herrschaft abgelegt,* die den Papst seit dem hohen Mittelalter bis in unsere Tage hinein umgeben haben. Der bedeutsamste Akt, den Paul VI. in dieser Hinsicht vollzogen hat, ist *der Verzicht auf die Krönung mit der päpstlichen Tiara,* der dreigestuften Krone. Sie sollte ein Zeichen für die Herrschaft des Papstes über Kirche und Welt sein. Der Gedanke einer weltlichen Herrschaft des Papstes aber hat durchaus der hohen Auffassung Pauls VI. von seinem Amt widersprochen. Paul VI. hat die hohe geistig-moralische Autorität des Papsttums international vertreten, als ihn die UNO anläßlich ihres zwanzigjährigen Bestehens als den Vertreter der Christenheit, ja als deren Sprecher, nach New York eingeladen hat. Paul VI. hat bei dieser Gelegenheit eine höchst bedeutsame Ansprache gehalten. Mit einem Appell an die Menschenrechte und an die Verpflichtungen des einzelnen Menschen gegenüber dem anderen schließt diese gehaltvolle Rede. Ich darf aus ihr einen Satz zitieren. Er lautet:

> „Noch ist es erforderlich, einem jeden Menschen ein Leben zu sichern, das seiner menschlichen Würde entspricht, und das ist es ja",

rief der Papst der Vollversammlung der UNO zu, „was ihr euch zu tun bemüht. *Es gilt, den Frieden auf den spirituellen Prinzipien aufzubauen.*"

Aber nicht nur bei dieser Gelegenheit ist der Papst *stellvertretend für die ganze Christenheit* aufgetreten. Im Jahre 1969 hat er die Reise nach Genf zum fünfzigsten Jahrestag des ehemaligen Völkerbundes, der heute in der UNO fortlebt, gemacht. Ein weiterer Anlaß zu dieser Reise ist zugleich der fünfzigste Jahrestag der internationalen Organisation der Arbeit gewesen. Bei dieser Gelegenheit hat sich der Papst in christlichem Sinne über die Arbeit geäußert. Jeder Mensch habe ein Recht auf sie. Für jeden Menschen müsse sie gesichert werden. Der Papst hat bei dieser Gelegenheit seinem Besuch in Genf die besondere Note durch einen *Besuch beim Ökumenischen Rat der Kirchen* gegeben.

Dieser ist ja um die Gewinnung der Einheit unter den Christen bemüht und unternimmt immer wieder neue Schritte, um sie auf den verschiedensten Gebieten zu realisieren. *Anläßlich seines Besuches beim Ökumenischen Rat der Kirchen hat Paul VI. eine grundlegende Ansprache über das Verhältnis der katholischen Kirche zum Ökumenismus gehalten.* Er betonte die geistliche Seite desselben, seinen Anfang in dem einzelnen Christen selbst und seine auf die Liebe gegründete Dimension. Zu den neuen Zeichen, die Paul VI. im ökumenischen Geist gesetzt hat, gehört auch dieser Besuch beim Ökumenischen Rat der Kirchen in Genf.

Papst Paul VI. hat *während seines fünfzehnjährigen Pontifikates insgesamt dreiundzwanzig größere und kleinere Reisen unternommen,* davon neun mehrtägige Auslandsreisen und vierzehn auf Italien beschränkte, in denen er die verschiedenen Städte Italiens oder die für die Geschichte der katholischen Kirche wichtigen heiligen Orte aufgesucht hat. Seine Reisen haben alle Erdteile berührt, und wo immer er in der Welt aufgetreten ist, hat er in seiner Person das Papsttum persönlich vertreten und der Welt das hohe Amt wieder eindrucksvoll ansichtig gemacht. Schon diese Tatsache ist ein großes historisches Verdienst, das bei einer Würdigung seines Pontifikates nicht übersehen werden sollte.

Die ausgedehnteste Reise, die Papst Paul VI. unternommen hat, hat ihn Ende November bis Anfang Dezember 1970 in den Fernen Osten geführt. Acht verschiedene Länder hat er in zehn Tagen besucht. Es ist eine äußerst strapaziöse Reise gewesen, die ihn nach Südostasien und Indonesien geführt hat, von wo er weiter nach den Philippinen und Australien gereist ist. Paul VI. hat als Ziel dieser großen Reise eine *„in erster Linie apostolische und missionarische Zielsetzung" bezeichnet.* Sie ist mit schweren Anstrengungen für den Papst verbunden gewesen, die dieser in seltener asketischer Gesinnung und in einer starken Glaubenseinstellung ertragen hat.

So bilden die Reisen Pauls VI. ein eigenes Kapitel seines bedeutsamen und zu seiner Zeit viel zu wenig in seiner Bedeutung gewürdigten und geschätzten Pontifikates. Die Reisen, die er durchgeführt hat, sind inzwischen selbst Geschichte geworden. Die zahlreichen Ansprachen, die er gehalten, und die Botschaften, die er der Welt bei diesen Gelegenheiten gegeben hat, *sind Dokumente einer einzigartigen ökumenischen Gesinnung und eines seltenen Petrusdienstes, den dieser Vertreter des Petrusamtes in der Welt von heute ausgerichtet hat.*

Zu *drei wichtigen Zeitfragen* hat Paul VI. eine mit Leidenschaft diskutierte und in der katholischen Welt heftig umstrittene Stellungnahme abgegeben. Es handelt sich zunächst um die Enzyklika *„Sacerdotalis coelibatus“* (= „Der priesterliche Zölibat“) vom 24. Juni 1967. In ihr hat der Papst den priesterlichen Zölibat als eine durch die Kirchengeschichte bewährte Ordnung verteidigt und seine Position in folgendem Satz zusammengefaßt: „Wir sind der Auffassung, daß die bestehende Vorschrift des priesterlichen Zölibats auch heute noch mit dem priesterlichen Heilsdienst verbunden sein muß. Sie muß dem Priester Halt sein zur alleinigen und höchsten Liebesgemeinschaft mit Christus sowie zum Dienst für Gott und seine Kirche.“ Es ist Paul VI. zu danken, daß er mit dieser eindeutigen Entscheidung für den Zölibat die Diskussion um dieses Thema, die oft mit mehr Leidenschaft als geschichtlicher Kenntnis und Sachlichkeit geführt worden ist, wenigstens vorläufig erst einmal beendet hat.

Die zweite Enzyklika *„Humanae vitae“* (= „Des menschlichen Lebens“) vom 25. Juli 1968 behandelt die Frage der Geburtenregelung. Auch hinsichtlich dieses Problems hat Paul VI. keine Zugeständnisse an die in der Zeit liegenden und von vielen Staaten aufgenommenen und gesetzlich geregelten Tendenzen der Schwangerschaftsunterbrechung gemacht. Eindeutig hat er dabei den kirchlichen Standpunkt vertreten: „In Übereinstimmung mit den Lehrsätzen der menschlichen und christlichen Auffassung über die Ehe müssen wir erneut erklären, daß die indirekte Unterbrechung des bereits eingeleiteten Zeugungsvorganges und vor allem die direkt gewollte und herbeigeführte Schwangerschaftsunterbrechung, auch wenn sie aus therapeutischen Gründen geschieht, als erlaubte Wege der Geburtenregelung absolut auszuschließen sind.“

Auch mit diesem zu einer bedrängenden Zeitfrage entschieden und mutig gegen die in der Zeit liegenden Tendenzen sich wendenden Rundschreiben hat der Papst erregte und ihn vor allem persönlich angreifende, weniger von sachlichen Gesichtspunkten, als von emotionalen Motiven aus verunglimpfende Stellungnahmen ausgelöst. Trotzdem hat die von ihm eingenommene Haltung gerade auch von ärztlicher Seite ebensosehr Anerkennung wie Unterstützung angesichts der schweren moralischen, menschlichen und juridischen Folgen einer wie auch immer begründeten Unterbrechung der Schwangerschaft gefunden, was gerade in der bewegten Diskussion dieses Problems übersehen oder bewußt nicht zur Kenntnis genommen und unterdrückt worden ist. Aber in dieser Frage ist auch das letzte Wort noch längst nicht gesprochen. *Die von Paul VI. eingenommene Haltung bezeichnet mit der Fülle ihrer Beweggründe einen wichtigen Markstein auf dem Wege dieser Auseinandersetzungen, den man nicht mehr übersehen oder einfach vernachlässigen darf, wenn man dem Ernst und der Schwere des hier vorliegenden Problems wirklich gerecht werden will.*

Vielleicht wegen der von ihm mit diesen beiden Enzykliken ausgelösten Kontroversen, vielleicht aber auch auf Grund von dem der Sache angemessenen Schwergewicht seiner Äußerungen hat sich Paul VI. in den folgenden Jahren der Form der *„Apostolischen Schreiben"* bedient. Diese haben ja häufig einen einzelnen Empfänger und nicht so sehr die Bischöfe, Priester, Ordensangehörigen und das ganze Volk Gottes wie eine Enzyklika zum Adressaten. So verdient das an den kanadischen Kardinal Maurice Roy, dem Präsidenten des Laienrates der katholischen Kirche und dem Vorsitzenden der Päpstlichen Kommission „Justitia et pax", gerichtete *Apostolische Schreiben vom 14. Mai 1971 anläßlich des 80. Jahrestages der Veröffentlichung der Enzyklika Leos XIII. „Rerum novarum"* eine besondere Hervorhebung.

Dieses Schreiben ist zweifellos von dem gleichen Gewicht wie jene Sozialenzyklika Leos XIII. vom Jahre 1891. Es weist auf die Fülle der neuen sozialen Probleme hin, die in den letzten achtzig Jahren entstanden sind. Dazu werden die „Urbanisierung", die veränderte Stellung der Frau neben dem Mann und in der Gesellschaft, das Recht auf Arbeit und die gewerkschaftliche Organisation zur Verteidigung dieses Rechtes, die grundsätzliche Berechtigung des Streiks, aber auch der Mißbrauch dieses Kampfmittels zum Nachteil für die Gesamtheit der Wirtschaft oder zur Durchsetzung von Forderungen rein politischer Natur, die gerechte Verteilung des Sozialproduktes und die ständig wachsende Rolle der sozialen Kommunikationsmittel, die als ein neuer „Machtfaktor" erkannt werden und auch eine besondere Verantwortung den mit ihnen Umgehenden auferlegen, sowie endlich die Probleme der Umwelt gerechnet. Der Anspruch auf „Gleichheit und Mitbestimmung" wird als eine besondere Ausdrucksform „menschlicher Würde und Freiheit" durchaus anerkannt.

Es wird schließlich ausdrücklich die Frage des Fortschritts in technischer und gesellschaftlicher Hinsicht, aber auch seiner Grenzen angesprochen, die dort liegen, wo die „Entfaltung des sittlichen Bewußtseins" und die Bereitschaft zur Übernahme einer größeren mitmenschlichen und gesellschaftlichen Verantwortung in Frage gestellt sind. *Es wird insbesondere „die dynamische Kraft" der kirchlichen Soziallehre betont, die in ständigem Kontakt mit den sich ständig wandelnden Verhältnissen dieser Welt steht. Sie gibt den vom Evangelium ausgehenden Impulsen zur menschlichen und gesellschaftlichen Erneuerung immer wieder frische Anstöße zu zeitgemäßer Verwirklichung.*

Man darf, auf das Ganze gesehen, dieses Apostolische Schreiben Pauls VI. zum achtzigsten Jahrestag der berühmten Sozialenzyklika Leos XIII. als an kritischer Stellungnahme und an Wegweisung für die Entscheidungen der einzelnen Christen sowie der katholischen Kirche unter der Fülle der sie heute umgehenden sozialen Probleme als durchaus gleichwertig an sachlichem Gehalt und an Zeitkritik wie ihre bedeutende Vorgängerin bezeichnen, zu deren achtzigstem Jahrestag es erschienen ist.

Im Vergleich zu ihr können wir die übrigen Apostolischen Schreiben Pauls VI. eben nur mit ihrem Titel erwähnen, obgleich auch sie aktuelle kirchliche Themen aufgreifen, so das Apostolische Schreiben zu dem Thema „Über die Versöhnung innerhalb der Kirche" von 1974 oder das unter dem Titel „Die rechte Pflege und Entfaltung der Marienverehrung". Im Heiligen Jahr 1975 hat Papst Paul VI. schließlich ein Schreiben über die „Christliche Freude" und ein weiteres, eine aktuelle Frage aufgreifendes unter dem Thema „Die Evangelisierung der Welt von heute" ausgehen lassen.

So nimmt Papst Paul VI., auf die Breite seines Wirkens gesehen, *eine die Positionen der katholischen Kirche in der Gegenwart neu absteckende, den Zeitumständen Rechnung tragende, ihnen niemals nachgebende, sondern sie durch seine oft kritischen, aber immer auch wegweisenden Äußerungen fördernde Stellung* ein, die man vielleicht einmal erst in späterer Zeit wird in vollem Umfang würdigen können. Wir haben geglaubt, im Rahmen unserer Ausführungen zum Papsttum in der Neuzeit gerade seiner vielseitigen Leistung aber schon jetzt nach Möglichkeit gerecht werden zu sollen.

Papst Paul VI. ist am 6. August 1978, nicht zuletzt aus Erschöpfung von der pausenlosen Inanspruchnahme durch sein Amt, verstorben. Schon drei Wochen später hat der Kardinalpatriarch von Venedig als *Papst Johannes Paul I.* seine Nachfolge angetreten. Die Vereinigung der Namen seiner beiden Vorgänger drückt das ihm für seine Arbeit vorschwebende Programm aus, die weltoffene, ökumenische und sozial ausgerichtete innerkirchliche Arbeit der beiden, jetzt in seinem Namen verbundenen Päpste aufzunehmen und fortzusetzen.

In einer Ansprache an das Kardinalskollegium vom 27. August 1978 hat dieser Papst *die Ziele seiner päpstlichen Tätigkeit in sechs Punkten entwickelt:* die Fortführung des Erbes des Zweiten Vatikanischen Konzils, ohne unbedachtsamen oder ängstlichen Kräften dabei irgendeinen Vorschub zu geben; die überlieferte Lehre soll weiterhin dem Evangelium entsprechen, und in diesem Sinne soll die Revision der beiden kirchlichen Gesetzesbücher, des ostkirchlichen und des katholischen, erfolgen. Als erste Pflicht der Kirche bezeichnet der neue Papst die Evangelisierung und die Seelsorge, um „den Durst der Welt nach Liebe und Wahrheit" zu stillen.

Als das größte Vermächtnis seiner beiden unmittelbaren Vorgänger, deren Namen er in seiner Person vereinigt, nennt er *die Pflege der ökumenischen Beziehungen,* die fortgesetzt werden sollen. Mit Geduld und Ausdauer aber soll „der entspannte und konstruktive Dialog" weitergeführt werden, wie ihn Papst Paul VI. zur Grundlage seines päpstlichen Wirkens gemacht hat. Schließlich will der neue Papst alle Initiativen, die für den Weltfrieden und gegen die Gewalt, den Hunger und die Unterdrückung tätig werden, unterstützen, um den geistigen und sozialen Fortschritt der Menschheit zu fördern.

Dieses ebenso große wie einfache Programm hat Johannes Paul I. nur eben noch verkündigen können. Zu seiner Ausführung ist er nicht mehr gekommen. Schon am 28. September 1978, nach 33 Tagen seiner Regierung, ist er verstorben, nachdem kurz zuvor der russisch-orthodoxe Metropolit Nikodim von Leningrad einen Besuch abgestattet hat. Der Metropolit ist dabei von einem plötzlichen Schwächeanfall heimgesucht worden und in den Armen des Papstes verstorben. Dieser ist auf das tiefste von diesem Vorgang erschüttert worden. Nur wenige Tage danach hat er selbst einen plötzlichen Herzanfall erlitten, der zu seinem Tod geführt hat.

Selten ist ein Papst mit einem solchen Jubel und mit so großen Erwartungen begrüßt worden wie Johannes Paul I. Es ist ihm aber nicht vergönnt gewesen, das Programm seiner Regierung in die Tat umzusetzen. Man kann sich nur ausmalen, was der Pontifikat dieses Papstes für die Geschichte der katholischen Kirche bedeutet haben würde, wenn es ihm gegeben worden wäre, seine durchdachten Pläne in die Tat umzusetzen.

Mit seinem Nachfolger, *Papst Johannes Paul II.,* hat zum ersten Mal wieder seit über vierhundertfünfzig Jahren ein nichtitalienischer Papst den Stuhl Petri bestiegen. Karol Woityła, wie sein bürgerlicher Name lautet, kommt aus der Volksrepublik Polen und hat bisher das Erzbistum Krakau geleitet. Er ist nach einem reichen, durch äußere Bedrängnis erschwerten Leben als philosophischer und religiöser Schriftsteller hervorgetreten.

Durch seine Namenswahl hat er angedeutet, daß er, wie sein Vorgänger, die durch Johannes XXIII. und Paul VI. und das unter den beiden Päpsten abgehaltene Zweite Vatikanische Konzil eröffnete Linie in der Kirchenleitung fortzusetzen gedenkt. So sind in der Tat auch die Bezugnahmen auf dieses Konzil und auf die Äußerungen seiner beiden Vorgänger in allen seinen bisherigen Kundgebungen außerordentlich zahlreich. Trotzdem verfolgt er in der Leitung der katholischen Kirche die eigene Linie. Er hat selbst die Bewahrung des Depositums der Lehre und der Disziplin als einzulösende und weiterzuführende Aufgabe bezeichnet, die durch das Zweite Vatikanische Konzil der katholischen Christenheit hinterlassen worden ist.

Insbesondere hat Papst Johannes Paul II. sich auch des *Instruments der apostolischen Pilgerreisen* bedient, wie er es ebenfalls von seinem unmittelbaren Vorgänger übernommen hat. Er hat in der kurzen Zeit seines Pontifikates insgesamt acht solcher Reisen durchgeführt. Sie haben ihn nach Mexiko, Polen, Irland, zur UNO und in die USA, nach Frankreich, Brasilien und in die Bundesrepublik Deutschland geführt. Auf diesen Reisen hat er nicht nur eindringliche Worte im Sinn der prinzipiellen Zielsetzungen seiner Regierung an die Katholiken der Welt gerichtet, sondern stets auch die Gelegenheit zu ökumenischen Begegnungen mit den Vertretern anderer christlicher Kirchen wahrgenommen.

Gerade in dieser Hinsicht hat nun der Papst Äußerungen getan, die man eigentlich nicht von ihm erwartet hat, kommt er doch aus einem Land und aus einer Kirche, die kaum das ökumenische Gegenüber der nichtkatholischen Christenheit in einem größeren Ausmaß erfahren hat. Gleichwohl hat Johannes Paul II. schon in seiner ersten Ansprache vom 17. Oktober 1978 vor dem Kardinalskollegium *die Bedeutung des ökumenischen Problems für die katholische Kirche der Gegenwart* hervorgehoben. Er hat mit biblischen Worten das Ärgernis unterstrichen, das die Trennung der Christenheit für die Welt bedeutet, und versichert, daß er den schon begonnenen Weg zur Wiedergewinnung der Einheit fortsetzen werde, um die Hindernisse zu entfernen, die der Verwirklichung der vollen Einheit bis jetzt noch im Wege stehen.

In diesem Sinn hat sich der Papst bei verschiedenen ökumenischen Begegnungen geäußert. So hat er schon in einer seiner ersten Ansprachen vor einer Vollversammlung des Einheitssekretariats betont, daß eine Bewegung nicht aufhören darf, bevor sie an ihr Ziel gelangt ist. Aus diesem Grund müsse gerade das Einheitssekretariat seine Arbeiten fortsetzen, dabei aber, wie er mit den Worten des Ökumenismusdekrets gesagt hat, jede Leichtfertigkeit und jeden unklugen Eifer vermeiden. Man kann eine Krankheit eben nicht nur durch schmerzstillende Mittel heilen, man muß vielmehr ihre Ursachen erkennen.

Es kommt jetzt darauf an, die *eine* Eucharistie an dem *einen* Altar zu feiern, weil allein in diesem Akt die Einheit der Kirche sich ausdrückt. Der Papst dankt insbesondere dem Einheitssekretariat bei dieser Gelegenheit für die Fülle seiner Anstrengungen, um dieses hohe Ziel der Einheit zu erreichen. Er verweist auf die Bemühungen des Einheitssekretariats, auch den Geist der Katholiken selbst für die ökumenischen Probleme empfänglich zu machen. *Für ihn drückt sich Kirchengemeinschaft am tiefsten in der Abendmahlsgemeinschaft und umgekehrt aus.*

Auch anläßlich seines Besuches in Deutschland im November 1980 hat der Papst *deutliche ökumenische Akzente bei seiner Begegnung mit den Vertretern des Rates der Evangelischen Kirche in Deutschland gesetzt.* Es ist das erste offizielle Zusammentreffen zwischen den Repräsentanten der evangelischen und der katholischen Christenheit nach vier Jahrhunderten der Trennung gewesen. Zunächst hat er betont, daß er heute als Pilger nach Deutschland komme, so wie einst Martin Luther als Pilger, aber auch als Suchender und Fragender nach Rom im Winter 1510/11 gekommen sei. Heute wolle er mit der Begegnung mit der evangelischen Seite „ein Zeichen der Verbundenheit in den zentralen Geheimnissen unseres Glaubens" setzen.

Nach Meinung des Papstes ist es für das ökumenische Gespräch wichtig, sich gegenseitig die Schuld an der Entstehung der Trennung einzugestehen. Es gelte, immer tiefer zu erkennen, welche Konsequenzen aus dem menschlichen Versagen der Herr selbst gezogen haben will. Der Apostel Paulus hat diese Folgerungen auf den Nenner gebracht, daß dort, wo die Sünde mächtig geworden ist, die Gnade sich als noch viel mächtiger erwiesen habe. Gerade weil, wie der Papst betont, Jahrzehnte seines Lebens von den Herausforderungen des Christentums durch Atheismus und Unglauben geprägt worden sind, umso deutlicher steht ihm heute vor Augen, wie stark die Christenheit durch das gemeinsame Bekenntnis zu Jesus Christus und damit „zum Zeugnis von unserer wachsenden Einheit" gedrängt werde.

Das *Jubiläumsjahr der Confessio Augustana* (1980) zeigte, wie mit den Worten der katholischen Bischöfe zur Eröffnung dieses Jahres gesagt wird, daß katholische und evangelische Christen nicht nur in einem „Teilkonsens" verbunden sind, sondern daß bei ihnen „eine Übereinstimmung in zentralen Grundwahrheiten" vorliege. Alle Schritte zur Mitte müssen notwendigerweise Schritte zu den getrennten Schwestern und Brüdern einschließen. Die katholischen Christen werden aufgefordert, „ein glaubwürdiges Zeugnis von den inneren Werten" ihres Glaubens zu geben, um auch die evangelischen Christen dadurch zu ermutigen, „ihre eigenen Glaubensüberzeugungen und religiösen Lebensformen auf Christus hin zu kräftigen und zu vertiefen".

Beim Verlassen Deutschlands hat der Papst betont, daß sein Besuch gerade in das Jubiläumsjahr der Confessio Augustana gelegt worden sei und daß er ganz bewußt das Land aufgesucht habe, in dem Martin Luther geboren worden ist. Sein Besuch soll als eine Herausforderung für die Zukunft verstanden werden.

Papst Johannes Paul II. hat damit eindeutig auch *den ökumenischen Charakter gerade seiner Reise nach Deutschland betont.* Diese soll der Einheit dienen, und er habe die feste Zuversicht, daß die Einheit der Christen in der Kraft des Geistes und der Wahrheit schon auf dem Wege sei. Wie lange der Weg zur Einheit dauern werde, wisse man nicht, aber es könne mit aller Sicherheit gesagt werden: „Wir müssen diesen Weg mit Ausdauer weitergehen – weitergehen und nicht stillstehen!" – „Die Einheit kann uns nur als Geschenk des Herrn, als Frucht seines Leidens und seiner Auferstehung in der angemessenen ‚Fülle der Zeit' gegeben werden."

Der Besuch Papst Johannes Pauls II. erweckt also gerade in der Bundesrepublik lebhafte Wünsche und Hoffnungen auf eine neue ökumenische Verständigung. Dafür spricht auch die angekündigte Planung einer gemeinsamen evangelisch-katholischen Kommission, die sich um die sachlichen Probleme der Einheit im einzelnen bemühen soll.

Es dürfte deutlich sein, daß es sich dabei um Fragen von grundsätzlicher Bedeutung handelt, die wirklich die die Kirchen trennenden Probleme zum Inhalt haben. Man darf sich nicht mit der Behandlung von Randproblemen oder nebensächlichen Fragen begnügen, wie sie von evangelischer Seite bisher vertreten worden sind. In diese ökumenisch relevanten Probleme gehören die von der Confessio Augustana glücklicherweise nicht angesprochenen Fragen, z. B. die des Petrusamtes und des Petrusdienstes, ferner das Problem der apostolischen Sukzession der Bischöfe und die Auffassung der Messe bzw. des Abendmahls, namentlich hinsichtlich ihres speziellen Opfercharakters und schließlich – last, not least – die Frage nach dem allgemeinen Priestertum aller Gläubigen.

Wir dürfen zusammenfassend sagen, daß der Besuch von Papst Johannes Paul II. in der Bundesrepublik *neue ökumenische Akzente gesetzt* hat, wie man sie vorher auf katholischer und evangelischer Seite nicht erwartet hat. So muß seine Reise nach Deutschland, dem Ursprungs- und Kernland der Reformation, auch von evangelischer Seite in der Tat, um mit den Worten des Papstes selbst zu sprechen, als eine „Herausforderung" angesehen werden, die die katholischen und protestantischen Partner zu einem intensiveren Bemühen um die sachlichen, nicht vordergründigen Fragen der Kirchentrennung verpflichtet.

Dem Pontifikat Papst Johannes Pauls II. kommt schon mit diesem Resultat, wenn er keine anderen Ergebnisse, die auf den anderen Reisen hervorgetreten sind, zu verzeichnen hätte, eine ihm den geschichtlichen Ort neben seinen Vorgängern anweisende Bedeutung zu.

NEUNUNDZWANZIGSTER SCHWERPUNKT:

Die Ökumenische Bewegung

Eines der hervorragenden Kennzeichen für die Entwicklung des Protestantismus in der Neuzeit stellt die zunächst von ihm allein getragene ökumenische Bewegung dar. Ihre Anfänge reichen bis in die Mitte des 19. Jahrhunderts zurück. Schon bei der *Bildung der Evangelischen Allianz* in London im Jahre 1847 sind ökumenische Gesichtspunkte ausschlaggebend gewesen. Diese waren freilich noch auf die Sammlung von einzelnen Christen gerichtet, die nach brüderlicher Gemeinschaft, Zusammenarbeit und gemeinsamer Bezeugung ihres Christseins strebten. Man entdeckte bald die Gemeinsamkeiten in bezug auf den christlichen Glauben und drückte diese in der Formel aus, daß man darin verbunden ist, gemeinsam Jesus Christus als Herrn und Meister des persönlichen Lebens anzuerkennen. Man dachte noch nicht an eine Zusammenführung der getrennten Kirchen.

Zur gleichen Zeit wurde auch in London aufgrund von Anregungen, die von der Kirche von England ausgegangen sind, eine allgemeine Gebetswoche eingerichtet, die die Einheit der sich gegenseitig als Brüder anerkennenden Christen unter dem gemeinsamen Herrn Jesus Christus als eine weltweite, in Glaube und Leben verbundene Gemeinschaft bezeugen sollte. Auch hier war noch nicht die tiefere Frage nach dem Verhältnis der getrennten Kirchen zueinander in den Blick genommen worden.

Bleibende Anregungen sind erst von dem 1855 in Paris gegründeten „Weltbund der Christlichen Vereine Junger Männer" ausgegangen, auf dessen Gründungsversammlung die sog. *„Pariser Basis"* angenommen worden ist. Sie besagt, daß diese Vereinigung junge Christen miteinander verbinden will, die

> „Jesus Christus nach der Heiligen Schrift als ihren Gott
> und Heiland anerkennen"

und danach streben sollen, ihn in Glaube und Leben zu bezeugen und das Reich Christi in der Welt junger Männer zu verbreiten.

Die kurze Einigungsformel, die in dieser Basis ausgedrückt ist, ist in der Tat von großer ökumenischer Bedeutung. Sie ist in der späteren Ökumenischen Bewegung wiederaufgenommen und dann zur Basis des Ökumenischen Rates der Kirchen gemacht worden. So hat sie ungeahnte Wirkungen ausgeübt.

Weitere Anstöße zur Entwicklung der modernen ökumenischen Bewegung sind von der Mission ausgegangen. Auf ihrem Feld ist zuerst das Bestreben erwacht, die getrennten Kirchen selbst zu größerer Einheit zu verbinden, indem die sie unterscheidenden Fragen des Glaubens und der Kirchenverfassung erörtert werden. Auch die anglikanische *„Protestantische Bischofskirche in Amerika"* (= „Protestant Episcopal Church in America") hat weitere Anregungen gegeben. Diese haben tatsächlich zur Einberufung der ersten ökumenischen Konferenz geführt, nachdem eine notwendige Unterbrechung durch den Ersten Weltkrieg wieder überwunden worden ist.

So ist die Ökumenische Bewegung zunächst in dem einen Zweig emporgewachsen, der in der *„Weltkonferenz für Glauben und Kirchenverfassung"* (Faith and Order) sich ausgedrückt hat. Sie ist 1927 in Lausanne und 1937 in Edinburgh zusammengetreten. Auf ihr sind die schweren, zwischen den Kirchen stehenden dogmatischen Fragen mit dem Resultat eröffnet worden, daß man in vielen Punkten erst einmal die Differenzen und ihre Begründungen von seiten der Kirchen deutlich herausstellen müsse, ehe es möglich sein wird, diese zu größerer Einheit zusammenzuführen. Es zeigt sich aber auch bei diesem Bemühen von vornherein die Schwierigkeit, eine Einigung der Kirchen gerade in den sie trennenden dogmatischen Fragen herbeizuführen.

Es ist deshalb in dem gleichen Zeitraum von dem schwedischen Erzbischof *Nathan Söderblom* ein anderer Weg beschritten worden. Söderblom ist der Überzeugung gewesen, daß es notwendig sei, die Kirchen nicht zuerst auf den Gebieten der Lehre, sondern durch ihr gemeinsames Arbeiten an den Nöten der Welt von heute zusammenzuführen.

Er ist darin Bestrebungen begegnet, die schon am Vorabend des Ersten Weltkrieges von deutscher und englischer Seite ausgegangen sind. Diese zielen darauf ab, die Kirchen durch eine Freundschaftsarbeit für den Frieden zu verbinden, um dadurch die drohende Katastrophe des Ersten Weltkrieges abzuwenden.

Alle diese Bemühungen wurden aber durch den Ausbruch des Ersten Weltkrieges für viele Jahre unterbrochen. Erst nach seiner Beendigung konnte Söderblom erneut die Kirchen zusammenrufen. Er hat sie eingeladen, zu „gemeinsamer Arbeit an der christlichen internationalen Brüderlichkeit und Einheit der Völker, Herausarbeitung der Grundsätze für die soziale Erneuerung der Gesellschaft, Schaffung einer gemeinsamen Stimme des christlichen Gewissens."

Nach diesen Vorbereitungen ist im August 1925 die erste *„Weltkonferenz für Praktisches Christentum" in Stockholm* zusammengetreten. Ihr ist dann die zweite Konferenz 1937 in Oxford gefolgt. Auf diesen Konferenzen hat man die dringendsten ethischen Fragen der Nachkriegszeit, vor allem die sozial-ethischen Probleme, vor die alle Kirchen in gleicher Weise gestellt gewesen sind, bearbeitet. Es hat sich aber schnell gezeigt, daß man sich auch in den ethischen Fragen nicht einigen kann, solange man nicht in gewissen dogmatischen Grundfragen und in denen des Bekenntnisses sich geeinigt hat.

Die beiden Weltkonferenzen für Glauben und Kirchenverfassung sowie für Praktisches Christentum haben also erkannt, daß sie aufeinander angewiesen sind, so daß sie noch im Jahr 1937 ihre Vereinigung zu einer Weltkonferenz beschlossen haben. Diese Vereinigung zu einem *„Vorläufigen Ökumenischen Rat der Kirchen"* ist 1938 in Utrecht erfolgt. Jetzt ist die Formel wiederaufgenommen worden, die in der Pariser Basis von 1855 gebildet worden ist. Man ist darin übereingekommen, daß es gelte, „Jesus Christus als Gott und Heiland anzuerkennen". So ist die Pariser Basisformel von 1855 zu einer Sammlungs- und Ausscheidungsformel der neuen Ökumenischen Bewegung geworden.

Über diese Einigungsbestrebungen ist der Zweite Weltkrieg hereingebrochen. Erst nach einem weiteren Jahrzehnt konnten sich die trotz aller kriegerischen Wirrnisse doch nicht mehr voneinander zu trennenden Kirchen auf der *„Ersten Weltkirchenkonferenz von Amsterdam“ im August/September 1948* zum *„Ökumenischen Rat der Kirchen“* verbinden.

Diese Vereinigung ist das wichtigste Ereignis in der neueren Geschichte des Christentums, denn hier haben sich alle protestantischen Kirchen einschließlich der anglikanischen Kirchengemeinschaft zusammengefunden, wobei in der Tat die Pariser Basisformel die einigende Grundlage abgegeben hat. Auch die orthodoxen Kirchen, die nicht im politischen Machtbereich Sowjetrußlands gelegen waren, schlossen sich der neuen Vereinigung an. Diese versteht sich jetzt in folgender Weise:

> „Der Ökumenische Rat ist eine Gemeinschaft
> von Kirchen, die unseren Herrn Jesus Christus
> als Gott und Herrn anerkennen.“

Von diesem Streben nach Einheit haben sich zunächst die russisch-orthodoxe Kirche und die römisch-katholische Kirche ferngehalten. Es hat erst noch einer weiteren Entwicklung der Lehrgrundlagen des Ökumenischen Rates der Kirchen bedurft, um nach der entsprechenden Erweiterung der Basis die Voraussetzungen für den Anschluß der russischen und weiterer orthodoxer Kirchen zu schaffen. Zu gleicher Zeit ist es aufgrund der neuformulierten Basis auch möglich gewesen, den Zutritt der protestantischen Pfingstkirchen zum Ökumenischen Rat der Kirchen zu erreichen.

Die Weltkirchenkonferenz von Neu-Delhi 1961 hat die Erweiterung der Basis vorgenommen und damit die Voraussetzungen geschaffen, die es den genannten Kirchen ermöglicht haben, sich dem Ökumenischen Rat der Kirchen anzuschließen. Die neuformulierte Basis hat zwar die Pariser Formel beibehalten, sie aber einerseits durch die Bezugnahme auf die Heilige Schrift, andererseits durch die Einbeziehung einer trinitarischen Formel, wie sie gerade von orthodoxer Seite aus gewünscht worden ist, erweitert. Die Basis hat jetzt folgenden Wortlaut:

> „Der Ökumenische Rat der Kirchen ist eine Gemeinschaft von Kirchen, die den Herrn Jesus Christus gemäß der Heiligen Schrift als Gott und Heiland bekennen und darum gemeinsam zu erfüllen trachten, wozu sie berufen sind, zur Ehre Gottes des Vaters, des Sohnes und des Heiligen Geistes.“

Auch das Programm für die gemeinsame Arbeit der Kirchen ist in Neu-Delhi neu festgelegt worden. Durch die allgemeine Weltentwicklung sind die Kirchen genötigt worden, sich in einem viel stärkeren Ausmaß als bisher den Weltproblemen, insbesondere den Fragen der dritten Welt, zuzuwenden.

Die Erweiterung der Basis des Ökumenischen Rates der Kirchen in Neu-Delhi hat schließlich auch die Voraussetzung dafür geschaffen, daß die römisch-katholische Kirche ihre Zurückhaltung gegenüber der Ökumenischen Bewegung aufgegeben und ihre Positionen auf dem Zweiten Vatikanischen Konzil einer Prüfung unterzogen hat. Das Ergebnis dieser Überlegungen ist, daß die römisch-katholische Kirche nicht nur die in den nichtkatholischen Einigungsbestrebungen ihr entgegenkommenden

Tendenzen, sondern auch in den von ihr getrennten kirchlichen Gemeinschaften bestimmte Merkmale des Kircheseins erkannt hat, die mit den von ihr selbst dafür geltend gemachten Kriterien übereinstimmen.

Wenn sie auch nicht ihre volle Realität, wie sie in der katholischen Kirche nach der Auffassung derselben zur Erscheinung kommen, erreicht haben, so ist es doch nicht länger möglich, den getrennten Gemeinschaften die Merkmale des Kircheseins abzusprechen. Das Zweite Vatikanische Konzil hat die getrennten Gemeinschaften ausdrücklich als „kirchliche Gemeinschaften" angesprochen, wofür man einen eigenen neuen Begriff gebildet hat (ekklesial).

Es war schon ein wichtiger Schritt der römisch-katholischen Kirche, daß an den *Weltkirchenkonferenzen von Uppsala 1968 und von Nairobi 1975* offizielle römische Beobachter teilgenommen haben, wie seitdem überhaupt zwischen dem Ökumenischen Rat der Kirchen und dem katholischen Sekretariat für die Einheit der Christen bald nähere Kontakte herbeigeführt worden sind, die sich durch gemeinsam von beiden Seiten besetzte Studienkommissionen und durch andere Kontakte und Gespräche und durch eine förderliche Zusammenarbeit, besonders in den Fragen der Entwicklungshilfe, ausgedrückt haben.

Namentlich letztere ist auf der *ökumenischen Konferenz von Beirut 1968* hervorgetreten. Diese hat sich fast ausschließlich mit den Fragen der dritten Welt befaßt. Sie hat ein erstes gemeinsam erarbeitetes ökumenisches Dokument verabschiedet. Von der Frage einer Ökumene der Kirchen ist man sogar zu der nach einer *„Ökumene der Religionen"* weitergeführt worden. Zum ersten Mal hat an dieser christlichen Konferenz ein offizieller Beobachter des Islam teilgenommen.

Die Ökumenische Bewegung in der Neuzeit hat nicht nur die protestantischen Kirchen in wesentlichen Punkten einander nähergebracht und manche inzwischen erfolgten kirchlichen Zusammenschlüsse ermöglicht bzw. sich in diesen ausgewirkt, sondern auch die *protestantische, katholische und orthodoxe Christenheit in eine neue Relation* zueinander gesetzt.

Diese Tatsache ist ein Ereignis von hoher weltgeschichtlicher Relevanz, weil sie das gemeinsame Handeln der Christenheit angesichts der Weltprobleme deutlich macht. Andererseits bezeugt sie auch die christliche Mitverantwortung für die Entwicklung der Welt, die sich insbesondere in der gemeinsamen Friedensarbeit der Kirchen ausgedrückt hat und ausdrückt. Diese muß sich notwendigerweise auch darin weltgeschichtlich auswirken, daß sie zu der *Frage nach dem Beitrag der Weltreligionen zum Weltfrieden* weiterführt und nun mit der in Beirut gegründeten „Ökumene der Religionen" weitere Überlegungen verbindet. Die Ökumenische Bewegung hat dafür die entscheidenden Voraussetzungen auf christlicher Seite geschaffen, wenn die großen Weltreligionen jetzt die Frage erörtern, die die Kirchen zuvor besprochen haben, welchen Beitrag sie gerade als Religionen für die Schaffung und Erhaltung des Weltfriedens leisten können.

DREISSIGSTER SCHWERPUNKT:

Die Problematik der Missionskirchen (Die Jungen Kirchen)

Das bedeutsame Resultat, mit dem die Betrachtung der Geschichte des Christentums im 19. und 20. Jahrhundert abgeschlossen werden muß, ist die Entwicklung der christlichen Mission. Sie ist gleichmäßig und in gleicher Stärke für alle Kirchen festzustellen. Sie hat zu einer intensiven Ausbreitung des christlichen Glaubens in den beiden Jahrhunderten geführt. Im Christentum ist wie in den großen Weltreligionen mit dem Beginn des 19. Jahrhunderts *ein neuer Missionswille* erwacht, der sich zunächst im Rahmen der kolonialen Ausbreitung der europäischen Großmächte in Afrika, im Fernen Osten und vor allem in Ozeanien realisiert und mit dieser nicht nur die moderne Technik und Industrie, Zivilisation und Kultur, sondern auch die christliche Religion eingeführt hat.

Diese Entwicklung hatte die Ausbreitung des christlichen Glaubens in alle Teile der Welt zur Folge. Das Christentum ist dadurch freilich auch als die Religion der kolonialen Herrschaftsmächte erschienen. Trotzdem darf man nicht verkennen, daß die missionarische Aktivität der Kirchen im 19. Jahrhundert, wenn sie auch im Zuge der modernen Kolonialpolitik, des immer mächtiger werdenden Welthandels und des alle Teile der Welt immer stärker verbindenden Weltverkehrs erfolgt ist, *primär aus religiösen Beweggründen hervorgegangen* ist. Diese sind es gewesen, welche die Entwicklung der christlichen Mission zu ihrer Durchdringung der Welt geleitet und diese dann auch in ihrem Aufbau von jungen Kirchen bestimmt haben.

Die römisch-katholische Mission ist mit dem Aufstieg des Katholizismus im 19. Jahrhundert erwacht. Insbesondere haben sie die Orden getragen. Unter einheitlicher kirchlicher Leitung haben sie auch eine bewußte theologische Schulung der Missionare erstrebt und die Heranbildung eines einheimischen Klerus in den Missionsländern zum Ziel gehabt.

Die protestantische Mission ist dagegen nicht von den Kirchen, sondern von einzelnen Missionsgesellschaften betrieben worden. Diese wurden zwar von den Kirchen unterstützt, waren aber selbständig in ihrer Organisation und in ihrem Handeln. Besonders in Nordamerika und in England hat sich ein starker Missionseifer unter den verschiedenen Denominationen entwickelt, die ihre eigenen Missionsgebiete hatten, z. B. die Baptistische Missionsgesellschaft (1792), Londoner Missionsgesellschaft (1795, kongregationalistisch), Kirchliche Missionsgesellschaft (1799, anglikanisch), Wesleyanische Missionsgesellschaft (1814).

Das gleiche gilt von der Missionsbewegung im deutschen Raum, die auch durch einzelne Missionsgesellschaften getragen worden ist, z. B. die Basler (1815), Berliner (1824), Rheinische (1828, Barmen), Norddeutsche (anfangs in Hamburg seit 1836, dann in Bremen seit 1847), Leipziger (Dresden 1819, in Leipzig seit 1847), Gossnerische (Berlin seit 1856) und Hermannsburger (seit 1849) Missionsgesellschaft.

Bei dieser Art missionarischer Arbeit trat das Nebeneinander der Kirchen auf dem Missionsfeld deutlich hervor. Es ließ das ökumenische Problem der Einheit der Kirchen deutlich werden und weckte die Frage, ob die missionierten Gebiete selbst zu kirchlicher Selbständigkeit und zu einem eigenen christlichen Leben gebracht werden können, das unabhängig von den missionierenden Kirchen existieren und sich behaupten kann.

Diese Grundfragen der Mission, die von weltgeschichtlicher Relevanz sind, haben *die Weltmissionskonferenzen* des 20. Jahrhunderts behandelt.

Die erste Zusammenkunft dieser Art stellt *die Weltmissionskonferenz von Edinburgh 1910* dar. Sie ist einerseits der Abschluß der im 19. Jahrhundert vorangegangenen kontinentalen und konfessionellen Missionskonferenzen, andererseits leitet sie eine neue Epoche für die christliche Mission ein. Sie hat den Anfang einer internationalen und interdenominationellen Kooperation der verschiedenen Missionsgesellschaften gebracht. Zum ersten Mal sind hier die Vertreter der großen Missionsgesellschaften und der Kirchen zusammengekommen. Die Missionstätigkeit der verschiedensten Kreise sollte koordiniert werden. Die Missionskirchen sollten zu kirchlicher Selbständigkeit und eigener Missionsarbeit aufgerufen werden. Man hat diese Lösungen in dem Bewußtsein gefunden, daß eine bestimmte Epoche des politischen Lebens, der vermeintlichen Ruhe und Sicherheit, zu Ende geht und daß eine neue heraufzieht, deren kommende Katastrophen man dunkel geahnt hat. Um so bedeutsamer ist der Appell an die Missionskirchen, nach Selbständigkeit gegenüber den missionierenden Kirchen zu streben.

Die zweite Weltmissionskonferenz hat erst nach dem Ersten Weltkrieg gehalten werden können. Es ist die *von Jerusalem 1928*. Sie hat es mit einer von Grund auf veränderten Weltlage zu tun. Ihr Kennzeichen ist, daß die anwesenden Vertreter zugleich die Repräsentanten ihrer Kirchen sind. Die „Jungen Kirchen", wie man die Kirchen der Missionsgebiete jetzt nennt, sind erheblich stark auf dieser Konferenz vertreten. Im übrigen wird die Konferenz von grundsätzlichen Überlegungen nach Wesen und Gehalt der christlichen Mission beherrscht. Man sieht sich in einer neuen Weise den nichtchristlichen Religionen gegenüber, die ja ihrerseits schon den Aufbruch in die abendländische christliche Welt hinein vollzogen hatten.

Diese Problematik ist noch deutlicher auf der *dritten Weltmissionskonferenz von Madras vom Dezember 1938* hervorgetreten. Diese hat die Probleme der christlichen Botschaft in einer nichtchristlichen Umwelt erörtern müssen. Sie hat zum anderen die ekklesiologische Bezogenheit der Mission betont, ja geradezu die Identität von Kirche und Mission herausgestellt. Es ist die letzte Zusammenkunft von Christen gewesen, die im Zuge der kolonialen Ausbreitung der europäischen Staaten auch die Mission betrieben haben.

Durch den Zweiten Weltkrieg aber hat diese Tatsache eine grundlegende Erschütterung erfahren. Mit dem Zweiten Weltkrieg ist zunächst *das koloniale Zeitalter endgültig zu Ende gegangen*. Die Kolonialherrschaft der europäischen Mächte ist in allen Teilen der Welt zusammengebrochen. Damit aber ist *das Problem der Jungen Kirchen* und ihrer

Selbständigkeit aufs neue aufgegeben. Mission wird als Zeugendienst sowie als Arbeit der Kirche in der Welt und an der Welt neu verstanden.

Diese Erfahrung hat sich in den beiden folgenden *Weltmissionskonferenzen, der vierten von Whitby 1947* und *der fünften von Willingen 1952* sofort bemerkbar gemacht. Aber wenn die Mission sich auf ihre eigentliche Aufgabe in der Welt von heute besinnt, sieht sie sich einer weiteren Problematik gegenübergestellt, vor allem der ungeheuren Zunahme der Weltbevölkerung, von der vorauszusehen ist, daß sie progressiv fortgehen und damit die Mission vor ganz neue Fragen stellen wird. Die Christenheit kann mit ihrer missionarischen Ausbreitung keineswegs mit der „Bevölkerungsexplosion" auf Weltebene Schritt halten. Sie wird zu einer Minderheit in der Welt herabsinken. Ebenso muß sie mit einer neuen Konfrontation mit den Weltreligionen rechnen, die ihrerseits von einem starken Expansionsdrang und von einer neuen Aktivität in der Welt ergriffen sind, die in vollem Gegensatz zu ihrer bisherigen Einstellung steht.

Die Expansion der Weltreligionen und ihre gegenseitige Berührung, die oft schon eine Durchdringung ist, in allen Teilen der Welt sind für die religiöse Lage der Gegenwart charakteristisch. Hinsichtlich des Selbstverständnisses der Weltreligionen sind damit aber auch ganz neue Probleme, vor allem in bezug auf die Koordination ihrer Arbeiten auf Weltebene aufgetreten.

Wir können diese Darstellung der christlichen Mission und ihrer Ausbreitung im 19. und 20. Jahrhundert nicht beschließen, ohne auf die Situation zu blicken, wie sie sich in der jüngsten Zeit dargestellt hat.

Die Weltmissionskonferenz von Achimota (Ghana) 1957/58 hat deutlich gemacht, daß (wie es ihr offizieller Bericht sagt) die christliche Mission sich selbst zum Problem geworden ist. Das die protestantische Mission von Anfang an beherrschende Problem nach dem Verhältnis Mission und Kirche und nach dem Recht der Verkündigung der christlichen Botschaft in einer nichtchristlichen Welt hat durch den Beschluß zur Integration des seit 1921 bestehenden Internationalen Missionsrates in den Ökumenischen Rat der Kirchen eine Lösung nach der grundsätzlichen Seite hin gefunden.

Jetzt ist es deutlich geworden, daß Mission fortan nicht mehr als eine Sache der einzelnen Kirchen oder von privaten Vereinigungen betrieben werden kann, sondern daß sie als ein Werk der Gemeinschaft der Kirchen angesehen werden muß, wie es durch den Ökumenischen Rat der Kirchen instituiert worden ist. Es ist damit die Aufgabe gegeben, das missionarische Bewußtsein in den Jungen Kirchen selbst zu wecken und sie zur Ausbildung derjenigen einheimischen, eigenen Kräfte anzuregen, deren sie für das Missionsfeld bedürfen, vor allem auch für ihren eigenen Nachwuchs zu sorgen.

Ferner ist mit *der Aufnahme des Internationalen Missionsrates in den Ökumenischen Rat der Kirchen (Neu-Delhi 1961)* nicht nur die Gemeinsamkeit des Zeugnisses gegenüber der nichtchristlichen Welt gefordert, sondern auch die Frage nach dem Verhältnis des Christentums zu den nichtchristlichen Religionen neu aufgeworfen. Schon diese Fragestellung zeigt den *Übergang der christlichen Mission in eine neue Phase ihres Wirkens,* sowohl was ihre Verkündigung als auch ihre Begegnung mit den nichtchristlichen Weltreligionen betrifft, mit denen man jetzt in einen engen Dialog („Dialog mit anderen Religionen", „Die Konsultation der Religionen von Ajaltoun-Beirut 1970") und in eine bisher unbekannte Kooperation eingetreten ist.

SCHLUSSBETRACHTUNG:

Was gibt uns die Beschäftigung mit der Geschichte?

Wir stehen am Ende unserer Schwerpunkt-Betrachtung der Kirchengeschichte. Da ist die Frage berechtigt: Was gibt uns bzw. worin fördert uns in unserer kirchlichen und inneren Haltung diese Beschäftigung mit der Vergangenheit, für die wir gewisse Schwerpunkte eingesetzt haben?

Sie bereichert uns in vielfacher Hinsicht. Wir heben folgende Gesichtspunkte hervor:

1. Die Beschäftigung mit der Geschichte vermittelt uns in jedem Fall, wie gründlich oder oberflächlich sie auch betrieben sein mag, neue Kenntnisse und Erkenntnisse. Indem sie unser Wissen erweitert, erhalten wir Aufschluß darüber, wie wir geworden sind. Wir erfahren *die geschichtliche Bedingtheit unseres Daseins,* der Umstände, unter denen wir leben, und der Menschen und Gemeinschaften, mit denen wir täglich zusammenkommen. Wir stehen alle unter geschichtlichen Gegebenheiten, von denen wir uns nicht freimachen können.

2. Die Beschäftigung mit der Geschichte, insbesondere mit der Kirchengeschichte, *vertieft unseren historischen Blick.* Sie lehrt uns, daß die früheren Verwirklichungen des Glaubens auch heute noch nachwirken und zu den geschichtlichen Bedingtheiten unseres Seins gehören, unter denen wir stehen. Wir können die Erfahrung machen, daß diese Realisationen des Glaubens in der Vergangenheit nur relativ abgeschlossen sind, weil sie heute, in unseren Tagen, jederzeit wieder aufbrechen und neue Gestalt annehmen können.

3. Jede Beschäftigung mit der Geschichte, erst recht mit der Kirchengeschichte, *läßt uns das Menschliche, Fehlsame und auch Irrende im Handeln der Menschen erkennen.* Aber sie läßt uns auch das Über-Menschliche, Wahre und Sichere im Urteil und in den Aktivitäten der Menschen wahrnehmen. Weil sie uns beides zeigt, macht uns jede Beschäftigung mit der Geschichte bescheiden, tolerant und demütig. Sie sorgt dafür, daß in uns nicht ein falscher Hochmut aufkommen kann, der meint, er würde Kläger sein und es besser machen, als unsere Vorläufer gewesen sind und es gemacht haben.

4. Jede Beschäftigung mit der Geschichte ruft uns zu verantwortlichem Handeln auf. Das gilt insbesondere für die Beschäftigung mit der Kirchengeschichte. Wir entnehmen ihr ja nicht nur die geschichtliche Bedingtheit unseres Seins, sondern wir lernen auch durch sie, *unsere Aufgabe für die Gestaltung der Zukunft* zu erkennen. Die Geschichte zeigt uns, was untergehen und sterben, aber auch, was bleiben und fortwirken muß. Durch unser Handeln gewinnt die Geschichte immer wieder neues Leben. Durch die Beschäftigung mit der Geschichte lernen wir deshalb auch *unseren Standort in der Gegenwart kennen.*

5. Die hier geübte Betrachtung der kirchlichen Vergangenheit läßt uns insbesondere *den ökumenischen Charakter der Kirchengeschichte* erkennen, denn sie gehört nicht einer, sondern allen Kirchen; diese müssen in ihr ihre eigene Vorgeschichte erblicken, als deren Ergebnis sie sich heute durch die Wirksamkeit der verschiedenen, immer wirksamen Faktoren darstellen. Wie geschichtliche Besonderungen, das Handeln und die Entscheidungen der Menschen die Trennung der Kirchen voneinander bedingt haben und bedingen, so sind es doch eben dieselben Größen, die sie miteinander verbinden und die in der Geschichte hervorgetretenen Spaltungen wieder zu überwinden und ihre Schäden wieder zu heilen suchen. Die Tendenz zu Trennung und Spaltung, zu Differenzierung und Besonderung, der Ausdruck des Einmaligen, Unwiederholbaren, gerade heute, hier und jetzt Erforderlichen ist ein zum geschichtlichen Leben gehörendes Phänomen, ebenso wie das mit ihm immer einhergehende, immer gleichzeitig mit ihm auftretende, durch es auch immer wieder ausgelöste Moment der geschichtlichen Einheit, des Überwindens aller Besonderungen und des überzeitlich Allgemeinen, das sich nur gebrochen in den Besonderungen darstellen kann.

In diesem die Geschichte und insbesondere die Kirchengeschichte ständig durchziehenden Prozeß stellt sich uns *die Ökumenizität der Kirchengeschichte* dar. Sie zeigt uns die eigentümliche Bewegtheit des Lebens der Kirche Jesu Christi, die durch den Ruf in seine Nachfolge je und je begründet und aktualisiert wird, in ihrem geschichtlichen Dasein. Dieses ist immer beides zugleich, Ansatz zu Vollendung und Erfüllung wie Gebrochenheit und Vereinzelung, geschichtliches Hier und Jetzt als Repräsentation des Ganzen und der geschichtlichen Einheit.

So können wir gerade in und über den einzelnen, hier zur Darstellung gebrachten „Schwerpunkten" der Kirchengeschichte jeweils ein Stück des Lebens der Kirche Jesu Christi in der Geschichte erkennen, das immer auch unsere eigene Geschichte umfaßt. Alle christlichen Kirchen haben ja nicht nur die gleiche Vorgeschichte, sondern immer auch dasselbe, dieses transzendierende Ziel der Geschichte. Darum weist jedes geschichtliche Ereignis mit allen seinen Besonderheiten immer über sich selbst hinaus, indem es nach dem Sinn des einzelnen Geschehens im Ablauf des Ganzen ebenso wie nach seiner Bedeutung für die gegenwärtige Stunde fragen läßt.

Gerade für die Kirchengeschichte ist diese doppelte Fragestellung notwendig, denn sie ist in ihrem ökumenischen Charakter begründet bzw. nur aus ihm abzuleiten. Indem wir die Vorgeschichte aller kirchlichen Gemeinschaften darstellen, zeigen wir zugleich die diesen inhärenten Tendenzen zu Zusammenfassung und Einheit auf, die ebenso ein grundlegender Wesenszug der Kirche Jesu Christi sind, wie ihr jeweiliges Eindringen in Raum und Zeit und damit auch ihrer jedesmaligen geschichtlichen Besonderung. Der eschatologische Charakter der Geschichte und die eschatologische Grundhaltung des sie darstellenden Historikers werden durch diese derart geübte Schau der Geschichte deutlich. Sie allein kann uns vor einem falschen Geschichtsoptimismus und einer vordergründigen Kulturfreudigkeit bewahren, so daß wir von einem negativen Geschichtspessimismus und einer Abwertung aller nun einmal immer geschichtsgebundenen Äußerungen befreit sind. So führt uns gerade die Beschäftigung mit der Kirchengeschichte dazu, *das Moment der geschichtlichen Distanz ebenso zu betonen wie die Vorläufigkeit und den Ansatzcharakter aller ihrer Hervorbringungen.*

Literaturverzeichnis

ALLGEMEINE DARSTELLUNGEN DER KIRCHENGESCHICHTE

Bihlmeyer, K. / Tüchle H., Kirchengeschichte, 3 Bde., Paderborn [17]1961/62.

Franzen, A., Kleine Kirchengeschichte, Freiburg i. Br. [4]1973 (Herderbücherei 237).

Frohnes, H. / Gensichen, H. W. / Kretschmar, G. (Hrsg.), Kirchengeschichte als Missionsgeschichte. Bd. I: Die Alte Kirche, München 1973 – Bd. II: Die Kirche des frühen Mittelalters (hrsg. von Schäferdiek, K.), München 1977.

Hermelink, H., Das Christentum in der Menschheitsgeschichte von der Französischen Revolution bis zur Gegenwart, 3 Bde., Stuttgart 1951–55.

Jedin, H. (Hrsg.), Handbuch der Kirchengeschichte. Bd. I–VI, 2. Freiburg–Basel–Wien 1965–72.

Kantzenbach, F. W., Christentum in der Gesellschaft. Grundlinien der Kirchengeschichte, Bd. I: Alte Kirche und Mittelalter, Hamburg 1975; Bd. 2: Reformation und Neuzeit, Hamburg 1976 (Siebenstern-Taschenbuch 185, 186).

Kottje, R. / Möller, B. (Hrsg.), Ökumenische Kirchengeschichte, 2 Bde., Mainz–München 1970–73.

Krüger, G., Handbuch der Kirchengeschichte, 4 Bde., Tübingen [2]1923–31.

Kupisch, K., Kirchengeschichte, Bd. 1–5, Stuttgart 1976–77 (Urban-Taschenbücher, Bd. 168–172).

Loewenich, W. v., Die Geschichte der Kirche. Bd. I: Altertum und Mittelalter (München 1964); Bd. II.

Lortz, J., Geschichte der Kirche in ideengeschichtlicher Betrachtung. Bd. I und II, Münster [21]1962–64.

Meinhold, P., Das Christentum bis zur karolingischen Reichsgründung, in: Saeculum-Weltgeschichte III (1967). – Die Reformation, ihre geistigen Grundlagen und ihre Auswirkungen auf die kirchliche und politische Erneuerung Europas, ebd., V (1970). – Das Christentum in der Neuzeit, ebd., VII (1975).

Möller, B., Geschichte des Christentums in Grundzügen, Göttingen 1965.

Müller, K. / Campenhausen, H. v., Kirchengeschichte, 2 Bde., in 4 Halbbdn., Tübingen [3]1941.

Rogier, L. J. / Aubert, R. / Knowles, K. D. (Hrsg.), Geschichte der Kirche, 5 Bde., Einsiedeln 1963ff.

Schmidt, K. D. / Wolff, E. (Hrsg.), Die Kirche in ihrer Geschichte. Ein Handbuch (in einzelnen Lieferungen erschienen 1961–72).

Schmidt, K. D., Grundriß der Kirchengeschichte. Mit und zur Ökumene von E. Fahlbusch. Göttingen [6]1975.

SPEZIELLE DARSTELLUNGEN

Armogathe, J.-R., 21 × Erneuerung. Von Nizäa zum II. Vaticanum, Graz–Wien–Köln 1979.

Feine, H. E., Kirchliche Rechtsgeschichte. Bd. I: Die Katholische Kirche, Weimar [4]1967.

Jedin, H., Kleine Konziliengeschichte, Freiburg i. Br. [7]1967 (Herderbücherei 51).

Meinhold, P., Konzile der Kirche in evangelischer Sicht, Stuttgart 1962.

Plöchl, W. M., Geschichte des Kirchenrechts, 3 Bde., Wien–München [2]1960ff.

QUELLENSAMMLUNGEN

Mansi, G. O., Sacrorum conciliorum nova et amplissima collectio, 60 Bde., Paris 1759ff. – Neudruck und Fortsetzung: Paris 1899ff.
Migne, J. P., Patrologia latina, 221 Bde., Paris 1844–1864 (Ergänzungsbände von Hammann, A., Paris 1958ff) (=MPL).
Migne, J. P., Patrologia graeca, 161 Bde., Paris 1857–1866 (=MPG).
Mirbt, C., Quellen zur Geschichte des Papsttums und des römischen Katholizismus, Tübingen [4]1923. (I [6]1967, hrsgg. von Aland, K.).
Bibliothek der Kirchenväter, hrsg. von Bardenhewer, O. 1. Reihe 63 Bde., 2. Reihe 20 Bde. Kempten–München [2]1911–39 (=BKV[2]).
Corpus scriptorum ecclesiasticorum latinorum, Wien 1860ff (=CSEL).
Die griechischen christlichen Schriftsteller der ersten Jahrhunderte, Leipzig 1897ff (=GCS).
Corpus Christianorum seu nova Patrum eclectio, Turnhout und Paris 1933ff (=CChr.).

ALLGEMEINE NACHSCHLAGEWERKE

Atlas zur Kirchengeschichte. Die christlichen Kirchen in Geschichte und Gegenwart. Hrsg. von *H. Jedin, K. H. Latourette, J. Martin.* Unter Mitwirkung zahlreicher Fachgelehrter bearbeitet von *Jochen Martin,* Freiburg–Basel–Wien 1970.
Dictionnaire d' Archéologie chrétienne et de liturgie, hrsgg. von *F. Cabril* und *H. Leclerq,* Paris 1924ff (=DACL).
Lexikon für Theologie und Kirche, Freiburg i. Br. [2]1957ff (=LThK[2]).
Reallexikon für Antike und Christentum, hrsgg. von *Th. Klauser.*
Die Religion in Geschichte und Gegenwart, Tübingen [3]1956ff (=RGG[3]).

ARBEITSBÜCHER

Bornkamm, H., Zeittafeln zur Kirchengeschichte, Gütersloh [3]1971.
Deretz, J. / Nocent, A., Konkordanz der Konzilstexte, Graz–Wien–Köln 1968.
Ritter, A. M., Alte Kirche. Ein Arbeitsbuch von Krumwiede, H. W., und Obermann, H. A., Neukirchen–Vluyn 1977 (Kirchen- und Theologiegeschichte in Quellen [1]).
Schuster, H. / Ringshausen, K. / Tebbe, W. (Hrsg.), Quellenbuch zur Kirchengeschichte I/II. Von der Urgemeinde bis zum Beginn des 19. Jahrhunderts. Frankfurt [8]1971. III. Vom Beginn des 19. Jahrhunderts bis zur Gegenwart. Frankfurt [8]1968.

ZUM EINGANG:
WARUM TREIBEN WIR KIRCHENGESCHICHTE?

Benz, E., Kirchengeschichte in ökumenischer Sicht, Leiden–Köln 1961.
Meinhold, P., Geschichte der kirchlichen Historiographie, 2 Bde., Freiburg i Br. 1967.
Meinhold, P., Kirchengeschichte als ökumenische Aufgabe, in: Meinhold, P., Das Dreieck der Christenheit, Hamburg 1975, S. 247–263.

ERSTER SCHWERPUNKT:
JESUS VON NAZARETH UND DER RUF IN DIE NACHFOLGE

Bornkamm, G., Jesus von Nazareth, Stuttgart [7]1965.
Bultmann, R., Jesus. Berlin 1926; Nachdruck Tübingen 1951.
Bultmann, R., Die Geschichte der synoptischen Tradition, Göttingen [8]1970.

Cullmann, O., Die Christologie des Neuen Testaments, Tübingen [3]1965.
Conzelmann, H., Die Mitte der Zeit, Studien für Theologie des Lukas, Tübingen [5]1964.
Dibelius, M., Jesus. Berlin–New York [4]1966 (mit einem Nachtrag von Werner Georg Kümmel) (Sammlung Göschen, Bd. 1130).
Hahn, F., Christologische Hoheitstitel. Ihre Geschichte im frühen Christentum, Göttingen 1963.
Roloff, J., Das Kerygana und der irdische Jesus, Göttingen 1970.
Schillebeeckx, E., Jesus. Die Geschichte von einem Lebenden. Freiburg–Basel–Wien 1975, niederländische Ausgabe Bloemendad [3]1975.
Schnackenburg, R., Die Kirche im Neuen Testament, Freiburg i Br. 1961.
Schnackenburg, R., Nachfolge Christi – heute. Antworten und Weisungen aus dem Neuen Testament. Freiburg–Basel–Wien 1976 (Herderbücherei 595).
Schultz, S., Die Spruchquelle der Evangelisten, Zürich 1972.
Stauffer, E., Jesus. Gestalt und Geschichte, Bern 1957.

ZWEITER SCHWERPUNKT: DIE URGEMEINDEN ZU JERUSALEM UND ANTIOCHIEN. MISSION UND THEOLOGIE DES APOSTELS PAULUS

Biser, E., Der Zeuge. Eine Paulus-Befragung, Graz–Wien–Köln 1981.
Bornkamm, G., Das Ende des Gesetzes. Paulusstudien, München [5]1966.
Campenhausen, H. v., Die Askese im Urchristentum, Tübingen 1949.
Campenhausen, H. v., Kirchliches Amt und geistliche Vollmacht in den ersten drei Jahrhunderten, Tübingen 1953.
Cullmann, O., Petrus, Jünger – Apostel – Märtyrer, Zürich [2]1960.
Cullmann, O., Urchristentum und Gottesdienst, Zürich [4]1962.
Dibelius, M./Kümmel, W. G., Paulus, Berlin–New York, [4]1970 (Sammlung Göschen, Bd. 1160).
Gaechter, P., Jakobus von Jerusalem, in: ZkTh 76 (1954), S. 129–169.
Gaechter, P., Petrus und seine Zeit, Innsbruck 1958.
Goppelt, C., Die apostolische und nachapostolische Zeit, Göttingen [2]1966 (Die Kirche in ihrer Geschichte, Lfg. A.).
Kirschbaum, E., Die Gräber der Apostelfürsten, Frankfurt/M. [2]1959.
Lohmeyer, E., Probleme paulinischer Theologie, Stuttgart 1955.
Reicke, B., Glaube und Leben der Urgemeinde, Zürich 1957.
Reicke, B., Neutestamentliche Zeitgeschichte, Berlin [2]1968.
Schlier, H., Die Zeit der Kirche, Freiburg i. Br. [4]1966.
Schnackenburg, R., Die Kirche im Neuen Testament, Freiburg i. Br. [3]1966.

DRITTER SCHWERPUNKT: DIE APOSTOLISCHEN VÄTER

Altaner, B., Patrologie. Leben, Schriften und Lehren der Kirchenväter, Freiburg [7]1966.
Andresen, C., Die Kirchen der alten Christenheit, Stuttgart–Berlin–Köln–Mainz 1971.
Bauer, W., Rechtgläubigkeit und Ketzerei im ältesten Christentum, Tübingen [2]1964.
Campenhausen, H. v., Die Idee des Martyriums in der alten Kirche, Göttingen [2]1964.
Campenhausen, H. v., Aus der Frühzeit des Christentums, Tübingen 1963.
Chadwick, H., Die Kirche in der antiken Welt. Berlin–New York 1972 (Sammlung Göschen, Bd. 7002).
Fischer, J. A., Die apostolischen Väter, Darmstadt 1956.
Lietzmann, H., Geschichte der Alten Kirche, 4 Bde., Berlin [4]1961.

VIERTER SCHWERPUNKT: RÖMISCHER STAAT UND CHRISTLICHE KIRCHE

Harnack, A. v., Mission und Ausbreitung des Christentums in den ersten drei Jahrhunderten, 2 Bde., Leipzig [4]1924.
Koep, L., Antikes Kaisertum und Christusbekenntnis im Widerspruch, in: Jb. f. Antike und Christentum [4](1961), S. 58–76.
Kruse, H., Studien zur offiziellen Geltung des Kaiserbildes im Römischen Reich, Paderborn 1934.
Moreau, J., Die Christenverfolgung im Römischen Reich, Berlin 1961.
Speigl, J., Der römische Staat und die Christen, Amsterdam 1970.
Stauffer, E., Christus und die Caesaren, Hamburg [4]1954.
Vogt, J. u. Last, H., Art. Christenverfolgung I und II, in: RAC II (1954), Sp. 1159–1208 und Sp. 1208–1228.
Vogt, J., Zur Religiosität der Christenverfolger im Römischen Reich (Sitzungsber. d. Heidelb. Akademie d. Wiss., Phil. Jahrg. 1962, 1 Heidelberg).

FÜNFTER SCHWERPUNKT: CHRISTLICHE KIRCHE UND RÖMISCHER STAAT

Eger, H., Kaiser und Kirche in der Geschichtstheologie Eusebs von Cäsarea, in: ZNW 38 (1959), S. 97–115.
Hammann, A., Das Heldentum der frühen Märtyrer, Aschaffenburg 1954.
Hernegger, R., Macht ohne Anfang, Olten–Freiburg 1963.
Hertling, L. v. / Kirschbaum, E., Die römischen Katakomben und ihre Märtyrer, München [2]1960.
Hornus, J. M., Politische Entscheidung in der alten Kirche, 1963.
Instinsky, H. U., Die alte Kirche und das Heil des Staates, 1963.
Knopf, R. / Krüger, G., Ausgewählte Märtyrerakten, Tübingen [4]1965.
Kirschbaum, E., Die römischen Katakomben und ihre Märtyrer, Wien [2]1953.
Kretzschmar, G. / Lohse, B. (Hrsg.), Ecclesia und Res Publica, Göttingen 1961.
Normann, F., Christos Didaskalos, Münster 1967.
Rahner, H., Kirche und Staat im frühen Christentum, München 1961.

SECHSTER SCHWERPUNKT: KONSTANTIN DER GROSSE

Aland, K., Das Konstantinische Zeitalter, in: Kirchengeschichtliche Entwürfe, Gütersloh 1960, S. 165ff.
Dörries, H., das Selbstzeugnis Kaiser Konstantins, Göttingen 1954.
Dörries, H., Konstantin der Große, Stuttgart 1958 (Urbanbuch 29).
Kraft, H., Kaiser Konstantins religiöse Entwicklung, Tübingen 1955.
Vogt, J., Constantin der Große und sein Jahrhundert, Stuttgart [2]1960.
Vogt, J., Art. Constantinus d. Gr., in: RAC III (1957), Sp. 306–379.
Vogt, J., Konstantin der Große und das Christentum, Zürich 1960.

SIEBENTER SCHWERPUNKT: DIE ENTWICKLUNG DES PAPSTTUMS

Franzen, A. / Bäumer, R., Papstgeschichte. Das Petrusamt in seiner Idee und seiner geschichtlichen Verwirklichung in der Kirche, Freiburg i. Br. 1974 (Herderbücherei 424).
Haller, J., Das Papsttum. Idee und Wirklichkeit. 5 Bde., [2]1950–53. – Neudruck Darmstadt 1962.

Schwaiger, G., Geschichte der Päpste. Von den Anfängen bis zur Gegenwart, München 1964.
Seppelt F. X. / Schwaiger, G., Geschichte der Päpste von den Anfängen bis zur Mitte des 20. Jh.s, 6 Bde., München ²1954ff.

ACHTER SCHWERPUNKT: DIE ENTFALTUNG DES GLAUBENS

Adam, A., Lehrbuch der Dogmengeschichte I–II, Gütersloh 1968, ²1970.
Campenhausen, H. v., Griechische Kirchenväter, Stuttgart 1955 (Urban-Bücher 11).
Campenhausen, H. v., Lateinische Kirchenväter, Stuttgart 1960 (Urban-Bücher 60).
Dallmayer, H., Die vier großen Konzilien: Nicaea, Konstantinopel, Ephesos, Chalcedon, München 1961.
Grillmeier, A. / Bacht, H., Das Konzil von Chalkedon, 2 Bde., Würzburg ²1959.
Hammann, A., Die Kirchenväter, Freiburg i. Br. 1967 (Herderbücherei 268).
Lohse, B., Epochen der Dogmengeschichte, Stuttgart ²1970.
Urbino, de Ortiz, Nizäa und Konstantinopel (Geschichte der ökumenischen Konzilien, hrsg. von G. Dumeige und H. Bacht, Bd. I), Mainz 1965.
Ritter, A., Das Konzil von Konstantinopel und sein Symbolum, Göttingen 1965.
Schmaus, H. / Grillmeier, A. / Scheffczyk, L., Handbuch der Dogmengeschichte, Freiburg i. Br. 1951ff (erscheint in Lieferungen).

NEUNTER SCHWERPUNKT: GERMANISCHE STAATEN IM RÖMISCHEN REICH

Dannenbauer, H., Die Entstehung Europas. Von der Spätantike zum Mittelalter, 2 Bde., Stuttgart 1959–62.
Décarreaux, J., Die Mönche und die abendländische Zivilisation, Wiesbaden 1964.
Delius, W., Geschichte der irischen Kirche von ihren Anfängen bis zum 12. Jahrhundert, München 1954.
Biehler, L., Irland, Wegbereiter des Mittelalters, Olten 1961.
Haendler, G., Das Christentum und die Germanen bis Bonifatius, Berlin (Ost) 1961.
Haendler, G., das Frühmittelalter, Göttingen 1961.
Haendler, G. / Stökl, G., Geschichte des Frühmittelalters und der Germanenmission. Geschichte der Slawenmission, Göttingen 1961 (Die Kirche in ihrer Geschichte. Lfg. E).
Lortz, J., Bonifatius und die Grundlegung des Abendlandes, Wien 1954.
Schieffer, Th., Winfried, Bonifatius und die christliche Grundlegung Europas, Frankfurt 1954.

ZEHNTER SCHWERPUNKT: DAS KAROLINGISCHE REICH – THEOLOGIE UND FRÖMMIGKEIT ZUR ZEIT DER KAROLINGER

Braunfels, W. (Hrsg.), Karl der Große. Lebenswerk und Nachleben, 3 Bde., Düsseldorf 1965.
Bullough, D., Karl der Große und seine Zeit, Wiesbaden 1966.
Fleckenstein, J., Die Bildungsreform Karls d. Gr., Freiburg 1953.
Haendler, G., Epochen karolingischer Theologie, 1958.
Löwe, H., Das Bild des Bonifatius in der neueren deutschen Geschichtsschreibung, in: Geschichte in Wissenschaft und Unterricht 6 (1955), S. 539–555.
Mohr, W., Die karolingische Reichsidee, Münster 1962.
Ohnsorge, W., Das Zweikaiserproblem im frühen Mittelalter, Darmstadt 1947.

ELFTER SCHWERPUNKT: DER KAMPF GEGEN DAS LANDESKIRCHLICHE SYSTEM

Ehrenforth, G., Hinkmar von Reims und Ludwig III. von Westfranken, in: ZKG 44 (1925), S. 65–98.
Fuhrmann, H., Studien zur Geschichte der mittelalterlichen Patriarchate, in: Zeitschrift der Savigny-Stiftung für Rechtsgeschichte, Kanon. Abtlg. 40 (1954), S. 1—84.
Santifaller, L., Zur Geschichte des ottonisch-salischen Reichskirchensystems, in: Sitz.-Ber. der Österreich. Akademie der Wissenschaften 229, Abtlg. 1 (Wien ²1964).
Schrörs, H., Hinkmar von Reims, Freiburg i. Br. 1884.
Voigt, K., Staat und Kirche von Konstantin d. Gr. bis zum Ende der Karolingerzeit, Stuttgart 1936.

ZWÖLFTER SCHWERPUNKT: DIE ANFÄNGE DES CHRISTENTUMS IN DER SLAWISCHEN VÖLKERWELT

Haendler, G. / Stökl, G., Geschichte des Frühmittelalters und der Germanenmission. Geschichte der Slavenmission. Göttingen 1961. (Die Kirche in ihrer Geschichte. Lfg. E).
Ostrogorski, G., Geschichte des byzantinischen Staates, München ³1962.
de Vries, W., Rom und die Patriarchate des Ostens, Freiburg i. Br. 1963.
Zwischen Rom und Byzanz. Leben und Wirken der Slawenapostel Kyrillus und Methodius nach den Mährisch-Pannonischen Viten und der Klemensvita-Bericht von der Taufe Rußlands nach der Laurentiuschronik. Übersetzt und erklärt von J. Bujnoch, Graz–Wien–Köln ²1970 (Slawische Geschichtsschreiber Bd. 1).

DREIZEHNTER SCHWERPUNKT: DAS REICH DER OTTONEN

Dempf, A., Sacrum Imperium, München ³1962.
Eichmann, E., Die Kaiserkrönung im Abendland, 2 Bde., Würzburg 1942.
Eichmann, E., Weihe und Krönung des Papstes im Mittelalter, München 1951.
Hampe, U., Deutsche Kaisergeschichte in der Zeit der Salier und Staufer, Heidelberg ¹¹1963.
Hauck, A., Kirchengeschichte Deutschlands, Bd. I–V, Leipzig ⁴1904–13.
Holtzmann, R., Geschichte der sächsischen Kaiserzeit, Darmstadt ⁴1961.
Köhler, O., Das Bild des geistlichen Fürsten, Berlin 1935.
Schramm, P. E., Kaiser, Rom und Renovatio, Darmstadt ²1957.
Zimmermann, H., Das dunkle Jahrhundert. Ein historisches Porträt, Graz–Wien–Köln 1971.

VIERZEHNTER SCHWERPUNKT: MORGENLÄNDISCHES UND ABENDLÄNDISCHES MÖNCHTUM UND DIE KIRCHLICHE ERNEUERUNG

Bacht, H., Antonius und Pachomius, Von der Anachorese zum Cönobitentum (Studia Anselmiana 38), Rom 1956.
Bacht, H., Theologie de la vie monastique, Paris 1961.
v. Balthasar, U., Die großen Ordensregeln, Einsiedeln ²1961.
Feldhohn, S., Blühende Wüste. Aus dem Leben palästinensischer und ägyptischer Mönche des 5. und 6. Jahrhunderts, Düsseldorf 1961.
Lohse, B., Askese und Mönchtum in der Antike und in der alten Kirche, München–Wien 1962.
Nagel, P., Die Motivierung der Askese in der alten Kirche und der Ursprung des Mönchtums, Berlin 1966.
Nigg, W., Vom Geheimnis der Mönche, Zürich–Stuttgart 1953.
Prinz, F., Frühes Mönchtum im Frankenreich, 1965.

Ranke-Heinemann, U., Das frühe Mönchtum. Seine Motive nach den Selbstzeugnissen, Essen 1964.
Sackur, E., Die Cluniazenser in ihrer kirchlichen und allgemeingeschichtlichen Wirksamkeit bis zur Mitte des 11. Jahrhunderts, 2 Bde., 1892. Neudruck Darmstadt 1965.
Tellenbach, G., neue Forschungen über Cluny und die Cluniazenser, Freiburg i. Br. 1959.
Tellenbach, G., Zum Wesen der Cluniazenser, in: Saeculum 9 (1958).

FÜNFZEHNTER SCHWERPUNKT: DEUTSCHES KÖNIGTUM UND PAPSTTUM

Hampe, K., Deutsche Kaisergeschichte in der Zeit der Salier und der Staufer, Heidelberg [11]1963.
Kämpf, H. (Hrsg.), Canossa als Wende. Ausgewählte Aufsätze zur neueren Forschung, Darmstadt 1963.
Tellenbach, G., Libertas. Kirche und Weltordnung im Zeitalter des Investiturstreites, Stuttgart 1936.

SECHZEHNTER SCHWERPUNKT: DREI ZEITGENOSSEN: INNOZENZ III. – FRIEDRICH II. – FRANZ VON ASSISI

1. Innozenz III.:

Kempf, U., Papsttum und Kaisertum bei Innozenz III., Rom 1954.
Roscher, H., Papst Innozenz III. und die Kreuzzüge, 1969.
Tillmann, H., Papst Innozenz III., Bonn 1954.
Weise, E., Die Amtsgewalt von Papst und Kaiser und die Ostmission, besonders in der ersten Hälfte des 13. Jahrhunderts, 1971.

2. Friedrich II.:

Engels, O., Die Stauffer, 1972.
Seegrün, W., Kirche, Papst und Kaiser nach den Anschauungen Kaiser Friedrichs II., in: Historische Zeitschrift 207 (1968), S. 4–41.

3. Franz von Assisi:

Balthasar, U. v., Die großen Ordensregeln, Einsiedeln [2]1961.
Doornik, N. G. van, Franz von Assisi. Prophet und Bruder unserer Zeit, Freiburg–Basel–Wien 1977.
Esser, K. / Hardick, L., Die Schriften des hl. Franziskus von Assisi, übersetzt und ausgewählt, Werl 1951.
Esser, K., Der Orden des hl. Franziskus, Werl [2]1952.
Jörgensen, J., Der hl. Franziskus von Assisi 1182–1226, München 1952.
Nigg, W., Vom Geheimnis der Mönche, Zürich–Stuttgart 1953.
Sabatier, P., Leben des hl. Franz von Assisi, Zürich 1953.
Selge, U. V., Franz von Assisi und die römische Kurie, in: ZThK 67 (1970), S. 129–161.

SIEBZEHNTER SCHWERPUNKT: HÖHEPUNKTE MITTELALTERLICHER THEOLOGIE

Chenu, M. D., Das Werk des hl. Thomas von Aquin, Graz–Wien–Köln [2]1982.
Die Deutsche Thomas-Ausgabe. Vollständige, ungekürzte deutsch-lateinische Ausgabe der Summa theologica, übersetzt und kommentiert von Dominikanern und Benediktinern Deutschlands und Österreichs. Hrsgg. von der Albertus-Magnus-Akademie Walberberg bei Köln, von 37 Bden. sind 29 erschienen, Graz–Wien–Köln–Heidelberg 1933–1981.
Grabmann, M., Mittelalterliches Geistesleben, 3 Bde., München 1925–56.

Grabmann, M., Thomas v. Aquin, München [8]1949.
Grundmann, H., Vom Ursprung der Universität im Mittelalter, Darmstadt 1960.
Grundmann, H., Ketzergeschichte des Mittelalters, Göttingen [3]1974 (Die Kirche in ihrer Geschichte).
Goldammer, K., Kirchliche Kunst im Mittelalter, Göttingen 1969 (Die Kirche in ihrer Geschichte, Lfg. G 2).
Obermann, H. A., Spätscholastik und Reformation. Bd. 1: Der Herbst der mittelalterlichen Theologie, Tübingen 1965.
Weisheipl, J. A., Thomas von Aquin. Sein Leben und seine Theologie, Graz–Wien–Köln 1980.

ACHTZEHNTER SCHWERPUNKT: SPÄTMITTELALTERLICHE REFORMBESTREBUNGEN

Andreas, W., Deutschland vor der Reformation, Stuttgart [6]1959.
Benrath, G. A., Wegbereiter der Reformation, Bremen 1967 (des Protestantismus Bd. 1).
Franzen A. / Müller, W., Das Konzil von Konstanz, Freiburg 1964.
Gill, J., Konstanz–Basel–Florenz, 1967.
Grundmann, H., Religiöse Bewegungen im Mittelalter, Hildesheim [2]1961.
Huizinga, J., Herbst des Mittelalters, Stuttgart [7]1953.
Jedin, H., Bischöfliches Konzil oder Kirchenparlament?, Basel [2]1966.
Lortz, J., Zur Problematik der kirchlichen Mißstände im Spätmittelalter, Trier 1950.
Moeller, B., Spätmittelalter, Göttingen 1966 (Die Kirche in ihrer Geschichte, Lfg. H 1).

NEUNZEHNTER SCHWERPUNKT: DIE DREI ZENTREN DER REFORMATION

1. Wittenberg:

Bäumer, R., Martin Luther und der Papst, Münster [2]1971.
Boehmer, H., Der junge Luther, durchgesehen und mit einem Nachwort hrsgg. von H. Bornkamm, Stuttgart [5]1962.
Bornkamm, H., Luther. Gestalt und Wirkungen. Gesammelte Aufsätze. Gütersloh 1975 (Schriften des Vereins für Reformationsgeschichte 188).
Brandi, U., Deutsche Reformation und Gegenreformation, 2 Bde., Leipzig 1927/30; [3]1960.
Ebeling, G., Evangelische Evangelienauslegung. Eine Untersuchung zu Luthers Hermeneutik, München [2]1962.
Elton, G. K., Europa im Zeitalter der Reformation 1517–1559, 2 Bde., Hamburg 1971 (Siebenstern-Taschenbuch 157 und 158).
Fausel, H. K., Doktor Martin Luthers Leben und Werke, 1483–1521.
Franz, G., Der deutsche Bauernkrieg, 2 Bde., 1935/57; [7]1965.
Joachimsen, P., Die Reformation als Epoche der deutschen Geschichte, München 1951.
Kantzenbach, F. W., Die Reformation in Deutschland und Europa, Gütersloh 1965.
Lau, Fr., Luther, Berlin–New York [2]1966 (Sammlung Göschen, Bd. 1187).
Lau, Fr., Der Glaube der Reformatoren, Bremen 1964 (Klassiker des Protestantismus, Bl. 2).
Lau, Fr. / Bizer, E., Reformationsgeschichte Deutschlands bis 1555, Göttingen [2]1969 (Die Kirche in ihrer Geschichte, Lfg. K).
Loewenich, W. v., Luthers Theologia crusis, München [4]1954.
Lortz, J., Die Reformation in Deutschland. 2 Bde., Freiburg i. Br. [4]1962.
Lortz, J. / Iserloh, E., Kleine Reformationsgeschichte. Ursachen – Verlauf – Wirkung, Freiburg–Basel–Wien 1969 (Herderbücherei 342/43).
Lutz, H., Christianitas afflicta. Europa, das Reich und die päpstliche Politik im Niedergang der Hegemonie Kaiser Karls V., Göttingen 1964.

Meinhold, P., Reformation im Bild, Orte und Menschen um Luther, Berlin 1967.
Meinhold, P., Luther heute. Wirken und Theologie Martin Luthers, des Reformators der Kirche, in ihrer Bedeutung für die Gegenwart (Berlin–Hamburg 1967).
Pesch, O. H., Die Theologie der Rechtfertigung bei Martin Luther und Thomas von Aquin, Mainz 1967.
Peters, A., Realpräsenz. Luthers Zeugnis von Christi Gegenwart im Abendmahl, Berlin–Hamburg [2]1966.
Stupperich, R., Reformatorische Verkündigung und Lebensordnung, Bremen 1963 (Klassiker des Protestantismus, Bd. 3).
Stupperich, R., Geschichte der Reformation, München 1967 (Deutscher Taschenbuch-Verlag 413).
Stupperich, R., Melanchthon, Berlin–New York 1960 (Sammlung Göschen, Bd. 1190).
Stupperich, R., Die Reformation in Deutschland, München 1972 (dtv-Taschenbuch 3902).

2. Zürich, Genf und Canterbury:

Baur, J., Gott, Recht und weltliches Regiment im Werke Calvins, Bonn 1965.
Ganoczy, A., Ecclesia Ministrans. Dienende Kirche und kirchlicher Dienst bei Calvin, Freiburg 1968.
Grass, H., Die Abendmahlslehre bei Luther und Calvin, Gütersloh [2]1954.
Farner, O. / Pfister, R., Huldrych Zwingli, 4 Bde., Zürich 1943–60.
Loscher, G. W., Huldrych Zwingli in neuer Sicht. 10 Beiträge zur Theologie der Zürcher Reformation, Zürich–Stuttgart 1969.
Meisner, P., England im Zeitalter von Humanismus, Renaissance und Reformation, Heidelberg 1952.
Neuser, W., Calvin, Berlin–New York 1971 (Sammlung Göschen, Bd. 3005).
Niesel, W., Die Theologie Calvins, München [2]1957.
Schmidt-Clausing, Fr., Zwingli. Berlin–New York 1965 (Sammlung Göschen, Bd. 1219).
Schwarz, Rudolf (Hrsg.), Johannes Calvins Lebenswerk in seinen Briefen. Eine Auswahl von Briefen in deutscher Übersetzung. 2 Bde., Freiburg 1909, Neudruck: 3 Bde., Neukirchen.
Staedtke, J., Johannes Calvin. Erkenntnis und Gestaltung. Göttingen–Zürich–Frankfurt 1969.
Tjernagel, N. S., Henry VIII. and the Lutherans, Saint Louis 1965.

ZWANZIGSTER SCHWERPUNKT: LAIENCHRISTENTUM UND HUMANISMUS

Bainton, R. H., Erasmus, Reformer zwischen den Fronten, Göttingen 1972.
Benzing, M., Thomas Müntzer, Leipzig 1965.
Bergsten, T., Balthasar Hubmaier, Kassel 1961.
Elliger, W., Thomas Müntzer, Leben und Werk, Berlin 1975.
Fost, H. (Hrsg.), Der linke Flügel der Reformation. Glaubenszeugnisse der Täufer, Spiritualisten, Schwärmer und Antitrinitarier, Bremen 1962.
Franz, G., Thomas Müntzer, Schriften und Briefe. Gütersloh 1968.
Hershberger, G. F., Das Täufertum, Erbe und Verpflichtung. Stuttgart 1963.
Henrichs, K., Luther und Müntzer. Ihre Auseinandersetzung über Obrigkeit und Widerstandsrecht, Berlin 1952.
Heyer, F., Der Kirchenbegriff der Schwärmer, Leipzig 1929.
Littel, Fr., Das Selbstverständnis der Täufer, Kassel 1966.
Maron, G., Individualismus und Gemeinschaft bei Kaspar von Schwenckfeld, Stuttgart 1961.
Troeltsch, B., Die Soziallehren der christlichen Kirchen und Gruppen (=Ges. Schriften, Bd. I, Tübingen 1912).

EINUNDZWANZIGSTER SCHWERPUNKT: DIE REFORMATORISCHEN BEKENNTNISSE

Bornkamm, H., Das Jahrhundert der Reformation. Gestalten und Kräfte, Göttingen ²1961.
Brunstäd, Fr., Theologie der lutherischen Bekenntnisschriften, Gütersloh 1951.
Gassmann, B., Ecclesia Reformata. Die Kirche in den Reformierten Bekenntnisschriften, Freiburg 1968.
Grane, L., Die Confessio Augustana. Einführung in die Hauptgedanken der lutherischen Reformation, Göttingen 1970.
Maurer, W., Historischer Kommentar zur Confessio Augustana: Bd. I. Einleitung und Ordnungsfragen, Gütersloh 1976.
Pfnür, V., Einig in der Rechtfertigungslehre? Die Rechtfertigungslehre der Confessio Augustana (1530) und die Stellungnahme der katholischen Kontroverstheologie zwischen 1530 und 1535, Wiesbaden 1970.
Schlink, E., Theologie der lutherischen Bekenntnisschriften, München ²1946.

ZWEIUNDZWANZIGSTER SCHWERPUNKT: DIE ERNEUERUNG DER KATHOLISCHEN KIRCHE

Eder, K., Die Katholische Erneuerung, in: Historia Mundi VII.
Ignatius von Loyola, Geistliche Übungen und erläuternde Texte. Hrsg. von P. Knaur, Graz–Wien–Köln 1979.
Jedin, H., Katholische Reformation oder Gegenreformation, Luzern 1946.
Petri, L., Die Gegenreformation in Deutschland, 1952.
Zeeden, E. W., Gegenreformation, 1973.

DREIUNDZWANZIGSTER SCHWERPUNKT: RELIGIONSKRIEGE UND RELIGIONSFRIEDEN

Heyer, Fr., Katholische Kirche von 1648–1870, Göttingen 1963 (Die Kirche in ihrer Geschichte, Lfg. N 1).
Jedin, H., Geschichte des Konzils von Trient. Bd. I–IV, Freiburg i. Br. I ²1951; III–IV 1957–74.
Rahner, H., Ignatius von Loyola als Mensch und Theologe, Freiburg i. Br. 1964.
Repgen, K., Die römische Kurie und der Westfälische Friede. Idee und Wirklichkeit des Papsttums im 16. und 17. Jh., 2 Bde., Tübingen 1962–1965.
Simon, M., Der Augsburger Religionsfriede, Augsburg 1955.
Schüssler, H., Georg Calist. Theologie und Kirchenpolitik, Wiesbaden 1961.
Zeeden, E. W., Die Entstehung der Konfessionen, Münster 1965.
Zeeden, E. W., Das Zeitalter der Gegenreformation, Freiburg 1967.

VIERUNDZWANZIGSTER SCHWERPUNKT: REFLEKTIERENDER UND AKTIVER GLAUBE

(Aufklärung und Pietismus)

Beyreuther, E., Studien der Theologie Zinzendorfs. Gesammelte Aufsätze. Neukirchen–Vluyn, 1962.
Beyreuther, E., (Zinzendorf-Biographie) Bd. 1–3, Marburg a. d. Lahn 1957–1961 (Bd. 1: Der junge Zinzendorf 1957; Bd. 2: Zinzendorf und die sich allhier beisammen finden, 1959; ²1975; Bd. 3: Zinzendorf und die Christenheit, 1961).
Benz, E. / Reickewik, H., Zinzendorf-Gedenkbuch, Stuttgart 1951.

Ermatinger, E., Deutsche Kultur im Zeitalter der Aufklärung, 1969.
Graff, E., Geschichte der Auflösung der alten gottesdienstlichen Formen, Göttingen 1939.
Hinrichs, E., Preußentum und Pietismus. Der Pietismus in Brandenburg-Preußen als religiös-soziale Reformbewegung, Göttingen 1971.
Hirsch, E., Geschichte der neueren evangelischen Theologie im Zusammenhang mit den allgemeinen Bewegungen des europäischen Denkens, Bd. 1–5, Göttingen [4]1968.
Hahn, H. Chr. / Reichel, H. (Hrsg.), Zinzendorf und die Herrnhuter Brüder. Quellen zur Geschichte der Brudergemeine von 1722 bis 1760. Hamburg 1977.
Kantzenbach, F. W., Protestantisches Christentum im Zeitalter der Aufklärung, 1965.
Kantzenbach, F. W., Orthodoxie und Pietismus, 1966.
Leube, H., Orthodoxie und Pietismus (hrsg. von D. Blaufuss), Bielefeld 1975.
Mälzer, G., J. A. Bengel, Leben und Werk, Calw 1970.
Renkewitz, H., Die Losungen, Entstehung und Geschichte eines Andachtsbuches, Hamburg [2]1967.
Philipp, W., Das Zeitalter der Aufklärung, Bremen 1963.
Peschke, E., Studien zur Theologie A. H. Franckes, 2 Bde., Berlin 1964 und 1966.
Schmidt, M., John Wesley, 2 Bde., Frankfurt/M. 1953 und 1966.
Schmidt, M., Pietismus. Stuttgart–Berlin–Köln–Mainz 1972 (Urban-Taschenbücher, Bd. 145).
Schmidt, M. / Jamasch, W., Das Zeitalter des Pietismus, Bremen 1965 (Klassiker des Protestantismus, Bd. 6).
Valjavec, F., Geschichte der abendländischen Aufklärung, München 1961.
Wallmann, J., Philipp Jakob Speuer und die Anfänge des Pietismus, Tübingen 1970.
Zeller, W., Der Protestantismus des 17. Jahrhunderts, Bremen 1962.

FÜNFUNDZWANZIGSTER SCHWERPUNKT: NEUE ANSÄTZE IN DER THEOLOGIE DES 19. JAHRHUNDERTS

Barth, K., Die protestantische Theologie im 19. Jahrhundert, 2. Bde. (Hamburg 1975), (Siebenstern-Taschenbuch 177/178).
Redeker, W., Friedrich Schleiermacher. Leben und Werke (1768–1834), Berlin–New York 1968 (Sammlung Göschen, Bd. 1177/1177a).
Wegbereiter heutiger Theologie (Reihe), Hrsg. von H. Fries und J. Finsterhölzl, 9 Bde., Graz–Wien–Köln 1969–75.
Weinzierl, E. (Hrsg.), Der Modernismus. Beiträge zu seiner Erforschung, Graz–Wien–Köln 1973.

SECHSUNDZWANZIGSTER SCHWERPUNKT: KIRCHE UND GESELLSCHAFTLICHE ERNEUERUNG

Reform von Kirche und Gesellschaft. 1848–1973. Johann Hinrich Wicherns Forderungen im Revolutionsjahr 1848 als Fragen an die Gegenwart. Medien zum 125. Gründungstag des Centralausschusses für die Innere Mission der Deutschen Evangelischen Kirche, hrsg. von *H. Chr. von Hase* und *P. Meinhold*, Stuttgart 1973.
Brakelmann, G., Kirche und Sozialismus im 19. Jahrhundert. Die Analyse des Sozialismus bei Johann Hinrich Wichern und bei Rudolf Fodt, Witten 1966.
Brakelmann, G., Die soziale Frage des 19. Jahrhunderts, Witten [4]1971.
Benz, E., Wichern und der Sozialismus, Stuttgart 1949.
Gerhardt, M., Johann Hinrich Wichern und sein Werk, Hamburg [2]1948.
Heuss, Th., Friedrich Naumann, 1937 (Hamburg, Siebenstern-Taschenbuch 121–123).
Katholisches Soziallexikon. Hrsgg. v. A. Klose, W. Mantl und V. Zsifkovits, Innsbruck–Wien–Graz–München–Köln [2]1980.
Kupisch, K., Kirche und soziale Frage im 19. Jahrhundert, 1963.
Maier, H., Revolution und Kirche. Studien zur Frühgeschichte der christlichen Demokratie (1789–1901), Freiburg [2]1965.

Maier, H., Kirche und Gesellschaft, München 1972.
Pollmann, H. E., Landesherrliches Kirchenregiment und soziale Frage, Berlin 1973.
Rendtorff, Tr., Christentum zwischen Revolution und Restauration, München 1970.
Schlingensiepen-Pogge, A., Das Sozialethos der lutherischen Aufklärungstheologie am Vorabend der industriellen Revolution, Göttingen–Berlin–Frankfurt 1965.
Shanahan, O., Der deutsche Protestantismus vor der sozialen Frage 1815–1871, München 1962.
Thier, E., Die Kirche und die soziale Frage. Von Wichern bis Friedrich Naumann. Eine Untersuchung über die Beziehungen zwischen politischen Vorgängen und kirchlichen Reformen, Gütersloh 1960.

SIEBENUNDZWANZIGSTER SCHWERPUNKT: DAS RINGEN UM DIE GESTALT DER KIRCHE IM 20. JAHRHUNDERT

Dahen, K. W., Pfarrer und Politiker, Köln und Opladen 1965.
Gaede, R., Kirche – Christen – Krieg und Frieden. Die Diskussion im deutschen Protestantismus während der Weimarer Zeit, 1975.
Kantzenbach, F. W., Der Weg der evangelischen Kirche vom 19. zum 20. Jahrhundert, 1968.
Kupisch, K., Die deutschen Landeskirchen im 19. und 20. Jahrhundert, Göttingen 1966.
Kupisch, K. (Hrsg.), Quellen zur Geschichte des deutschen Protestantismus 1871 bis 1945, München–Hamburg 1965 (Siebenstern-Taschenbuch 41/42).
Kupisch, K. (Hrsg.), Quellen zur Geschichte des deutschen Protestantismus von 1945 bis zur Gegenwart, 1. und 2. Teil, Hamburg 1971 (Siebenstern-Taschenbuch 1971).
Motschmann, C., Evangelische Kirche und preußischer Staat in den Anfängen der Weimarer Republik, Lübeck–Hamburg 1969 (Historische Studien 413).
Niemöller, W., Wort und Tat im Kirchenkampf. Beiträge zur neuesten Kirchengeschichte, München 1969.
Niemöller, W., Der Pfarrernotbund. Geschichte einer kämpfenden Bruderschaft. Hamburg 1973.

ACHTUNDZWANZIGSTER SCHWERPUNKT: DIE RÖMISCH-KATHOLISCHE KIRCHE

Buchheim, K., Ultramontanismus und Demokratie. Der Weg des deutschen Katholiken im 19. Jahrhundert, 1963.
Conzemius, V., Propheten und Vorläufer. Wegbereiter des neuzeitlichen Katholizismus, Zürich–Einsiedeln–Köln 1972.
Hamburger, G., Verfolgte Christen. Berichte aus unserer Zeit, Graz–Wien–Köln 1977.
Hollis, Christopher (Hrsg.), Urbi et orbi. Das Papsttum und seine Geschichte, Bern–München–Wien 1964.
Katholische Theologen Deutschlands im 19. Jahrhundert. Hrsgg. von *Fries, Heinrich, und Schwaiger, Georg*, 3 Bde., München 1975.
Loewenich, W. v., Der moderne Katholizismus vor und nach dem Konzil, Witten 1970.
Klaron, G., Die römisch-katholische Kirche von 1870–1970, Göttingen 1972 (Die Kirche in ihrer Geschichte, Lfg. N 2).
Pastor, L. v., Geschichte der Päpste seit dem Ausgang des Mittelalters, 16 Bde., Freiburg i. Br. 1885.
Schmidlin, J., Papstgeschichte der ältesten Zeit, 4 Bde., 1933–1939.
Schwaiger, G., Aufbruch ins 20. Jahrhundert. Zum Streit um Reformkatholizismus und Modernismus (Studien zur Theologie und Geistesgeschichte des 19. Jh.s, Bd. 23) Göttingen 1977.
Schwaiger, G., Geschichte der Päpste im 20. Jh., 1968 (dtv-Taschenbuch 482).

NEUNUNDZWANZIGSTER SCHWERPUNKT: DIE ÖKUMENISCHE BEWEGUNG

Gloede, G., Ökumenische Profile. Brückenbauer der Einen Kirche. Bd. 1, Hamburg 1961; Bd. 2., Hamburg 1963.

Heiler, Fr., Die Ostkirchen (Neubearbeitung von „Urkirche und Ostkirche"), München–Basel 1971.

Ivanka, E. v. / Tyciak, J. / Wiertz, P. (Hrsg.), Handbuch der Ostkirchenkunde, Düsseldorf 1971.

Meinhold, P., Das Dreieck der Christenheit. Evangelisches Wort zu ökumenischen Fragen der Gegenwart, Hamburg 1973.

Rouse, R. / Neill, St. C., Geschichte der ökumenischen Bewegung, Göttingen, Teil I, ²1963, Teil II 1957, Teil III 1973.

Vischer, L., Ökumenische Skizzen. Mit einer Einleitung von Bischof O. S. Tomkens, München 1972.

Visser't Hooft, W. A., Die ganze Kirche für die ganze Welt. Hauptschriften Bd. I, Stuttgart 1967. – Ökumenischer Aufbruch. Hauptschriften Bd. II, Stuttgart 1967.

Visser't Hooft, W. A., Die Welt war meine Gemeinde. Autobiographie, München 1972.

Vajta, V., Evangelium und Einheit. Bilanz und Perspektiven der ökumenischen Bemühungen, Göttingen 1971.

DREISSIGSTER SCHWERPUNKT: DIE PROBLEMATIK DER MISSIONSKIRCHEN

Gensichen, H.-W., Missionsgeschichte der neueren Zeit, Göttingen ²1969 (Die Kirche in ihrer Geschichte, Lfg. I).

Lehmann, A., Es begann in Tranquebar. Die Geschichte der ersten evangelischen Kirche in Indien; Stuttgart ²1956.

Potter, Ph. (Hrsg.), Das Heil der Welt heute. Dokumente der Weltmissions-Konferenz Bangkok 1973; Stuttgart 1973.

Rosenkranz, G., Die christliche Mission. Geschichte und Theologie; München 1977.

Vicedom, G. F., Die Weltreligionen im Angriff auf die Christenheit, München ⁴1961.

Vicedom, G. F., Missio Dei. Einführung in eine Theologie der Mission, München ²1960.

SCHLUSSBETRACHTUNG: WAS GIBT UNS DIE BESCHÄFTIGUNG MIT DER GESCHICHTE?

Hromádka, Josef L., Der Geschichte ins Gesicht sehen. Evangelische und politische Interpretationen der Wirklichkeit. Hrsg. von Martin Stöhr, München 1977.

Personenregister

Sach- und Ortsregister